Ausführliches Verzeichnis der

Guttentag'schen Sammlung

Deutscher Reichs- und Preußischer Gesetze

— Text-Ausgaben mit Anmerkungen; Taschenformat —

welche alle wichtigeren Gesetze in unbedingt zuverlässigen Gesetzestexten und in mustergültiger Weise erläutert enthält, befindet sich hinter dem Sachregister.

Guttentag'sche Sammlung
Nr. 80. Deutscher Reichsgesetze. Nr. 80.
Text-Ausgaben mit Anmerkungen.

Die Reichsgesetzgebung über gerichtliche Registerführung.

Textausgabe der einschlägigen Gesetzesbestimmungen nebst Ausführungsvorschriften mit Anmerkungen und Sachregister

von

Otto Lindemann,
Landrichter.

Berlin 1906.
J. Guttentag, Verlagsbuchhandlung,
G. m. b. H.

Inhaltsübersicht.

Verzeichnis der aufgenommenen Gesetzesparagraphen.

Verzeichnis der Abkürzungen.

A. = Anmerkung.

AG. = Aktiengesellschaft und Ausführungsgesetz.

AVf. = Allgemeine Verfügung.

BGB. = Bürgerliches Gesetzbuch.

DJZ. = Deutsche Juristenzeitung.

EG. = Einführungsgesetz.

FGG. = Reichsgesetz über die Angelegenheiten der freiwilligen Gerichtsbarkeit.

GBO. = Grundbuchordnung.

GenG. = Reichsgesetz betr. die Erwerbs- und Wirtschaftsgenossenschaften.

GmbHG. = Reichsgesetz betr. die Gesellschaften mit beschränkter Haftung.

GR. = Güterrechtsregister.

Gruchot = Beiträge zur Erläuterung des deutschen Rechts, begründet von Gruchot.

GS. = Gesetzsammlung.

HGB. = Handelsgesetzbuch.

HR. = Handelsregister.

JMBl. = Justizministerialblatt.

JW. = Juristische Wochenschrift.

KG. = Kammergericht (die in Klammern beigefügten Zahlen bedeuten Band- u. Seitenzahl des Jahrbuchs für Entscheidungen des Kammergerichts).

KGJ. = Jahrbuch für Entscheidungen des Kammer gerichts.

KO. = Konkursordnung.

ObLG. = Oberstes Landesgericht.

OLG. = Oberlandesgericht.

OVG. = Oberverwaltungsgericht (die in Klammern beigefügten Zahlen bedeuten Band- u. Seitenzahl der amtlichen Sammlung der Entscheidungen).

Pr. = Preußisch.

PrivVUntG. = Reichsgesetz über die privaten Versicherungsunternehmungen.

Recht = Das Recht; Rundschau für den deutschen Juristenstand, herausgegeben von Sörgel.

RG. = Reichsgericht (die in Klammern beigefügten Zahlen bedeuten Band- u. Seitenzahl der amtlichen Sammlung der Entscheidungen in Zivilsachen).

RGBl. = Reichsgesetzblatt.

RGSt. = Entscheidungen des Reichsgerichts in Strafsachen.

RGZ. = Entscheidungen des Reichsgerichts in Zivilsachen.

RJA. = Entscheidungen in Angelegenheiten der freiwilligen Gerichtsbarkeit usw., zusammengestellt im Reichs-Justizamt.

ROHG. = Entscheidungen des Reichsoberhandelsgerichts.

Rspr. = Die Rechtsprechung der Oberlandesgerichte, hg. von Falkmann und Mugdan.

RZBl. = Zentralblatt für das Deutsche Reich.

UnlWG. = Reichsgesetz zur Bekämpfung des unlauteren Wettbewerbes.

V. = Verordnung.

VR. = Vereinsregister.

ZBlFG. = Zentralblatt für freiwillige Gerichtsbarkeit usw., hg. von Lobe.

ZPO. = Zivilprozeßordnung.

1. Das Handelsregister.

A. Einrichtung und allgemeine Verfahrensvorschriften.

Registergericht.

§ 8 HGB.

Das Handelsregister[1]) wird von den Gerichten geführt.[2])

§ 125 FGG.

Für die Führung des Handelsregisters sind die Amtsgerichte zuständig.[3])

Durch Anordnung der Landesjustizverwaltung kann die Führung des Registers für mehrere Amtsgerichtsbezirke einem Amtsgericht übertragen werden.[4])

1. Das Handelsregister wird im öffentlichen Verkehrsinteresse geführt, um dritten Personen zu' ermöglichen, für ihre Geschäftsbeziehungen zu Firmen und Handelsgesellschaften zuverlässige Grundlagen zu gewinnen (vgl. KGJ. 4, 36).

Die Eintragungen im HR. sind öffentliche Urkunden über Erklärungen, Anmeldungen, nicht über die Tatsachen, welche den Gegenstand der Erklärung bilden; letztere werden durch das HR. an sich nicht festgestellt, RGSt. 18, 179. Die Eintragungen erzeugen aber die

Vermutung, daß ihr Inhalt legal ist; die Führung des Gegenbeweises liegt demjenigen ob, der die Gesetzmäßigkeit des Registereintrages bestreitet, RGZ. 41, 19. Ferner bestimmt § 15 HGB. über die Wirkung der Eintragung und Bekanntmachung:

„Solange eine in das Handelsregister einzutragende Tatsache nicht eingetragen und bekannt gemacht ist, kann sie von demjenigen, in dessen Angelegenheiten sie einzutragen war, einem Dritten nicht entgegengesetzt werden, es sei denn, daß sie diesem bekannt war.

Ist die Tatsache eingetragen und bekannt gemacht worden, so muß ein Dritter sie gegen sich gelten lassen, es sei denn, daß er sie weder kannte noch kennen mußte.

Für den Geschäftsverkehr mit einer in das Handelsregister eingetragenen Zweigniederlassung ist im Sinne dieser Vorschriften die Eintragung und Bekanntmachung durch das Gericht der Zweigniederlassung entscheidend."

Derjenige, welche eine Eintragung und Veröffentlichung herbeigeführt hat, ist mit dem Einwande, daß die antragsgemäße Eintragung dem wahren Sachverhalt nicht entspreche, insoweit nicht zu hören, als es sich um seiner Disposition unterliegende Verhältnisse handelt, RG. 3. 3. 02 (50, 428), vgl. auch OLG. Dresden 20. 12. 01 Rspr. 4, 202.

2. Bei den Eintragungen ist zwischen denen von rechtserzeugender (konstitutiver) Wirkung und solchen von beurkundender (deklaratorischer) Bedeutung zu unterscheiden; während bei den ersteren der Registerrichter befugt ist, die Wahrheit der von dem Anmeldenden angegebenen Tatsachen zu prüfen, hat er bei den letzteren die tatsächliche Richtigkeit der Erklärungen nicht nachzuprüfen, nur wenn sich für ihn erhebliche Bedenken gegen

die Richtigkeit angemeldeter Tatsachen ergeben, hat er die Anmeldung zu beanstanden und Feststellung des wahren Sachverhalts zu versuchen; auf die Anfechtbarkeit eines Rechtsverhältnisses hat sich seine Prüfung keinesfalls zu erstrecken, KG. 5. 10. 05 (30 **A** 109), vgl. auch RGSt. 18, 179.

Für das Verfahren gelten die allgemeinen Vorschriften des FGG. (§§ 1—34), insbesondere § 12, wonach das Gericht von Amts wegen die zur Feststellung der Tatsachen erforderlichen Ermittelungen zu veranstalten und die geeignet erscheinenden Beweise aufzunehmen hat. Es unterliegt dem richterlichen Ermessen, ob vor der Entscheidung die Gegenpartei über neue Tatsachen und Beweismittel zu hören ist. OLG. Hamburg 12. 5. 05 RJA. 6, 50. Das Verfahren ist indessen durch die Reichsgesetzgebung nicht erschöpfend geordnet; für Preußen greift ergänzend ein die auf Grund des Art. 29 Pr. FGG. erlassene AVf. v. 7. 11. 99 nebst Ergänzungen (abgedruckt als Anhang I). Diese Verfügung ist eine Rechtsverordnung, deren Verletzung die weitere Beschwerde begründet, KG. 9. 2. 05 (29 **A** 213).

Welche Tatsachen einzutragen sind, ist durch die unter **B** aufgeführten Einzelvorschriften bestimmt; nur für diese reichsrechtlich begründeten Eintragungen, nicht für beliebige andere steht das HR. offen, KG. 6. 6. 00 ZBlFG. 1, 339; 9. 2. 05 (29 **A** 213); alle landesgesetzlichen Bestimmungen über Eintragungen sind aufgehoben (Art. 15 EGHGB.).

3. Für die Entscheidung über Beschwerden sind die Kammern für Handelssachen, wenn solche bestehen, zuständig (§ 30 FGG.); die Erledigung einer Beschwerde durch die unzuständige Zivilkammer führt, auch wenn die weitere Beschwerde nicht besonders auf diesen Verstoß gestützt ist, zur Aufhebung des Beschlusses RG. 16. 2. 01 (48, 27).

4. Vgl. für Preußen AVf. v. 19. 4. 06 (JMBl. 123).

Organe des Handelsstandes.

§ 126 FGG.

Die Organe des Handelsstandes[1]) sind verpflichtet, die Registergerichte behufs der Verhütung unrichtiger Eintragungen sowie behufs der Berichtigung und Vervollständigung des Handelsregisters zu unterstützen;[2]) sie sind berechtigt, Anträge zu diesem Zwecke bei den Registergerichten zu stellen[3]) und gegen Verfügungen, durch die über solche Anträge entschieden wird,[4]) das Rechtsmittel der Beschwerde[5]) zu erheben.

Die näheren Bestimmungen werden von den Landesregierungen getroffen.[6])

1. Für Preußen vgl. Gesetz über die Handelskammern vom 24. Febr. 1870/19. Aug. 1897 in der Fassung der Bekanntmachung vom 22. Aug. 1897 (GS. 354), geändert durch Ges. v. 2. Juni 1902 (GS. 161).

Den Verbänden zur Förderung gewerblicher Interessen, z. B. Innungen, steht ein allgemeines Recht zur Ueberwachung des HR. und ein Beschwerderecht nicht zu, KG. 10. 12. 00 (21 A 245), 29. 6. 05 Rspr. 12, 201; trotzdem ist aber die Handwerkskammer zufolge der ihr zustehenden Befugnis, den gesetzlichen Schutz des Meistertitels auszuüben, beschwerdeberechtigt, wenn einem Handwerker im HR. fälschlicherweise der Meistertitel beigelegt worden ist, KG. 3. 5. 06 Recht 06, 944. Vgl. über Beschwerdebefugnis des Heroldsamts KG. 19. 12. 05 Rspr. 12, 203, der Aufsichtsbehörde über Privatversicherungsunternehmungen, KG. 15. 3. 06 RJA. 7, 122.

2. Vgl. für Preußen Art. 3 AGHGB.

3. Ein solcher Antrag begründet die Pflicht des

Registergerichts von Amts wegen die zur Feststellung der Tatsachen erforderlichen Ermittelungen zu veranstalten; bei Ablehnung sind in Preußen nach § 4 AVf. v. 7. 11. 99 (Anhang I) die Gründe mitzuteilen, KG. 5. 10. 03 (27 A 56).

4. Ein Antrag, gegen dessen Ablehnung die Handelskammer Beschwerde führen kann, ist auch darin zu finden, daß diese auf die Anfrage des Registerrichters geantwortet hat, sie teile dessen Bedenken und halte die angemeldete Firma für unzulässig, KG. 12. 10. 05 Rspr. 12, 406.

5. Die Beschwerdeberechtigung greift nur Platz, wenn die Verfügung erster Instanz eine Entscheidung über einen von den Handelsorganen gestellten Antrag enthält, KG. 16. 5. 04 (28 A 206).

Die Mitglieder der Handelskammer, die zugleich Handelsrichter sind, sind, wenn die Handelskammer ein Ordnungsstrafverfahren betreibt, von der Ausübung des Richteramts in der Beschwerdeinstanz nicht ausgeschlossen KG. 29. 5. 01 (22 A 12).

6. Für Preußen vgl. §§ 13, 14 der AVf. v. 7. 11. 99 (Anhang I) und AVf. betr. die von den Organen des Handelsstandes zu dem HR. gestellten Anträge vom 16. 11. 99 (JMBl. 347).

Einsicht, Abschriften, Bescheinigungen.

§ 9 HGB.

Die Einsicht des Handelsregisters sowie der zum Handelsregister eingereichten Schriftstücke[1]) ist Jedem gestattet.[2])

Von den Eintragungen kann eine Abschrift[3]) gefordert werden; das Gleiche gilt in Ansehung der zum Handelsregister eingereichten Schriftstücke, sofern ein berechtigtes Interesse glaubhaft gemacht wird. Die Abschrift ist auf Verlangen zu beglaubigen.[4])

Das Gericht hat auf Verlangen eine Bescheinigung darüber zu erteilen, daß bezüglich des Gegenstandes einer Eintragung weitere Eintragungen nicht vorhanden sind oder daß eine bestimmte Eintragung nicht erfolgt ist.[5])

1. Hierunter sind auch die vom Gericht aufgenommenen, einer Eintragung zu Grunde liegenden Protokolle zu verstehen. KG. 4. 2. 01 (22 A 89). Hinsichtlich des übrigen Akteninhalts, insbesondere der in den Registerakten getroffenen richterlichen Verfügungen, greift § 34 FGG. Platz, wonach die Einsicht gestattet und Abschrift erteilt werden kann, soweit ein berechtigtes Interesse glaubhaft gemacht wird, KG. 4. 3. 01 Rspr. 2, 396.

Ueber Rückgabe eingereichter Schriftstücke vgl. für Preußen AVf. v. 7. 11. 99 § 9 Abs. 2 (Anhang I).

2. Vgl. für Preußen AVf. v. 7. 11. 99 § 8 (Anhang I).

3. Vgl. für Preußen AVf. v. 7. 11. 99 § 23 Abs. 2 (Anhang I).

4. Ueber die Form der Beglaubigung vgl. für Preußen AVf. v. 7. 11. 99 § 7 (Anhang I).

5. Die Pflicht des Registerrichters zur Erteilung von Zeugnissen wird durch § 33 GBO. auf positive Bescheinigungen, „daß der Vorstand einer AG. aus den im HR. eingetragenen Personen besteht" sowie auf entsprechende Bescheinigungen über die „Befugnis zur Vertretung einer offenen Handelsgesellschaft, einer Kommanditgesellschaft, einer Kommanditgesellschaft auf Aktien oder einer G. m. b. H." ausgedehnt, ohne daß jedoch hierdurch ein anderweiter Nachweis der Vertretungsmacht, insbesondere durch Beibringung eines beglaubigten Auszugs aus dem HR. ausgeschlossen wird, KG. 2. 4. 02

Rspr. 4, 464; vgl. auch § 35 GBO. Ein Recht auf Bescheinigungen über den Inhalt einer erfolgten Eintragung besteht nicht, z. B. kann eine Bescheinigung, daß eine bestimmte Person zu einer bestimmten Zeit zur Alleinvertretung einer Gesellschaft befugt oder als alleiniger Vorstand eingetragen sei, nicht verlangt werden, KG. 28. 8. 00 ZBlFG. 1, 576. Zur Erteilung von Attesten, daß einer beabsichtigten Eintragung Bedenken nicht entgegenstehen, ist das Gericht nicht berufen; erteilt das Gericht auf Verlangen eine bezügliche Auskunft, so hat solche nur die Bedeutung einer freiwillig gegebenen Belehrung über Rechtsfragen, welche für die Zukunft nicht bindet und mit Beschwerde nicht anfechtbar ist, KGJ. 11 S. 3 u. 23. Ueber die Pflicht des Registerrichters zur Auskunfterteilung auf das im Vollzuge des Gewerbeunfallversicherungsgesetzes gestellte Ersuchen eines Magistrats vgl. KG. 7. 12. 03 (27 A 214).

Ueber die Dauer der Beweiskraft der Bescheinigungen vgl. KGJ. 2, 69; KG. 14. 5. 00 (20 A 179); 6. 6. 00 Rspr. 1, 194. Ueber die Form vgl. für Preußen AVf. v. 7. 11. 99 § 2 (Anhang I) und Art. 18 Pr. FGG.

Verhältnis zum Prozeßgericht.[1])

§ 127 FGG.

Das Registergericht[2]) kann, wenn eine von ihm zu erlassende Verfügung von der Beurteilung eines streitigen Rechtsverhältnisses abhängig ist, die Verfügung aussetzen, bis über das Verhältnis im Wege des Rechtsstreits entschieden ist. Es kann, wenn der Rechtsstreit nicht anhängig ist, einem der Beteiligten eine Frist zur Erhebung der Klage bestimmen.

§ 16 HGB.

Ist durch eine rechtskräftige oder vollstreckbare Entscheidung des Prozeßgerichts die Verpflichtung zur Mitwirkung bei einer Anmeldung zum Handelsregister oder ein Rechtsverhältnis, bezüglich dessen eine Eintragung zu erfolgen hat, gegen einen von mehreren bei der Vornahme der Anmeldung Beteiligten festgestellt, so genügt zur Eintragung die Anmeldung der übrigen Beteiligten.[3]) Wird die Entscheidung, auf Grund deren die Eintragung erfolgt ist, aufgehoben, so ist dies auf Antrag eines der Beteiligten[4]) in das Handelsregister einzutragen.

Ist durch eine rechtskräftige oder vollstreckbare Entscheidung des Prozeßgerichts die Vornahme einer Eintragung für unzulässig erklärt, so darf die Eintragung nicht gegen den Widerspruch desjenigen erfolgen, welcher die Entscheidung erwirkt hat.[5])

1. Im allgemeinen sind Registergericht und Prozeßgericht von einander unabhängig; in das Verfahren des Registergerichts kann das Prozeßgericht nicht unmittelbar eingreifen, eine zwischen den Parteien erlassene einstweilige Verfügung, wonach eine bestimmte Löschung einstweilen unterbleiben soll, bindet den Registerrichter nicht, er muß vielmehr dessen ungeachtet die bei ihm angemeldete Löschung bewirken, wenn sie nach seiner Amtspflicht geboten erscheint, KGJ. 4, 36.

2. Die Befugnis zur Aussetzung hat auch das Landgericht, wenn es im Falle der §§ 143, 144 FGG. oder auf erhobene Beschwerde an die Stelle des Registergerichts tritt, KG. 4. 1. 05 (29 A 83).

3. Der Prüfung der Zulässigkeit der Eintragung im übrigen ist der Registerrichter nicht enthoben, nur der Mangel der Mitwirkung des Verurteilten kommt nicht

in Betracht. Die Feststellung des der Eintragung zu Grunde liegenden Rechtsverhältnisses muß allerdings auch der Registerrichter gelten lassen. Die Eintragung einer einstweiligen Verfügung, durch die einem Gesellschaftsteilhaber die fernere Vertretungsbefugnis entzogen wird, ist kein Vollzug dieser Verfügung im Sinne des § 928 ZPO. OLG. Dresden 16. 10. 00 ZBlFG. 2, 150. Ueber die Form der Eintragung vgl. für Preußen AVf. v. 7. 11. 99 § 25 (Anhang I).

4. D. h. einer der Personen, die zur Mitwirkung bei der Anmeldung berufen sind.

5. Dagegen ist eine Entscheidung des Prozeßgerichts, die einen Widerspruch verwirft, für den Registerrichter nicht bindend.

Form der Anmeldung und Zeichnung.

§ 12 HGB.

Die Anmeldungen zur Eintragung in das Handelsregister sowie die zur Aufbewahrung bei dem Gerichte bestimmten Zeichnungen von Unterschriften sind persönlich bei dem Gerichte zu bewirken oder in öffentlich beglaubigter Form [1]) einzureichen.[2])

Die gleiche Form ist für eine Vollmacht zur Anmeldung erforderlich. Rechtsnachfolger eines Beteiligten haben die Rechtsnachfolge soweit tunlich durch öffentliche Urkunden nachzuweisen.

§ 128 FGG.

Die Anmeldungen zur Eintragung in das Handelsregister sowie die zur Aufbewahrung bei dem Gerichte bestimmten Zeichnungen von Unterschriften können zum Protokolle des Gerichtsschreibers [3]) des Registergerichts [4]) erfolgen.

1. Vgl. § 129 BGB. Hinsichtlich der Zeichnungen genügt die Beglaubigung der Unterschrift der Anmeldung nicht, es muß vielmehr die Zeichnung gesondert beglaubigt werden, und zwar in einer Form, aus der sich die persönliche Vollziehung durch den Zeichnenden ergibt, RG. 23. 3. 03 (54, 168). Die Beglaubigung kann abweichend von § 183 FGG. auch in einem Protokoll über die auf einem besonderen durch Siegel und Schnur verbundenen Blatt befindliche Zeichnung erfolgen, OLG. Dresden 1. 3. 01 Rspr. 2, 516.

2. Tod des Anmeldenden nach Abgabe der Anmeldungserklärung vor deren Eintreffen beim Registergericht hindert deren Wirksamkeit und die Eintragung nicht, OLG. Dresden 4. 12. 00 Rspr. 3, 21.

3. Vgl. für Preußen AVf. v. 7. 11. 99 § 1 (Anhang I) und Art. 131 Pr. FGG.

4. Die Anmeldung kann auch bei dem vom Registergericht um Entgegennahme der Anmeldung ersuchten Gerichte bewirkt werden, OLG. München 23. 4. 01 ZBlFG. 2, 12; Hamburg 30. 5. 00 ZBlFG. 2, 455. Eine reichsrechtliche Verpflichtung zur Rechtshilfe bei Beurkundung von Anmeldungen zum HR. besteht aber nicht, RG. 28. 4. 04 (58, 94).

Antragsrecht der Notare.

§ 129 FGG.

Ist die zu einer Eintragung erforderliche Erklärung von einem Notar beurkundet oder beglaubigt, so gilt dieser als ermächtigt, im Namen des zur Anmeldung Verpflichteten die Eintragung zu beantragen.[1]) Die Vorschriften des § 124 finden entsprechende Anwendung.[2])

1. Im Falle der Ablehnung seines Antrags ist der Notar auch zur Beschwerde berechtigt, OLG. Hamburg 8. 9. 00 (20 D 31).

2. Danach braucht der Notar, wenn er den Eintragungsantrag gestellt hat, bei Einlegung der weiteren Beschwerde durch Einreichung einer Beschwerdeschrift keinen Rechtsanwalt zuzuziehen.

Form der Eintragung; Bekanntmachung.

§ 130 FGG.

Jede Eintragung soll den Tag, an welchem sie erfolgt ist, angeben und mit der Unterschrift des zuständigen Beamten [1]) versehen werden.

Jede Eintragung soll demjenigen, welcher sie beantragt hat, bekannt gemacht werden.[2]) Auf die Bekanntmachung kann verzichtet werden.

§ 10 HGB.

Das Gericht hat die Eintragungen in das Handelsregister durch den Deutschen Reichsanzeiger und durch mindestens ein anderes Blatt bekannt zu machen.[3]) Soweit nicht das Gesetz ein Anderes vorschreibt, werden die Eintragungen ihrem ganzen Inhalte nach veröffentlicht.

Mit dem Ablaufe des Tages, an welchem das letzte der die Bekanntmachung enthaltenden Blätter erschienen ist, gilt die Bekanntmachung als erfolgt.

§ 11 HGB.

Das Gericht hat jährlich im Dezember die Blätter zu bezeichnen, in denen während des nächsten Jahres die im § 10 vorgesehenen Veröffentlichungen erfolgen sollen.[4])

1. Vgl. für Preußen AVf. v. 7. 11. 99 §§ 6, 22 (Anhang I).

2. Ueber Form der Bekanntmachung und weitere Mitteilungen vgl. für Preußen AVf. v. 7. 11. 99 §§ 13 bis 15 (Anhang I).

3. Vgl. für Preußen AVf. v. 7. 11. 99 §§ 11, 12 (Anhang I) und AVf. v. 12. 6. 00 (JMBl. 439) betr. die Bekanntmachung des Geschäftszweiges der eingetragenen Firmen und Handelsgesellschaften.

4. Vgl. für Preußen AVf. v. 7. 11. 99 § 10 (Anhang I); die früher vorgeschriebene Bekanntmachung durch die Amtsgerichte unterbleibt (AVf. v. 4. 12. 00 JMBl. 642).

Zweigniederlassung.

§ 13 HGB.

Soweit nicht in diesem Gesetzbuch ein Anderes vorgeschrieben ist,[1]) sind die Eintragungen in das Handelsregister und die hierzu erforderlichen Anmeldungen und Zeichnungen von Unterschriften sowie die sonst vorgeschriebenen Einreichungen zum Handelsregister bei jedem Registergericht, in dessen Bezirke der Inhaber der Firma eine Zweigniederlassung[2]) besitzt, in gleicher Weise wie bei dem Gerichte der Hauptniederlassung zu bewirken.[3])

Eine Eintragung bei dem Gerichte der Zweigniederlassung findet nicht statt, bevor nachgewiesen ist, daß die Eintragung bei dem Gerichte der Hauptniederlassung geschehen ist.[4])

Diese Vorschriften kommen auch zur Anwendung, wenn sich die Hauptniederlassung im Auslande befindet. Soweit nicht das ausländische Recht eine

Abweichung erforderlich macht, haben die Anmeldungen, Zeichnungen und Eintragungen bei dem Gerichte der Zweigniederlassung in gleicher Weise zu geschehen, wie wenn sich die Hauptniederlassung im Inlande befände.[3])

§ 131 FGG.

Die Eintragung einer Zweigniederlassung ist von Amts wegen dem Registergerichte der Hauptniederlassung mitzuteilen und in dessen Register zu vermerken. Das Gleiche gilt, wenn die Zweigniederlassung aufgehoben wird.

1. Ausnahmen sind vorgeschrieben im HGB. §§ 33 Abs. 2 (unten S. 70), 201 (unten S. 109, 110), 207 Abs. 4 (unten S. 112), 234 Abs. 2 (unten S. 114), 265 Abs. 2 (unten S. 122), 267 Abs. 2 (unten S. 124), 286 (unten S. 136), 296 Abs. 2 (unten S. 141) und 333 Abs. 1 (unten S. 160), im GmbHG. §§ 12 (unten S. 169), 39 Abs. 2 (unten S. 170), 59 (unten S. 183) und 67 Abs. 2 (unten S. 186).

2. Eine Zweigniederlassung ist vorhanden, wenn ein Kaufmann außerhalb des Ortes seines Hauptgeschäfts einen auf die Dauer berechneten Mittelpunkt wenigstens für einen bestimmten Kreis seiner geschäftlichen Beziehungen geschaffen hat, dem gegenüber dem Hauptgeschäft eine gewisse Selbständigkeit beiwohnt; es müssen also von der Zweigniederlassung aus eigene Geschäfte — im Gegensatz zu bloßen Vorbereitungs-, Vermittlungs- und Ausführungsgeschäften — abgeschlossen werden, sie muß eine äußerlich selbständige Leitung haben, mit einem nach innen gesonderten Geschäftsvermögen ausgestattet sein und es muß für sie eine besondere Buchführung bestehen, RG. 11. 4. 04 (27 A 210), vgl. ferner ROHG. 14, 401;

RGZ. 38, 261; 50, 428; KGJ. 5 S. 22 und 23; 14, 9; KG. 10. 12. 00 Rspr. 2, 198; OLG. Dresden 4. 12. 00 Rspr. 2, 91; OLG. Rostock 9. 8. 00 Rspr. 2, 92. Keine Zweigniederlassungen sind: bloße Verkaufs-, Empfangnahme- und Ablieferungsstellen, KGJ. 18, 17; ZBlFG. 1, 31; 4, 799; Generalagenturen einer Versicherungsgesellschaft, die zur Feststellung von Entschädigungsansprüchen nicht befugt und mit einem besonderen Geschäftsvermögen nicht ausgestattet sind, KG. 3. 10. 04 (28 A 208); Niederlassungen, von denen bloßer Warenvertrieb durch einen Handlungsagenten erfolgt, OLG. Dresden 24. 3. 03 ZBlFG. 4, 639; Niederlagen von Gasanstalten, in denen Gas aus von der Zentralstelle dorthin gesandten Rohstoffen hergestellt und an die Konsumenten nach fester Anweisung der Zentralstelle abgegeben wird, KG. 10. 6. 01 (22 A 91).

3. Eine Zweigniederlassung ist ohne Rücksicht auf den Umfang ihres Geschäftsbetriebs ins HR. einzutragen, KG. 11. 4. 04 (27 A 210).

4. Es ist aber die Eintragung der Firma bei dem Gericht der Zweigniederlassung nicht davon abhängig, daß die Zweigniederlassung beim Gericht der Hauptniederlassung eingetragen ist, KG. 20. 3. 00 (20 A 36). Ebenso bedürfen sonstige Registereinträge, die nur Rechtsverhältnisse der Zweigniederlassung betreffen, keiner vorgängigen Eintragung beim Gericht der Hauptniederlassung, RG. 1. 10. 02 ZBlFG. 3, 500; KGJ. 14, 242; 15, 12. Wird die Eintragung einer Zweigniederlassung beantragt mit dem Zusatz: „Die Vertretungsbefugnis des Prokuristen soll sich nicht auf die Zweigniederlassung erstrecken“, so kann der Registerrichter nicht vorherige Eintragung dieser Beschränkung im Hauptniederlassungsregister verlangen, KG. 11. 7. 02 Rspr. 6, 1.

Der Registerrichter der Zweigniederlassung hat die Zulässigkeit einer Eintragung, auch wenn sie bereits beim Gericht der Hauptniederlassung erfolgt ist, selbständig zu prüfen, KG. 18. 11. 01 (23 A 89), 12. 12. 04 (29 A 91); ist indessen eine Firma gemäß § 2 HGB. ins Register der Hauptniederlassung eingetragen, so hat bei Anmeldung der Zweigniederlassung das hierfür zuständige Gericht nicht mehr zu prüfen, ob das gewerbliche Unternehmen nach Art und Umfang einen in kaufmännischer Weise eingerichteten Geschäftsbetrieb erfordert, KG. 11. 4. 04 (27 A 210); ferner ist, soweit es sich um die Prüfung der Gesetzmäßigkeit des Beschlusses über die Erhöhung des Grundkapitals einer AG. und der erfolgten Erhöhung handelt, der Registerrichter der Zweigniederlassung, nachdem die Eintragung im Register der Hauptniederlassung erfolgt ist, zu einer selbständigen Prüfung nicht berechtigt, KG. 26. 10. 05 RJA. 6, 198.

5. Eine nach inländischem Recht unzulässige Firma kann nicht eingetragen werden; so ist die Beifügung eines ein Gesellschaftsverhältnis andeutenden Zusatzes zur Firma eines Einzelkaufmanns unzulässig, KGJ. 14, 9.

Ordnungsstrafverfahren.

§ 14 HGB.

Wer verpflichtet ist, eine Anmeldung, eine Zeichnung der Unterschrift oder eine Einreichung von Schriftstücken zum Handelsregister vorzunehmen,[1]) ist hierzu von dem Registergerichte[2]) durch Ordnungsstrafen anzuhalten.[3]) Die einzelne Strafe darf den Betrag von dreihundert Mark nicht übersteigen.

§ 132 FGG.

Sobald das Registergericht[2]) von einem sein Einschreiten nach den §§ 14, 319 und dem § 325 Nr. 9 des Handelsgesetzbuchs[4]) rechtfertigenden Sachverhalte glaubhafte Kenntnis [5]) erhält,[6]) hat es dem Beteiligten unter Androhung einer Ordnungsstrafe [7]) aufzugeben,[8]) innerhalb einer bestimmten Frist[9]) seiner gesetzlichen Verpflichtung nachzukommen oder die Unterlassung mittelst Einspruchs gegen die Verfügung zu rechtfertigen.[10])

Die Beschwerde gegen diese Verfügung ist unzulässig.[11])

§ 133 FGG.

Wird innerhalb der bestimmten Frist weder der gesetzlichen Verpflichtung genügt noch Einspruch erhoben,[12]) so ist die angedrohte Strafe festzusetzen [13]) und zugleich die frühere Verfügung unter Androhung einer erneuten Ordnungsstrafe zu wiederholen.

In gleicher Weise ist fortzufahren, bis der gesetzlichen Verpflichtung genügt [14]) oder Einspruch erhoben wird.

§ 134 FGG.

Wird rechtzeitig Einspruch erhoben, so hat das Gericht, wenn sich der Einspruch nicht ohne weiteres als begründet ergibt, zur Erörterung der Sache den Beteiligten zu einem Termine zu laden.[15])

Das Gericht kann, auch wenn der Beteiligte nicht erscheint, nach Lage der Sache entscheiden.

§ 135 FGG.

Wird der Einspruch für begründet erachtet, so ist die erlassene Verfügung aufzuheben.[16])

Anderenfalls hat das Gericht den Einspruch zu verwerfen und die angedrohte Strafe festzusetzen.[17]) Das Gericht kann, wenn die Umstände es rechtfertigen, von der Festsetzung einer Strafe absehen oder eine geringere als die angedrohte Strafe festsetzen.

Im Falle der Verwerfung des Einspruchs hat das Gericht zugleich eine erneute Verfügung nach § 132 zu erlassen. Die in dieser Verfügung bestimmte Frist beginnt mit dem Eintritte der Rechtskraft der Verwerfung des Einspruchs.

§ 136 FGG.

Wird im Falle des § 133 gegen die wiederholte Verfügung Einspruch erhoben und dieser für begründet erachtet, so kann das Gericht, wenn die Umstände es rechtfertigen, zugleich die früher festgesetzte Strafe aufheben oder an deren Stelle eine geringere Strafe festsetzen.

§ 137 FGG.

Gegen die Versäumung der Einspruchsfrist ist auf Antrag nach Maßgabe des § 22 Abs. 2[18]) die Wiedereinsetzung in den vorigen Stand zu erteilen.

§ 138 FGG.

Bei der Festsetzung der Ordnungsstrafe ist der Beteiligte zugleich in die Kosten des Verfahrens zu verurteilen.[19])

§ 139 FGG.

Gegen den Beschluß, durch welchen die Ordnungsstrafe festgesetzt oder der Einspruch verworfen wird, findet die sofortige Beschwerde[20]) statt.[21])

Ist die Strafe nach Maßgabe des § 133 festgesetzt, so kann die Beschwerde nicht darauf gestützt werden, daß die Verfügung, durch welche die Strafe angedroht worden ist, nicht gerechtfertigt gewesen sei.[22])

1. Den Grundsatz, daß das HR. stets in allen seinen Teilen vom Registerrichter richtig und einer inzwischen veränderten Sachlage entsprechend zu halten sei, kennt das HGB. nicht; die Fälle, in denen nachträgliche Veränderungen einzutragen sind, sind vielmehr besonders hervorgehoben. Es kann deshalb die Anmeldung nachträglicher Veränderungen der im HR. vermerkten Personalien — Namen, Stand, Wohnort — der dort eingetragenen natürlichen Personen nicht verlangt werden, KGJ. 9. 2. 05 (29 A 213). Aenderung der fälschlichen Standesbezeichnung eines Kaufmanns im HR. kann nicht im Wege des Ordnungsstrafverfahrens erzwungen werden, die Fälle der Beseitigung einer unzulässigen Eintragung sind in §§ 142 ff. FGG. (vgl. unten S. 36 ff.) geordnet, KG. 28. 9. 03 Rspr. 7, 342.

2. Die Einleitung eines Ordnungsstrafverfahrens durch das Landgericht, das auf Beschwerde gegen den ein Einschreiten ablehnenden Bescheid des Registergerichts mit der Sache befaßt wird, ist unzulässig, KG. 19. 10. 05 RJA. 6, 194. Auch die örtliche Zuständigkeit ist eine ausschließliche; die von einem unzuständigen Amtsgericht erlassenen Verfügungen sind vom Beschwerdegericht von Amts wegen aufzuheben, KG. 16. 11. 05 (31 A 206).

3. Ordnungsstrafen können nur gegen physische Personen verhängt werden, KG. 6. 1. und 28. 4. 02 Rspr. 4, 463; 6. 4. 05 Rspr. 12, 410; 29. 6. 05 (30 A 125).

4. §§ 319 und 325 HGB. sind unten abgedruckt (vgl. Paragraphenverzeichnis S. 10).

5. Die endgültige Entscheidung über die Registerpflicht hat erst im Einspruchsverfahren zu erfolgen, KG. 25. 5. 05 (30 **A** 116).

6. Lehnt das Registergericht auf die Anzeige eines Dritten sein Einschreiten ab, so steht dem Dritten eine Beschwerde nur zu, wenn sein Recht durch die Verfügung beeinträchtigt ist (§ 20 FGG.).

7. Bei Androhung der Ordnungsstrafe muß ein bestimmter Betrag angegeben werden, KG. 6. 4. 05 Rspr. 12, 410.

8. Die Verfügung ist dem Beteiligten durch Zustellung nach den für die Zustellung von Amts wegen geltenden Vorschriften der ZPO. bekannt zu machen (§ 16 Abs. 2 FGG.).

9. Ueber Berechnung der Frist vgl. § 17 FGG. Die Gerichtsferien sind ohne Einfluß auf den Lauf der Frist.

10. Die Verfügung ist genau den Vorschriften des Gesetzes anzupassen, Abweichungen, z. B. „binnen zwei Wochen das Firmenschild zu entfernen oder die Unterlassung zu rechtfertigen", sind unzulässig, KG. 30. 6. 02 Rspr. 5, 274, vgl. auch KG. 2. 11. 05 ZBlFG. 6, 637.

11. Auch wenn die Verfügung auf Anordnung des Beschwerdegerichts erlassen ist, ist nur Einspruch gegen die Verfügung, nicht Beschwerde gegen den landgerichtlichen Beschluß zulässig, KG. 2. 5. 04 Rspr. 9, 365. Gegen die Entscheidung des Landgerichts, die den Beschluß des Registerrichters, durch den die Strafandrohung auf Einspruch des Bedrohten ohne Anberaumung eines Termins zurückgezogen worden ist, beseitigt, findet keine weitere Beschwerde statt, vielmehr ist das Verfahren vom Registergericht durch Anberaumung eines Termins fortzusetzen, KG. 22. 4. 01 (22 **A** 8).

12. Der Einspruch kann nur von denjenigen physischen Personen eingelegt werden, gegen die die Verfügung gerichtet war; die Unterzeichnung mit der Gesellschaftsfirma genügt in der Regel für die Annahme, daß er seitens der Gesellschafter eingelegt ist, KG. 16. 11. 05 (31 A 206). Die Einlegung der „Beschwerde" ist, wenn fristgemäß geschehen, als Einspruch zu behandeln, auch wenn aus ihr die Absicht erhellt, die Oberinstanz anzurufen, KG. 12. 10. 03 Rspr. 7, 343; 18. 1. 06 (31 A 164). Auch das Gesuch um einstweilige Einstellung des Registerzwangs mit Rücksicht auf die Absicht einer Aenderung der Firma enthält einen Einspruch, KG. 21. 8. 00 ZBlFG. 1, 552. Die Ordnungsstrafe ist auch dann festzusetzen, wenn erst nach Ablauf der Frist der Verfügung genügt wird, KG. 8. 6. 03 (26 A 75), ferner, wenn der Einspruch zwar fristgemäß eingelegt, aber zurückgenommen ist, ein Widerruf dieser Zurücknahme ist unwirksam, KG. 8. 7. 01 Rspr. 5, 275.

13. Ueber Rechtsmittel vgl. § 139 FGG. (oben S. 33), über Vollstreckung der Ordnungsstrafe in Preußen Art. 16 Abs. 2 u. 3 Pr. FGG.

14. Wird gegen eine Verfügung des Registergerichts, durch die eine infolge Strafandrohung angemeldete Firma für nicht eintragungsfähig erklärt wird, „Einspruch" eingelegt, so ist der Rechtsbehelf als Beschwerde zu behandeln, KG. 14. 12. 03 (27 A 216).

15. Hinsichtlich des Auftretens von Beiständen und Bevollmächtigten gilt § 13 FGG. Die im Termin ergehende Entscheidung kann, wenn der Beteiligte erschienen ist, ihm zu Protokoll bekannt gemacht werden.

16. Erachtet das Landgericht auf Beschwerde der Handelskammer Aufhebung und Einspruch für unbegründet, so hat es selbst den Einspruch zu verwerfen und über die Straffestsetzung zu entscheiden, KG. 29. 5. 01 (22 A 12); 29. 6. 03 Rspr. 7, 343. Gegen die Festsetzung einer Ordnungsstrafe durch das Beschwerdegericht findet sofortige weitere Beschwerde statt, KG. 18. 5. 05 Rspr. 12, 218.

17. Verwerfung und Straffestsetzung müssen zugleich erfolgen; ist letztere unterblieben, so muß der unvollständige Beschluß nachträglich ergänzt werden, KG. 28. 12. 03 (27 A 72).

18. § 22 Abs. 2 lautet:

Einem Beschwerdeführer, der ohne sein Verschulden verhindert war, die Frist einzuhalten, ist auf Antrag von dem Beschwerdegerichte die Wiedereinsetzung in den vorigen Stand zu erteilen, wenn er die Beschwerde binnen zwei Wochen nach der Beseitigung des Hindernisses einlegt und die Tatsachen, welche die Wiedereinsetzung begründen, glaubhaft macht. Eine Versäumung der Frist, die in dem Verschulden eines Vertreters ihren Grund hat, wird als eine unverschuldete nicht angesehen. Gegen die Entscheidung über den Antrag findet die sofortige weitere Beschwerde statt. Nach dem Ablauf eines Jahres, von dem Ende der versäumten Frist an gerechnet, kann die Wiedereinsetzung nicht mehr beantragt werden.

19. Nur unter den Voraussetzungen des § 138 kann die Belastung eines Beteiligten mit Gebühren und Auslagen erfolgen, KG. 28. 11. 04 Recht 05, 199.

20. Vgl. §§ 22, 24, 29 Abs. 2 FGG.

21. Die Beschwerde eines von mehreren Bestraften nützt den andern auch dann nichts, wenn sie notwendige Streitgenossen im Sinne des § 62 ZPO. sind. ObLG. München 7. 12. 00 Rspr. 4, 100.

22. Wohl aber darauf, daß ein Fall schuldhafter Versäumnis nicht vorgelegen habe, KG. 8. 6. 03 (26 A 75).

Löschung unzulässiger Eintragungen.

§ 142 FGG.

[1]) Ist eine Eintragung in das Handelsregister bewirkt,[2]) obgleich sie wegen Mangels einer wesent-

lichen Voraussetzung unzulässig war,[3]) so kann das Registergericht sie von Amts wegen[4]) löschen.[5]) Die Löschung geschieht durch Eintragung eines Vermerkes.

Das Gericht hat den Beteiligten von der beabsichtigten Löschung zu benachrichtigen und ihm zugleich eine angemessene Frist zur Geltendmachung eines Widerspruchs zu bestimmen.

Auf das weitere Verfahren finden die Vorschriften des § 141 Abs. 3, 4 Anwendung.[6])

§ 143 FGG.

Die Löschung einer Eintragung kann gemäß den Vorschriften des § 142 auch von dem Landgerichte verfügt werden, welches dem Registergericht im Instanzenzuge vorgeordnet ist.[7]) Die Vorschrift des § 30 Abs. 1 Satz 2 findet Anwendung.[8])

Gegen die einen Widerspruch zurückweisende Verfügung des Landgerichts findet die sofortige Beschwerde an das Oberlandesgericht mit der Maßgabe statt, daß die Vorschriften des § 28 Abs. 2, 3 zur entsprechenden Anwendung kommen.[9]) Die weitere Beschwerde ist ausgeschlossen.

1. Ueber die Löschung der auf Grund des bisherigen Landesrechts bewirkten, nach dem HGB. unzulässigen Eintragungen vgl. für Preußen Art. 2 Pr. AGHGB.

2. Wer Einwände gegen die Bewirkung einer Eintragung vorzubringen hat, braucht damit nicht bis zur Eintragung zu warten, sondern kann versuchen, die Eintragung durch Geltendmachung seiner Einwände zu

verhindern, KG. 25. 4. 04 (28 A 63), ObLG. München 10. 2. 06 ZBlFG. 6, 888. Ist aber die Eintragung in der Beschwerdeinstanz angeordnet und erfolgt, so kann nicht weitere Beschwerde mit dem Antrag auf Löschung erhoben werden, vielmehr ist nunmehr der Löschungsanspruch selbständig gemäß §§ 142, 143 geltend zu machen, KG. 15. 2. 06 RJA. 7, 116.

3. Die Löschung von Amts wegen setzt voraus, daß die Eintragung sowohl zur Zeit ihrer Vornahme unstatthaft war als auch zur Zeit der beabsichtigten Löschung unzulässig oder wenigstens unnötig ist; trifft nur das letztere zu, so muß zunächst die Anmeldung des Erlöschens herbeigeführt werden und nur, wenn dies nicht gelingt, kann das Erlöschen von Amts wegen eingetragen werden, KG. 8. 12. 03 ZBlFG. 4, 44. Durch nachträgliche Beseitigung des Mangels, wenn solche möglich ist, wird die Löschung verhindert, KG. 28. 11. 04 (28 A 228).

Ueber Beschränkung der Zulässigkeit der Löschung von Amts wegen vgl. § 144 (unten abgedruckt, vgl. Paragraphenverzeichnis S. 13). Handelt es sich um Löschungen anderer Art als die im § 144 bezeichneten, so gelten §§ 142, 143 auch für Aktien-, Aktienkommanditgesellschaften und Gesellschaften m. b. H., KG. 18. 4. 04 (27 A 232).

Schreibfehler und ähnliche offenbare Unrichtigkeiten können kurzer Hand berichtigt werden; vgl. für Preußen § 24 AVf. v. 7. 11. 99 (Anhang I).

4. Die §§ 142, 143 finden auch dann Anwendung, wenn ein von einer angeblich unzulässigen Eintragung berührter Dritter ihre Löschung betreibt, KG. 25. 5. 05 (30 A 141); 4. 1. 06 RJpr. 12, 224. Wird von dem Dritten gegen die Eintragungsverfügung Beschwerde beim Landgericht eingelegt mit dem Antrage, die Eintragungsverfügung aufzuheben, die Eintragung für unzulässig zu erklären und das Amtsgericht zur Herbeiführung der Löschung anzuweisen, so ist die Beschwerde vom Landgericht als Antrag aus § 143 zu behandeln, KG. 28. 11. 04 (28 A 228). Auch ein Antrag, eine ins HR. bereits eingetragene Aenderung rückgängig zu machen, muß unter Berücksichtigung des § 142 sachlich geprüft werden, OLG. Hamburg 6. 11. 03 Rspr. 8, 241.

Gegen die den Antrag eines Dritten ablehnende Verfügung findet, wenn ein privates oder öffentliches Recht des Antragstellers verletzt ist, einfache Beschwerde nach § 20 FGG. statt, ObLG. München 6. 8. 02 Rspr. 5, 445; KG. 2. 2. 03 Rspr. 7, 211; 11. 4. 04 (28 A 39); 9. 7. 04 Rspr. 9, 248, aber nicht schon dann, wenn der Antragsteller bloß ein rechtliches Interesse an der Durchsetzung seines Antrages hat, KG. 23. 4. 06 ZBlFG. 7, 48. Ueber die Beschwerde entscheidet, wenn die ablehnende Verfügung vom Landgericht erlassen ist, das Oberlandesgericht (in Preußen das Kammergericht), KG. 28. 11. 04 (28 A 228); 4. 1. 06 Rspr. 12, 224.

5. Wird nach Einleitung des Löschungsverfahrens wegen Mangels eines registerpflichtigen Gewerbes ein solches unter derjenigen Firma, deren Löschung beim Amtsgericht eben wegen dieses Mangels angeregt ist, begründet, so steht dies dem Löschungsverfahren nicht entgegen, es ist vielmehr nach § 142 zu verfahren und die Beteiligten können ihre Rechte im Widerspruchs- bezw. Beschwerdeverfahren geltend machen, KG. 6. 4. 04 Rspr. 9, 369.

6. § 141 Abs. 3 u. 4 sind abgedruckt S. 65.

7. Ueber das Verfahren des Landgerichts vgl. KG. 11. 4. 04 (28 A 39).

8. Zuständigkeit der Kammern für Handelssachen, wenn solche gebildet sind.

9. § 28 Abs. 2 u. 3 regeln die Zuständigkeit des Reichsgerichts, falls das Beschwerdegericht in einer Rechtsfrage von einer früheren oberlandesgerichtlichen oder reichsgerichtlichen Entscheidung abweichen will.

B. Einzelvorschriften über Registerinhalt und -führung.

I. Die Firma.

Anmeldung.

§ 29 HGB.

Jeder Kaufmann[1]) ist verpflichtet, seine Firma[2]) und den Ort seiner Handelsniederlassung[3]) bei dem Gericht, in dessen Bezirke sich die Niederlassung befindet, zur Eintragung in das Handelsregister anzumelden;[4]) er hat seine Firma zur Aufbewahrung bei dem Gerichte zu zeichnen.

1. I. Die Voraussetzungen der Kaufmannseigenschaft werden geregelt in §§ 1, 2 HGB., welche lauten:

§ 1. Kaufmann im Sinne dieses Gesetzbuchs ist, wer ein Handelsgewerbe betreibt.

Als Handelsgewerbe gilt jeder Gewerbebetrieb, der eine der nachstehend bezeichneten Arten von Geschäften zum Gegenstande hat:

1. die Anschaffung und Weiterveräußerung von beweglichen Sachen (Waren) oder Wertpapieren, ohne Unterschied, ob die Waren unverändert oder nach einer Bearbeitung oder Verarbeitung weiter veräußert werden;
2. die Uebernahme der Bearbeitung oder Verarbeitung von Waren für andere, sofern der Betrieb über den Umfang des Handwerks hinausgeht;
3. die Uebernahme von Versicherungen gegen Prämie;
4. die Bankier- und Geldwechslergeschäfte;

5. die Uebernahme der Beförderung von Gütern oder Reisenden zur See, die Geschäfte der Frachtführer oder der zur Beförderung von Personen zu Lande oder auf Binnengewässern bestimmten Anstalten sowie die Geschäfte der Schleppschiffahrtsunternehmer;
6. die Geschäfte der Kommissionäre, der Spediteure oder der Lagerhalter;
7. die Geschäfte der Handlungsagenten oder der Handelsmäkler;
8. die Verlagsgeschäfte sowie die sonstigen Geschäfte des Buch- oder Kunsthandels;
9. die Geschäfte der Druckereien, sofern ihr Betrieb über den Umfang des Handwerks hinausgeht.

§ 2. Ein gewerbliches Unternehmen, das nach Art und Umfang einen in kaufmännischer Weise eingerichteten Geschäftsbetrieb erfordert, gilt, auch wenn die Voraussetzungen des § 1 Abs. 2 nicht vorliegen, als Handelsgewerbe im Sinne dieses Gesetzbuchs, sofern die Firma des Unternehmers in das Handelsregister eingetragen worden ist. Der Unternehmer ist verpflichtet, die Eintragung nach den für die Eintragung kaufmännischer Firmen geltenden Vorschriften herbeizuführen.

Die Postverwaltungen des Reichs und der Bundesstaaten gelten nicht als Kaufleute (§ 452 HGB.). Auf die Reichsbank finden die Bestimmungen über Eintragung ins HR. keine Anwendung (§ 66 d. Bankgesetzes v. 14. 3. 75). Auf Bergwerksgesellschaften, die nach den Landesgesetzen nicht die Rechte einer juristischen Person besitzen, findet § 2 keine Anwendung (Art. 5 EGHGB.). Auch Mitglieder des hohen Adels unterliegen der Eintragungspflicht, KG. 23. 9. 01 (23 A 77).

a) Für den Begriff des Gewerbes ist die Absicht ausschlaggebend, aus der einen Komplex von Geschäften umfassenden Tätigkeit eine dauernde Einnahmequelle zu machen; die Vornahme einzelner Geschäfte genügt nicht, KG. 18. 4. 04 (28 A 33), vgl. ROHG. 3, 407; 14, 118; RGZ. 37, 297; 38, 18. Die Gewinnabsicht ist verneint für einen dem Genossenschaftsgesetz nicht unterstehenden, sich im Geschäftsverkehr auf die Mitglieder beschränkenden Konsumverein trotz Auszahlung von Dividende, KG. 17. 12. 00 (21 A 75), vgl. auch ROHG. 5, 210; ebenso für einen die Pflege kirchlichen Sinnes und Lebens bezweckenden Verein trotz des Betriebs einer Herberge, KG. 18. 4. 04 (28 A 33). Dagegen wird die Gewinnabsicht durch die gleichzeitige Verfolgung eines wohltätigen oder gemeinnützigen Zweckes nicht ausgeschlossen und auch nicht dadurch, daß der bei Verfolgung des wohltätigen oder gemeinnützigen Zweckes erzielte Gewinn wiederum wohltätigen oder gemeinnützigen Zwecken zu Gute kommen soll. (Sparkasse mit auf Erzielung regelmäßiger Ueberschüsse gerichtetem Geschäftsbetrieb.) OLG. Jena 20. 12. 00 RJA. 2, 23. Wenn ein Verein außerhalb seines nicht gewerbsmäßigen Hauptunternehmens einen für sich gesondert zu beurteilenden, auf Gewinn abzielenden Einzelbetrieb hat (z. B. geselliger Verein mit Weinvertrieb an Nichtmitglieder), so ist er hinsichtlich dieses Einzelbetriebs registerpflichtig, KG. 1. 1. 06 Rspr. 12, 413. Von dem Gewerbebegriff ist der rein wissenschaftliche und künstlerische Beruf sowie die Tätigkeit als öffentlicher Beamter, als Rechtsanwalt und Geistlicher auszuscheiden; ebenso auch die ärztliche Berufstätigkeit, es kann indessen der gleichzeitige Betrieb einer Krankenheilanstalt durch einen Arzt ein registerpflichtiges Gewerbe darstellen, KG. 14. 1. 01 (21 A 247); 9. 11. 03 Rspr. 8, 89. Ein Theaterdirektor kann nach § 2 firmenpflichtig sein, OLG. Dresden 7. 7. 03 ZBlFG. 4, 637; KG. 26. 10. 03 (26 A 212).

b) Der Betrieb des Gewerbes muß in eigenem Namen, wenn auch für fremde Rechnung erfolgen, ROHG. 21, 305; RGZ. 37, 61; ObLG. München 4. 10. 01 Rspr. 3, 406; er kann auch durch einen Vertreter geschehen. Die Erwerbsabsicht muß nach außen dem Publikum gegenüber hervortreten, ROHG. 22, 303; RG. JW. 94, 19. Der Gewerbebetrieb braucht aber nicht die ausschließliche oder auch nur die Hauptbeschäftigung des Unternehmers zu bilden, ROHG. 9, 436; RGSt. 8, 147; RG. 24. 4. 06 JW. 06, 396.

c) Die Aufzählung der Grundhandelsgeschäfte in § 1 Abs. 2 ist erschöpfend. Unter Nr. 1 fällt nicht die Weiterveräußerung selbsterzeugter Waren, z. B. Betrieb eines Steinbruchs, einer Ziegelei, wohl aber der Betrieb des Töpfereigewerbes durch Ankauf von Kacheln im großen und Lieferung von Oefen, RG. 23. 10. 01 JW. 01, 844; ferner ein die Lieferung von Zimmermanns- und Schreinerartikeln verfolgendes Baugeschäft, OLG. Karlsruhe 20. 2. 02 ZBlFG. 2, 845. Die Geschäfte der Lotteriekollekteure sind nicht unter Nr. 1 zu rechnen OLG. Dresden 23. 3. 06 Rspr. 12, 436. Ein Hotelbetrieb kann nach § 1 Nr. 1 oder nach § 2 registerpflichtig sein, KG. 14. 12. 05 DJZ. 06, 766. Ueber die Voraussetzungen, unter denen das Verleihen von Dreschmaschinen als Handelsgeschäft nach Nr. 2 anzusehen ist, vgl. KG. 30. 9. 01 (23 A 85) und OLG. Zweibrücken 2. 11. 04 Recht 05, 169. Die Geschäfte der Pfandleiher gelten nach der Verkehrssitte nicht als Bankiergeschäfte im Sinne der Nr. 4; das Pfandleihgewerbe kann aber nach § 2 firmenpflichtig sein, KG. 29. 2. 04 RJA. 4, 153. Müllabfuhr ist kein Frachtgeschäft im Sinne der Nr. 5 KG. 6. 6. 04 Rspr. 9, 237. Unter Nr. 7 fallen die Kursmakler, KGJ. 17, 6; OLG. Dresden 28. 8. 03 ZBlFG. 4, 637, die Generalagenten von Versicherungsgesellschaften, sofern sie nicht unselbständige Angestellte sind, KGJ. 19, 19; KG. 18. 3. 01 (22 A 75), OLG. Colmar 4. 8. 02 ZBlFG. 3,

544; dagegen nicht Grundstücks- und Hypothekenvermittler, die nur nach § 2 registerpflichtig sein können (ZBlFG. 5, 254). Photographische Anstalten, die dem Zwecke der Vervielfältigung dienen, stehen, wenn die Vervielfältigung auch nicht auf dem Wege des eigentlichen Druckverfahrens stattfindet, den Druckereien im Sinne der Nr. 9 gleich, KG. 25. 5. 05 (30 A 116).

Die Anwendbarkeit des § 2 setzt das doppelte Erfordernis voraus, daß das gewerbliche Unternehmen sowohl nach seiner Art wie nach seinem Umfang einen kaufmännischen Geschäftsbetrieb erfordert, KG. 29. 10. 00 Rspr. 2, 142. Es können hierunter fallen: Auktionatoren OLG. Oldenburg 26. 3. 02 ZBlFG. 2, 834; Bauunternehmer, OLG. Darmstadt 30. 5. 02 ZBlFG. 4, 511; KG. 29. 10. 00 Rspr. 2, 142; 20. 11. 00 ZBlFG. 1, 789; 30. 3. 03 Rspr. 7, 145; Grundstückshändler und Unternehmer von Grundstücksparzellierungen, ObLG. München 22. 5. 03 ZBlFG. 4, 120; KG. 9. 11. 03 (26 A 209); 20. 6. 04 Rspr. 9, 238; Maurermeister, OLG. Rostock 5. 1. 05 ZBlFG. 5, 801; Pensionatsbesitzer, KG. 15. 4. 01 ZBlFG. 2, 7; Pfandleiher, KG. 29. 2. 04 (27 A 201); Photographen, OLG. Dresden 10. 8. 04 ZBlFG. 5, 569; Zimmermeister, die nur Arbeitsaufträge ausführen, KG. 11. 3. 01 Rspr. 2, 395; Zimmervermieter, KG. 14. 12. 05 Rspr. 12, 404.

II. Minderkaufleute. Die Vorschriften über die Firmen finden nach § 4 HGB. keine Anwendung „auf Handwerker sowie auf Personen, deren Gewerbebetrieb nicht über den Umfang des Kleingewerbes hinausgeht". „Die Landesregierungen sind befugt, Bestimmungen zu erlassen, durch welche die Grenze des Kleingewerbes auf der Grundlage der nach dem Geschäftsumfange bemessenen Steuerpflicht oder in Ermangelung einer solchen Besteuerung nach anderen Merkmalen näher festgesetzt wird." (In Preußen sind der Justizminister und der Minister für Handel und Gewerbe gemeinschaftlich zuständig — Art. 1 Pr. AGHGB. —, haben aber von dieser Befugnis bisher keinen Gebrauch gemacht.)

Für die Frage, ob ein Handwerksbetrieb vorliegt, ist entscheidend nicht sowohl der jährliche Umsatz und die Größe des Geschäftspersonals, als vielmehr die Art wie das Unternehmen geführt wird (Verhältnis des Meisters zu seinen Gehilfen, Art des Personals, Art und Maß der Arbeitsteilung, Verwendung von Maschinenkraft, Benutzung des Kredits im Wechselverkehr), KGJ. 9, 11; ObLG. München 11. 12. 03 (27 A 300); vgl. auch RGSt. 1, 382; 24 S. 80 u. 357; 25, 4; 31, 178; RGZ. 57, 381. § 4 findet auf Handwerker schlechthin Anwendung ohne Rücksicht auf den Umfang ihres Betriebs, ObLG. München 11. 12. 03 KGJ. 27 A 300; andererseits ist aber § 2 auch auf ein solches Unternehmen zu beziehen, welches an sich dem Handwerk zuzurechnen ist, und die Eintragungspflicht gemäß § 2 wird bei einem über das Handwerk hinausgehenden Betrieb nicht dadurch ausgeschlossen, daß der Unternehmer daneben auch noch Handwerker ist, vgl. RG. 8. 4. 05 RJA. 6, 39. Ueber die Voraussetzungen der Registerpflichtigkeit einzelner Gewerbe vgl. KG. 10. 12. 00 (21 A 68); 9. 11. 03 (27 A 60); OLG. Dresden 20. 12. 05 ZBlFG. 6, 769: Schlächter; KG. 24. 12. 00 ZBlFG. 2, 30; OLG. Dresden 13. 7. 05 Rspr. 11, 371: Bäcker; KG. 29. 5. 01 ZBlFG. 2, 379: Schneider.

Für die Abgrenzung des Kleingewerbes ist maßgebend, ob der Betrieb seiner inneren Natur und seinem ganzen Charakter nach zu einer kaufmännischen Organisation hindrängt (namentlich entscheidend ist: Betriebskapital, Umsatz, Ertrag, Gewerbesteuer, Größe und Beschaffenheit des Betriebslokals, nicht handwerksmäßige Organisation des Betriebs), KG. 13. 5. 01 (22 A 276) vgl. RG. 23. 2. 06 JW. 06, 205. Ueber den Begriff des Kleingewerbes beim Gastwirtschaftsbetriebe vgl. OLG. Hamburg 13. 7. 04 Rspr. 9, 240.

Wenn ein Gewerbe auf den Großbetrieb angelegt ist, so ist die Eintragung zulässig, auch wenn der Betrieb zur Zeit noch nicht zur vollen Entfaltung gekommen ist; nicht aber, wenn das Kleingewerbe sich nur möglicher oder wahrscheinlicher Weise allmählich zum Großbetriebe auswachsen kann, KG. 22. 12. 02 Rspr. 7, 146. Sinkt ein ursprünglich als Gewerbe eines Vollkaufmanns anzusehender Betrieb dauernd auf den Umfang des Kleingewerbes herab, so wird die Firmenführung unzulässig, KG. 24. 6. 01 Rspr. 3, 404. Ist ein kleingewerblicher Betrieb ins HR. eingetragen, so ist das Registergericht zur Untersagung des Gebrauchs und zur Löschung der eingetragenen Firma berechtigt, KG. 1. 2. 06 (31 **A** 147).

III. Land- und Forstwirtschaft. § 3 HGB. bestimmt:

> Auf den Betrieb der Land- und Forstwirtschaft finden die Vorschriften der §§ 1, 2 keine Anwendung.
>
> Ist mit dem Betriebe der Land- oder Forstwirtschaft ein Unternehmen verbunden, das nur ein Nebengewerbe des land- oder forstwirtschaftlichen Betriebs darstellt, so findet auf dieses der § 2 mit der Maßgabe Anwendung, daß der Unternehmer berechtigt, aber nicht verpflichtet ist, die Eintragung in das Handelsregister herbeizuführen; werden in dem Nebengewerbe Geschäfte der im § 1 bezeichneten Art geschlossen, so gilt der Betrieb dessen ungeachtet nur dann als Handelsgewerbe, wenn der Unternehmer von der Befugnis, seine Firma gemäß § 2 in das Handelsregister eintragen zu lassen, Gebrauch gemacht hat. Ist die Eintragung erfolgt, so findet eine Löschung der Firma nur nach den allgemeinen Vorschriften statt, welche für die Löschung kaufmännischer Firmen gelten.

Ein gewerbliches Unternehmen ist Nebengewerbe des landwirtschaftlichen Betriebs, wenn es mit diesem in einem solchen Zusammenhange steht, daß der landwirtschaftliche Betrieb als das Hauptunternehmen erscheint, an das es sich als ein auf ihm beruhendes, von ihm abhängiges Unternehmen anschließt, indem es eine gewinnreichere Verwertung der Erzeugnisse des landwirtschaftlichen Betriebs durch deren Verarbeitung oder eine ausgiebigere Ausnutzung der vorhandenen Arbeitskräfte ermöglicht oder in anderer Weise ihn fördert, seine Erträgnisse erhöht, ObLG. München 9. 5. 03 ZBlFG. 4, 120. Ziegeleibetrieb ist landwirtschaftliches Nebengewerbe, wenn das Unternehmen die Gewinnung und Verwertung der anorganischen Bodenbestandteile des im allgemeinen der Landwirtschaft gewidmeten Grundstücks bezweckt; der absolute Umfang des Ziegeleigewerbes ist dabei gleichgültig; auch wird der Begriff des Nebengewerbes nicht dadurch ausgeschlossen, daß sich der Landwirt zum Zwecke des Ziegeleibetriebs mit andern zu einer Gesellschaft vereinigt, KG. 3. 6. 01 (22 A 82); 10. 2. 02 (24 A 63); 22. 12. 02 Rspr. 6, 233, wohl aber durch vornehmliche Verwendung angeschafften Tons, KG. 22. 2. 04 (27 A 205).

IV. § 6 HGB. bestimmt:

Die in Betreff der Kaufleute gegebenen Vorschriften finden auch auf die Handelsgesellschaften Anwendung.

Die Rechte und Pflichten eines Vereins, dem das Gesetz ohne Rücksicht auf den Gegenstand des Unternehmens die Eigenschaft eines Kaufmanns beilegt, werden durch die Vorschrift des § 4 Abs. 1 nicht berührt.

Unter Abs. 2 fallen Aktiengesellschaften (§ 210 Abs. 2), Kommanditgesellschaften auf Aktien (§ 320 Abs. 3), eingetragene Genossenschaften (§ 17 Abs. 2 GenG.), Gesellschaften m. b. H. (§ 13 Abs. 3 GmbHG.). Nach § 16 PrivVUntG. finden die in Betreff der Kaufleute im ersten und dritten Buche des HGB. gegebenen Vorschriften mit Ausnahme der §§ 1 bis 7 auf die Versicherungsvereine auf Gegenseitigkeit entsprechende Anwendung, soweit das PrivVUntG. nicht ein anderes bestimmt.

2. I. § 17 HGB.:

Die Firma eines Kaufmanns ist der Name, unter dem er im Handel seine Geschäfte betreibt und die Unterschrift abgiebt.

Ein Kaufmann kann unter seiner Firma klagen und verklagt werden.

Unter Kaufmann im Sinne des § 17 ist nur ein Vollkaufmann zu verstehen; wenn Minderkaufleute oder Nichtkaufleute in ihrem Geschäftsbetrieb sich einer kaufmännischen Firma bedienen, so gebrauchen sie im Sinne des § 37 HGB. (vgl. unten S. 66) eine ihnen nicht zustehende Firma und können vom Registergericht zur Unterlassung des Gebrauchs angehalten werden; die Teilhaber einer Gesellschaft nach bürgerlichem Recht dürfen ihrem Geschäftsnamen nicht eine solche Gestaltung geben, daß er nach der Auffassung im Verkehrsleben sich als eine kaufmännische Firma darstellt, KG. 28. 9. 05 Rspr. 11, 380 (abweichend OLG. Hamburg 10. 7. 05 ebenda). Der Gebrauch der deutschen Sprache für eine Firma ist nicht vorgeschrieben, KGJ. 8, 23; OLG. Kolmar 2. 7. 02 Rspr. 5, 273. Das Recht, eine den gesetzlichen Bestimmungen nicht entsprechende Firma zu führen, kann durch Ersitzung nicht erworben werden, RG. 3. 12. 01 ZBlFG. 3, 123. Ein Einzelkaufmann kann für mehrere Geschäfte auch mehrere Firmen führen, ROHG. 20, 36.

Für den Fall einer Namensänderung bestimmt § 21 HGB.:

Wird ohne eine Aenderung der Person der Name des Geschäftsinhabers oder der in der Firma enthaltene Name eines Gesellschafters geändert, so kann die bisherige Firma fortgeführt werden.

Zur Wahrung der Ausschließlichkeit der Firma bestimmt § 30 HGB.:

Jede neue Firma muß sich von allen an demselben Orte oder in derselben Gemeinde bereits bestehenden und in das Handelsregister eingetragenen Firmen deutlich unterscheiden.

Hat ein Kaufmann mit einem bereits eingetragenen Kaufmanne die gleichen Vornamen und den gleichen Familiennamen und will auch er sich dieser Namen als seiner Firma bedienen, so muß er der Firma einen Zusatz beifügen, durch den sie sich von der bereits eingetragenen Firma deutlich unterscheidet.

Besteht an dem Orte oder in der Gemeinde, wo eine Zweigniederlassung errichtet wird, bereits eine gleiche eingetragene Firma, so muß der Firma für die Zweigniederlassung ein der Vorschrift des Abs. 2 entsprechender Zusatz beigefügt werden.

Durch die Landesregierungen kann bestimmt werden, daß benachbarte Orte oder Gemeinden als ein Ort oder als eine Gemeinde im Sinne dieser Vorschriften anzusehen sind.

Der Zusatz „in Liquidation" genügt nicht zur Unterscheidung, RGZ. 29, 66, wohl aber der die Gesellschaftsform bezeichnende gesetzliche Zusatz, KG. 29. 6. 03 (26 A 215) — abweichend OLG. Karlsruhe 2. 7. 02 ZBlFG. 3, 299. Eine Firma, welche tatsächlich erloschen, aber im HR. noch eingetragen ist, bildet kein Hindernis für die Eintragung einer neuen gleichlautenden Firma, RGZ. 29, 66, wohl aber die Firma einer in Liquidation befindlichen Gesellschaft, KGJ. 10, 17. Hinsichtlich der Frage der deutlichen Unterscheidung setzt das Gesetz voraus, daß die Identität der Firma von jedem Interessenten mit der im Verkehr erforderlichen Sorgfalt geprüft wird, wenn es ihm auch keine eingehende Untersuchung zumutet, KG. 3. 11. 02 Rspr. 6, 109, vgl. auch KG. 1. 2. 03 Rspr. 6, 338; OLG. Hamburg 3. 12. 00

Rspr. 2, 91; 9. 6. 05 Rspr. 11, 20. Dabei ist von der kaufmännischen Sitte auszugehen, nach welcher eine Firma genau so, wie sie angenommen ist, gebraucht wird; die Möglichkeit, daß der Gebrauch der Firma in verstümmeltem Zustande zu Verwechselungen führen kann, ist außer Betracht zu lassen, KGJ. 13, 28; RGZ. 20, 71. Sind bei der Vereinigung zweier Gemeinden in der einen und der anderen gleichlautende Firmen vorhanden, so findet ein Zwang zur Beifügung eines unterscheidenden Zusatzes nicht statt, KGJ. 16, 11. Die Firma einer Zweigniederlassung muß grundsätzlich mit der des Hauptgeschäfts übereinstimmen, indessen ist ein Zusatz, der nur gerade die Zweigniederlassung kennzeichnet, zulässig, OLG. Dresden 9. 10. 00 ZBlFG. 2, 150; nach ObLG. München 10. 2. 06 RJA. 7, 114 soll auch ein ein Nachfolgeverhältnis andeutender Zusatz zur Firma einer Zweigniederlassung, sofern nur die Zweigniederlassung durch die Firma als solche gekennzeichnet bleibt, zulässig sein.

Ueber den Erlaß der im Abs. 4 vorgesehenen Bestimmungen vgl. für Preußen Art. 1 Abs. 2 AGHGB. und JMBl. 99 S. 557 u. 803; 03, 229.

II. Ursprüngliche Firma.

a) Firma eines Einzelkaufmanns. § 18 HGB.:

Ein Kaufmann, der sein Geschäft ohne Gesellschafter oder nur mit einem stillen Gesellschafter betreibt, hat seinen Familiennamen mit mindestens einem ausgeschriebenen Vornamen als Firma zu führen.

Der Firma darf kein Zusatz beigefügt werden, der ein Gesellschaftsverhältnis andeutet oder sonst geeignet ist, eine Täuschung über die Art oder den Umfang des Geschäfts oder die Verhältnisse des Geschäftsinhabers herbeizuführen. Zusätze, die zur Unterscheidung der Person oder des Geschäfts dienen, sind gestattet.

Es ist unzulässig, daß jemand, welcher kein Handelsgeschäft betreibt, seinen Namen als Firma lediglich zu dem Zweck eintragen läßt, damit davon für das Handelsgeschäft eines anderen Gebrauch gemacht werden kann, RGZ. 3, 120; 25, 1, vgl. auch ROHG. 6, 246; 10, 292.

Der Familienname muß in der Form in die Firma aufgenommen werden, wie der Firmeninhaber ihn nach den Gesetzen des Staates, dem das Registergericht angehört, führen darf, KG. 25. 5. 02 (24 A 163); 2. 2. 04 (27 A 64); er darf mit dem Zusatz „Fabrik" in adjektiver Form verbunden werden, KGJ. 5, 20. Der Vorname muß in der dem Firmeninhaber von Rechts wegen zukommenden Form, nicht z. B. in der Verkleinerungsform Fritz statt Friedrich, aufgenommen werden, KG. 9. 1. 02 (23 A 205). Statthaft ist es, daß ein Einzelkaufmann mit seinem Familiennamen denjenigen seiner Ehefrau verbindet, insoweit nicht § 18 Abs. 2 entgegensteht, RGZ. 16, 60; KG. 23. 8. 05 Recht 06, 868.

Für die Statthaftigkeit eines Zusatzes ist wesentlich, daß er objektiv geeignet ist, zur näheren Bezeichnung der Person oder des Geschäfts zu dienen; der Zusatz kann auch dem Namen vorangestellt werden, KGJ. 10, 14. Zusätze, die nichts als eine Reklame darstellen, z. B. der Zusatz „einzige", sind unzulässig, RGZ. 3, 165. Andererseits ist aber die Zulässigkeit von Zusätzen nicht auf den Fall beschränkt, daß sie behufs Unterscheidung der Firma von gleichen oder ähnlichen Firmen erforderlich erscheinen; Phantasiebezeichnungen (Phönix) sind zulässig, KG. 2. 7. 00 (20 A 267). Wahrheitsgetreue Zusätze, die den Sitz und die Art des Geschäfts näher bezeichnen, sind auch dann gestattet, wenn sie zugleich für ein anderes Geschäft am gleichen Orte zutreffen, RG. 25. 3. 03 (54, 183). Ein Zusatz ist nicht zu beanstanden, wenn er nicht an sich irreführend ist, sondern nur nach den besonderen örtlichen Verhältnissen die mit diesen bekannten Personen täuschen kann, OLG. Stuttgart

24. 6. 04, KGJ. 28 A 307. Als irreführend sind folgende Zusätze angesehen: Der Zusatz „früher Schön", wenn das Geschäft nur in den Räumen des früheren Schönschen Geschäfts betrieben wird, OLG. Cassel 27. 10. 03 Rspr. 10, 228; der Zusatz „vormals K. & Z.", wenn die frühere Firma nicht miterworben ist, ObLG. München 29. 9. 04 Rspr. 10, 229 (vgl. aber OLG. Stuttgart 27. 10. 99 ZBlFG. 2, 150); der Zusatz „Hamburger Engroslager", sofern das Vorhandensein eines solchen mit Rücksicht auf die für das Lager bestimmten Räumlichkeiten und auf den Wert der Gegenstände zu verneinen ist, KG. 2. 7. 00 ZBlFG. 1, 238; der Zusatz „Stadtbrauerei", wenn die die Brauerei betreibende Privatperson in keiner Beziehung zur städtischen Verwaltung des Betriebsorts steht, KG. 13. 5. 01 (22 A 97); der Zusatz „Versandhaus", wenn es sich nicht um einen Detailhandel größeren Umfanges, bei dem die Waren hauptsächlich durch Versand mittels Post, Eisenbahn ꝛc. an die Verbraucher — nicht Zwischenhändler — zum Verkauf kommen, handelt, KG. 8. 6. 03 ZBlFG. 4, 120; der Zusatz „Cölner Fahrradbörse", wenn es sich um ein unbedeutendes Geschäft handelt, KG. 14. 11. 04 (29 A 86); Hinzufügung einer Ortsbezeichnung, die nur als Bezeichnung des Ortes der Niederlassung angesehen werden kann, als solche aber unrichtig ist, KG. 19. 1. 05 (29 A 210). Dagegen ist die neugebildete Firma „A. B., Sohn" auch beim Nichtvorliegen eines Nachfolgeverhältnisses, sofern sie im übrigen den tatsächlichen Verhältnissen entspricht, für zulässig erachtet, KG. 12. 6. 05 Rspr. 11, 377.

b) Gesellschaftsfirmen. § 18 gilt in Bezug auf täuschende Zusätze auch für Gesellschaftsfirmen, RG. 30. 4. 04 ZBlFG. 6, 769; KG. 11. 4. 04 (28 A 39)

α) einer offenen Handels- und Kommanditgesellschaft. § 19 HGB.:

Die Firma einer offenen Handelsgesellschaft hat den Namen wenigstens eines der Gesellschafter mit einem das Vorhandensein einer Gesellschaft andeutenden Zusatz oder die Namen aller Gesellschafter zu enthalten.

Die Firma einer Kommanditgesellschaft hat den Namen wenigstens eines persönlich haftenden Gesellschafters mit einem das Vorhandensein einer Gesellschaft andeutenden Zusatze zu enthalten.

Die Beifügung von Vornamen ist nicht erforderlich.

Die Namen anderer Personen als der persönlich haftenden Gesellschafter dürfen in die Firma einer offenen Handelsgesellschaft oder einer Kommanditgesellschaft nicht aufgenommen werden.

Die Firma „C. Z. Söhne" ist als neugebildete unzulässig, KG. 11. 4. 04 (28 A 39). Mehrere Firmen darf die offene Handelsgesellschaft und die Kommanditgesellschaft nicht führen.

β) einer Aktien- und Kommanditaktiengesellschaft. § 20 HGB.:

Die Firma einer Aktiengesellschaft sowie die Firma einer Kommanditgesellschaft auf Aktien ist in der Regel von dem Gegenstande des Unternehmens zu entlehnen; die erstere Firma hat außerdem die Bezeichnung „Aktiengesellschaft", die letztere Firma die Bezeichnung „Kommanditgesellschaft auf Aktien" zu enthalten.

Führung mehrerer Firmen ist unzulässig, KGJ. 16, 5. Ueber Abweichungen von der als Regel vorgeschriebenen Sachfirma entscheidet das Ermessen des Registergerichts; auch die Aufnahme von Personennamen ist nicht unbedingt ausgeschlossen. Die Bezeichnung „Aktiengesellschaft" ist ein notwendiger Bestandteil der Firma, KG. 29. 6. 03 (26 A 215); Abkürzungen und fremdsprachige Bezeichnungen an deren Stelle sind unzulässig.

γ) einer Gesellschaft m. b. H. § 4 GmbHG.:

Die Firma der Gesellschaft muß entweder von dem Gegenstande des Unternehmens entlehnt sein, oder die Namen der Gesellschafter oder den Namen wenigstens eines derselben mit einem das Vorhandensein eines Gesellschaftsverhältnisses andeutenden Zusatze enthalten. Die Namen anderer Personen als der Gesellschafter dürfen in die Firma nicht aufgenommen werden. Die Beibehaltung der Firma eines auf die Gesellschaft übergegangenen Geschäfts (Handelsgesetzbuch § 22) wird hierdurch nicht ausgeschlossen.

Die Firma der Gesellschaft muß in allen Fällen die zusätzliche Bezeichnung „mit beschränkter Haftung" enthalten.

Mehrere Firmen sind unzulässig, KGJ. 14, 33. Der Zusatz „vormals Hoflieferant" zu dem in der Firma einer G. m. b. H. enthaltenen Namen des früheren Geschäftsinhabers ist unzulässig, KG. 6. 1. 02 (23 A 208). Die Sachfirma muß den Gegenstand des Unternehmens ohne weiteres erkennen lassen; Phantasiebezeichnungen, mögen sie auch einem weitern Interessentenkreise bekannt sein, sind unzulässig, wenn sie nicht für das Publikum verständlich sind, KG. 2. 7. 00 ZBlFG. 1, 472; 3. 5. 06 Recht 06, 758. In die Firma kann eine sinnbildliche Bezeichnung aufgenommin werden, die mit dem Gegenstand des Unternehmens in Zusammenhang zu bringen ist, und zwar, wenn nach den gesamten Umständen des Falles das Wort nur als Sachbezeichnung, nicht als Personenname verstanden werden kann, selbst dann, wenn die Bezeichnung zugleich den Namen einer nicht beteiligten Person darstellt; der Firmenzusatz „mit beschränkter Haftung" kann in Klammer gesetzt werden, KGJ. 19, 15. Verbindung der Personen- mit einer Sachfirma ist zulässig. Sind in der Firma einige, aber nicht alle Gesellschafter genannt, so muß durch einen Firmenzusatz klargestellt werden, daß außer den genannten noch andere Gesellschafter vorhanden sind, KG. 30. 11. 05 RJA. 7, 35. Für unzulässig, weil zur Täuschung über Art und Umfang des Geschäfts geeignet, ist die Firma „Westdeutsche Eisenindustrie G. m. b. H." erachtet bei einer Gesellschaft, die mit einem Barkapital von 10 000 M. arbeitete und Pferdeschoner und Ortscheite nach eigenen Patenten herstellte, KG. 12. 10. 05 Rspr. 12, 406.

δ) eines Versicherungsvereins auf Gegenseitigkeit. § 18 PrivVAntG.:

Die Satzung hat den Namen (die Firma) und den Sitz des Vereins zu bestimmen.

Die Firma soll den Sitz des Vereins erkennen lassen. Auch ist in der Firma oder in einem Zusatz auszudrücken, daß Versicherung auf Gegenseitigkeit betrieben wird.

Um der Schlußvorschrift zu genügen, ist eine Abkürzung, wie „a. G." ausreichend. Da die Eintragung in das HR. keine konstituierende Wirkung hat, vielmehr die Rechtsfähigkeit bereits mit der Erteilung der Erlaubnis zum Geschäftsbetriebe seitens der Aufsichtsbehörden beginnt, kann der Registerrichter die Firma nicht beanstanden, KG. 25. 5. 03 (26 A 69).

III. Abgeleitete Firma. §§ 22—24 HGB.:

§ 22. Wer ein bestehendes Handelsgeschäft unter Lebenden oder von Todeswegen erwirbt, darf für das Geschäft die bisherige Firma mit oder ohne Beifügung eines das Nachfolgeverhältnis andeutenden Zusatzes fortführen, wenn der bisherige Geschäftsinhaber oder dessen Erben in die Fortführung der Firma ausdrücklich willigen. Die Verpflichtung einer Aktiengesellschaft oder einer Kommanditgesellschaft auf Aktien, die im § 20 vorgeschriebene Bezeichnung in ihre Firma aufzunehmen, wird hierdurch nicht berührt.

Wird ein Handelsgeschäft auf Grund eines Nießbrauchs, eines Pachtvertrags oder eines ähnlichen Verhältnisses übernommen, so finden diese Vorschriften entsprechende Anwendung.

§ 23. Die Firma kann nicht ohne das Handelsgeschäft, für welches sie geführt wird, veräußert werden.

§ 24. Wird Jemand in ein bestehendes Handelsgeschäft als Gesellschafter aufgenommen oder tritt ein neuer Gesellschafter in eine Handelsgesellschaft ein oder scheidet aus einer solchen ein Gesellschafter aus, so kann ungeachtet dieser Veränderung die bisherige Firma fortgeführt werden.

Bei dem Ausscheiden eines Gesellschafters, dessen Name in der Firma enthalten ist, bedarf es zur Fortführung der Firma der ausdrücklichen Einwilligung des Gesellschafters oder seiner Erben.

Der Erwerb eines Handelsgeschäfts setzt nicht die Uebernahme aller Aktiva und Passiva voraus (ROHG. 2, 50), vielmehr ist darunter die Uebertragung des Geschäfts in seinem bisherigen wesentlichen Bestande mit dem, was zum Betriebe gerade dieses Geschäfts nach seiner Eigenart, wie diese im Verkehr hervortritt, gehört, zu verstehen, RG. 25. 4. 06 JW. 06, 397, vgl. auch RGZ. 1, 263; 9, 81; 25, 3; 46, 152; RG. 29. 12. 03 ZBlFG. 4, 727; KG. 4. 11. 01 ZBlFG. 2, 845; 15. 2. 04 ZBlFG. 5, 322; OLG. Posen 16. 6. 04 ZBlFG. 5, 263. Er liegt nicht vor, wenn nur die Veräußerung eines einzelnen Geschäftszweigs, RG. 12. 12. 03 ZBlFG. 4, 799, oder nur die Uebertragung einzelner, wenn auch überwiegender Bestandteile des Geschäfts stattfindet, RG. 25. 4. 06 JW. 06, 397; wohl aber ist die Uebertragung einer Firma mit dem Hauptteil des bisherigen Geschäfts unter gleichzeitiger Auflösung der bisher das Geschäft betreibenden Gesellschaft und Ueberweisung eines Geschäftszweigs ohne die Firma an einen der bisherigen Gesellschafter zulässig, RG. 18. 3. 05 ZBlFG. 6, 379. Auch ist bei Veräußerung einer Zweigniederlassung Einräumung des Rechts zur Fortführung der Firma statthaft, KGJ. 15, 12; 18, 24; ObLG. München 4. 10. 01 Rspr. 3, 406; ebenso kann, wenn ein Kaufmann am gleichen Ort mehrere gleichartige Handelsgeschäfte mit entsprechender Selbständigkeit und wirtschaftlicher Abgeschlossenheit, was sich äußerlich an der Führung verschiedener Firmen zeigen kann, betreibt, ein solches Einzelgeschäft mit der bisherigen Firma veräußert werden, KG. 16. 1. 02 ZBlFG. 2, 900.

Im Falle des Konkurses ist zur Veräußerung des Geschäfts mit der Firma Zustimmung des Gemeinschuldners erforderlich, RGZ. 9, 106. Der Liquidator als solcher kann die Firma nicht veräußern, KGJ. 13, 35. Ausdrückliche Worte sind zur Einwilligungserklärung nicht erforderlich; es ist Auslegungsfrage, wann eine Erklärung als eine ausdrückliche anzusehen ist, ROHG. 10, 291; OLG. Darmstadt 12. 1. 06 ZBlFG. 7, 213. Dadurch, daß ein Miterbe die Nachlaßanteile aller übrigen Miterben erwirbt, wird nicht ohne weiteres die Einwilligung der Veräußerer in die Fortführung der Firma eines vom Erblasser betriebenen Handelsgeschäfts erübrigt, KG. 4. 1. 05 (29 A 83). Die Genehmigung zur Fortführung der Firma ist im Zweifel allerdings dahin zu verstehen, daß die Führung auch bei Weiterveräußerung des Geschäfts seitens des Erwerbers zulässig sein soll; dies gilt aber nur dann, wenn die Weiterveräußerung des ganzen Geschäfts einheitlich erfolgt, bei Veräußerung einer Zweigniederlassung oder bei Teilung des Geschäfts ist zur Mitübertragung der abgeleiteten Firma Genehmigung des Vorgängers erforderlich, KGJ. 13, 28; 15, 9; KG. 24. 3. 02 Rspr. 4, 462; 8. 4. 03 Rspr. 7, 147.

Erwirbt eine Aktiengesellschaft ein Handelsgeschäft, das unter seiner bisherigen Firma als selbständige Niederlassung fortgeführt werden soll, so kann sie nicht als Inhaberin dieses Handelsgeschäfts eingetragen werden, KG. 20. 3. 00 (20 A 36). Hat eine offene Handelsgesellschaft das Geschäft eines Einzelkaufmanns mit der Firma erworben, so sind die einzelnen Gesellschafter, nicht die offene Handelsgesellschaft, als Inhaber der Firma zu registrieren, KG. 11. 11. 01 (23 A 96).

Bei der Fortführung des Geschäfts mit der erworbenen Firma ist Ausdehnung oder Einschränkung des Betriebs gestattet, falls die Grundlagen im wesentlichen dieselben bleiben, die Kontinuität des Unternehmens gewahrt wird, RG. 20. 6. 00 JW. 00, 651; 8. 2. 02 JW. 02, 186, vgl. auch RG. 7. 5. 02 DJZ. 02, 500. Der Erwerber eines Handelsgeschäfts, der nicht zur Fortführung der bisherigen Firma berechtigt ist, darf dies auch nicht in der Weise tun, daß er seiner Firma die bisherige Firma unter Voranstellung von: „früher, vormals" usw. voranstellt, ObLG. München 29. 9. 04 ZBlFG. 5, 569.

Das Recht zur Fortführung der Firma ist nicht davon abhängig, daß letztere ins HR. eingetragen war, sofern nur der Vorgänger sich mit Recht als Vollkaufmann einer zulässigen Firma bedient hat, KGJ. 5, 24, vgl. auch OLG. Stuttgart 31. 12. 00 Rspr. 2, 144. War dagegen der Vorgänger nur Minderkaufmann, so kann der Nachfolger nicht dessen Handelsbezeichnung als seine Firma annehmen, KGJ. 13, 24. Hatte der Vorgänger kein Recht auf die Firma, so kann das Recht zur Fortführung der Firma nicht auf den gutgläubigen Erwerb gestützt werden, RG. 6. 7. 03 ZBlFG. 4, 511 (vgl. RGZ. 25, 5). Dem Erwerber kann vom Veräußerer nicht das Recht eingeräumt werden, mit dem Geschäft eine Firma zu übernehmen, die der Veräußerer hätte führen dürfen, aber nicht geführt hat, RG. 6. 2. 04 Recht 04, 579.

Die fortgeführte Firma darf, abgesehen von dem Nachfolgezusatz, nicht sachlich geändert werden, es sei denn, daß eine schon durch den früheren Inhaber vorgenommene, wenn auch nicht eingetragene Aenderung nachgewiesen wird, OLG. Dresden 22. 5. 00 ZBlFG. 1, 471 (vgl. KGJ. 11, 393; JW. 00, 552). Der Zusatz

„Gesellschaft m. b. H." macht die erworbene Firma nicht zu einer anderen, KG. 4. 11. 01 ZBlFG. 2, 845. Die in § 20 (vgl. oben S. 53) vorgeschriebenen Bezeichnungen sind zu streichen, wenn sie infolge Wechsels des Firmeninhabers nicht mehr zutreffen. Ein anderer als ein das Nachfolgeverhältnis andeutender Zusatz darf der Firma selbst dann nicht nachträglich beigefügt werden, wenn der Veräußerer einwilligt, OLG. Rostock 30. 3. 04 KGJ. 28 A 309. Auch kann, wenn die Fortführung der Firma nur mit einem das Nachfolgeverhältnis andeutenden Zusatz bewilligt ist, die entsprechend angenommene Firma selbst mit Einwilligung des Veräußerers nicht in eine solche ohne den Zusatz umgeändert werden, KGJ. 12, 22 (vgl. auch ROHG. 14, 187). Indessen kann bei uneingeschränkter Gestattung der Fortführung der Firma der ein Nachfolgeverhältnis andeutende Zusatz in der Firma einer offenen Handelsgesellschaft im Falle des Ausscheidens eines Gesellschafters durch Weglassung des im Zusatz enthaltenen Namens des Ausgeschiedenen geändert werden, ObLG. München 8. 3. 00 KGJ. 20 D 15.

Die Erben, z. B. Witwe und Kinder, eines Einzelkaufmanns können dessen Handelsgeschäft auch ohne Abschluß eines Gesellschaftsvertrages schon auf Grund der Erbengemeinschaft mit der bisherigen Firma fortführen und als Inhaber der Firma ins HR. eingetragen werden, auch mit der Maßgabe, daß der Witwe die alleinige Vertretungsbefugnis zustehe, KGJ. 15, 6; KG. 8. 7. 01 (22 A 280); 2. 4. 02 Rspr. 4, 454 (vgl. aber auch unten S. 77 A. 1). Die als Vorerbin vor den Kindern eingesetzte Witwe kann das zum Nachlaß gehörige Geschäft ohne vormundschaftsgerichtliche Genehmigung fortführen und sich als Inhaberin eintragen lassen, KG. 13. 1. 02 Rspr. 4, 456.

§ 24 findet auch Anwendung, wenn eine nur aus zwei Personen gebildete Handelsgesellschaft durch den Austritt eines Gesellschafters aufgelöst wird und der andere Gesellschafter das Geschäft als Einzelkaufmann fortführt, ROHG. 21, 192; Beifügung eines das Nachfolgeverhältnis andeutenden Zusatzes ist zulässig, auch wenn die Firma bereits ohne den Zusatz geführt ist, KGJ. 13, 31. Erfolgt die Aufnahme eines Teilnehmers lediglich in die Zweigniederlassung, so wird letztere dadurch zu einer selbständigen Hauptniederlassung erhoben, für welche eine neue Firma zu bilden ist, KGJ. 2, 17.

IV. Bezüglich der vor dem Inkrafttreten des HGB. eingetragenen Firmen bestimmt Art. 22 EGHGB.:

> Die zur Zeit des Inkrafttretens des Handelsgesetzbuchs im Handelsregister eingetragenen Firmen können weitergeführt werden, soweit sie nach den bisherigen Vorschriften geführt werden durften.
>
> Die Vorschriften des § 20 des Handelsgesetzbuchs über die in die Firma der Aktiengesellschaften und der Kommanditgesellschaften auf Aktien aufzunehmenden Bezeichnungen finden jedoch auf die bei dem Inkrafttreten des Handelsgesetzbuchs für eine solche Gesellschaft in das Handelsregister eingetragene Firma Anwendung, wenn die Firma aus Personennamen zusammengesetzt ist und nicht erkennen läßt, daß eine Aktiengesellschaft oder eine Kommanditgesellschaft auf Aktien die Inhaberin ist.

Auch die vor dem 1. 1. 00 eingetragenen Firmen unterliegen der Löschung, wenn der Betrieb des Geschäfts dauernd auf den Umfang des Kleingewerbes herabsinkt, KG. 14. 3. 04 ZBlFG. 4, 856. Wer vor dem 1. 1. 00 eine Firma erworben hat, die nur einen abgekürzten Vornamen des ursprünglichen Inhabers enthält, ist, falls die Firma nicht an diesem Tage ins HR. eingetragen war, nicht berechtigt, sie unverändert oder unter Ausschreibung des Vornamens weiterzuführen, KG. 14. 12. 03 und 21. 3. 04 (27 A S. 217 u. 219).

3. Ort der Handelsniederlassung ist derjenige, von wo aus die kaufmännische Leitung des Handelsgewerbes stattfindet; er braucht weder mit dem Wohnsitz des Handeltreibenden, noch mit dem Ort der Fabrikanlage, der Warenmagazine zusammenzufallen. Für die Ortsbezeichnung ist die politische oder administrative Zugehörigkeit nicht schlechthin entscheidend; vielmehr ist als Ort der geographische Bezirk anzusehen, dessen Name gebräuchlich ist, um auch in weiteren Handelskreisen das Geschäftsdomizil zu bezeichnen; dabei ist auf die Gesamtheit der lokalen Verhältnisse sowie die im kaufmännischen Verkehr übliche und herrschende Auffassung Rücksicht zu nehmen, KGJ. 8, 11.

Angabe der Lage der Geschäftsräume nach Straße und Hausnummer ist nicht vorgeschrieben, ebenso nicht die des Geschäftszweiges; in letzterer Hinsicht vgl. für Preußen AVf. v. 12. 6. 00 (JMBl. 439), betr. die Bekanntmachung des Geschäftszweiges.

Hat ein Kaufmann eine Zweigniederlassung an einem anderen Orte desselben Gerichtsbezirks, so ist auch dies anzumelden (vgl. für Preußen § 29 Nr. 2 AVf. v. 7. 11. 99 — Anhang I); das HR. der Hauptniederlassung ist in diesem Falle zugleich das der Zweigniederlassung. Vgl. auch § 13 HGB. (oben S. 27).

4. Durch den Antrag, im Wege der Berichtigung eine nicht bestehende eingetragene Firma umzuändern in eine bestehende bisher nicht eingetragene, wird der Pflicht zu deren Anmeldung nicht genügt, OLG. Colmar 2. 7. 02 Rspr. 5, 273. Die Eintragung der Firma eines vom Inhaber der elterlichen Gewalt für das Kind errichteten Erwerbsgeschäfts darf nicht beanstandet werden, weil die Genehmigung des Vormundschaftsgerichts nicht erlangt sei, KG. 6. 6. 00 (20 A 160).

Ueber die Wirkung der Eintragung einer Firma ins HR. bestimmt § 5 HGB., und zwar rückwirkend auch für Eintragungen aus der Zeit vor dem 1. 1. 00 (RG. 25. 1. 02 RGZ. 50, 154):

> Ist eine Firma im Handelsregister eingetragen, so kann gegenüber demjenigen, welcher sich auf die Eintragung beruft, nicht geltend gemacht werden, daß das unter der Firma betriebene Gewerbe kein Handelsgewerbe sei oder daß es zu den im § 4 Abs. 1 bezeichneten Betrieben gehöre.

Diese Vermutung gilt natürlich nicht gegenüber dem Registergerichte.

Schuldenhaftung.

§ 25 HGB.

[1]) Wer ein unter Lebenden erworbenes Handelsgeschäft unter der bisherigen Firma[2]) mit oder ohne Beifügung eines das Nachfolgeverhältnis andeutenden Zusatzes fortführt, haftet für alle im Betriebe des Geschäfts begründeten Verbindlichkeiten des früheren Inhabers. Die in dem Betriebe begründeten Forderungen gelten den Schuldnern gegenüber als auf den Erwerber übergegangen, falls der bisherige Inhaber oder seine Erben in die Fortführung der Firma gewilligt haben.

Eine abweichende Vereinbarung ist einem Dritten gegenüber nur wirksam, wenn sie in das Handelsregister eingetragen[3]) und bekannt gemacht oder von dem Erwerber oder dem Veräußerer dem Dritten mitgeteilt worden ist.

Wird die Firma nicht fortgeführt, so haftet der Erwerber eines Handelsgeschäfts für die früheren Geschäftsverbindlichkeiten nur, wenn ein besonderer

Verpflichtungsgrund vorliegt, insbesondere wenn die Uebernahme der Verbindlichkeiten in handelsüblicher Weise von dem Erwerber bekannt gemacht worden ist.

§ 28 HGB.

Tritt Jemand als persönlich haftender Gesellschafter oder als Kommanditist in das Geschäft eines Einzelkaufmanns ein, so haftet die Gesellschaft, auch wenn sie die frühere Firma nicht fortführt, für alle im Betriebe des Geschäfts entstandenen Verbindlichkeiten des früheren Geschäftsinhabers. Die in dem Betriebe begründeten Forderungen gelten den Schuldnern gegenüber als auf die Gesellschaft übergegangen.

Eine abweichende Vereinbarung ist einem Dritten gegenüber nur wirksam, wenn sie in das Handelsregister eingetragen und bekannt gemacht oder von einem Gesellschafter dem Dritten mitgeteilt worden ist.

1. § 15 Abs. 1 (vgl. oben S. 17 A. 1) ist im Falle des § 25 nicht anwendbar, RG. 19. 9. 03 JW. 03, 401. § 25 findet nur auf Vollkaufleute Anwendung, RG. 20. 6. 03 (55, 83); OLG. Posen 16. 6. 04 ZBlFG. 5, 263.

2. Wer zwei erworbene Handelsgeschäfte unter einer aus der Verbindung ihrer Firmen gebildeten Firma als einheitliches Geschäft weiterführt, haftet nicht für Verbindlichkeiten der früheren Inhaber, RG. 13. 1. 02 (50, 116).

3. Die Vereinbarung kann sich auf einzelne Forderungen und Verbindlichkeiten beschränken; die Eintragung und Bekanntmachung muß so deutlich sein, daß der Dritte erkennen kann, daß die ihn betreffende Forderung oder Schuld auf den Erwerber nicht übergegangen ist, RG. 16. 10. 01 JW. 01, 802. Die Eintragung der Vereinbarung nebst Bekanntmachung oder die Mitteilung an die Gläubiger muß unverzüglich im Anschluß an die Geschäftsübernahme erfolgen, RG. 27. 6. 03 ZBlFG. 4, 349; 16. 11. 03 JW. 04, 8.

Aenderung und Erlöschen der Firma.

§ 31 HGB.

Eine Aenderung der Firma[1]) oder ihrer Inhaber[2]) sowie die Verlegung der Niederlassung an einen anderen Ort[3]) ist nach den Vorschriften des § 29 zur Eintragung in das Handelsregister anzumelden.

Das Gleiche gilt, wenn die Firma erlischt.[4]) Kann die Anmeldung des Erlöschens einer eingetragenen Firma durch die hierzu Verpflichteten nicht auf den im § 14 bezeichneten Wege herbeigeführt werden, so hat das Gericht das Erlöschen von Amts wegen einzutragen.

§ 141 FGG.

Soll nach § 31 Abs. 2 des Handelsgesetzbuchs das Erlöschen einer Firma von Amts wegen in das Handelsregister eingetragen werden, so hat das Registergericht den eingetragenen Inhaber der Firma oder dessen Rechtsnachfolger von der beabsichtigten Löschung zu benachrichtigen und ihm zugleich eine angemessene Frist zur Geltendmachung eines Widerspruchs zu bestimmen. Die Frist darf nicht weniger als drei Monate betragen.

Sind die bezeichneten Personen oder deren Aufenthalt nicht bekannt, so erfolgt die Benachrichtigung und die Bestimmung der Frist durch Einrückung in diejenigen Blätter, welche für die Bekanntmachungen der Eintragungen in das Handelsregister bestimmt sind.[5]) Es kann angeordnet werden, daß die Bekanntmachung noch in andere Blätter eingerückt wird.

Wird Widerspruch erhoben, so entscheidet über ihn das Gericht. Gegen die den Widerspruch zurückweisende Verfügung findet die sofortige Beschwerde statt.

Die Löschung darf nur erfolgen, wenn Widerspruch nicht erhoben oder wenn die den Widerspruch zurückweisende Verfügung rechtskräftig geworden ist.

1. Eine Aenderung der Firma (kein Erlöschen) liegt auch dann vor, wenn der Kaufmann statt des bisherigen Handelsnamens einen völlig neuen für denselben Gewerbebetrieb wählt, KGJ. 14, 242.

2. Firmenzeichnung ist auch dann erforderlich, wenn ein Gesellschafter nach Ausscheiden des andern Gesellschafters das Geschäft einer offenen Handelsgesellschaft unter der bisherigen Firma allein weiterführt, mag er auch bereits früher die gleiche Firmenzeichnung als vertretungsberechtigter Gesellschafter bewirkt haben, KG. 2. 4. 02 (24 A 192).

3. Ueber den Begriff des Ortes der Niederlassung vgl. oben § 29 A. 3 S. 61. Die Verlegung hat das

Erlöschen der Firma nicht zur Folge, RGZ. 20, 167; OLG. Stuttgart 25. 5. 00 ZBlFG. 2, 150.

4. Die Firma erlischt, wenn der Inhaber eines Handelsgewerbes den Geschäftsbetrieb endgültig aufgibt, die Handelsniederlassung aufhebt und die für den Geschäftsbetrieb bestimmten Vermögensstücke veräußert oder einer anderen Bestimmung zuführt, ObLG. München 26. 3. 03 ZBlFG. 3, 843, vgl. auch RGZ. 29, 69; KG. 15. 2. 04 ZBlFG. 5, 322; auch durch andauernden Nichtgebrauch, RGZ. 22, 60. Die Firma einer offenen Handelsgesellschaft erlischt, wenn nach Beendigung des Geschäftsbetriebs das Aktivvermögen realisiert und unter die Gläubiger verteilt ist, das Uebrigbleiben von Schulden hält die Gesellschaft in ihrem Bestande nicht aufrecht, KG. 27. 6. 04 (28 A 42). Verschentliche Löschung hat das Erlöschen nicht zur Folge, KG. a. a. O. Wird eine Kommanditgesellschaft in eine Gesellschaft m. b. H. in der Weise umgewandelt, daß erstere aufgelöst und letztere neu errichtet wird, so rechtfertigt die Auflösung nicht ohne weiteres den Registereintrag, daß die Firma erloschen sei; das Erlöschen tritt vielmehr erst dann ein, wenn das Geschäft selbst, für das sie geführt wurde, erlischt oder der Geschäftsnachfolger sie nicht fortführt, KG. 9. 7. 04 Rspr. 9, 246.

5. Die Frist beginnt in diesem Falle mit dem Ablauf des Tages, an dem das letzte der die Benachrichtigung und Fristsetzung enthaltenden Blätter erschienen ist (§ 10 Abs. 2 HGB.).

Unbefugter Firmengebrauch.

§ 37 Abs. 1 HGB.

Wer eine nach den Vorschriften dieses Abschnitts [1]) ihm nicht zustehende Firma [2]) gebraucht,[3]) ist von dem Registergerichte zur Unterlassung des Gebrauchs[4]) der Firma durch Ordnungsstrafen anzuhalten.[5]) Die Höhe der Strafen bestimmt sich nach § 14 Satz 2.

§ 140 FGG.

Soll nach § 37 Abs. 1 des Handelsgesetzbuchs gegen eine Person eingeschritten werden, die eine ihr nicht zustehende Firma gebraucht, so finden die Vorschriften der §§ 132 bis 139[6]) mit der Maßgabe Anwendung, daß

1. in der nach § 132 zu erlassenden Verfügung dem Beteiligten aufgegeben wird, sich des Gebrauchs der Firma zu enthalten oder binnen bestimmter Frist den Gebrauch der Firma mittelst Einspruchs gegen die Verfügung zu rechtfertigen;
2. die Ordnungsstrafe festgesetzt wird, falls kein Einspruch erhoben oder der erhobene Einspruch rechtskräftig verworfen ist und der Beteiligte nach der Bekanntmachung der Verfügung dieser zuwidergehandelt hat.

1. D. h. des dritten Abschnitts des ersten Buches des HGB., welcher die §§ 17—37 umfaßt.

2. Der Kaufmann ist verpflichtet, seine eingetragene Firma unverändert im Handelsverkehr zu führen; zusätzliche Bezeichnungen, z. B. Warenhaus, dürfen zwar auf dem Ladenschild und in Anzeigen der Firma beigefügt, aber nicht mitten in die Firma eingeschoben werden; bei Zuwiderhandlungen hat der Registerrichter auf Grund des § 37 einzuschreiten, KG. 9. 8. 04 Rspr. 9, 245. Insoweit ein Wort (Kurhaus) Gattungsbezeichnung geworden ist, verstößt seine Benutzung nicht gegen § 37 verbunden mit § 8 UnlWG., RG. 20. 4. 06 JW. 06, 397.

3. Gebrauch einer Firma liegt nicht nur dann vor, wenn unter derselben wirklich Handelsgeschäfte geschlossen werden, sondern auch dann, wenn ein Kaufmann als solcher unter dieser Firma dem Publikum entgegentritt und durch ihre Aufschrift auf seinem Geschäftsschild, durch ihre Aufnahme in Geschäftsanzeigen oder sonst seinen Willen zu erkennen gibt, unter dieser Firma sein Geschäft zu betreiben, KGJ. 5, 16; KG. 20. 7. 00 Rspr. 1, 451, vgl. auch RGZ. 5, 112; 19, 22; 36, 14; 55, 123; ROGH. 14, 184; 21, 221. Als Gebrauch ist auch anzusehen die Anmeldung einer Firma zum HR., RGZ. 22, 58, dagegen nicht die Bezeichnung von Waren mit der Firma, RG. 27. 10. 05 Recht 05, 683; RGZ. 3, 165; 36, 14; 55, 241; ROHG. 4, 254; 6, 249.

4. Der Registerrichter darf nicht den Gebrauch einzelner Worte aus der Firma verbieten und nur den Gebrauch der Firma in verstümmelter Form freilassen, KG. 2. 3. 03 Rspr. 6, 338; ebensowenig kann er die Aenderung oder Löschung der Firma aufgeben, KG. 1. 2. 03 Rspr. 6, 338.

5. Wenn im Rechtsstreite zweier Parteien über das Recht zum Gebrauch der gleichen Firma Klage und Widerklage rechtskräftig abgewiesen sind, so hindert dies den Registerrichter nicht, gegen die eine oder die andere Partei gemäß § 37 vorzugehen, RG. 29. 6. 04 ZBlFG. 5, 222.

6. Vgl. oben S. 30 ff.

II. Konkurs.

§ 32 HGB.

Wird über das Vermögen eines Kaufmanns der Konkurs eröffnet, so ist dies von Amts wegen in das Handelsregister einzutragen.[1] Das gleiche gilt von der Aufhebung des Eröffnungsbeschlusses sowie von der Einstellung und Aufhebung des Konkurses.[2] Eine öffentliche Bekanntmachung der Eintragungen findet nicht statt. Die Vorschriften des § 15 bleiben außer Anwendung.[3]

1. Durch die Konkurseröffnung erlischt die Firma nicht; die zum Erlöschen erforderliche Willensentschließung ist ein Ausfluß der Persönlichkeit und kann vom Konkursverwalter nicht getroffen werden; die von ihm getroffenen Maßregeln — Schließung des Geschäfts, Abmeldung bei der Steuerbehörde, Veräußerung aller Geschäftsgegenstände — berühren das Recht des Gemeinschuldners zur Fortführung des Geschäfts nach beendetem Konkurs nicht, KGJ. 13, 35.

2. Die Eintragungen erfolgen auf Grund der vom Konkursgericht zu machenden Mitteilungen (§§ 112, 163, 190, 198, 205 KO.).

3. Vgl. oben § 8 HGB. A. 1 S. 17.

III. Juristische Personen.

Anmeldung.

§ 33 HGB.

Eine juristische Person,[1] deren Eintragung in das Handelsregister mit Rücksicht auf den Gegenstand oder auf die Art und den Umfang ihres Gewerbebetriebs zu erfolgen hat, ist von sämtlichen Mitgliedern des Vorstandes[2]) zur Eintragung anzumelden.

Der Anmeldung sind die Satzung der juristischen Person und die Urkunden über die Bestellung des Vorstandes[3]) in Urschrift oder in öffentlich beglaubigter Abschrift beizufügen. Bei der Anmeldung zum Handelsregister einer Zweigniederlassung bedarf es der Beifügung der Urkunden über die Bestellung des Vorstandes nicht.

Bei der Eintragung sind die Firma[4]) und der Sitz der juristischen Person, der Gegenstand des Unternehmens und die Mitglieder des Vorstandes anzugeben. Besondere Bestimmungen der Satzung über die Befugnis des Vorstandes zur Vertretung der juristischen Person oder über die Zeitdauer des Unternehmens sind gleichfalls einzutragen.

1. Hierher gehören u. a. durch staatliche Verleihung rechtsfähig gewordene Vereine (§ 22 BGB.), Kolonialgesellschaften (§§ 11—13 des Schutzgebietsges. v. 10.9.00), Gewerkschaften (vgl. Art. 5 EGHGB.), dagegen nicht die im § 6 Abs. 2 HGB. (vgl. oben S. 47) bezeichneten Handelsgesellschaften, Versicherungsvereine auf Gegenseitigkeit, die unter § 21 BGB. fallenden Vereine.

2. Das Ordnungsstrafverfahren behufs Erzwingung einer Anmeldung muß sich gegen sämtliche Vorstandsmitglieder richten, KG. 28. 4. 02 Rspr. 4, 463.

3. Der Registerrichter hat zu prüfen, ob sich Bestellung und Aenderung des Vorstandes als rechtsgültig erweist, OLG. Dresden 9. 6. 03 ZBlFG. 4, 638.

4. Nur die der juristischen Person nach Gesetz oder Satzung zustehende Bezeichnung darf als Firma angemeldet werden, KGJ. 17, 4. Ob mehrere Firmen zulässig sind, ist nach der Satzung zu beurteilen.

Aenderungen und Auflösung.

§ 34 HGB.

Jede Aenderung der nach § 33 Abs. 3 einzutragenden Tatsachen oder der Satzung, die Auflösung der juristischen Person, falls sie nicht die Folge der Eröffnung des Konkurses ist, sowie die Personen der Liquidatoren und die besonderen Bestimmungen über ihre Vertretungsbefugnis sind zur Eintragung in das Handelsregister anzumelden.

Bei der Eintragung einer Aenderung der Satzung genügt, soweit nicht die Aenderung die im § 33 Abs. 3 bezeichneten Angaben betrifft, die Bezugnahme auf die bei dem Gericht eingereichten Urkunden über die Aenderung.

Die Anmeldung hat durch den Vorstand oder, sofern die Eintragung erst nach der Anmeldung der ersten Liquidatoren geschehen soll, durch die Liquidatoren zu erfolgen.

Die Eintragung gerichtlich bestellter Vorstandsmitglieder oder Liquidatoren geschieht von Amts wegen.

Im Falle des Konkurses finden die Vorschriften des § 32 Anwendung.

Zeichnung der Unterschrift.

§ 35 HGB.

Die Mitglieder des Vorstandes und die Liquidatoren einer juristischen Person haben ihre Unterschrift zur Aufbewahrung bei dem Gerichte zu zeichnen.

Reichs-, Staats- usw. Unternehmen.

§ 36 HGB.

Ein Unternehmen des Reichs, eines Bundesstaats oder eines inländischen Kommunalverbandes braucht nicht in das Handelsregister eingetragen zu werden. Erfolgt die Anmeldung, so ist die Eintragung auf die Angabe der Firma sowie des Sitzes und des Gegenstandes des Unternehmens zu beschränken.[1])

1. Die öffentlichen Körperschaften sind nicht berechtigt, wenn ein von ihnen betriebenes Unternehmen eingetragen ist, es beliebig wieder löschen zu lassen, OLG. Jena 5. 5. 00, KGJ. 20 D 18, und zwar einerlei, ob die Eintragung vor oder nach dem Inkrafttreten des neuen HGB. erfolgt ist, KG. 14. 11. 04 (28 A 213).

IV. Die Prokura.

Anmeldung.

§ 53 HGB.

Die Erteilung der Prokura[1]) ist von dem Inhaber des Handelsgeschäfts zur Eintragung in das Handelsregister anzumelden. Ist die Prokura als

Gesamtprokura erteilt, so muß auch dies zur Eintragung angemeldet werden.

Der Prokurist hat die Firma nebst seiner Namensunterschrift zur Aufbewahrung bei dem Gerichte zu zeichnen.[2])

Das Erlöschen[3]) der Prokura ist in gleicher Weise wie die Erteilung zur Eintragung anzumelden.

1. Ueber die Prokura bestimmen §§ 49 und 50 HGB.

§ 49. Die Prokura ermächtigt zu allen Arten von gerichtlichen und außergerichtlichen Geschäften und Rechtshandlungen, die der Betrieb eines Handelsgewerbes mit sich bringt.

Zur Veräußerung und Belastung von Grundstücken ist der Prokurist nur ermächtigt, wenn ihm diese Befugnis besonders erteilt ist.

§ 50. Eine Beschränkung des Umfanges der Prokura ist Dritten gegenüber unwirksam.

Dies gilt insbesondere von der Beschränkung, daß die Prokura nur für gewisse Geschäfte oder gewisse Arten von Geschäften oder nur unter gewissen Umständen oder für eine gewisse Zeit oder an einzelnen Orten ausgeübt werden soll.

Eine Beschränkung der Prokura auf den Betrieb einer von mehreren Niederlassungen des Geschäftsinhabers ist Dritten gegenüber nur wirksam, wenn die Niederlassungen unter verschiedenen Firmen betrieben werden. Eine Verschiedenheit der Firmen im Sinne dieser Vorschrift wird auch dadurch begründet, daß für eine Zweigniederlassung der Firma ein Zusatz beigefügt wird, der sie als Firma der Zweigniederlassung bezeichnet.

ferner § 48 Abs. 2 HGB.:

Die Erteilung kann an mehrere Personen gemeinschaftlich erfolgen (Gesamtprokura).

Zu Prokuristen können auch Frauen und in der Geschäftsfähigkeit beschränkte Personen bestellt werden, nicht aber geschäftsunfähige Personen. Die Ermächtigung eines Prokuristen zur Veräußerung und Belastung von Immobilien kann ins HR. eingetragen werden, KG. 22. 12. 02 (25 A 250). Dritten gegenüber unwirksame Beschränkungen der Prokura dürfen nicht eingetragen werden, KGJ. 12, 30. Die Anmeldung, daß ein Kollektivprokurist in Zukunft bestellt werden könne, gehört nicht ins HR., die Eintragung eines Prokuristen mit der Beschränkung, daß er berechtigt sei, die Firma in Gemeinschaft mit einem andern noch zu bestellenden Prokuristen zu zeichnen, ist deshalb abzulehnen, KGJ. 4, 40. Ueber Vertretungsbefugnis eines Prokuristen in Gemeinschaft mit Gesellschaftern und Vorstandsmitgliedern vgl. §§ 125 Abs. 3 (unten S. 81) und 232 Abs. 2 (unten S. 104). Andere handelsrechtliche Vollmachten als Proкuren sind nicht ins HR. einzutragen, KG. 12. 12. 04 (29 A 91).

2. Stempelabdruck der Firma genügt nicht, vielmehr sind Unterschrift und Firma handschriftlich zu zeichnen, KGJ. 11, 37; KG. 13. 4. 05 (30 A 119).

3. Die Prokura erlischt durch den jederzeit zulässigen (§ 52 Abs. 1 HGB.) Widerruf, Aufkündigung, Geschäftsunfähigkeit und Tod des Prokuristen (nicht des Geschäftsinhabers — § 52 Abs. 3 HGB.), Einstellung des Gewerbebetriebs, Konkurs des Geschäftsinhabers. Wenn aus dem Geschäft eines Einzelkaufmanns eine offene Handelsgesellschaft entsteht, so muß das Bestehenbleiben der Prokura angemeldet und eingetragen werden, es genügt nicht, daß die vorhandene Eintragung unverändert bleibt, KG. 19. 10. 05 Rspr. 11, 378.

Voraussetzungen der Erteilung
a) seitens eines Einzelkaufmanns;

§ 48 Abs. 1 HGB.

Die Prokura kann nur von dem Inhaber des Handelsgeschäfts [1]) oder seinem gesetzlichen Vertreter [2]) und nur mittelst ausdrücklicher Erklärung erteilt werden.

1. Die Eintragung der Prokura kann erst erfolgen, nachdem der Inhaber des Handelsgeschäfts ins HR. eingetragen ist. Minderkaufleute können keine Prokura erteilen (§ 4 HGB.; vgl. oben S. 44).

2. Der Vormund sowie der Inhaber der elterlichen Gewalt bedürfen zur Erteilung der Prokura der Genehmigung des Vormundschaftsgerichts (§§ 1822 Nr. 11, 1643 BGB.).

b) seitens einer offenen Handels- u. Kommanditgesellschaft;

§ 116 Abs. 3 HGB.

Zur Bestellung eines Prokuristen bedarf es der Zustimmung aller geschäftsführenden Gesellschafter,[1]) es sei denn, daß Gefahr im Verzug ist. Der Widerruf der Prokura kann von jedem der zur Erteilung oder zur Mitwirkung bei der Erteilung befugten Gesellschafter erfolgen.[2])

1. Während der Liquidation kann ein Prokurist nicht bestellt werden, ROHG. 13, 224 (vgl. unten S. 87).

2. Die gleichen Vorschriften gelten für die Kommanditgesellschaft mit der Maßgabe, daß die Zustimmung des Kommanditisten nicht erforderlich ist (§§ 161 Abs. 2, 164 HGB.).

c) seitens einer Aktien-, Kommanditaktiengesellschaft und eines Versicherungsvereins a. G.;

§ 238 HGB.

Sofern nicht durch den Gesellschaftsvertrag oder durch Beschluß der Generalversammlung ein anderes bestimmt ist, darf der Vorstand einen Prokuristen nur mit Zustimmung des Aufsichtsrats[1]) bestellen. Diese Beschränkung hat Dritten gegenüber keine Wirkung.[2])

1. Bei Anmeldung der vom Vorstand erteilten Prokura soll nach KG. 10. 4. 01 (22 A 111) der Nachweis der Zustimmung des Aufsichtsrats erforderlich sein; dem ist indessen nicht beizutreten, vielmehr ist nach den allgemeinen Grundsätzen über die Prüfungspflicht des Registerrichters (vgl. oben S. 17) die ohne den Nachweis der Zustimmung des Aufsichtsrats erfolgende Anmeldung nur dann zu beanstanden, wenn dem Registerrichter Tatsachen bekannt sind, welche die Annahme begründen, daß die Zustimmung tatsächlich nicht erteilt sei.

2. Hinsichtlich der Kommanditaktiengesellschaft gilt das Gleiche wie für die AG. (§ 320 HGB.). Nach § 34 PrivVUntG. findet § 238 auf den Vorstand eines Versicherungsvereins auf Gegenseitigkeit entsprechende Anwendung.

d) seitens einer Gesellschaft m. b. H.

§ 46 GmbHG.

Der Bestimmung der Gesellschafter unterliegen:

1. . . . . .

7. die Bestellung von Prokuristen . . .

V. Die offene Handelsgesellschaft.

Errichtung.

§ 106 HGB.

Die Gesellschaft[1]) ist bei dem Gericht, in dessen Bezirke sie ihren Sitz hat, zur Eintragung in das Handelsregister anzumelden.

Die Anmeldung hat zu enthalten:

1. den Namen, Vornamen, Stand und Wohnort jedes Gesellschafters;[2])
2. die Firma der Gesellschaft und den Ort, wo sie ihren Sitz hat;
3. den Zeitpunkt, mit welchem die Gesellschaft begonnen hat.[3])

1. § 105 Abs. 1 HGB. lautet:

> Eine Gesellschaft, deren Zweck auf den Betrieb eines Handelsgewerbes unter gemeinschaftlicher Firma gerichtet ist, ist eine offene Handelsgesellschaft, wenn bei keinem der Gesellschafter die Haftung gegenüber den Gesellschaftsgläubigern beschränkt ist.

Wesentliches Erfordernis jeder offenen Handelsgesellschaft ist ein ausdrücklich oder stillschweigend abgeschlossener Gesellschaftsvertrag. Darin, daß die Erben eines Einzelkaufmanns dessen Handelsgeschäft in ungeteilter Erbengemeinschaft fortführen, liegt noch nicht die Begründung einer offenen Handelsgesellschaft, RGZ. 16, 341; 35, 19; es kann jedoch, wenn die Fortführung länger als zur Abwicklung und Erbauseinandersetzung erforderlich ist, und namentlich über den im § 27 Abs. 2 HGB. bezeichneten Zeitpunkt hinaus, dauert, darin der stillschweigende Abschluß eines Gesellschaftsvertrags erblickt werden, ROHG. 11, 101; RGZ. 10, 101.

Das Registergericht hat bei der Anmeldung einer Gesellschaft, an der Minderjährige beteiligt werden sollen, zu prüfen, ob der Gesellschaftsvertrag für diese von den berechtigten Personen abgeschlossen ist und ob er die erforderliche vormundschaftsgerichtliche Genehmigung erhalten hat; soll der Vertrag zwischen minderjährigen, in elterlicher Gewalt stehenden Geschwistern und dem Gewalthaber geschlossen werden, so muß je ein Pfleger für jedes Kind in Vertretung der Geschwister mitwirken, KG. 18. 11. 01 (23 A 89); 4. 1. 06 Rspr. 12, 224. Wenn zwei Personen, von denen die eine bereits ein Handelsgewerbe betreibt, in Zukunft gemeinschaftlich eine offene Handelsgesellschaft bilden wollen, so kann entweder der bisherige Nichtkaufmann gemäß § 28 HGB. als persönlich haftender Gesellschafter in das bestehende Geschäft eintreten oder das letztere kann aufgelöst werden und die Gesellschafter können eine neue offene Handelsgesellschaft bilden, welche mit dem aufgelösten Geschäft rechtlich nichts zu tun hat, KG. 5. 10. 05 RJA. 6, 185.

Ferneres Erfordernis einer offenen Handelsgesellschaft ist der Betrieb eines Handelsgewerbes, und zwar muß der Betrieb eines solchen ernstlich bezweckt werden, nicht etwa bloß die Verwertung eines bekannten Namens, OLG. Colmar 28. 1. 04 ZBlFG. 4, 799. Minderkaufleute (vgl. oben S. 44) können keine offene Handelsgesellschaft bilden (§ 4 HGB.). Eine vor dem 1. 1. 00 unzulässiger Weise als offene Handelsgesellschaft eingetragene Vereinigung zweier Personen zum Betrieb einer Ziegelei ist mit dem Eintritt des neuen Rechts nach § 5 HGB. schlechthin als offene Handelsgesellschaft anzusehen, RG. 25. 1. 02 (50, 154), vgl. oben S. 62.

Das Fehlen einer gemeinschaftlichen Firma schließt die Annahme einer offenen Handelsgesellschaft aus, ROHG. 5, 387; 7, 430; 8, 248; RGZ. 13, 230; 33, 127.

2. Eine offene Handelsgesellschaft kann nicht Mitglied einer anderen offenen Handelsgesellschaft sein, RGZ. 36, 139; KGJ. 11, 17.

3. Hierzu bestimmt § 123 HGB.:

Die Wirksamkeit der offenen Handelsgesellschaft tritt im Verhältnisse zu Dritten mit dem Zeitpunkt ein, in welchem die Gesellschaft in das Handelsregister eingetragen wird.

Beginnt die Gesellschaft ihre Geschäfte schon vor der Eintragung, so tritt die Wirksamkeit mit dem Zeitpunkte des Geschäftsbeginns ein, soweit nicht aus dem § 2 sich ein anderes ergibt.

Eine Vereinbarung, daß die Gesellschaft erst mit einem späteren Zeitpunkt ihren Anfang nehmen soll, ist Dritten gegenüber unwirksam.

Aenderungen.

§ 107 HGB.

Wird die Firma einer Gesellschaft geändert oder der Sitz der Gesellschaft an einen anderen Ort verlegt oder tritt ein neuer Gesellschafter in die Gesellschaft ein,[1]) so ist dies ebenfalls zur Eintragung in das Handelsregister anzumelden.

1. Bei Eingehung des Gesellschaftsvertrags kann sich ein Gesellschafter das Recht ausbedingen, durch seinen einseitigen Entschluß einen Dritten in die Gesellschaft aufzunehmen; alsdann wird der Dritte unmittelbar durch den mit diesem einen Gesellschafter abgeschlossenen Aufnahmevertrag Mitglied der Gesellschaft, RG. 19. 12. 04 ZBlFG. 6, 379; sonst ist zum Beitritt eines neuen Gesellschafters eine Vereinbarung sämtlicher Beteiligten erforderlich, RG. 14. 7. 02 (52, 161).

Ueber Schuldenhaftung des Beitretenden bestimmt § 130 HGB.:

Wer in eine bestehende Gesellschaft eintritt, haftet gleich den anderen Gesellschaftern nach Maßgabe der §§ 128, 129 für die vor seinem Eintritte begründeten Verbindlichkeiten der Gesellschaft, ohne Unterschied, ob die Firma eine Aenderung erleidet oder nicht.

Eine entgegenstehende Vereinbarung ist Dritten gegenüber unwirksam.

Anmeldung u. Zeichnung.

§ 108 HGB.

Die Anmeldungen sind von sämtlichen Gesellschaftern zu bewirken.

Die Gesellschafter, welche die Gesellschaft vertreten sollen, haben die Firma nebst ihrer Namensunterschrift zur Aufbewahrung bei dem Gerichte zu zeichnen.

Vertretungsmacht.

§ 125 HGB.

Zur Vertretung[1]) der Gesellschaft ist jeder Gesellschafter ermächtigt, wenn er nicht durch den Gesellschaftsvertrag von der Vertretung ausgeschlossen ist.[2])

Im Gesellschaftsvertrage kann bestimmt werden, daß alle oder mehrere Gesellschafter nur in Gemeinschaft zur Vertretung der Gesellschaft ermächtigt sein sollen (Gesamtvertretung). Die zur Gesamtvertretung berechtigten Gesellschafter können einzelne von ihnen zur Vornahme bestimmter Geschäfte oder bestimmter Arten von Geschäften ermächtigen.

Ist der Gesellschaft gegenüber eine Willenserklärung abzugeben, so genügt die Abgabe gegenüber einem der zur Mitwirkung bei der Vertretung befugten Gesellschafter.

Im Gesellschaftsvertrage kann bestimmt werden, daß die Gesellschafter, wenn nicht mehrere zusammen handeln, nur in Gemeinschaft mit einem Prokuristen zur Vertretung der Gesellschaft ermächtigt sein sollen. Die Vorschriften des Abs. 2 Satz 2, 3 finden in diesem Falle entsprechende Anwendung.[3])

Der Ausschluß eines Gesellschafters von der Vertretung, die Anordnung einer Gesamtvertretung oder eine gemäß Abs. 3 Satz 1 getroffene Bestimmung sowie jede Aenderung in der Vertretungsmacht eines Gesellschafters ist von sämtlichen Gesellschaftern zur Eintragung in das Handelsregister anzumelden.

1. Ueber den Umfang der Vertretungsmacht bestimmt § 126 HGB.:

Die Vertretungsmacht der Gesellschafter erstreckt sich auf alle gerichtlichen und außergerichtlichen Geschäfte und Rechtshandlungen einschließlich der Veräußerung und Belastung von Grundstücken sowie der Erteilung und des Widerrufs einer Prokura.

Eine Beschränkung des Umfanges der Vertretungsmacht ist Dritten gegenüber unwirksam; dies gilt insbesondere von der Beschränkung, daß sich die Vertretung nur auf gewisse Geschäfte oder Arten von Geschäften erstrecken oder daß sie nur unter gewissen Umständen oder für eine gewisse Zeit oder an einzelnen Orten stattfinden soll.

In Betreff der Beschränkung auf den Betrieb einer von mehreren Niederlassungen der Gesellschaft finden die Vorschriften des § 50 Abs. 3 entsprechende Anwendung.

§ 50 Abs. 3 ist oben S. 73 abgedruckt.

2. Sind alle Gesellschafter von der Vertretungsbefugnis ausgeschlossen, so bleiben sie gleichwohl für ihre Person Herren des Gesellschaftsvermögens und können gemeinschaftlich für die Gesellschaft handeln, KGJ. 10, 26; OLG. Dresden 11. 12. 00 ZBlFG. 2, 150.

3. Für den Umfang der gemeinsamen Vertretungsmacht ist dann die Vertretungsmacht des Prokuristen maßgebend.

Auflösung.

§ 143 HGB.

Die Auflösung[1]) der Gesellschaft ist, wenn sie nicht infolge der Eröffnung des Konkurses über das Vermögen der Gesellschaft eintritt, von sämtlichen Gesellschaftern zur Eintragung in das Handelsregister anzumelden.[2])

Das gleiche gilt von dem Ausscheiden[3]) eines Gesellschafters aus der Gesellschaft.

Ist anzunehmen, daß der Tod eines Gesellschafters die Auflösung oder das Ausscheiden zur Folge gehabt hat, so kann, auch ohne daß die Erben bei der Anmeldung mitwirken, die Eintragung erfolgen, soweit einer solchen Mitwirkung besondere Hindernisse entgegenstehen.

1. Ueber Auflösungsgründe bestimmt § 131 HGB.:
Die offene Handelsgesellschaft wird aufgelöst:
1. durch den Ablauf der Zeit, für welche sie eingegangen ist;

2. durch Beschluß der Gesellschafter;
3. durch die Eröffnung des Konkurses über das Vermögen der Gesellschaft;
4. durch den Tod eines Gesellschafters, sofern nicht aus dem Gesellschaftsvertrage sich ein anderes ergibt;
5. durch die Eröffnung des Konkurses über das Vermögen eines Gesellschafters;
6. durch Kündigung und durch gerichtliche Entscheidung.

Ueber Auflösung durch Kündigung vgl. §§ 132, 134, 135, über Auflösung durch gerichtliche Entscheidung §§ 133, 134 HGB.

2. Die Auflösung muß eingetragen werden ohne Rücksicht auf Differenzen der Gesellschafter über die Frage, was nachher aus dem Geschäfte wird, KGJ. 4, 36. Hinsichtlich der Prüfungspflicht des Registerrichters gilt das in A. 2 zu § 8 (oben S. 17) für deklaratorische Eintragungen Bemerkte. Die Eintragung der Auflösung muß auch dann erfolgen, wenn die Anmeldung und Eintragung der Gesellschaft unterblieben ist; letztere ist dann trotz Auflösung nachzuholen, ROHG. 22, 204; 23, 227.

Die offene Handelsgesellschaft findet nicht schon durch die Auflösung, sondern erst durch die vollständige Erledigung des Gesellschaftsvermögens ihren Untergang (vgl. oben S. 66 § 31 A. 4 und RGZ. 16, 2; 28, 132; 32, 256; 34, 362; 54, 281). Solange letztere nicht eingetreten ist, kann die aufgelöste Gesellschaft wiederhergestellt — fortgesetzt — werden, KG. 17. 11. 02 (25 A 78). Ist die Auflösung durch den Tod eines Gesellschafters eingetreten, so können die überlebenden Gesellschafter mit den Erben — falls der Gesellschaftsanteil des Verstorbenen zum Gesamtgut einer fortgesetzten Gütergemeinschaft gehört, auch mit den Gütergemeinschaftsgenossen —, solange die Gemeinschaft noch tatsächlich nicht erledigt, insbesondere noch Vermögen der Gesellschaft vorhanden ist, die Fortsetzung der Gesellschaft als Kommanditgesellschaft vereinbaren; gleichzeitig kann auch ein neuer Gesellschafter als Kommanditist eintreten, KG. 6. 7. 03 (26 A 219); im Falle der Minderjährigkeit der Erben ist vormundschaftsgerichtliche Genehmigung erforderlich, KG. 18. 11. 01 (23 A 89). Das Fortbestehen kann nicht vereinbart werden, wenn aus einer nur aus zwei Gesellschaftern bestehenden Gesellschaft einer ausscheidet, ROHG. 14, 151; KGJ. 11, 29; vgl. aber § 142 HGB. Es kann indessen bei solcher Gesellschaft ohne Auflösung der eine Sozius ausscheiden und gleichzeitig an seiner Stelle ein anderer eintreten, KGJ. 11, 17.

3. Hierunter fällt der vertragsmäßige Austritt und die Ausschließung. Vgl. hierzu §§ 138—142 HGB.

Fortsetzung.

§ 144 HGB.

Ist die Gesellschaft durch die Eröffnung des Konkurses über ihr Vermögen aufgelöst, der Konkurs aber nach Abschluß eines Zwangsvergleichs aufgehoben oder auf Antrag des Gemeinschuldners eingestellt, so können die Gesellschafter die Fortsetzung der Gesellschaft beschließen.

Die Fortsetzung ist von sämtlichen Gesellschaftern zur Eintragung in das Handelsregister anzumelden.

Liquidation.

§ 148 HGB.

[1]) Die Liquidatoren sind von sämtlichen Gesellschaftern zur Eintragung in das Handelsregister anzumelden. Das gleiche gilt von jeder Aenderung in den Personen der Liquidatoren oder in ihrer

Vertretungsmacht.[2]) Im Falle des Todes eines Gesellschafters kann, wenn anzunehmen ist, daß die Anmeldung den Tatsachen entspricht, die Eintragung erfolgen, auch ohne daß die Erben bei der Anmeldung mitwirken, soweit einer solchen Mitwirkung besondere Hindernisse entgegenstehen.

Die Eintragung gerichtlich bestellter Liquidatoren sowie die Eintragung der gerichtlichen Abberufung von Liquidatoren geschieht von Amts wegen.[3])

Die Liquidatoren haben die Firma nebst ihrer Namensunterschrift zur Aufbewahrung bei dem Gerichte zu zeichnen.

1. Ueber die Liquidation bestimmen §§ 145, 146 HGB.:

§ 145. Nach der Auflösung der Gesellschaft findet die Liquidation statt, sofern nicht eine andere Art der Auseinandersetzung von den Gesellschaftern vereinbart oder über das Vermögen der Gesellschaft der Konkurs eröffnet ist.

Ist die Gesellschaft durch Kündigung des Gläubigers eines Gesellschafters oder durch die Eröffnung des Konkurses über das Vermögen eines Gesellschafters aufgelöst, so kann die Liquidation nur mit Zustimmung des Gläubigers oder des Konkursverwalters unterbleiben.

§ 146. Die Liquidation erfolgt, sofern sie nicht durch Beschluß der Gesellschafter oder durch den Gesellschaftsvertrag einzelnen Gesellschaftern oder anderen Personen übertragen ist, durch sämtliche Gesellschafter als Liquidatoren. Mehrere Erben eines Gesellschafters haben einen gemeinsamen Vertreter zu bestellen.

Auf Antrag eines Beteiligten kann aus wichtigen Gründen die Ernennung von Liquidatoren durch das Gericht erfolgen, in dessen Bezirke die Gesellschaft ihren Sitz hat; das Gericht kann in einem solchen Falle Personen zu Liquidatoren ernennen, die nicht zu den Gesellschaftern gehören. Als Beteiligter gilt außer den Gesellschaftern im Falle des § 135 auch der Gläubiger, durch den die Kündigung erfolgt ist.

Ist über das Vermögen eines Gesellschafters der Konkurs eröffnet, so tritt der Konkursverwalter an die Stelle des Gesellschafters.

Geschäftskreis und Vertretungsmacht der Liquidatoren wird geregelt durch:

§ 149. Die Liquidatoren haben die laufenden Geschäfte zu beendigen, die Forderungen einzuziehen, das übrige Vermögen in Geld umzusetzen und die Gläubiger zu befriedigen; zur Beendigung schwebender Geschäfte können sie auch neue Geschäfte eingehen. Die Liquidatoren vertreten innerhalb ihres Geschäftskreises die Gesellschaft gerichtlich und außergerichtlich.

§ 150. Sind mehrere Liquidatoren vorhanden, so können sie die zur Liquidation gehörenden Handlungen nur in Gemeinschaft vornehmen, sofern nicht bestimmt ist, daß sie einzeln handeln können; eine solche Bestimmung ist in das Handelsregister einzutragen.

Durch die Vorschrift des Abs. 1 wird nicht ausgeschlossen, daß die Liquidatoren einzelne von ihnen zur Vornahme bestimmter Geschäfte oder bestimmter Arten von Geschäften ermächtigen. Ist der Gesellschaft gegenüber eine Willenserklärung abzugeben, so findet die Vorschrift des § 125 Abs. 2 Satz 3 entsprechende Anwendung.

§ 151. Eine Beschränkung des Umfanges der Befugnisse der Liquidatoren ist Dritten gegenüber unwirksam.

§ 153. Die Liquidatoren haben ihre Unterschrift in der Weise abzugeben, daß sie der bisherigen, als Liquidationsfirma zu bezeichnenden Firma ihren Namen beifügen.

In den Geschäftsbetrieb der Liquidatoren darf das Gericht nicht eingreifen, KGZ. 12, 32. Zur Bestellung eines Prokuristen sind die Liquidatoren nicht befugt, ROHG. 13, 224; hinsichtlich des Beitritts zu einer neuen Gesellschaft vgl. unten S. 142 § 296 A. 1 Die Gebühren der gerichtlich ernannten Liquidatoren sind nicht vom Gericht festzusetzen, KG. 8. 2. 04 (27 A 222).

2. Ueber Abberufung von Liquidatoren bestimmt § 147 HGB.:

> Die Abberufung von Liquidatoren geschieht durch einstimmigen Beschluß der nach § 146 Abs. 2, 3 Beteiligten; sie kann auf Antrag eines Beteiligten aus wichtigen Gründen auch durch das Gericht erfolgen.

Gegen die auf Veranlassung der Gesellschafter erfolgte Löschung seiner Liquidationsvollmacht hat der Liquidator kein Beschwerderecht, KGJ. 3, 29.

3. Die gerichtliche Ernennung von Liquidatoren wird nicht dadurch ausgeschlossen, daß die offene Handelsgesellschaft aufgelöst, das Geschäft auf einen Dritten übergegangen und dies im HR. vermerkt ist; die Bestellung der Liquidatoren ist bei dem Eintrag über Auflösung der Gesellschaft und Uebergang der Firma eintragbar, KG. 19. 7. 04 Rspr. 9, 261.

Beendigung der Liquidation.

§ 157.

Nach der Beendigung der Liquidation ist das Erlöschen der Firma von den Liquidatoren zur Eintragung in das Handelsregister anzumelden.[1])

Die Bücher und Papiere der aufgelösten Gesellschaft werden einem der Gesellschafter oder einem Dritten in Verwahrung gegeben. Der Gesellschafter oder der Dritte wird in Ermangelung einer Verständigung durch das Gericht bestimmt, in dessen Bezirke die Gesellschaft ihren Sitz hat.

Die Gesellschafter und deren Erben behalten das Recht auf Einsicht und Benutzung der Bücher und Papiere.

1. Die Beendigung der Liquidation oder, wenn von einer solchen in berechtigter Weise Abstand genommen ist, der anderweitigen Auseinandersetzung, hat der Registerrichter nicht nachzuprüfen, sondern die Eintragung des Erlöschens der Firma hat auf Grund einer gehörigen Anmeldung dieser Tatsache zu erfolgen, unbeschadet der Befugnis des Registerrichters, die Anmeldung bei Kenntnis oder begründeter Annahme der Unrichtigkeit ihres Inhalts zu beanstanden, KG. 25. 2. 01 (22 A 107) — abweichend OLG. Hamburg 20. 5. 04 Rspr. 9, 262.

VI. Die Kommanditgesellschaft.

Begriff und entsprechende Gesetzesanwendung.

§ 161 HGB.

Eine Gesellschaft, deren Zweck auf den Betrieb eines Handelsgewerbes unter gemeinschaftlicher Firma gerichtet ist, ist eine Kommanditgesellschaft, wenn bei einem oder bei einigen von den Gesellschaftern die Haftung gegenüber den Gesellschaftsgläubigern auf den Betrag einer bestimmten Vermögenseinlage beschränkt ist (Kommanditisten),[1]) während bei dem anderen Teile der Gesellschafter eine Beschränkung der Haftung nicht stattfindet (persönlich haftende Gesellschafter).

Soweit nicht in diesem Abschnitt ein anderes vorgeschrieben ist, finden auf die Kommanditgesellschaft die für die offene Handelsgesellschaft geltenden Vorschriften Anwendung.

1. Kommanditisten können sowohl physische wie juristische Personen sein, auch offene Handelsgesellschaften und Kommanditgesellschaften.

Anmeldung.

§ 162 HGB.

Die Anmeldung[1]) der Gesellschaft hat außer den im § 106 Abs. 2[2]) vorgesehenen Angaben die Bezeichnung der Kommanditisten und den Betrag der Einlage[3]) eines jeden von ihnen zu enthalten.

Bei der Bekanntmachung der Eintragung ist nur die Zahl der Kommanditisten anzugeben; der Name, der Stand und der Wohnort der Kommanditisten sowie der Betrag ihrer Einlagen werden nicht bekannt gemacht.

Diese Vorschriften finden im Falle des Eintritts eines Kommanditisten in eine bestehende Handelsgesellschaft und im Falle des Ausscheidens eines Kommanditisten aus einer Kommanditgesellschaft entsprechende Anwendung.[4])

1. Die Anmeldung muß durch sämtliche Gesellschafter, wozu auch die Kommanditisten gehören, bewirkt werden.

2. Vgl. oben S. 77.

3. Hinsichtlich der Einlage bestimmt § 172:

Im Verhältnisse zu den Gläubigern der Gesellschaft wird nach der Eintragung in das Handelsregister die Einlage eines Kommanditisten durch den in der Eintragung angegebenen Betrag bestimmt.

Auf eine nicht eingetragene Erhöhung der aus dem Handelsregister ersichtlichen Einlage können sich die Gläubiger nur berufen, wenn die Erhöhung in handelsüblicher Weise kundgemacht oder ihnen in anderer Weise von der Gesellschaft mitgeteilt worden ist.

Eine Vereinbarung der Gesellschafter, durch die einem Kommanditisten die Einlage erlassen oder gestundet wird, ist den Gläubigern gegenüber unwirksam.

Soweit die Einlage eines Kommanditisten zurückbezahlt wird, gilt sie den Gläubigern gegenüber als nicht geleistet. Das gleiche gilt, soweit ein Kommanditist Gewinnanteile entnimmt, während sein Kapitalanteil durch Verlust unter den Betrag der geleisteten Einlage herabgemindert ist, oder soweit durch die Entnahme der Kapitalanteil unter den bezeichneten Betrag herabgemindert wird.

Was ein Kommanditist auf Grund einer in gutem Glauben errichteten Bilanz in gutem Glauben als Gewinn bezieht, ist er in keinem Falle zurückzuzahlen verpflichtet.

Der Wert einer Sacheinlage braucht nicht im Gesellschaftsvertrage festgesetzt zu werden, er muß aber bei der Anmeldung in einer bestimmten Geldsumme angegeben werden; die Einlage kann auch durch vertragsmäßige Aufrechnung einer dem Kommanditisten gegen die Gesellschaft zustehenden Forderung geleistet werden, RG. 11. 2. 05 Gruchot 49, 976.

4. Es kann also sowohl eine Kommanditgesellschaft in eine offene Handelsgesellschaft, wie letztere in erstere unter Wahrung ihrer Identität umgewandelt werden. Ueber Schuldenhaftung bestimmt § 173:

Wer in eine bestehende Handelsgesellschaft als Kommanditist eintritt, haftet nach Maßgabe der §§ 171, 172 für die vor seinem Eintritte begründeten

Verbindlichkeiten der Gesellschaft, ohne Unterschied, ob die Firma eine Aenderung erleidet oder nicht.

Eine entgegenstehende Vereinbarung ist Dritten gegenüber unwirksam.

Aenderung der Einlage.

§ 175 HGB.

Die Erhöhung sowie die Herabsetzung einer Einlage ist durch die sämtlichen Gesellschafter zur Eintragung in das Handelsregister anzumelden.[1]) Die Bekanntmachung der Eintragung erfolgt gemäß § 162 Abs. 2.[2]) Auf die Eintragung in das Handelsregister des Sitzes der Gesellschaft finden die Vorschriften des § 14 keine Anwendung.[3])

1. Vgl. hierzu § 174:

Eine Herabsetzung der Einlage eines Kommanditisten ist, solange sie nicht in das Handelsregister des Gerichts, in dessen Bezirke die Gesellschaft ihren Sitz hat, eingetragen ist, den Gläubigern gegenüber unwirksam; Gläubiger, deren Forderungen zur Zeit der Eintragung begründet waren, brauchen die Herabsetzung nicht gegen sich gelten zu lassen.

2. Es wird nur die Tatsache der Erhöhung oder Herabsetzung, nicht ihr Betrag bekannt gemacht.

3. Vgl. oben S. 30. Die Eintragung in das Register der Hauptniederlassung ist also nicht erzwingbar, wohl aber, wenn sie in dieses erfolgt ist, die entsprechende Eintragung in das Register einer Zweigniederlassung.

Auflösung.

§ 177 HGB.

Der Tod eines Kommanditisten hat die Auflösung der Gesellschaft nicht zur Folge.[1])

1. Im übrigen sind die Auflösungsgründe die gleichen wie bei der offenen Handelsgesellschaft, vgl. oben S. 82 § 143 A. 1. Auch finden die für die offene Handelsgesellschaft geltenden Vorschriften über Ausscheiden von Gesellschaftern und Liquidation (vgl. oben S. 84 ff.) entsprechende Anwendung; dabei gelten auch die Kommanditisten als Gesellschafter.

VII. Die Aktiengesellschaft.

Errichtung u. Anmeldung.

§ 195 HGB.

Die Gesellschaft[1]) ist bei dem Gericht, in dessen Bezirke sie ihren Sitz hat, von sämtlichen Gründern[2]) und Mitgliedern des Vorstandes und des Aufsichtsrats zur Eintragung in das Handelsregister anzumelden.

Der Anmeldung sind beizufügen:

1. der Gesellschaftsvertrag und die im § 182 Abs. 1 und im § 188 Abs. 2 bezeichneten Verhandlungen;[3])
2. im Falle des § 186 die Verträge, welche den dort bezeichneten Festsetzungen zu Grunde liegen oder zu ihrer Ausführung geschlossen sind, die im § 191 vorgesehene Erklärung und eine Berechnung des der Gesellschaft zur Last fallenden Gründungsaufwandes, in der die Vergütungen nach Art und Höhe und die Empfänger einzeln aufzuführen sind;[4])

3. wenn nicht alle Aktien von den Gründern übernommen sind, zum Nachweise der Zeichnung des Grundkapitals die Duplikate der Zeichnungsscheine und ein von den Gründern unterschriebenes Verzeichnis aller Aktionäre, welches die auf jeden entfallenen Aktien sowie die auf die letzteren geschehenen Einzahlungen angibt;[5])
4. die Urkunden über die Bestellung des Vorstandes und des Aufsichtsrats;[6])
5. die gemäß § 193 Abs. 2 erstatteten Berichte nebst ihren urkundlichen Grundlagen sowie im Falle des § 193 Abs. 3 die Bescheinigung, daß der Prüfungsbericht der Revisoren bei dem zur Vertretung des Handelsstandes berufenen Organ eingereicht ist;[7])
6. wenn der Gegenstand des Unternehmens der staatlichen Genehmigung bedarf, sowie in den Fällen des § 180 Abs. 2 die Genehmigungsurkunde.[8])

In der Anmeldung ist die Erklärung abzugeben, daß auf jede Aktie, soweit nicht andere als durch Barzahlung zu leistende Einlagen bedungen sind, der eingeforderte Betrag bar eingezahlt und im Besitze des Vorstandes ist.[9]) Der Betrag, zu welchem die Aktien ausgegeben werden, und der hierauf bar eingezahlte Betrag sind anzugeben; dieser muß mindestens ein Viertel des Nennbetrags und im Falle der Ausgabe von Aktien für einen höheren als den Nennbetrag auch den Mehrbetrag umfassen. Als Barzahlung gilt nur die Zahlung in deutschem Gelde, in Reichskassenscheinen sowie in gesetzlich zugelassenen Noten deutscher Banken.

Die Mitglieder des Vorstandes haben ihre Namensunterschrift zur Aufbewahrung bei dem Gerichte zu zeichnen.

Die der Anmeldung beigefügten Schriftstücke werden bei dem Gericht in Urschrift oder in beglaubigter Abschrift aufbewahrt.

1. Die AG. ist eine Handelsgesellschaft, bei der sämtliche Gesellschafter mit Einlagen auf das in Aktien zerlegte Grundkapital der Gesellschaft beteiligt sind, ohne persönlich für deren Verbindlichkeiten zu haften (§ 178 HGB.).

2. Nach § 187 gelten die „Aktionäre, welche den Gesellschaftsvertrag festgestellt haben oder andere als durch Barzahlung zu leistende Einlagen machen", als die Gründer der Gesellschaft.

3. I. Ueber den Gesellschaftsvertrag bestimmt § 182:

Der Inhalt des Gesellschaftsvertrags muß von mindestens fünf Personen,[a] welche Aktien übernehmen,[b] in gerichtlicher oder notarieller Verhandlung festgestellt werden. In der Verhandlung ist der Betrag[c] und, wenn verschiedene Gattungen von Aktien[d] ausgegeben werden, die Gattung der von jedem übernommenen Aktien anzugeben.

Der Gesellschaftsvertrag muß bestimmen:

1. die Firma[e] und den Sitz[f] der Gesellschaft;
2. den Gegenstand des Unternehmens;
3. die Höhe des Grundkapitals und der einzelnen Aktien;[g]

4. die Art der Bestellung und Zusammensetzung des Vorstandes;[h)]
5. die Form, in der die Berufung der Generalversammlung der Aktionäre geschieht;
6. die Form, in der die von der Gesellschaft ausgehenden Bekanntmachungen erfolgen.

Bekanntmachungen, die durch öffentliche Blätter erfolgen sollen, sind in den Deutschen Reichsanzeiger einzurücken. Andere Blätter außer diesem bestimmt der Gesellschaftsvertrag.[i)]

a) Gründer können sein physische und juristische Personen, auch offene Handelsgesellschaften und Kommanditgesellschaften, aber nicht ein Einzelkaufmann unter seiner Firma, KG. JMBl. 93, 331.

b) Für eigene oder fremde Rechnung, aber im eigenen Namen, RGZ. 28, 75; 41, 13.

c) Nennbetrag und Ausgabekurs.

d) Hierzu § 179:

Die Aktien sind unteilbar.

Sie können auf den Inhaber oder auf Namen lauten.

Aktien, die vor der vollen Leistung des Nennbetrags oder, falls der Ausgabepreis höher ist, vor der vollen Leistung dieses Betrags ausgegeben werden, dürfen nicht auf den Inhaber lauten. Das gleiche gilt von Anteilscheinen, die den Aktionären vor der Ausgabe der Aktien ausgestellt werden (Interimsscheine).

Werden auf Namen lautende Aktien vor der vollen Leistung der Einzahlungen ausgegeben, so ist der Betrag der geleisteten Einzahlungen in den Urkunden anzugeben.

Nach § 185 können im Gesellschaftsvertrage für einzelne Gattungen von Aktien verschiedene Rechte, insbesondere in Betreff der Verteilung des Gewinns oder des Gesellschaftsvermögens, festgesetzt werden. Verschiedener Gattung sind nur Aktien mit solcher verschiedener Berechtigung (Stamm-, Prioritätsaktien), davon ist die Art der Aktien (Inhaber-, Namensaktien) zu unterscheiden. Durch ordnungsmäßigen Beschluß der Gesellschaft können Aktien zerlegt und geteilt in den Verkehr gebracht werden, OLG. Hamburg 21. 2. 02 Rspr. 4, 253.

e) Vgl. oben S. 53.

f) Der Sitz kann frei bestimmt werden ohne Rücksicht auf den Ort der Geschäftsleitung, des technischen Betriebs oder des Wohnsitzes der Vorsteher; da nun die Begriffe „Sitz" und „Hauptniederlassung" identisch sind, darf, wenn eine AG. an ihrem Sitze eingetragen ist, die Eintragung einer Zweigniederlassung an einem anderen Orte nicht aus dem Grunde verweigert werden, weil diese nach Ansicht des Registerrichters tatsächlich die Hauptniederlassung darstellt, KGJ. 13, 42, vgl. ROHG. 17, 315; 26, 37. Verlegung des Sitzes kann nur durch Statutenänderung erfolgen; Verlegung des Sitzes ins Ausland wirkt wie die Auflösung, RGZ. 7, 69.

g) Hierzu § 180:

Die Aktien müssen auf einen Betrag von mindestens eintausend Mark gestellt werden.

Für ein gemeinnütziges Unternehmen kann im Falle eines besonderen örtlichen Bedürfnisses der Bundesrat die Ausgabe von Aktien, die auf Namen lauten, zu einem geringeren, jedoch mindestens zweihundert Mark erreichenden Betrage zulassen. Die gleiche Genehmigung kann erteilt werden, wenn für ein Unternehmen das Reich, ein Bundesstaat oder ein Kommunalverband oder eine sonstige öffentliche Körperschaft auf die Aktien einen bestimmten Ertrag bedingungslos und ohne Zeitbeschränkung gewährleistet hat.

Auf Namen lautende Aktien, deren Uebertragung an die Zustimmung der Gesellschaft gebunden ist, dürfen auf einen Betrag von weniger als eintausend, jedoch nicht von weniger als zweihundert Mark gestellt werden.

Im Falle des Abs. 2 soll die erteilte Genehmigung, im Falle des Abs. 3 sollen die Beschränkungen, denen nach § 222 Abs. 4 die Aktionäre in Ansehung der Uebertragung ihrer Rechte unterliegen, in den Aktien ersichtlich gemacht werden.

Diese Vorschriften gelten auch für Interimsscheine.

Ueber die für ältere Aktiengesellschaften geltende Ausnahme vgl. Art. 24 EGHGB.

h) Es kann bestimmt werden, daß der Aufsichtsrat über die Zahl der Vorstandsmitglieder und beim Vorhandensein mehrerer über Einzel- oder Kollektivvertretung zu entscheiden hat, KGJ. 10, 34.

i) Geht eines der im Gesellschaftsvertrage bestimmten Blätter ein, so genügt Bekanntmachung in den übrigen, KGJ. 4, 44.

Weitere fakultative Bestimmungen des Gesellschaftsvertrags sehen vor:

§ 183. Ist im Gesellschaftsvertrage nichts darüber bestimmt, ob die Aktien auf den Inhaber oder auf Namen lauten sollen, so sind sie auf Namen zu stellen.

Im Gesellschaftsvertrage kann bestimmt werden, daß auf Verlangen des Aktionärs die Umwandlung seiner auf Namen lautenden Aktie in eine Inhaberaktie oder umgekehrt stattzufinden hat.

§ 184. Für einen geringeren als den Nennbetrag dürfen Aktien nicht ausgegeben werden.

Die Ausgabe für einen höheren Betrag ist statthaft, wenn sie im Gesellschaftsvertrage zugelassen ist.

Ueber Festsetzung sogenannter Bauzinsen bestimmt § 215:

Zinsen von bestimmter Höhe dürfen für die Aktionäre weder bedungen noch ausbezahlt werden; es darf nur dasjenige unter sie verteilt werden, was sich nach der jährlichen Bilanz als Reingewinn ergibt.

Für den Zeitraum, welchen die Vorbereitung des Unternehmens bis zum Anfange des vollen Betriebs erfordert, können den Aktionären Zinsen von bestimmter Höhe bedungen werden; der Gesellschaftsvertrag muß den Zeitpunkt bezeichnen, in welchem die Entrichtung von Zinsen spätestens aufhört.

Vgl. ferner §§ 185 (oben S. 95), 186 (unten S. 101), 198 (unten S. 108), 212—214, 218, 227 (unten S. 113), 232 (unten S. 104), 238 (oben S. 76), 243 (unten S. 105), 251 (unten S. 116), 258 (unten S. 116, 117), 275 (unten S. 129).

Das Registergericht ist nicht berufen, Mißverständnissen ausgesetzte Bestimmungen des Gesellschaftsvertrags, welche dessen Essentialien nicht betreffen, zu bemängeln, KGJ. 3, 13. Ebenso ist ihm, da ihm nur ein formales Prüfungsrecht eingeräumt ist, verwehrt, die Richtigkeit der angemeldeten Tatsachen zu prüfen; es ist aber nicht verpflichtet, einen von ihm als gesetzwidrig erkannten Beschluß in das HR. einzutragen, KGJ. 8, 12, vgl. KGJ. 5, 36. Gesetzwidrig ist eine Statutenbestimmung nur dann, wenn sie ein durch positives zwingendes Gesetz geregeltes Rechtsverhältnis in abweichender Weise regeln will, nicht schon dann, wenn das Statut es bloß unterläßt, der staatlichen Gesetzgebung neben verwandten statutarischen Bestimmungen ausdrücklich Geltung zu sichern, KGJ. 5, 31. Die Bestimmung, daß die Generalversammlung befugt sein soll, einen Aktionär nach ihrem freien Ermessen oder unter gewissen Voraussetzungen (z. B. Aufhören seiner Zugehörigkeit zum Bund der Landwirte) von der Gesellschaft auszuschließen, ist unzulässig, RG. 25. 9. 01 (49, 77).

II. Bei der Errichtung unterscheidet man Simultan- und Sukzessivgründung. Ueber erstere bestimmt § 188:

Uebernehmen die Gründer alle Aktien, so gilt mit der Uebernahme der Aktien die Gesellschaft als errichtet.

Soweit die Uebernahme nicht schon bei der Feststellung des Gesellschaftsvertrags erfolgt, kann sie in einer besonderen gerichtlichen oder notariellen Verhandlung unter Angabe der Beträge, welche die einzelnen Gründer noch übernehmen, bewirkt werden.

Ueber letztere bestimmen §§ 189, 196:

§ 189. Uebernehmen die Gründer nicht alle Aktien, so hat der Errichtung der Gesellschaft die Zeichnung der übrigen Aktien vorherzugehen.

Die Zeichnung erfolgt durch schriftliche Erklärung, aus der die Beteiligung nach der Anzahl und, falls verschiedene Aktien ausgegeben werden, nach dem Betrag oder der Gattung der Aktien hervorgehen muß.

Die Erklärung (Zeichnungsschein) soll doppelt ausgestellt werden; sie hat zu enthalten:

1. den Tag der Feststellung des Gesellschaftsvertrags, die im § 182 Abs. 2 und im § 186 vorgesehenen Festsetzungen und, wenn mehrere Gattungen von Aktien mit verschiedener Berechtigung ausgegeben werden, den Gesamtbetrag einer jeden;
2. den Namen, Stand und Wohnort der Gründer;
3. den Betrag, für welchen die Ausgabe der Aktie stattfindet, und den Betrag der festgesetzten Einzahlungen;
4. den Zeitpunkt, in welchem die Zeichnung unverbindlich wird, sofern nicht bis dahin die Errichtung der Gesellschaft beschlossen ist.

Zeichnungsscheine, welche diesen Inhalt nicht vollständig haben oder außer dem unter Nr. 4 bezeichneten

Vorbehalte Beschränkungen in der Verpflichtung des Zeichners enthalten, sind nichtig. Erfolgt ungeachtet eines hiernach nichtigen oder wegen verspäteter Errichtung der Gesellschaft unverbindlichen Zeichnungsscheins die Eintragung der Gesellschaft in das Handelsregister, so ist der Zeichner, wenn er auf Grund einer dem Abs. 2 entsprechenden Erklärung in der Generalversammlung, die zur Beschlußfassung über die Errichtung der Gesellschaft berufen wird, stimmt oder später als Aktionär Rechte ausübt oder Verpflichtungen erfüllt, der Gesellschaft wie aus einem gültigen Zeichnungsscheine verpflichtet.

Jede nicht in dem Zeichnungsschein enthaltene Beschränkung ist der Gesellschaft gegenüber unwirksam.

§ 196: Haben die Gründer nicht alle Aktien übernommen, so beruft das im § 195 bezeichnete Gericht eine Generalversammlung der in dem Verzeichnis aufgeführten Aktionäre zur Beschlußfassung über die Errichtung der Gesellschaft.

Die Versammlung findet unter der Leitung des Gerichts statt.

Der Vorstand und der Aufsichtsrat haben sich über die Ergebnisse der ihnen in Ansehung der Gründung obliegenden Prüfung auf Grund der im § 193 Abs. 2 bezeichneten Berichte und ihrer urkundlichen Grundlagen zu erklären. Jedes Mitglied des Vorstandes und des Aufsichtsrats kann bis zur Beschlußfassung die Unterzeichnung der Anmeldung zurückziehen.

Die der Errichtung der Gesellschaft zustimmende Mehrheit muß mindestens ein Viertel aller in dem Verzeichnis aufgeführten Aktionäre umfassen; der Betrag ihrer Anteile muß mindestens ein Viertel des gesamten Grundkapitals darstellen. Auch wenn diese Mehrheit erreicht wird, gilt die Errichtung als abgelehnt, sofern hinsichtlich eines Teiles der Aktionäre die Voraussetzungen des § 186 vorliegen und sich die Mehrheit der von anderen Aktionären abgegebenen Stimmen gegen die Errichtung erklärt.

Die Zustimmung aller erschienenen Aktionäre ist erforderlich, wenn die im § 182 Abs. 2 Nr. 1 bis 4, im § 183, im § 184 Abs. 2 sowie die im § 185 bezeichneten Bestimmungen des Gesellschaftsvertrags abgeändert oder die im § 186 vorgesehenen Festsetzungen zu Lasten der Gesellschaft erweitert werden sollen. Dasselbe gilt, wenn die Dauer der Gesellschaft über die im Gesellschaftsvertrage bestimmte Zeit verlängert oder die im Gesellschaftsvertrage für Beschlüsse der Generalversammlung vorgesehenen erschwerenden Erfordernisse beseitigt werden sollen.

Die Beschlußfassung ist zu vertagen, wenn es von den Aktionären mit einfacher Stimmenmehrheit verlangt wird.

Auf Berufung und Beschlußfassung der im § 196 bezeichneten Generalversammlung finden, soweit dieser Paragraph nicht ein anderes bestimmt, die Vorschriften entsprechende Anwendung, welche für die Gesellschaft nach der Eintragung maßgebend sind (§ 197).

Der Tod eines der Simultangründer macht die bereits wirksam erfolgte Entstehung des Gesellschaftsverhältnisses nicht wieder rückgängig, die Erben sind zur Bewirkung der Eintragung berechtigt, OLG. Dresden 4. 12. 00 Rspr. 3, 21.

4. Die sogenannte qualifizierte Gründung betrifft § 186:

Jeder zu Gunsten einzelner Aktionäre bedungene besondere Vorteil muß im Gesellschaftsvertrag unter Bezeichnung des Berechtigten festgesetzt werden.

Werden auf das Grundkapital von Aktionären Einlagen gemacht, die nicht durch Barzahlung zu leisten sind, oder werden vorhandene oder herzustellende

Anlagen oder sonstige Vermögensgegenstände von der zu errichtenden Gesellschaft übernommen, so müssen der Gegenstand der Einlage oder der Uebernahme, die Person, von welcher die Gesellschaft den Gegenstand erwirbt, und der Betrag der für die Einlage zu gewährenden Aktien oder die für den übernommenen Gegenstand zu gewährende Vergütung im Gesellschaftsvertrage festgesetzt werden.

Von diesen Festsetzungen gesondert ist der Gesamtaufwand, welcher zu Lasten der Gesellschaft an Aktionäre oder Andere als Entschädigung oder Belohnung für die Gründung oder deren Vorbereitung gewährt wird, im Gesellschaftsvertrage festzusetzen.

Jedes Abkommen über die vorbezeichneten Gegenstände, welches nicht die vorgeschriebene Festsetzung im Gesellschaftsvertrage gefunden hat, ist der Gesellschaft gegenüber unwirksam.

Hierzu bestimmt § 191:

Die Gründer haben im Falle des § 186 Abs. 2 in einer schriftlichen Erklärung die wesentlichen Umstände darzulegen, von welchen die Angemessenheit der für die eingelegten oder übernommenen Gegenstände gewährten Beträge abhängt.

Sie haben hierbei die vorausgegangenen Rechtsgeschäfte, die auf den Erwerb durch die Gesellschaft hingezielt haben, ferner die Erwerbs- und Herstellungspreise aus den letzten beiden Jahren und im Falle des Ueberganges eines Unternehmens auf die Gesellschaft die Betriebserträgnisse aus den letzten beiden Geschäftsjahren anzugeben.

Unter „Uebernahme" im Sinne des § 186 ist nicht nur eine nach allen Richtungen perfekte Uebereinkunft, sondern jedes Abkommen über einen Erwerb durch die AG. verstanden, gleichviel ob dessen Bestand von dem Eintritt einer Bedingung, Zeitbestimmung usw. abhängig ist, KGJ. 10, 29; sie liegt vor, wenn zum Bau und Betrieb einer Eisenbahn eine AG. gegründet wird, die zufolge von Abmachungen im Gründungszeitraum die Herstellung der Bahnanlage einem Unternehmer gegen festen Preis übertragen soll, ohne daß es darauf ankommt, daß über diese Herstellung ein förmlicher Vertrag noch nicht besteht und daß die hergestellte Anlage ohne weiteren Erwerbsakt in das Eigentum der AG. übergehen würde, KG. 6. 10. 02 (25 A 85).

Die Festsetzungen des Gesellschaftsvertrages über Einlagen können, sofern es bei diesen Einlagen verblieben ist, nicht gelegentlich der Aenderung des Gesellschaftsvertrags durch Beschluß der Generalversammlung als „erledigt" gestrichen werden, OLG. Dresden 29. 5. 00 KGJ. 20 D 23; KG. 18. 1. 04 (27 A 225). Wenn dem Registerrichter durch den Bericht der Gründungsrevisoren zur Kenntnis kommt, daß tatsächlich eine von den Gründern nicht erwähnte Uebernahme von Vermögensstücken stattgefunden hat, so ist er berechtigt und verpflichtet, bis zur Erfüllung der gesetzlichen Vorschriften über die qualifizierte Gründung die Eintragung zu verweigern, KGJ. 10, 29. Der Gründerbericht muß die Angabe der Betriebserträgnisse auch dann enthalten, wenn ein Unternehmen nicht ungeteilt auf die Gesellschaft übergeht; die für mitübergehende Waren und Vorräte gewährten Preise sind zu spezialisieren, OLG. Jena 30. 3. 01 Rspr. 2, 435.

5. Fall der sukzessiven Gründung; vgl. § 189 oben S. 99.

6. Ueber Bestellung des Vorstandes und Aufsichtsrats bestimmt § 190:

Uebernehmen die Gründer alle Aktien, so haben sie gleichzeitig mit der Errichtung der Gesellschaft oder in einer besonderen gerichtlichen oder notariellen Verhandlung den ersten Aufsichtsrat der Gesellschaft zu bestellen.

Uebernehmen die Gründer nicht alle Aktien, so haben sie nach der Zeichnung des Grundkapitals eine Generalversammlung zur Wahl des Aufsichtsrats zu berufen.

Diese Vorschriften finden auch auf die Bestellung des ersten Vorstandes Anwendung, sofern nicht nach dem Gesellschaftsvertrage die Bestellung in anderer Weise als durch Wahl der Generalversammlung zu geschehen hat.

Ferner:

§ 231. Die Aktiengesellschaft wird durch den Vorstand gerichtlich und außergerichtlich vertreten.

Der Vorstand kann aus einer oder mehreren Personen bestehen.

Die Bestellung zum Mitgliede des Vorstandes ist jederzeit widerruflich, unbeschadet des Anspruchs auf die vertragsmäßige Vergütung.

§ 232. Zu Willenserklärungen, insbesondere zur Zeichnung des Vorstandes für die Gesellschaft, bedarf es der Mitwirkung sämtlicher Mitglieder des Vorstandes, sofern nicht im Gesellschaftsvertrag ein anderes bestimmt ist. Der Vorstand kann jedoch einzelne Mitglieder zur Vornahme bestimmter Geschäfte oder bestimmter Arten von Geschäften ermächtigen. Ist eine Willenserklärung der Gesellschaft gegenüber abzugeben, so genügt die Abgabe gegenüber einem Mitgliede des Vorstandes.

Steht nicht jedem einzelnen Vorstandsmitgliede die selbständige Vertretung der Gesellschaft nach dem Gesellschaftsvertrage zu, so kann durch diesen bestimmt werden, daß die Vorstandsmitglieder, wenn nicht mehrere zusammen handeln, in Gemeinschaft mit einem Prokuristen zur Vertretung der Gesellschaft befugt sein sollen. Auch kann durch den Gesellschaftsvertrag der Aufsichtsrat ermächtigt werden, einzelnen Mitgliedern des Vorstandes die Befugnis zu erteilen, die Gesellschaft allein oder in Gemeinschaft mit einem Prokuristen zu vertreten. Die Vorschriften des Abs. 1 Satz 2, 3 finden in diesen Fällen entsprechende Anwendung.

§ 243. Der Aufsichtsrat besteht, sofern nicht der Gesellschaftsvertrag eine höhere Zahl festsetzt, aus drei von der Generalversammlung zu wählenden Mitgliedern.

Die Wahl des ersten Aufsichtsrats gilt für die Zeit bis zur Beendigung der ersten Generalversammlung, welche nach dem Ablauf eines Jahres seit der Eintragung der Gesellschaft in das Handelsregister zur Beschlußfassung über die Jahresbilanz abgehalten wird.

Später kann der Aufsichtsrat nicht für eine längere Zeit als bis zur Beendigung derjenigen Generalversammlung gewählt werden, welche über die Bilanz für das vierte Geschäftsjahr nach der Ernennung beschließt; das Geschäftsjahr, in welchem die Ernennung erfolgt, wird hierbei nicht mitgerechnet.

Die Bestellung zum Mitgliede des Aufsichtsrats kann auch vor dem Ablaufe des Zeitraums, für den das Mitglied gewählt ist, durch die Generalversammlung widerrufen werden. Sofern nicht der Gesellschaftsvertrag ein anderes bestimmt, bedarf der Beschluß einer Mehrheit, die mindestens drei Vierteile des bei der Beschlußfassung vertretenen Grundkapitals umfaßt.

Soweit nicht im § 190 ein anderes bestimmt ist, finden auf Berufung und Beschlußfassung der dort bezeichneten Generalversammlung die Vorschriften entsprechende Anwendung, welche für die Gesellschaft nach der Eintragung maßgebend sind (§ 197). Die Nichteinhaltung der im § 255 (vgl. unten S. 118) vorgeschriebenen Einberufungsfrist hat der Registerrichter von Amts wegen zu berücksichtigen und die Anmeldung zurückzuweisen; er ist aber auch befugt, trotz des Mangels die im § 196 vorgeschriebene Generalversammlung einzuberufen, wenn zu erwarten steht, daß der Mangel in ihr noch gehoben werden kann, KG. 5. 10. 05 RJA. 6, 180. In das HR. können auch stellvertretende Mitglieder des Vorstandes unter Kennzeichnung ihrer Eigenschaft als Stellvertreter eingetragen werden; ist im Gesellschaftsvertrage bestimmt, daß der Vorstand nach Beschluß des Aufsichtsrats aus zwei oder mehr vom Aufsichtsrat zu ernennenden Mitgliedern besteht, so kann auf Grund dieser Bestimmung der Aufsichtsrat auch stellvertretende Vorstandsmitglieder ernennen, KG. 11. 7. 02 (24 A 194). Im Falle des § 232 Abs. 2 Satz 1 ist für den Umfang der gemeinsamen Vertretungsmacht die Vertretungsmacht des Prokuristen maßgebend (ZBlFG. 1, 974, abweichend ZBlFG. 6, 577). Besteht der Vorstand nur aus einer Person, so kann nicht bestimmt werden, daß zu Willenserklärungen außerdem die Mitwirkung eines Prokuristen nötig ist, KG. 5. 4. 00 (20 A 30). Die nach dem Gesellschaftsvertrage gegebene Möglichkeit, daß einmal ein Vorstandsmitglied, das nur zur Gesamtvertretung mit einem Prokuristen befugt ist, als alleiniger Vorstand übrig bleibt, rechtfertigt aber die Ablehnung der Eintragung nicht, KG. 11. 7. 00 ZBlFG. 1, 471. Der Aufsichtsrat hat nach außen als geschlossenes Organ kollektivisch zu handeln, zu Willenserklärungen bedarf es im Zweifel der Mitwirkung sämtlicher Mitglieder, KG. 12. 10. 05 RJA. 6, 190, vgl. RG. in JW. 04, 100.

Ueber die Unvereinbarkeit der Zugehörigkeit zu beiden Gesellschaftsorganen bestimmt § 248:

Die Mitglieder des Aufsichtsrats können nicht zugleich Mitglieder des Vorstandes oder dauernd Stellvertreter von Vorstandsmitgliedern sein, auch nicht als Beamte die Geschäfte der Gesellschaft führen.

Nur für einen im voraus begrenzten Zeitraum kann der Aufsichtsrat einzelne seiner Mitglieder zu

Stellvertretern von behinderten Mitgliedern des Vorstandes bestellen; während dieses Zeitraums und bis zur Entlastung des Vertreters darf der letztere eine Tätigkeit als Mitglied des Aufsichtsrats nicht ausüben. Auf die in solcher Weise bestellten Vertreter finden die Vorschriften des § 236 keine Anwendung.

Scheiden aus dem Vorstande Mitglieder aus, so können sie nicht vor der Entlastung in den Aufsichtsrat gewählt werden.

Die Bestellung von Aufsichtsratsmitgliedern zu Stellvertretern behinderter Vorstandsmitglieder darf nur für bestimmte bereits gegebene, nicht aber für alle möglichen künftigen Behinderungsfälle erfolgen, KGJ. 15, 30; sie ist auch für solche Vorstandsmitglieder zulässig, welche durch Tod oder aus sonstigen Ursachen ausgeschieden sind, KG. 7. 5. 00 (20 A 164).

7. Für den Prüfungsbericht sind maßgebend:

§ 192. Die Mitglieder des Vorstandes und des Aufsichtsrats haben den Hergang der Gründung zu prüfen.

Gehört ein Mitglied des Vorstandes oder des Aufsichtsrats zu den Gründern oder hat sich ein Mitglied einen besonderen Vorteil oder für die Gründung oder deren Vorbereitung eine Entschädigung oder Belohnung ausbedungen oder liegt ein Fall des § 186 Abs. 2 vor, so hat außerdem eine Prüfung durch besondere Revisoren stattzufinden.

Die Revisoren werden durch das für die Vertretung des Handelsstandes berufene Organ, in Ermangelung eines solchen durch das Gericht bestellt, in dessen Bezirke die Gesellschaft ihren Sitz hat.

§ 193. Die Prüfung hat sich insbesondere auf die Richtigkeit und Vollständigkeit der Angaben zu erstrecken, die in Ansehung der Zeichnung und Einzahlung des Grundkapitals sowie in Ansehung der im § 186 vorgesehenen Festsetzungen von den Gründern gemacht sind. Der Inhalt der im § 191 bestimmten Erklärung ist auch in der Richtung zu prüfen, ob bezüglich der Angemessenheit der für die eingelegten oder übernommenen Gegenstände gewährten Beträge Bedenken obwalten.

Ueber die Prüfung ist unter Darlegung der im Abs. 1 bezeichneten Umstände schriftlich Bericht zu erstatten.

Sind die Revisoren durch das für die Vertretung des Handelsstandes berufene Organ bestellt, so haben sie diesem ein Exemplar des Berichts einzureichen. Die Einsicht des eingereichten Berichts ist Jedem gestattet.

8. Vgl. § 180 oben S. 96. Die Erklärung der zuständigen Behörde, daß eine Genehmigung nicht erforderlich sei, ist für den Registerrichter bindend.

9. Die Richtigkeit der Erklärung hat der Registerrichter nicht nachzuprüfen.

Eintragung.

§ 198 HGB.

Bei der Eintragung der Gesellschaft in das Handelsregister sind die Firma und der Sitz der Gesellschaft, der Gegenstand des Unternehmens, die Höhe des Grundkapitals, der Tag der Feststellung des Gesellschaftsvertrags und die Mitglieder des Vorstandes anzugeben.

Enthält der Gesellschaftsvertrag besondere Bestimmungen über die Zeitdauer der Gesellschaft oder über die Befugnis der Mitglieder des Vorstandes oder der Liquidatoren zur Vertretung der Gesellschaft, so sind auch diese Bestimmungen einzutragen.

Veröffentlichung.

§ 199 HGB.

In die Veröffentlichung, durch welche die Eintragung bekannt gemacht wird, sind außer dem Inhalte der Eintragung aufzunehmen:

1. die sonstigen im § 182 Abs. 2, 3 und in den §§ 183, 185, 186 bezeichneten Festsetzungen;[1])
2. der Betrag, zu welchem die Aktien ausgegeben werden;
3. der Name, Stand und Wohnort der Gründer und die Angabe, ob sie die sämtlichen Aktien übernommen haben;
4. der Name, Stand und Wohnort der Mitglieder des ersten Aufsichtsrats.

Zugleich ist bekannt zu machen, daß von den mit der Anmeldung der Gesellschaft eingereichten Schriftstücken, insbesondere von dem Prüfungsberichte des Vorstandes, des Aufsichtsrats und der Revisoren, bei dem Gericht Einsicht genommen werden kann. Im Falle des § 193 Abs. 3[2]) ist ferner bekannt zu machen, daß von dem Prüfungsberichte der Revisoren auch bei dem zur Vertretung des Handelsstandes berufenen Organ Einsicht genommen werden kann.

1. Vgl. oben S. 94, 95, 97, 101. 2. Vgl. oben S. 108.

Zweigniederlassung.

§ 201 HGB.

Die Anmeldung der Gesellschaft zur Eintragung in das Handelsregister eines Gerichts, in dessen

Bezirke sie eine Zweigniederlassung besitzt, ist durch sämtliche Mitglieder des Vorstandes zu bewirken.[1])

Der Anmeldung ist der Gesellschaftsvertrag[2]) in Urschrift oder in öffentlich beglaubigter Abschrift beizufügen;[3]) die Vorschriften des § 195 Abs. 2, 3 finden keine Anwendung.[4])

Die Eintragung hat die im § 198[5]) bezeichneten Angaben zu enthalten.

In die Veröffentlichung, durch welche die Eintragung bekannt gemacht wird, sind außer dem Inhalte der Eintragung auch die sonstigen im § 182 Abs. 2, 3[6]) und in den §§ 183, 185[7]) bezeichneten Festsetzungen aufzunehmen. Erfolgt die Eintragung innerhalb der ersten zwei Jahre, nachdem die Gesellschaft in das Handelsregister ihres Sitzes eingetragen worden ist, so sind alle im § 199[8]) bezeichneten Angaben zu veröffentlichen; in diesem Falle ist der Anmeldung ein Exemplar der für den Sitz der Gesellschaft ergangenen gerichtlichen Bekanntmachung beizufügen.

Befindet sich der Sitz der Gesellschaft im Auslande, so ist das Bestehen der Aktiengesellschaft als solcher und, sofern der Gegenstand des Unternehmens oder die Zulassung zum Gewerbebetrieb im Inlande der staatlichen Genehmigung bedarf, auch diese mit der Anmeldung nachzuweisen. Die Angaben, deren öffentliche Bekanntmachung nach Abs 4 zu erfolgen hat, sind in die Anmeldung aufzunehmen.

1. Ein besonderer Vorstand einer Zweigniederlassung ist vom Gesetz nicht anerkannt, KG. 18. 4. 00 (20 A 69), wohl aber ist die Eintragung eines Prokuristen für die Zweigniederlassung statthaft, OLG. Hamburg 8. 6. 00 KGJ. 20 D 25.

2. Es braucht nicht der Gesellschaftsvertrag in ursprünglicher Fassung mit allen Abänderungsbeschlüssen beigebracht zu werden, vielmehr genügt die Beibringung derjenigen Urkunden in Urschrift oder öffentlich beglaubigter Abschrift, die die zur Zeit der Anmeldung geltende Fassung des Gesellschaftsvertrags ergeben, KG. 9. 11. 03 (26 A 225).

3. Die in die Anmeldung aufzunehmende Angabe über die Form der Gesellschaftsbekanntmachungen muß in einer entsprechenden Festsetzung des Gesellschaftsvertrags ihre Stütze finden, es sei denn, daß nachweislich nach Maßgabe des betreffenden ausländischen Rechts die Einfügung einer solchen Bestimmung sich nicht erzielen läßt, KG. 16. 3. 03 (26 A 65).

4. Vgl. oben S. 92, 93. **5.** § 198 ist abgedruckt S. 108.

6. § 182 ist abgedruckt S. 94, 95. **7.** §§ 183 und 185 sind abgedruckt oben S. 97, 95.

8. Vgl. oben S. 109.

Nachgründungsverträge.

§ 207 HGB.

Verträge der Gesellschaft, nach denen sie vorhandene oder herzustellende Anlagen, die dauernd zu ihrem Geschäftsbetriebe bestimmt sind, oder unbewegliche Gegenstände für eine den zehnten Teil des Grundkapitals übersteigende Vergütung erwerben soll, bedürfen zu ihrer Wirksamkeit der Zustimmung der Generalversammlung, falls sie vor dem Ablaufe von zwei Jahren seit der Eintragung der Gesellschaft in das Handelsregister geschlossen werden.

Vor der Beschlußfassung hat der Aufsichtsrat den Vertrag zu prüfen und über die Ergebnisse seiner Prüfung schriftlich Bericht zu erstatten.

Der Beschluß, durch welchen dem Vertrage die Zustimmung erteilt wird, bedarf einer Mehrheit, die mindestens drei Vierteile des bei der Beschlußfassung vertretenen Grundkapitals umfaßt. Wird der Vertrag im ersten Jahre nach der Eintragung der Gesellschaft in das Handelsregister geschlossen, so müssen außerdem die Anteile der zustimmenden Mehrheit mindestens ein Viertel des gesamten Grundkapitals darstellen.

Nach erfolgter Zustimmung der Generalversammlung hat der Vorstand den Vertrag in Urschrift oder in öffentlich beglaubigter Abschrift mit dem Berichte des Aufsichtsrats nebst dessen urkundlichen Grundlagen zum Handelsregister einzureichen. Zum Handelsregister einer Zweigniederlassung findet die Einreichung nicht statt.

Bildet der Erwerb von Grundstücken den Gegenstand des Unternehmens, so finden auf einen solchen Erwerb die Vorschriften der Abs. 1 bis 4 keine Anwendung. Das gleiche gilt für den Erwerb von Grundstücken im Wege der Zwangsversteigerung.[1])

1. Die Ausnahmevorschrift des letzten Absatzes bezieht sich nur auf den Fall, daß der Gegenstand des Unternehmens seiner ganzen Natur nach das Immobilien-

erwerbsgeschäft ergreift, wie z. B. bei Baugesellschaften und Hypothekenbanken, dagegen greift sie nicht Platz, wenn es sich nur um den besonderen Erwerb gewisser, für den sonstigen Geschäftsbetrieb der Gesellschaft erforderlicher Grundstücke handelt, KGJ. 10, 29.

Aktienamortisation.

§ 227 HGB.

Die Einziehung (Amortisation) von Aktien kann nur erfolgen, wenn sie im Gesellschaftsvertrag angeordnet oder gestattet ist. Die Bestimmung muß in dem ursprünglichen Gesellschaftsvertrag oder durch eine vor der Zeichnung der Aktien bewirkte Aenderung des Gesellschaftsvertrags getroffen sein, es sei denn, daß die Einziehung nicht mittelst Auslosung, Kündigung oder in ähnlicher Weise, sondern mittelst Ankaufs der Aktien geschehen soll.

Jede Art der Einziehung darf, sofern sie nicht nach den für die Herabsetzung des Grundkapitals maßgebenden Vorschriften stattfindet, nur aus dem nach der jährlichen Bilanz verfügbaren Gewinn erfolgen.[1])

1. Dieser Paragraph findet auch auf ältere Aktiengesellschaften Anwendung; es muß im Statut ein wenigstens in seinen Grundzügen bestimmter Amortisationsplan gegeben sein, andernfalls ist die Eintragung abzulehnen, KG. 18. 1. 06 RJA. 7, 40.

Aenderungen im Vorstand.

§ 234 HGB.

Jede Aenderung[1]) des Vorstandes oder der Vertretungsbefugnis eines Vorstandsmitgliedes sowie eine auf Grund des § 232 Abs. 2 Satz 2[2]) von dem Aufsichtsrate getroffene Anordnung ist durch den Vorstand[3]) zur Eintragung in das Handelsregister anzumelden.

Der Anmeldung ist eine öffentlich beglaubigte Abschrift der Urkunden über die Aenderung oder Anordnung beizufügen. Diese Vorschrift findet auf die Anmeldung zum Handelsregister einer Zweigniederlassung keine Anwendung.

Die Vorstandsmitglieder haben ihre Unterschrift zur Aufbewahrung bei dem Gerichte zu zeichnen.

1. Die Eintragung des einem Vorstandsmitglied von der Gesellschaft beigelegten neuen Titels (Generaldirektor) ist unzulässig, KG. 6. 6. 00 (20 A 269); ebenso die Eintragung der Aenderung der Wohnorte der Vorstandsmitglieder, KG. 19. 2. 05 Rspr. 10, 331.

2. Vgl. oben S. 104.

3. Mitwirkung sämtlicher Vorstandsmitglieder ist nicht erforderlich, es genügt Anmeldung durch die Vertretungsberechtigten. Bei Aenderungen der Zusammensetzung des Vorstandes haben die neuen, nicht die ausgeschiedenen, Mitglieder bei der Anmeldung mitzuwirken, KGJ. 14, 30; 16, 26; 18, 33.

Aenderungen im Aufsichtsrat.

§ 244 HGB.

Jede Aenderung in den Personen der Mitglieder des Aufsichtsrats ist von dem Vorstande unverzüglich in den Gesellschaftsblättern bekannt zu machen. Der Vorstand hat die Bekanntmachung zum Handelsregister einzureichen.[1])

1. Auch beim Registergericht der Zweigniederlassung, KG. 9. 7. 04 (28 A 46). Ueber Wiederbestellung eines Aufsichtsratsmitglieds nach Niederlegung seines Amts vgl. unten § 52 GmbHG.

Generalversammlungsprotokolle.

§ 259 HGB.

Jeder Beschluß der Generalversammlung bedarf zu seiner Gültigkeit der Beurkundung durch ein über die Verhandlung gerichtlich oder notariell aufgenommenes Protokoll.

In dem Protokolle sind der Ort und der Tag der Verhandlung, der Name des Richters oder Notars sowie die Art und das Ergebnis der Beschlußfassungen anzugeben.

Das nach § 258[1]) aufgestellte Verzeichnis der Teilnehmer an der Generalversammlung sowie die Belege über die ordnungsmäßige Berufung sind dem Protokolle beizufügen. Die Beifügung der Belege über die Berufung der Generalversammlung kann unterbleiben, wenn die Belege unter Angabe ihres Inhalts in dem Protokoll aufgeführt werden.

Das Protokoll muß von dem Richter oder Notar vollzogen werden. Die Zuziehung von Zeugen ist nicht erforderlich.

Eine öffentlich beglaubigte Abschrift des Protokolls ist unverzüglich nach der Generalversammlung von dem Vorstande zum Handelsregister einzureichen.[1])

1. Ueber die Beschlußfassung in der Generalversammlung bestimmen:

§ 251. Die Beschlüsse der Generalversammlung bedürfen der Mehrheit der abgegebenen Stimmen (einfache Stimmenmehrheit), soweit nicht durch das Gesetz oder den Gesellschaftsvertrag eine größere Mehrheit oder sonstige Erfordernisse vorgeschrieben sind.

Für Wahlen können im Gesellschaftsvertrag andere Bestimmungen getroffen werden.

§ 252. Jede Aktie gewährt das Stimmrecht. Das Stimmrecht wird nach den Aktienbeträgen ausgeübt. Der Gesellschaftsvertrag kann für den Fall, daß ein Aktionär mehrere Aktien besitzt, die Ausübung des Stimmrechts durch Festsetzung eines Höchstbetrags oder von Abstufungen beschränken. Werden mehrere Gattungen von Aktien ausgegeben, so kann der Gesellschaftsvertrag den Aktien der einen Gattung ein höheres Stimmrecht beilegen als den Aktien einer anderen Gattung.

Das Stimmrecht kann durch einen Bevollmächtigten ausgeübt werden. Für die Vollmacht ist die schriftliche Form erforderlich und genügend; die Vollmacht bleibt in der Verwahrung der Gesellschaft.

Wer durch die Beschlußfassung entlastet oder von einer Verpflichtung befreit werden soll, hat hierbei kein Stimmrecht und darf ein solches auch nicht für andere ausüben. Dasselbe gilt von einer Beschlußfassung, welche die Vornahme eines Rechtsgeschäfts mit einem Aktionär oder die Einleitung oder Erledigung eines Rechtsstreits zwischen ihm und der Gesellschaft betrifft.

Im übrigen richten sich die Bedingungen und die Form der Ausübung des Stimmrechts nach dem Gesellschaftsvertrage.

§ 258. In der Generalversammlung ist ein Verzeichnis der erschienenen Aktionäre oder Vertreter von

Aktionären mit Angabe ihres Namens und Wohnorts sowie des Betrags der von jedem vertretenen Aktien aufzustellen. Das Verzeichnis ist vor der ersten Abstimmung zur Einsicht auszulegen; es ist von dem Vorsitzenden zu unterzeichnen.

Die Wahl eines Aktionärs zum Aufsichtsrats- (Vorstands-) Mitglied ist kein Rechtsgeschäft, das mit ihm abgeschlossen wird, § 252 findet darauf nicht Anwendung, RG. 22. 2. 05 (60, 172); vgl. auch § 280 A. 1 unten S. 132.

Für die Berufung der Generalversammlung sind §§ 253 bis 257 maßgebend.

§ 253. Die Generalversammlung wird durch den Vorstand berufen, soweit nicht nach dem Gesetz oder dem Gesellschaftsvertrag auch andere Personen dazu befugt sind.

Die Generalversammlung ist, außer den im Gesetz oder im Gesellschaftsvertrag ausdrücklich bestimmten Fällen, zu berufen, wenn das Interesse der Gesellschaft es erfordert.

§ 254. Die Generalversammlung ist zu berufen, wenn Aktionäre, deren Anteile zusammen den zwanzigsten Teil des Grundkapitals erreichen, die Berufung schriftlich unter Angabe des Zweckes und der Gründe verlangen. Ist in dem Gesellschaftsvertrage das Recht, die Berufung der Generalversammlung zu verlangen, an den Besitz eines geringeren Anteils am Grundkapitale geknüpft, so hat es hierbei sein Bewenden.

In gleicher Weise haben die Aktionäre das Recht, zu verlangen, daß Gegenstände zur Beschlußfassung einer Generalversammlung angekündigt werden.

Wird dem Verlangen weder durch den Vorstand noch durch den Aufsichtsrat entsprochen, so kann das Gericht des Sitzes der Gesellschaft die Aktionäre, welche das Verlangen gestellt haben, zur Berufung der Generalversammlung oder zur Ankündigung des Gegenstandes ermächtigen. Zugleich kann das Gericht über die Führung des Vorsitzes in der Versammlung Bestimmung treffen. Auf die Ermächtigung muß bei der Berufung oder Ankündigung Bezug genommen werden.

Die Generalversammlung beschließt darüber, ob die entstandenen Kosten von der Gesellschaft getragen werden sollen.

§ 255. Die Berufung der Generalversammlung hat in der durch den Gesellschaftsvertrag bestimmten Weise mindestens zwei Wochen vor dem Tage der Versammlung zu erfolgen. Der Tag der Berufung und der Tag der Generalversammlung sind hierbei nicht mitzurechnen.

Ist im Gesellschaftsvertrage die Ausübung des Stimmrechts davon abhängig gemacht, daß die Aktien bis zu einem bestimmten Zeitpunkte vor der Generalversammlung hinterlegt werden, so ist die Frist derart zu bemessen, daß für die Hinterlegung mindestens zwei Wochen frei bleiben. In diesem Falle genügt auch die Hinterlegung bei einem Notar.

Ist im Gesellschaftsvertrag eine Bestimmung der im Abs. 2 bezeichneten Art nicht getroffen, so müssen die Anmeldungen zur Teilnahme an der Generalversammlung zugelassen werden, wenn sie nicht später als am dritten Tage vor der Versammlung erfolgen.

§ 256. Der Zweck der Generalversammlung soll bei der Berufung bekannt gemacht werden. Jedem Aktionär ist auf Verlangen eine Abschrift der Anträge zu erteilen.

Ueber Gegenstände, deren Verhandlung nicht ordnungsmäßig mindestens eine Woche vor dem Tage der Generalversammlung angekündigt ist, können Beschlüsse nicht gefaßt werden; ist für die Beschlußfassung nach den Vorschriften dieses Gesetzbuchs oder des Gesellschaftsvertrags die einfache Stimmenmehrheit nicht ausreichend, so muß die Ankündigung mindestens zwei Wochen vor dem Tage der Generalversammlung erfolgen. An die Stelle des Tages der Generalversammlung tritt, falls die Ausübung des Stimmrechts von der Hinterlegung der Aktien abhängig ist, der Tag, bis zu dessen Ablaufe die Hinterlegung zu geschehen hat.

Zur Beschlußfassung über den in der Generalversammlung gestellten Antrag auf Berufung einer außerordentlichen Generalversammlung sowie zur Stellung von Anträgen und zu Verhandluugen ohne Beschlußfassung bedarf es der Ankündigung nicht.

§ 257. Jeder Aktionär, der eine Aktie bei der Gesellschaft hinterlegt, kann verlangen, daß ihm die Berufung der Generalversammlung und die Gegenstände der Verhandlung, sobald deren öffentliche Bekanntmachung erfolgt, durch eingeschriebenen Brief besonders mitgeteilt werden. Die gleiche Mitteilung kann er über die in der Generalversammlung gefaßten Beschlüsse verlangen.

Wenn sämtliche Aktionäre in der Versammlung erscheinen und ihre Stimmen einheitlich abgeben, bedarf es weder einer gesetzmäßigen Berufung der Versammlung, noch der Bekanntmachung der Berufung, noch der Beobachtung der für die Teilnahme an der Versammlung bestehenden Vorschriften, RG. 18. 1. 06 RJA. 7, 40. Ist nur ein einziger Aktionär vorhanden, so kann er durch Erklärung vor einem Notar unter Vorlegung sämtlicher Aktien einen das Statut abändernden Generalversammlungsbeschluß fassen, ohne die für die Berufung sowie für die Teilnahme an der Versammlung bestehenden Vorschriften einzuhalten, KG. a. a. O. Zurücknahme der Berufung der Generalversammlung ist zulässig und macht Beschlüsse der trotzdem stattfindenden Versammlung nichtig, KGJ. 3, 18. Anfangstag der

Berufungsfrist ist der Tag der wirklichen Ausgabe des Zeitungsblatts, nicht sein Datum, KGJ. 2, 23. Hat die Bekanntmachung in mehreren Blättern zu erfolgen, so ist der Ausgabetag des letzten maßgebend, OLG. Dresden in Goldschmidts Z. 35, 248.

Eintragung der Generalversammlungsbeschlüsse findet nur in den gesetzlich bestimmten Fällen statt. Nichteintragungsbedürftige Beschlüsse unterliegen keiner Prüfung ihrer Rechtsgültigkeit durch den Registerrichter, KGJ. 12, 25. Bei den eintragungsbedürftigen Beschlüssen hat der Registerrichter ihre formelle Gültigkeit zu prüfen (gesetzmäßige Berufung der Versammlung, ordnungsmäßige Beschlußfassung und Beurkundung, nicht aber die Legitimation der Aktionäre, welche durch die Versammlung selbst zu prüfen ist), er ist aber nicht dazu berufen, auf eine Formulierung der Beschlüsse zu halten, die jedes Mißverständnis über ihre Bedeutung ausschließen muß, KGJ. 4, 32; KG. 30. 3. 05 (29 A 222). In materieller Hinsicht hat der Registerrichter die Eintragung von Beschlüssen, welche gegen zwingende, öffentlich-rechtliche Normen verstoßen, abzulehnen; die Eintragung von Beschlüssen, welche gemäß § 271 (vgl. unten S. 126) anfechtbar sind, kann dann nicht mehr abgelehnt werden, wenn das Anfechtungsrecht durch Fristablauf verloren gegangen ist oder vergeblich geltend gemacht ist (vgl. KGJ. 12, 37). Ueber Aussetzungsbefugnis des Registerrichters vgl. unten § 273 A. 1. Ein Generalversammlungsbeschluß wird durch eine nicht zulässige Bestimmung im ganzen eintragungsunfähig, OLG. Dresden 24. 3. 00 ZBlFG. 1, 262; ObLG. München 27. 10. 00 ZBlFG. 1, 920. Die Durchführung von Generalversammlungsbeschlüssen kann dem Aufsichtsrat übertragen werden, OLG. Dresden 9. 3. 04 ZBlFG. 5, 249.

Die Formvorschriften im § 259 sind zwingender Natur; abweichende Bestimmungen des Gesellschaftsvertrages, welche weitergehende Formvorschriften aufstellen, üben keinen Einfluß auf die Gültigkeit des Protokolls und der darin beurkundeten Generalversammlungsbeschlüsse aus, OLG. Dresden 1. 3. 04 ZBlFG. 5, 320.

Reservefonds.

§ 262 HGB.

Zur Deckung eines aus der Bilanz sich ergebenden Verlustes ist[1]) ein Reservefonds zu bilden. In diesen ist einzustellen:

1. von dem jährlichen Reingewinne mindestens der zwanzigste Teil so lange, als der Reservefonds den zehnten oder den im Gesellschaftsvertrage bestimmten höheren Teil des Grundkapitals nicht überschreitet;
2. der Betrag, welcher bei der Errichtung der Gesellschaft oder bei einer Erhöhung des Grundkapitals durch Ausgabe der Aktien für einen höheren als den Nennbetrag über diesen und über den Betrag der durch die Ausgabe der Aktien entstehenden Kosten hinaus erzielt wird;
3. der Betrag von Zuzahlungen, die ohne Erhöhung des Grundkapitals von Aktionären gegen Gewährung von Vorzugsrechten für ihre Aktien geleistet werden, soweit nicht eine Verwendung dieser Zahlungen zu außerordentlichen Abschreibungen oder zur Deckung außerordentlicher Verluste beschlossen wird.

1. Die Bildung freiwilliger Reservefonds kann die Generalversammlung ohne Ermächtigung durch den Gesellschaftsvertrag nicht beschließen, RGZ. 40, 35.

Einreichung von Bekanntmachungen und des Geschäftsberichts.

§ 265 HGB.

Nach der Genehmigung durch die Generalversammlung[1]) ist die Bilanz sowie die Gewinn- und Verlustrechnung unverzüglich durch den Vorstand in den Gesellschaftsblättern bekannt zu machen.

Die Bekanntmachung sowie der im § 260[1]) bezeichnete Geschäftsbericht nebst den Bemerkungen des Aufsichtsrats ist zum Handelsregister einzureichen. Zum Handelsregister einer Zweigniederlassung findet die Einreichung nicht statt.

1. Das Verfahren ist folgendermaßen geregelt:

§ 260 Abs. 2. Der Vorstand hat in den ersten drei Monaten des Geschäftsjahrs für das verflossene Geschäftsjahr eine Bilanz, eine Gewinn- und Verlustrechnung sowie einen den Vermögensstand und die Verhältnisse der Gesellschaft entwickelnden Bericht dem Aufsichtsrat und mit dessen Bemerkungen der Generalversammlung vorzulegen. Im Gesellschaftsvertrage kann eine andere Frist, jedoch nicht über die Dauer von sechs Monaten hinaus, bestimmt werden.

§ 263. Die im § 260 Abs. 2 bezeichneten Vorlagen sind mindestens während der letzten zwei Wochen vor dem Tage der Generalversammlung in dem Geschäftsraume der Gesellschaft zur Einsicht der Aktionäre auszulegen.

Auf Verlangen ist jedem Aktionär spätestens zwei Wochen vor dem Tage der Generalversammlung eine Abschrift der Bilanz, der Gewinn- und Verlustrechnung, der Bemerkungen des Aufsichtsrats und des Geschäftsberichts zu erteilen.

An die Stelle des Tages der Generalversammlung tritt, falls die Ausübung des Stimmrechts von der Hinterlegung der Aktien abhängig ist, der Tag, bis zu dessen Ablauf die Hinterlegung zu geschehen hat.

§ 264. Die Verhandlung über die Genehmigung der Bilanz ist zu vertagen, wenn dies in der Generalversammlung mit einfacher Stimmenmehrheit beschlossen oder von einer Minderheit, deren Anteile den zehnten Teil des Grundkapitals erreichen, verlangt wird, auf Verlangen der Minderheit jedoch nur, soweit von ihr bestimmte Ansätze der Bilanz bemängelt werden.

Ist die Verhandlung auf Verlangen der Minderheit vertagt, so kann von dieser eine erneute Vertagung nur gefordert werden, wenn über die in der früheren Verhandlung bemängelten Ansätze der Bilanz die erforderliche Aufklärung nicht erteilt worden ist.

Für die Aufstellung der Bilanz gibt § 261 bestimmte Normen.

Auch das erste Geschäftsjahr darf zwölf Monate nicht übersteigen; der Registerrichter kann, wenn hiergegen verstoßen ist, eine nachträgliche Bilanz, sofern deren Aufstellung noch möglich ist, im Ordnungsstrafverfahren erzwingen, KG. 6. 1. 02 ZBlFG. 2, 845; 20. 4. 03 ZBlFG. 4, 120. Eine Prüfung der Bilanz in der Richtung, ob den Vorschriften des § 261 genügt ist, steht dem Registerrichter nicht zu; als Bilanz genügt eine Aufstellung, aus der sich der Vermögensstand der Gesellschaft durch Gegenüberstellung der Aktiva und

Passiva, als Gewinn- und Verlustrechnung eine solche, aus der sich der Reingewinn oder der Verlust des Betriebsjahrs erkennen läßt, Einzelheiten brauchen nicht aufgenommen zu werden, OLG. Hamburg 11. 10. 01 RJA. 2, 235.

Revisoren.

§ 267 HGB.

Der Vorstand hat in den Fällen des § 266[1]) den Revisoren die Einsicht der Bücher und Schriften der Gesellschaft und die Untersuchung des Bestandes der Gesellschaftskasse sowie der Bestände an Wertpapieren und Waren zu gestatten.

Der Bericht über das Ergebnis der Prüfung ist von den Revisoren unverzüglich dem Handelsregister einzureichen und von dem Vorstande bei der Berufung der nächsten Generalversammlung als Gegenstand der Beschlußfassung anzukündigen. Zum Handelsregister einer Zweigniederlassung findet die Einreichung des Berichts nicht statt.

Im Falle des § 266 Abs. 2 beschließt die Generalversammlung, ob die entstandenen Kosten von der Gesellschaft zu tragen sind. Wird der Antrag auf Ernennung von Revisoren durch das Gericht zurückgewiesen oder erweist er sich nach dem Ergebnisse der Prüfung als unbegründet, so sind die Aktionäre, welchen eine bösliche Handlungsweise zur Last fällt, für einen der Gesellschaft durch den Antrag entstehenden Schaden als Gesamtschuldner haftbar.

1. § 266 lautet:

Die Generalversammlung kann mit einfacher Stimmenmehrheit die Bestellung von Revisoren zur Prüfung der Bilanz oder zur Prüfung von Vorgängen bei der Gründung oder der Geschäftsführung beschließen.

Ist in der Generalversammlung ein Antrag auf Bestellung von Revisoren zur Prüfung eines Vorganges bei der Gründung oder eines nicht länger als zwei Jahre zurückliegenden Vorganges bei der Geschäftsführung abgelehnt worden, so können auf Antrag von Aktionären, deren Anteile zusammen den zehnten Teil des Grundkapitals erreichen, Revisoren durch das Gericht, in dessen Bezirke die Gesellschaft ihren Sitz hat, ernannt werden.

Dem Antrag ist nur stattzugeben, wenn glaubhaft gemacht wird, daß bei dem Vorgang Unredlichkeiten oder grobe Verletzungen des Gesetzes oder des Gesellschaftsvertrags stattgefunden haben. Die Antragsteller haben die Aktien bis zur Entscheidung über den Antrag zu hinterlegen und glaubhaft zu machen, daß sie seit mindestens sechs Monaten, von der Generalversammlung zurückgerechnet, Besitzer der Aktien sind.

Vor der Ernennung sind der Vorstand und der Aufsichtsrat zu hören. Die Ernennung kann auf Verlangen von einer nach freiem Ermessen zu bestimmenden Sicherheitsleistung abhängig gemacht werden.

Der Antrag muß sich auf Prüfung eines oder mehrerer individualisierter Vorgänge richten, KG. 8. 6. 03 Rspr. 9, 263, vgl. auch KG. 19. 7. 01 Rspr. 3, 84.

Nichtigkeit von Generalversammlungsbeschlüssen.

§ 273 HGB.

[1]) Soweit der Beschluß durch rechtskräftiges Urteil für nichtig erklärt ist, wirkt das Urteil auch

für und gegen die Aktionäre, die nicht Partei sind. Das Urteil ist von dem Vorstand unverzüglich zum Handelsregister einzureichen. War der Beschluß in das Handelsregister eingetragen, so ist auch das Urteil einzutragen; die Eintragung des Urteils ist in gleicher Weise wie die des Beschlusses zu veröffentlichen.

Für einen durch unbegründete Anfechtung des Beschlusses der Gesellschaft entstehenden Schaden haften ihr die Kläger, welchen eine bösliche Handlungsweise zur Last fällt, als Gesamtschuldner.

§ 144 Abs. 2 und 3 FGG.

Ein in das Handelsregister eingetragener Beschluß der Generalversammlung oder Versammlung der Gesellschafter einer der im Abs. 1 bezeichneten Gesellschaften kann gemäß den Vorschriften der §§ 142, 143[2]) als nichtig gelöscht werden, wenn er durch seinen Inhalt zwingende Vorschriften des Gesetzes verletzt und seine Beseitigung im öffentlichen Interesse erforderlich erscheint.[3])

In den Fällen der Abs. 1, 2 soll die nach § 142 Abs. 2 zu bestimmende Frist mindestens drei Monate betragen.[4])

1. Ueber Anfechtung von Generalversammlungsbeschlüssen bestimmt § 271:

Ein Beschluß der Generalversammlung kann wegen Verletzung des Gesetzes oder des Gesellschaftsvertrags im Wege der Klage angefochten werden.

Die Klage muß binnen einem Monat erhoben werden.

Zur Anfechtung befugt ist jeder in der Generalversammlung erschienene Aktionär, sofern er gegen den Beschluß Widerspruch zum Protokoll erklärt hat, und jeder nicht erschienene Aktionär, sofern er zu der Generalversammlung unberechtigter Weise nicht zugelassen worden ist oder sofern er die Anfechtung darauf gründet, daß die Berufung der Versammlung oder die Ankündigung des Gegenstandes der Beschlußfassung nicht gehörig erfolgt sei. Eine Anfechtung, die darauf gegründet wird, daß durch den Beschluß Abschreibungen oder Rücklagen über das nach dem Gesetz oder nach dem Gesellschaftsvertrage statthafte Maß hinaus angeordnet seien, ist nur zulässig, wenn die Anteile des Aktionärs oder der Aktionäre, welche die Anfechtungsklage erheben, den zwanzigsten Teil des Grundkapitals erreichen.

Außerdem ist der Vorstand und, sofern der Beschluß eine Maßregel zum Gegenstande hat, durch deren Ausführung sich die Mitglieder des Vorstandes und des Aufsichtsrats strafbar oder den Gläubigern der Gesellschaft haftbar machen würden, jedes Mitglied des Vorstandes und des Aufsichtsrats zur Anfechtung befugt.

ferner § 272 Abs. 4:

Die Erhebung der Klage und der Termin zur mündlichen Verhandlung sind unverzüglich von dem Vorstand in den Gesellschaftsblättern bekannt zu machen.

Wird ein zur Eintragung angemeldeter Beschluß angefochten, so darf das Registergericht die Eintragung nur aussetzen, wenn berechtigte Zweifel an der Gültigkeit des Beschlusses bestehen und die alsbaldige Eintragung wesentliche Interessen verletzen könnte; die Eintragung des angemeldeten Ersatzmannes für den alleinigen Vorsteher kann überhaupt nicht ausgesetzt werden, KG. 18. 3. 01 (21 A 240).

2. Vgl. oben S. 36, 37.

3. Die Vorschriften über Löschung registrierter Beschlüsse betreffen nicht bloß Beschlüsse, die eine Abänderung des Gesellschaftsvertrags zum Gegenstande haben, sondern auch solche über andere Angelegenheiten, wenn diese zur Zuständigkeit der Versammlung gehören und der Eintragung bedürfen; die Löschung findet nicht statt, wenn die ordnungswidrige Art des Zustandekommens eines Beschlusses, insbesondere die nicht gehörige Abstimmung oder Stimmenberechnung gerügt wird, KG. 29. 6. 05 (30 A 141). Handelt es sich um Löschungen anderer Art als die im § 144 FGG. angegebenen, so gelten die §§ 142, 143 auch für Aktien-, Aktienkommanditgesellschaften und Gesellschaften m. b. H., KG. 18. 4. 04 Rspr. 9, 263.

4. Die Frist hat den Zweck, den Beteiligten die Beseitigung des Mangels, soweit solche möglich ist, zu gestatten; wird der Mangel gehoben, so unterbleibt die Löschung, KG. 28. 11. 04 (28 A 228). Ueber die Form der Eintragung vgl. für Preußen § 33 der AVf. v. 7. 11. 99 (Anhang I).

Statutenänderung.

§ 277 HGB.

[1]) Die Abänderung des Gesellschaftsvertrags ist zur Eintragung in das Handelsregister anzumelden.[2]) Soweit sich nicht aus den nachfolgenden Vorschriften ein anderes ergibt, ist die Anmeldung durch den Vorstand zu bewirken.

Bei der Eintragung genügt, soweit nicht die Abänderung die im § 198[3]) bezeichneten Angaben betrifft, die Bezugnahme auf die bei dem Gericht eingereichten Urkunden über die Abänderung. Die öffentliche Bekanntmachung findet in Betreff aller Bestimmungen statt, auf welche sich die in den §§ 199, 201[4]) vorgeschriebenen Veröffentlichungen beziehen.

Die Abänderung hat keine Wirkung, bevor sie bei dem Gericht, in dessen Bezirke die Gesellschaft ihren Sitz hat, in das Handelsregister eingetragen worden ist.

1. Ueber die Beschlußfassung bestimmen:

§ 274. Eine Abänderung des Gesellschaftsvertrags kann nur durch die Generalversammlung beschlossen werden. Die Vornahme von Aenderungen, die nur die Fassung betreffen, kann durch Beschluß der Generalversammlung dem Aufsichtsrat übertragen werden.

In der nach § 256 Abs. 1, 2 zu bewirkenden Ankündigung soll die beabsichtigte Aenderung des Gesellschaftsvertrags nach ihrem wesentlichen Inhalt erkennbar gemacht werden.

§ 275. In Ermangelung einer anderen Bestimmung des Gesellschaftsvertrags bedürfen die im § 274 Abs. 1 bezeichneten Beschlüsse der Generalversammlung einer Mehrheit, die mindestens drei Vierteile des bei der Beschlußfassung vertretenen Grundkapitals umfaßt.

Für eine Abänderung des Gegenstandes des Unternehmens muß diese Mehrheit erreicht sein; der Gesellschaftsvertrag kann noch andere Erfordernisse aufstellen.

Soll das bisherige Verhältnis mehrerer Gattungen von Aktien mit verschiedener Berechtigung zum Nachteil einer Gattung geändert werden, so bedarf es neben dem Beschlusse der Generalversammlung eines in gesonderter Abstimmung gefaßten Beschlusses der benachteiligten Aktionäre; auf diese Beschlußfassung findet die Vorschrift des Abs. 1 Anwendung. Die Beschlußfassung der benachteiligten Aktionäre kann nur stattfinden, wenn sie gemäß § 256 Abs. 2 ausdrücklich unter den Zwecken der Generalversammlung angekündigt worden ist.

§ 276. Eine Verpflichtung der Aktionäre zu Leistungen der im § 212 bezeichneten Art kann, sofern sie nicht in dem ursprünglichen Gesellschaftsvertrage vorgesehen ist, nur mit Zustimmung sämtlicher von der Verpflichtung betroffenen Aktionäre begründet werden.

§ 212 betrifft die Verpflichtung der Aktionäre zu wiederkehrenden, nicht in Geld bestehenden Leistungen. Der Vorstand kann nicht zu Statutenänderungen ermächtigt werden, KGJ. 15, 19.

2. Das Gesetz macht keinen Unterschied zwischen redaktionellen und anderen Statutenänderungen, auch die geringfügigste Aenderung muß angemeldet werden, KGJ. 5, 31. Bedarf die Statutenänderung staatlicher Genehmigung, so ist diese dem Registergericht vor der Eintragung nachzuweisen, KGJ. 11, 23. Statutenänderungen, die erst vom Eintritt eines zukünftigen Zeitpunktes oder Ereignisses ab in Wirksamkeit treten sollen, können schon vor dem Eintritt dieses Ereignisses oder Zeitpunktes ins HR. eingetragen werden, KGJ. 19, 3. Wird durch Generalversammlungsbeschluß die Zahl der Aufsichtsratsmitglieder erhöht, so kann schon vor der Eintragung dieses Beschlusses die Zuwahl mit der Maßgabe stattfinden, daß das Amt erst mit der Eintragung des Beschlusses ins HR. beginnt, KG. 15. 10. 04 RJA. 5, 60.

3. Vgl. oben S. 108.

4. Vgl. oben S. 109, 110.

Erhöhung des Grundkapitals:

a) Anmeldung des Erhöhungsbeschlusses.

§ 280 HGB.

Der Beschluß über die Erhöhung des Grundkapitals [1]) ist von sämtlichen Mitgliedern des Vorstandes und des Aufsichtsrats [2]) zur Eintragung in das Handelsregister anzumelden.

In der Anmeldung ist die Versicherung abzugeben, daß das bisherige Grundkapital eingezahlt ist oder, soweit die Einzahlung nicht stattgefunden hat, daß darauf weitere als die in der Anmeldung bezeichneten Beträge nicht rückständig sind.

1. Hierzu bestimmt § 278:

Eine Erhöhung des Grundkapitals durch Ausgabe neuer Aktien soll nicht vor der vollen Einzahlung des bisherigen Kapitals erfolgen. Für Versicherungsgesellschaften kann im Gesellschaftsvertrag ein anderes bestimmt werden. Durch Rückstände, die auf einen verhältnismäßig unerheblichen Teil der eingeforderten Einzahlung verblieben sind, wird die Erhöhung des Grundkapitals nicht gehindert.

Sind mehrere Gattungen von Aktien mit verschiedener Berechtigung vorhanden, so bedarf es neben dem Beschlusse der Generalversammlung eines in gesonderter Abstimmung gefaßten Beschlusses der Aktionäre jeder Gattung; auf diese Beschlußfassung finden die Vorschriften des § 275 Abs. 1, Abs. 3 Satz 2 Anwendung.

Sollen die auf die Kapitalserhöhung entfallenden neuen Aktien für einen höheren als den Nennbetrag ausgegeben werden, so ist der Mindestbetrag, unter dem die Ausgabe nicht erfolgen soll, in dem Beschluß über die Erhöhung des Grundkapitals festzusetzen.

Feste Zinsen können für die neuauszugebenden Aktien auch nicht für einen Uebergangszeitraum bis zur Fertigstellung einer mit der Kapitalserhöhung zu errichtenden Anlage bestimmt werden, KG. 19. 2. 00 (20 A 41); vgl. oben S. 98. Die Erhöhung kann in der Weise beschlossen werden, daß eine in dem Beschluß angegebene Summe als Höchstgrenze der Erhöhung gelten soll, sodaß diese auch hinter dem bezeichneten Betrage zurückbleiben oder der letztere durch mehrere sukzessive Erhöhungen erreicht werden darf; dabei kann auch eine bestimmte Mindesterhöhung vorgesehen werden, RGZ. 55, 68; KG. 14. 11. 04 (29 A 102); die Durchführung der Beschlüsse im einzelnen liegt dann den Ausführungsorganen der Gesellschaft ob. Indessen darf die Uebertragung des Bestimmungsrechts an diese Organe grundsätzlich nicht so weit gehen, daß die Festsetzung der Raten und Fristen der einzelnen Erhöhungen vollständig ihrer freien Bestimmung überlassen wird, KGJ. 14, 19; KG. 14. 11. 04 (29 A 102). Bei der Abstimmung über einen Beschluß, durch den der Vorstand ermächtigt wird, im Einvernehmen mit dem Aufsichtsrat die Einzelheiten der Aktienausgabe festzusetzen, können sich die Mitglieder des Vorstandes und Aufsichtsrats trotz § 252 Abs. 3 beteiligen, RG. 2. 6. 06 DJZ. 06. 965. Die Ermächtigung des Vorstandes, bei der Begebung der neuen Aktien die Offerten solcher Personen und Institute abzulehnen, von denen nach seinem Ermessen anzunehmen sei, daß sie den Besitz der neuen Aktien benutzen würden, um den Fortbestand der Gesellschaft zu gefährden, widerstreitet nicht den guten Sitten, RG. a. a. O. Wenn das Bezugsrecht der Aktionäre durch Generalversammlungsbeschluß ausgeschlossen werden soll, so genügt bei der Bekanntmachung der Tagesordnung Ankündigung einer Verhandlung über „Modalitäten der Aktienausgabe", RG. a. a. O. Den Aktionären, die auf die Aktien Zuzahlungen leisten, können außer Vorzugsrechten für ihre Aktien noch Schuldverschreibungen in Höhe des gezahlten Betrages ausgestellt werden, auf die aus dem Bilanzgewinn alljährlich ein gewisser Zinssatz zu entrichten ist und die aus diesem Gewinn mittels Auslosung, eventuell aus dem Liquidationserlöse, getilgt werden, KG. 21. 4. 02 (24 A 67). Zulässig ist auch die Zusammenlegung von Aktien mit gleichzeitiger Schaffung von Vorzugsaktien für den Fall der Zuzahlung, OLG. Dresden 28. 1. 02 Rspr. 4, 252. § 184 Abs. 2 (vgl. oben S. 97) bezieht sich nicht auf die behufs Kapitalerhöhung stattfindende Aktienausgabe, KG. 26. 10. 05 RJA. 6, 198. Läßt der Gesellschaftsvertrag für Statutenänderungen im allgemeinen Beschlüsse mit weniger als Dreiviertelmehrheit zu, so genügen solche auch für Erhöhung des Grundkapitals, OLG. Dresden 8. 7. 99 ZBlFG. 1, 31.

2 Bei der Anmeldung müssen Aufsichtsratsmitglieder in der zu seiner vollständigen Besetzung erforderlichen Zahl mitwirken, die Mitwirkung der vorhandenen Mitglieder bei Unvollständigkeit des Aufsichtsrats genügt nicht, KG. 11. 7. 02 (24 A 198).

b) Anmeldung der erfolgten Erhöhung.

§ 284 HGB.

Die erfolgte Erhöhung des Grundkapitals ist von sämtlichen Mitgliedern des Vorstandes und des Aufsichtsrats zur Eintragung in das Handelsregister anzumelden.[1])

Der Anmeldung sind beizufügen:

1. die Duplikate der Zeichnungsscheine[2]) und ein von den Mitgliedern des Vorstandes unterschriebenes Verzeichnis der Zeichner, welches die auf jeden entfallenen Aktien sowie

die auf die letzteren geschehenen Einzahlungen angibt;

2. im Falle des § 279 [3]) die Verträge, welche den dort bezeichneten Festsetzungen zugrunde liegen oder zu ihrer Ausführung geschlossen sind;
3. eine Berechnung der für die Gesellschaft durch die Ausgabe der neuen Aktien entstehenden Kosten;
4. wenn die Erhöhung des Grundkapitals mit Rücksicht auf den Gegenstand des Unternehmens der staatlichen Genehmigung bedarf, sowie in den Fällen des § 180 Abs. 2 [4]) die Genehmigungsurkunde.

Die Vorschriften des § 195 Abs. 3 [5]) finden Anwendung.

Die der Anmeldung beigefügten Schriftstücke werden bei dem Gericht in Urschrift oder in beglaubigter Abschrift aufbewahrt.

In die Veröffentlichung, durch welche die Eintragung [6]) bekannt gemacht wird, ist auch der Betrag, zu welchem die Aktien ausgegeben werden, aufzunehmen.

1. Die Anmeldung ist von Vorstands- und Aufsichtsratsmitgliedern persönlich zu bewirken; hat sich ein Mitglied unstatthafter Weise vertreten lassen, so fehlt es an dem erforderlichen Nachweise für die materiellen Voraussetzungen der Eintragung in Ansehung der sich aus § 284 Abs. 2, 3 und § 195 Abs. 3 ergebenden Punkte; durch nachträgliche persönliche Anmeldung seitens des

vertretenen Mitgliedes wird der Mangel geheilt, KG. 28. 11. 04 (28 A 228).

2. Hierzu § 281:

Die Zeichnung der neuen Aktien geschieht mittels Zeichnungsscheins. Der Zeichnungsschein soll doppelt ausgestellt werden; er hat außer den im § 189 Abs. 2 bezeichneten Angaben zu enthalten:

1. den Tag, an welchem der Beschluß über die Erhöhung des Grundkapitals gefaßt ist;
2. den Betrag, für welchen die Ausgabe der Aktien stattfindet, und den Betrag der festgesetzten Einzahlungen;
3. die im § 279 vorgesehenen Festsetzungen und, wenn mehrere Gattungen von Aktien mit verschiedener Berechtigung ausgegeben werden, den Gesamtbetrag einer jeden;
4. den Zeitpunkt, in welchem die Zeichnung unverbindlich wird, sofern nicht bis dahin die erfolgte Erhöhung des Grundkapitals in das Handelsregister eingetragen ist.

Die Vorschriften des § 189 Abs. 4, 5 finden mit der Maßgabe entsprechende Anwendung, daß an die Stelle der Eintragung der Gesellschaft in das Handelsregister die Eintragung der erfolgten Erhöhung des Grundkapitals tritt.

Auf Zeichnungsscheine, die vor dem Erhöhungsbeschlusse ausgestellt sind, kann die Anmeldung nicht gestützt werden, KGJ. 19, 5.

3. § 279 lautet:

Wird auf das erhöhte Grundkapital eine Einlage gemacht, die nicht durch Barzahlung zu leisten ist, oder wird auf eine Einlage eine Vergütung für Vermögensgegenstände angerechnet, welche die Gesellschaft übernimmt, so müssen der Gegenstand der Einlage oder der Uebernahme, die Person, von welcher die Gesellschaft den Gegenstand erwirbt, und der Betrag der für die Einlage zu gewährenden Aktien oder die für den übernommenen Gegenstand zu gewährende Vergütung in dem Beschluß über die Erhöhung des Grundkapitals festgesetzt werden.

Jedes Abkommen dieser Art, welches nicht die vorgeschriebene Festsetzung in dem Beschlusse der Generalversammlung gefunden hat, ist der Gesellschaft gegenüber unwirksam. Die Vorschriften der §§ 207, 208 bleiben unberührt.

4. Vgl. oben S. 96.

5. Vgl. oben S. 93.

6. Die Eintragung der erfolgten Erhöhung geschieht ohne vorgängige Prüfung, ob die nach dem Inhalte der Anmeldung geleisteten Eintragungen tatsächlich bewirkt sind; wegen Nichtigkeit von Zeichnungsscheinen kann eine Löschung der einmal erfolgten Eintragung nicht vorgenommen werden, KG. 26. 7. 02 ZBlFG. 3, 346.

c) Verbindung beider Anmeldungen.

§ 285 HGB.

Die Anmeldung und Eintragung der erfolgten Erhöhung des Grundkapitals kann mit der Anmeldung und Eintragung des Beschlusses über die Erhöhung verbunden werden.

d) Zweigniederlassung.

§ 286 HGB.

Bei einem Gericht, in dessen Bezirke die Gesellschaft eine Zweigniederlassung hat, sind die in den §§ 280, 284 bezeichneten Anmeldungen zur Eintragung in das Handelsregister durch den Vorstand zu bewirken. Die Vorschrift des § 284 Abs. 5 findet Anwendung; die Vorschriften des § 280 Abs. 2 und des § 284 Abs. 2 bis 4 bleiben außer Anwendung[1]).

1. Das Registergericht der Zweigniederlassung hat die Gesetzmäßigkeit des Erhöhungsbeschlusses und der erfolgten Erhöhung nicht selbständig zu prüfen, KG. 26. 10. 05 RJA. 6, 198.

Herabsetzung des Grundkapitals:

a) Anmeldung des Herabsetzungsbeschlusses.

§ 289 HGB.

Der Beschluß über die Herabsetzung des Grundkapitals[1]) ist von sämtlichen Mitgliedern des Vorstandes zur Eintragung in das Handelsregister anzumelden.

Der Vorstand hat unter Hinweis auf die beschlossene Herabsetzung des Grundkapitals nach der Eintragung des Beschlusses die Gläubiger der Gesellschaft aufzufordern, ihre Ansprüche anzumelden. Die Aufforderung ist dreimal in den Gesellschaftsblättern zu veröffentlichen. Bekannte Gläubiger sind durch besondere Mitteilung zur Anmeldung aufzufordern.

Den Gläubigern, deren Forderungen vor der letzten öffentlichen Aufforderung begründet sind, ist Befriedigung zu gewähren oder Sicherheit zu leisten, sofern sie sich zu diesem Zwecke melden.

Zahlungen an die Aktionäre dürfen auf Grund der Herabsetzung des Grundkapitals erst erfolgen, nachdem seit dem Tage, an welchem die im Abs. 2 vorgeschriebene öffentliche Aufforderung zum dritten Male stattgefunden hat, ein Jahr verstrichen ist und nachdem die Gläubiger, die sich gemeldet haben, befriedigt oder sicher gestellt worden sind. Eine durch die Herabsetzung bezweckte Befreiung der Aktionäre von der Verpflichtung zur Leistung von Einlagen auf die Aktien tritt nicht vor dem bezeichneten Zeitpunkt in Wirksamkeit.

1. Ueber Herabsetzung des Grundkapitals bestimmt § 288:

Eine Herabsetzung des Grundkapitals kann nur mit einer Mehrheit beschlossen werden, die mindestens drei Vierteile des bei der Beschlußfassung vertretenen Grundkapitals umfaßt. Der Gesellschaftsvertrag kann noch andere Erfordernisse aufstellen.

Durch den Beschluß muß zugleich festgesetzt werden, zu welchem Zwecke die Herabsetzung stattfindet, insbesondere, ob sie zur teilweisen Rückzahlung des Grundkapitals an die Aktionäre erfolgt, und in welcher Weise die Maßregel auszuführen ist.

Sind mehrere Gattungen von Aktien mit verschiedener Berechtigung vorhanden, so bedarf es neben dem Beschusse der Generalversammlung eines in gesonderter Abstimmung gefaßten Beschlusses der Aktionäre jeder Gattung; auf diese Beschlußfassung finden die Vorschriften des Abs. 1 und des § 275 Abs. 3 Satz 2 Anwendung.

Vgl. ferner KG. 25. 1. 02 Rspr. 4, 147 und OLG. Hamm 26. 2. 02 Rspr. 4, 250.

Ueber die Zulässigkeit der Kraftloserklärung von Aktien bestimmt § 290:

Ist zur Ausführung der Herabsetzung des Grundkapitals eine Verminderung der Zahl der Aktien durch Umtausch, Stempelung oder durch ein ähnliches Verfahren vorgesehen, so kann die Gesellschaft die Aktien, welche trotz erfolgter Aufforderung nicht bei ihr eingereicht sind, für kraftlos erklären. Das gleiche gilt in Ansehung eingereichter Aktien, welche die zum Ersatze durch neue Aktien erforderliche Zahl nicht erreichen und der Gesellschaft nicht zur Verwertung für Rechnung der Beteiligten zur Verfügung gestellt sind.

Die Aufforderung zur Einreichung der Aktien hat die Androhung der Kraftloserklärung zu enthalten. Die Kraftloserklärung kann nur erfolgen, wenn die Aufforderung nach Maßgabe des § 219 Abs. 2 bekannt gemacht ist; sie geschieht mittels Bekanntmachung in den Gesellschaftsblättern.

Die an Stelle der für kraftlos erklärten Aktien auszugebenden neuen Aktien sind für Rechnung der Beteiligten durch die Gesellschaft zum Börsenpreis und in Ermangelung eines solchen durch öffentliche Versteigerung zu verkaufen. Der Erlös ist den Beteiligten auszuzahlen oder, sofern die Berechtigung zur Hinterlegung vorhanden ist, zu hinterlegen.

Dies Verfahren ist nur bei Verminderung der Zahl der Aktien zulässig (ZBlFG. 1, 31). Die Festsetzung anderer Nachteile statt des in § 290 Abs. 3 geregelten Verkaufs ist unzulässig (vgl. RGZ. 37, 131; 38, 99).

b) Anmeldung der erfolgten Herabsetzung.

§ 291 HGB.

Die erfolgte Herabsetzung des Grundkapitals ist von sämtlichen Mitgliedern des Vorstandes zur Eintragung in das Handelsregister anzumelden.

Auflösung.

§ 293 HGB.

Die Auflösung der Gesellschaft ist außer dem Falle des Konkurses durch den Vorstand zur Eintragung in das Handelsregister anzumelden [1]).

1. Ueber die Auflösungsgründe bestimmt § 292: Die Aktiengesellschaft wird aufgelöst:
   1. durch den Ablauf der im Gesellschaftsvertrage bestimmten Zeit;
   2. durch Beschluß der Generalversammlung; der Beschluß bedarf einer Mehrheit, die mindestens drei Vierteile des bei der Beschlußfassung vertretenen Grundkapitals umfaßt; der Gesellschaftsvertrag kann noch andere Erfordernisse aufstellen;
   3. durch die Eröffnung des Konkurses über das Vermögen der Gesellschaft.

   Die Vorschriften dieses Titels kommen auch zur Anwendung, wenn die Auflösung einer Aktiengesellschaft aus anderen Gründen erfolgt.

   Für Preußen vgl. ferner Art. 4 AGHGB. Die Vereinigung sämtlicher Aktien in einer Hand hat die Auflösung nicht zur Folge, KG. 18. 1. 06 RJA. 7, 40.

Liquidation.

§ 296 HGB.

Die ersten Liquidatoren sind durch den Vorstand, jede Aenderung in den Personen der Liquidatoren ist durch die Liquidatoren zur Eintragung in das Handelsregister anzumelden. Ist bei der Bestellung der Liquidatoren eine Bestimmung über ihre Vertretungsbefugnis getroffen, so ist auch diese Bestimmung zur Eintragung anzumelden [1]).

Der Anmeldung ist eine öffentlich beglaubigte Abschrift der Urkunden über die Bestellung oder Aenderung beizufügen; diese Vorschrift findet auf die Anmeldung zum Handelsregister einer Zweigniederlassung keine Anwendung.

Die Eintragung der gerichtlichen Ernennung oder Abberufung von Liquidatoren geschieht von Amts wegen [1]).

Die Liquidatoren haben die Firma nebst ihrer Namensunterschrift zur Aufbewahrung bei dem Gerichte zu zeichnen.

1. Ueber Bestellung und Abberufung der Liquidatoren bestimmt § 295:

> Die Liquidation geschieht durch die Mitglieder des Vorstandes als Liquidatoren, sofern nicht durch den Gesellschaftsvertrag oder durch Beschluß der Generalversammlung andere Personen dazu bestimmt werden.
>
> Auf Antrag des Aufsichtsrats oder von Aktionären, deren Anteile zusammen den zwanzigsten Teil des Grundkapitals erreichen, kann aus wichtigen Gründen die Ernennung von Liquidatoren durch das Gericht erfolgen, in dessen Bezirke die Gesellschaft ihren Sitz hat. Die Aktionäre haben bei Stellung des Antrags glaubhaft zu machen, daß sie seit mindestens sechs Monaten Besitzer der Aktien sind.
>
> Die Abberufung von Liquidatoren kann durch das Gericht unter denselben Voraussetzungen wie die Bestellung stattfinden. Liquidatoren, die nicht vom Gericht ernannt sind, können durch die Generalversammlung auch vor dem Ablaufe des Zeitraums, für welchen sie bestellt sind, abberufen werden.

Geschäftskreis und Vertretungsmacht der Liquidatoren wird geregelt in § 298:

Der Geschäftskreis der Liquidatoren sowie die Form, in welcher sie die Firma zu zeichnen haben, bestimmt sich nach den Vorschriften der §§ 149, 151, 153.

Im übrigen haben die Liquidatoren innerhalb ihres Geschäftskreises die Rechte und Pflichten des Vorstandes; sie unterliegen gleich diesem der Ueberwachung durch den Aufsichtsrat.

In Ansehung der Mitwirkung sämtlicher Liquidatoren bei Willenserklärungen für die Gesellschaft findet die Vorschrift des § 232 Abs. 1 Satz 1 nur insoweit Anwendung, als nicht für die Liquidatoren im Gesellschaftsvertrag oder bei ihrer Ernennung ein anderes bestimmt ist.

Eine Bestellung von Prokuristen findet nicht statt. Die Vorschriften des § 236 bleiben außer Anwendung.

Der Liquidator kann auch an der Gründung einer neuen Gesellschaft m. b. H. teilnehmen, sofern die Beteiligung zur Beendigung von einzelnen, bestimmt zu bezeichnenden schwebenden Geschäften der liquidierenden Gesellschaft dient, OLG. Dresden 9. 3. 04 ZBlFG. 5, 493; KG. 4. 2. 01 (21 A 256). Verlegung des Sitzes während der Liquidation ist unzulässig, KGJ. 15, 36. Nur physische Personen können zu Liquidatoren bestellt werden, nicht eine Behörde, KG. 18. 7. 03 Recht 04, 506. Der Eintritt von anderen als den ersten Liquidatoren und der Austritt von Liquidatoren ist zum HR. durch diejenigen Liquidatoren anzumelden, welche zur Zeit der Anmeldung diese Stellung bekleiden, KGJ. 14, 27. Gegen die gerichtliche Abberufung eines Liquidators steht Aktionären und Aufsichtsratsmitgliedern ein Beschwerderecht nicht zu, KG. 15. 2. 04 RJA. 4, 147.

§ 299 HGB.

Die Liquidatoren haben für den Beginn der Liquidation und weiterhin für den Schluß jedes

Jahres eine Bilanz aufzustellen;[1]) das bisherige Geschäftsjahr der Gesellschaft kann beibehalten werden.

Die Vorschriften der §§ 260, 263 bis 267[2]) mit Ausnahme derjenigen über die Gewinnverteilung finden Anwendung; die Vorschriften der §§ 261, 262 bleiben außer Anwendung.

1. Der Liquidator kann der Aufforderung des Registergerichts zur Aufstellung und Einreichung einer Bilanz nicht den Einwand entgegensetzen, daß in der Liquidationsmasse die zur Deckung der entstehenden Kosten erforderlichen Mittel nicht vorhanden seien, KG. 29 6 05 (30 A 125).

2. Vgl. oben S 121—125.

§ 302 HGB.

Ist die Liquidation beendigt und die Schlußrechnung gelegt, so haben die Liquidatoren das Erlöschen der Gesellschaftsfirma zur Eintragung in das Handelsregister anzumelden[1])

Die Bücher und Papiere der Gesellschaft sind an einem von dem Gerichte des Sitzes der Gesellschaft zu bestimmenden sicheren Orte zur Aufbewahrung auf die Dauer von 10 Jahren zu hinterlegen

Die Aktionäre und die Gläubiger können zur Einsicht der Bücher und Papiere von dem Gericht ermächtigt werden.

Stellt sich nachträglich noch weiteres der Verteilung unterliegendes Vermögen heraus, so hat auf Antrag eines Beteiligten das Gericht des Sitzes der Gesellschaft die bisherigen Liquidatoren erneut zu bestellen oder andere Liquidatoren zu berufen.

1. Melden die Liquidatoren das Erlöschen der Firma zur Eintragung an, so hat das Registergericht grundsätzlich nicht festzustellen, daß das Sperrjahr des § 301 Abs. 1 verstrichen ist; wird dem Registergericht aus den Unterlagen der Anmeldung oder sonst der Nichtablauf des Sperrjahrs bekannt, so kann es hieraus Bedenken gegen die Eintragung unter dem Gesichtspunkt erheben, daß wegen der vorzeitigen Verteilung von Gesellschaftsvermögen unter die Aktionäre Ansprüche der Gesellschaft beständen, vor deren Erledigung die Liquidation nicht als beendigt anzusehen sei, KG. 16. 5. 04 (28 A 51).

Veräußerung des Gesellschaftsvermögens.

§ 303 HGB.

Eine Verwertung des Gesellschaftsvermögens durch Veräußerung des Vermögens im ganzen ist nur auf Grund eines Beschlusses der Generalversammlung zulässig. Der Beschluß bedarf einer Mehrheit, die mindestens drei Vierteile des bei der Beschlußfassung vertretenen Grundkapitals umfaßt; der Gesellschaftsvertrag kann noch andere Erfordernisse aufstellen.

Der Beschluß hat die Auflösung der Gesellschaft zur Folge, sofern diese nicht bereits aufgelöst war.

Die Vorschriften der §§ 294 bis 302 [1]) kommen mit der Maßgabe zur Anwendung, daß die Liquidatoren zu denjenigen Geschäften und Rechtshandlungen befugt sind, welche die Ausführung der beschlossenen Maßregel mit sich bringt. Die Ausantwortung des Vermögens an den Uebernehmer darf nur unter Beobachtung der für die Verteilung unter die Aktionäre nach den §§ 297, 301 [2]) geltenden Vorschriften stattfinden.

1. Vgl. oben S. 88 A. 1. 2. Vgl. unten S. 148.

Gesamtnachfolge des Reichs usw.

§ 304 HGB.

Wird das Vermögen einer Aktiengesellschaft als Ganzes von dem Reiche, einem Bundesstaat oder einem inländischen Kommunalverband übernommen, so kann zugleich vereinbart werden, daß die Liquidation unterbleiben soll.

Die im § 303 Abs. 1 vorgesehene Zustimmung der Generalversammlung ist auch für eine solche Vereinbarung erforderlich.

Der Vorstand hat den Beschluß der Generalversammlung zugleich mit der Auflösung der Gesellschaft zur Eintragung in das Handelsregister anzumelden; [1]) der Anmeldung ist der mit dem Uebernehmer abgeschlossene Vertrag in Urschrift oder in öffentlich beglaubigter Abschrift beizufügen.

Der Beschluß hat keine Wirkung, bevor die Eintragung bei dem Gericht, in dessen Bezirke sich der Sitz der Gesellschaft befindet, stattgefunden hat.

Mit der Eintragung des Beschlusses gilt der Uebergang des Vermögens der Gesellschaft einschließlich der Schulden als erfolgt; die Firma der Gesellschaft erlischt.

1. Der Registerrichter hat die Rechtsgültigkeit des Uebernahmevertrags, der nach § 311 BGB. gerichtlicher oder notarieller Beurkundung bedarf, und des Zustimmungsbeschlusses zu prüfen.

Fusion.

§ 305 HGB.

[1]) Wird das Vermögen einer Aktiengesellschaft als Ganzes an eine andere Aktiengesellschaft oder an eine Kommanditgesellschaft auf Aktien gegen Gewährung von Aktien der übernehmenden Gesellschaft übertragen, so bleiben bei der Erhöhung des Grundkapitals der übernehmenden Gesellschaft die Vorschriften des § 278 Abs. 1, des § 280 Abs. 2, der §§ 281, 282, des § 283 Abs. 1 sowie des § 284 Abs. 2 Nr. 1 und Abs. 3 außer Anwendung[2]).

Der Anmeldung der erfolgten Erhöhung des Grundkapitals zum Handelsregister ist der von der Generalversammlung der aufgelösten Gesellschaft genehmigte Vertrag über die Vermögensübertragung in Urschrift oder in öffentlich beglaubigter Abschrift beizufügen.

Auf den Umtausch der Aktien der aufgelösten Gesellschaft finden die Vorschriften des § 290 Anwendung[3]).

§ 306 HGB.

Ist im Falle des § 305 vereinbart, daß eine Liquidation des Vermögens der aufgelösten Gesellschaft nicht stattfinden soll, so finden die Vorschriften des § 304 entsprechende Anwendung; außerdem gelten die folgenden besonderen Vorschriften.

Das Vermögen der aufgelösten Gesellschaft ist durch die übernehmende Gesellschaft getrennt zu verwalten.

Der bisherige Gerichtsstand der aufgelösten Gesellschaft bleibt bis zur Vereinigung der Vermögen der beiden Gesellschaften bestehen.

Bis zu demselben Zeitpunkte gilt im Verhältnisse der Gläubiger der aufgelösten Gesellschaft zu der übernehmenden Gesellschaft und deren übrigen Gläubigern das übernommene Vermögen noch als Vermögen der aufgelösten Gesellschaft.

Die Vereinigung der beiden Vermögen darf erst erfolgen, nachdem die Gläubiger der aufgelösten Gesellschaft von der anderen Gesellschaft nach Maßgabe des § 297[4]) zur Anmeldung ihrer Forderungen aufgefordert worden sind, und nur unter Beobachtung der nach § 301[5]) für die Verteilung des Vermögens unter die Aktionäre geltenden Vorschriften.

Die Mitglieder des Vorstandes und des Aufsichtsrats der übernehmenden Gesellschaft sind den Gläubigern der aufgelösten Gesellschaft für die Ausführung der getrennten Verwaltung als Gesamtschuldner verantwortlich, die Mitglieder des Aufsichtsrats jedoch nur, soweit eine Vereinigung der Vermögen beider Gesellschaften mit ihrem Wissen und ohne ihr Einschreiten erfolgt.

1. Ueber den Begriff „Fusion“ vgl. OLG. Hamburg 24. 10. 04 Rspr. 10, 240. Die Fusion mit der Wirkung einer Gesamtrechtsnachfolge der aufnehmenden Gesellschaft in das Vermögen der aufgelösten setzt voraus, daß die aufnehmende Gesellschaft ihren Sitz im Inland hat, RG. 18. 2. 01 (21 A 294). Die Vereinigung der Betriebe mehrerer Gesellschaften und die gemeinschaftliche Teilung des Gewinns ist keine Fusion, OLG. Hamburg 24. 10. 04 Rspr. 10, 240.

2. Vgl. oben S. 131, 133—135. 3. Vgl. oben S. 139.

4. § 297 lautet:

Die Liquidatoren haben unter Hinweis auf die Auflösung der Gesellschaft die Gläubiger der Gesellschaft aufzufordern, ihre Ansprüche anzumelden. Die Aufforderung ist dreimal in den Gesellschaftsblättern zu veröffentlichen.

5. § 301 lautet:

Die Verteilung des Vermögens darf nur erfolgen, wenn seit dem Tage, an welchem die im § 297 vorgeschriebene öffentliche Aufforderung an die Gläubiger zum dritten Male stattgefunden hat, ein Jahr verstrichen ist.

Meldet sich ein bekannter Gläubiger nicht, so ist der geschuldete Betrag, wenn die Berechtigung zur Hinterlegung vorhanden ist, für den Gläubiger zu hinterlegen.

Ist die Berichtigung einer Verbindlichkeit zur Zeit nicht ausführbar oder ist eine Verbindlichkeit streitig, so darf die Verteilung des Vermögens nur erfolgen, wenn dem Gläubiger Sicherheit geleistet ist.

Fortsetzung.

§ 307 HGB.

Ist eine Aktiengesellschaft zum Zwecke der Veräußerung ihres Vermögens im ganzen oder zum

Zwecke der Umwandlung in eine andere Gesellschaft aufgelöst worden, so kann, wenn der beabsichtigte Zweck nicht erreicht wird, die Generalversammlung die Fortsetzung der Gesellschaft beschließen.

Das gleiche gilt in dem Falle, daß die Gesellschaft durch die Eröffnung des Konkurses aufgelöst, der Konkurs aber nach Abschluß eines Zwangsvergleichs aufgehoben oder auf Antrag des Gemeinschuldners eingestellt worden ist.

Die Fortsetzung der Gesellschaft ist von dem Vorstande zur Eintragung in das Handelsregister anzumelden.

Nichtigkeit.

§ 309 HGB.

Enthält der Gesellschaftsvertrag nicht die nach § 182 Abs. 2 [1]) wesentlichen Bestimmungen oder ist eine dieser Bestimmungen nichtig,[2]) so kann jeder Gesellschafter und jedes Mitglied des Vorstandes und des Aufsichtsrats im Wege der Klage beantragen, daß die Gesellschaft für nichtig erklärt werde. Die Vorschriften der §§ 272, 273 finden entsprechende Anwendung.[3])

§ 310 HGB.

Ein Mangel, der die Bestimmungen über die Firma oder den Sitz der Gesellschaft, den Gegenstand des Unternehmens, die Bestellung oder Zusammensetzung des Vorstandes, die Form der Bekanntmachungen der Gesellschaft oder die Form der

Berufung der Generalversammlung betrifft, kann durch einen den Vorschriften dieses Gesetzbuchs über eine Aenderung des Gesellschaftsvertrags entsprechenden Beschluß der Generalversammlung geheilt werden. Die Berufung der Generalversammlung erfolgt, wenn der Mangel die Bestimmungen über die Form der Berufung betrifft, durch Einrückung in diejenigen Blätter, welche für die Bekanntmachungen der Eintragungen in das Handelsregister des Sitzes der Gesellschaft bestimmt sind.

§ 144 Abs. 1 Satz 1, Abs. 3 FGG.

Eine in das Handelsregister eingetragene Aktiengesellschaft oder Kommanditgesellschaft auf Aktien kann gemäß den Vorschriften der §§ 142, 143[1]) als nichtig gelöscht werden, wenn die Voraussetzungen vorliegen, unter denen nach den §§ 309, 310 des Handelsgesetzbuchs die Nichtigkeitsklage erhoben werden kann. . . . .

. . . .

In den Fällen des Abs. 1, 2 soll die nach § 142 Abs. 2 zu bestimmende Frist mindestens drei Monate betragen.[4])

1. Vgl. oben S. 94, 95.

2. Die Nichtigkeit eines der gesetzlichen Form entbehrenden Vertrags über die Errichtung einer AG. wird durch deren Eintragung ins HR. nicht geheilt, RG. 13. 5. 03 (54, 418).

3. Vgl. oben S. 125 ff. Ist die Nichtigkeit ins HR. eingetragen, so finden zum Zwecke der Abwicklung die für den Fall der Auflösung geltenden Vorschriften entsprechende Anwendung (§ 311).

4. Vgl. oben S. 36, 37. Die Fristsetzung hat auch hier (vgl. oben S. 128 A. 4) den Zweck, den Beteiligten die Hebung des Mangels, soweit solche möglich ist, zu gestatten. Ueber Form der Benachrichtigung und Löschung vgl. für Preußen § 34 der AVf. v. 7. 11. 99 (Anhang I).

Ordnungsstrafen.

§ 319 HGB.

Die Mitglieder des Vorstandes oder die Liquidatoren sind zur Befolgung der im § 240 Abs. 1,[1]) im § 246 Abs. 1,[2]) im § 260 Abs. 2,[3]) im § 263 Abs. 1,[4]) im § 267 Abs. 1, 2,[5]) im § 272 Abs. 4,[6]) im § 299[7]) und im § 302 Abs. 2[8]) enthaltenen Vorschriften von dem im § 195[9]) bezeichneten Gerichte durch Ordnungsstrafen anzuhalten. Die Höhe der Strafen bestimmt sich nach § 14 Satz 2.[10])

In betreff der im § 195 Abs. 1,[9]) im § 277 Abs. 1,[11]) im § 280 Abs. 1,[12]) im § 284 Abs. 1,[13]) im § 304 Abs. 3[14]) sowie im § 305 Abs. 2[15]) vorgesehenen Anmeldungen zum Handelsregister findet, soweit es sich um die Anmeldungen zum Handelsregister des Sitzes der Gesellschaft handelt, eine Verhängung von Ordnungsstrafen nach § 14 nicht statt.

1. § 240 Abs. 1 lautet:

Erreicht der Verlust, der sich bei der Aufstellung der Jahresbilanz oder einer Zwischenbilanz ergibt, die Hälfte des Grundkapitals, so hat der Vorstand unverzüglich die Generalversammlung zu berufen und dieser davon Anzeige zu machen.

2. § 246 Abs. 1 lautet:

Der Aufsichtsrat hat die Geschäftsführung der Ge=

sellschaft in allen Zweigen der Verwaltung zu überwachen und sich zu dem Zwecke von dem Gange der Angelegenheiten der Gesellschaft zu unterrichten. Er kann jederzeit über diese Angelegenheiten Berichterstattung von dem Vorstande verlangen und selbst oder durch einzelne von ihm zu bestimmende Mitglieder die Bücher und Schriften der Gesellschaft einsehen sowie den Bestand der Gesellschaftskasse und die Bestände an Wertpapieren und Waren untersuchen. Er hat die Jahresrechnungen, die Bilanzen und die Vorschläge zur Gewinnverteilung zu prüfen und darüber der Generalversammlung Bericht zu erstatten.

3. Vgl. oben S. 122 § 265 A. 1.
4. Vgl. oben S. 122 § 265 A. 1.
5. Vgl. oben S. 124.
6. Vgl. oben S. 127 § 273 A. 1.
7. Vgl. oben S. 142, 143. **8.** Vgl. oben S. 143.
9. Vgl. oben S. 92. **10.** Vgl. oben S. 30.
11. Vgl. oben S. 128. **12.** Vgl. oben S. 131.
13. Vgl. oben S. 133. **14.** Vgl. oben S. 145.
15. Vgl. oben S. 146.

VIII. Die Kommanditgesellschaft auf Aktien.

Begriff und entsprechende Gesetzesanwendung.

§ 320 HGB.

Mindestens ein Gesellschafter der Kommanditgesellschaft auf Aktien haftet den Gesellschaftsgläubigern unbeschränkt (persönlich haftender Gesellschafter), während die übrigen sich nur mit Ein=

lagen auf das in Aktien zerlegte Grundkapital der Gesellschaft beteiligen (Kommanditisten).

Das Rechtsverhältnis der persönlich haftenden Gesellschafter unter einander und gegenüber der Gesamtheit der Kommanditisten sowie gegenüber Dritten, insbesondere die Befugnis der persönlich haftenden Gesellschafter zur Geschäftsführung und zur Vertretung der Gesellschaft, bestimmt sich nach den für die Kommanditgesellschaft geltenden Vorschriften.

Im Uebrigen gelten für die Kommanditgesellschaft auf Aktien, soweit sich nicht aus den nachfolgenden Vorschriften oder aus dem Fehlen eines Vorstandes ein anderes ergibt, die Vorschriften des dritten Abschnitts über die Aktiengesellschaft.

Gründung.

§ 321 HGB.

Der Inhalt des Gesellschaftsvertrags muß von mindestens fünf Personen in gerichtlicher oder notarieller Verhandlung festgestellt werden. Die persönlich haftenden Gesellschafter müssen sich sämtlich bei der Feststellung beteiligen; außer ihnen können nur Personen mitwirken, die als Kommanditisten Aktien übernehmen. In der Verhandlung ist der Betrag der von jedem Beteiligten übernommenen Aktien anzugeben.

Die Gesellschafter, welche den Inhalt des Gesellschaftsvertrags festgestellt haben oder andere als durch Barzahlung zu leistende Einlagen machen, gelten als die Gründer der Gesellschaft.

§ 322 HGB.

Der Gesellschaftsvertrag muß außer den im § 182 Abs. 2 Nr. 1 bis 3, 5, 6 [1]) vorgesehenen Festsetzungen den Namen, Vornamen, Stand und Wohnort jedes persönlich haftenden Gesellschafters enthalten.

Vermögenseinlagen der persönlich haftenden Gesellschafter müssen, sofern sie nicht auf das Grundkapital erfolgen, nach Höhe und Art im Gesellschaftsvertrage festgesetzt werden.

Die Vorschrift des § 186 Abs. 1 [2]) findet auf alle zugunsten eines persönlich haftenden Gesellschafters bedungenen besonderen Vorteile Anwendung.

§ 323 HGB.

Zeichnungsscheine haben außer den im § 189 [3]) vorgesehenen Angaben die Bezeichnung derjenigen Gründer zu enthalten, welche persönlich haftende Gesellschafter sind.

In der mit der Anmeldung der Gesellschaft zum Handelsregister nach § 195 Abs. 3 Satz 1 [4]) zu verbindenden Erklärung ist in Ansehung der durch Barzahlung zu leistenden Einlagen anzugeben, daß der eingeforderte Betrag bar eingezahlt und im Besitze der persönlich haftenden Gesellschafter ist.

Zur Teilnahme an der im § 196 [5]) bezeichneten Verhandlung sind auch die persönlich haftenden

Gesellschafter berechtigt. Die der Errichtung der Gesellschaft zustimmende Mehrheit muß mindestens ein Viertel der in dem Verzeichnis aufgeführten Kommanditisten begreifen; der Betrag ihrer Anteile muß mindestens ein Viertel des nicht von den persönlich haftenden Gesellschaftern übernommenen Grundkapitals darstellen.

Bei der Eintragung in das Handelsregister sind statt der Mitglieder des Vorstandes die persönlich haftenden Gesellschafter anzugeben. Enthält der Gesellschaftsvertrag besondere Bestimmungen über die Befugnis der persönlich haftenden Gesellschafter zur Vertretung der Gesellschaft, so sind auch diese Bestimmungen einzutragen.

1. Vgl. oben S. 94, 95. 2. Vgl. oben S. 101.
3. Vgl. oben S. 99. 4. Vgl. oben S. 93.
5. Vgl. oben S. 100.

Nachgründung.

§ 324 HGB.

Für den im § 207 [1]) bezeichneten Beschluß der Generalversammlung bedarf es, wenn sich der Beschluß auf einen im ersten Jahre nach der Eintragung der Gesellschaft geschlossenen Vertrag bezieht, einer Mehrheit, deren Anteile mindestens ein Viertel des nicht auf Aktien der persönlich haftenden Gesellschafter entfallenden Teiles des Grundkapitals darstellen. Die Vorschrift des § 207 Abs. 3 Satz 1 [1]) bleibt unberührt.

1. Vgl. oben S. 111, 112.

Persönlich haftende Gesellschafter.

§ 325 HGB.

Die den Vorstand der Aktiengesellschaft betreffenden Vorschriften:

1. über die Anmeldungen, Einreichungen und Erklärungen zum Handelsregister,
2. über die Berufung der Generalversammlung,
3. über die Aufstellung, Vorlegung und Veröffentlichung der Jahresbilanz und der Gewinn- und Verlustrechnung sowie über die Vorlegung des Geschäftsberichts,
4. über die Anfechtung von Beschlüssen der Generalversammlung,
5. über das Verfahren im Falle der Bestellung von Revisoren zur Prüfung der Bilanz oder zur Prüfung von Vorgängen bei der Gründung oder Geschäftsführung sowie über die Obliegenheiten gegenüber den Revisoren und dem Aufsichtsrate,
6. über die im Falle einer Herabsetzung des Grundkapitals an die Gläubiger zu richtende Aufforderung,
7. über die Geltendmachung von Ersatzansprüchen der Gesellschaft wegen der Geschäftsführung,
8. über die Stellung des Antrags auf Eröffnung des Konkursverfahrens,
9. über die strafrechtliche Verantwortlichkeit und über die Verhängung von Ordnungsstrafen

finden auf die persönlich haftenden Gesellschafter entsprechende Anwendung.

Generalversammlung.

§ 327 HGB.

In der Generalversammlung haben die persönlich haftenden Gesellschafter, auch wenn sie Aktien besitzen, kein Stimmrecht.

Die Beschlüsse der Generalversammlung bedürfen der Zustimmung der persönlich haftenden Gesellschafter, soweit sie Angelegenheiten betreffen, für die bei der Kommanditgesellschaft das Einverständnis der persönlich haftenden Gesellschafter und der Kommanditisten erforderlich ist.

Zur Ausübung der Befugnisse, welche in Ansehung der Bestellung von Revisoren und der Geltendmachung von Ansprüchen der Gesellschaft aus der Gründung oder der Geschäftsführung nach den §§ 266 bis 269 [1]) der Generalversammlung oder einer Minderheit von Aktionären zustehen, bedarf es der Zustimmung der persönlich haftenden Gesellschafter nicht.

Beschlüsse der Generalversammlung, die der Zustimmung der persönlich haftenden Gesellschafter bedürfen, sind zum Handelsregister erst einzureichen, wenn die Zustimmung erfolgt ist. Bei Beschlüssen, die in das Handelsregister einzutragen sind, ist die Zustimmung der persönlich haftenden Gesellschafter in dem über die Verhandlung aufzunehmenden

Protokoll oder in einem Anhange zu dem Protokolle zu beurkunden.

1. Vgl. oben S. 124, 125.

Auflösung und Ausscheiden von Komplementaren.

§ 330 HGB.

In betreff der Tatsachen, durch welche die Auflösung der Kommanditgesellschaft auf Aktien herbeigeführt wird, sowie in betreff des Ausscheidens eines von mehreren persönlich haftenden Gesellschaftern aus der Gesellschaft finden die für die Kommanditgesellschaft geltenden Vorschriften mit folgenden Maßgaben Anwendung.[1])

Die Eröffnung des Konkurses über das Vermögen eines Kommanditisten hat die Auflösung der Gesellschaft nicht zur Folge; die Gläubiger eines Kommanditisten sind nicht berechtigt, die Gesellschaft zu kündigen.

Für die Kündigung durch die Kommanditisten sowie für ihre Zustimmung zur Auflösung der Gesellschaft ist ein Beschluß der Generalversammlung erforderlich; der Beschluß bedarf einer Mehrheit, die mindestens drei Vierteile des bei der Beschlußfassung vertretenen Grundkapitals umfaßt. Das gleiche gilt in betreff des Antrags auf Auflösung der Gesellschaft durch gerichtliche Entscheidung. Der Gesellschaftsvertrag kann noch andere Erfordernisse für die Beschlußfassung aufstellen.

Das Ausscheiden von persönlich haftenden Gesellschaftern kann außer dem Falle der Ausschließung nur stattfinden, soweit es im Gesellschaftsvertrage für zulässig erklärt ist.

Die Auflösung der Gesellschaft sowie das Ausscheiden eines persönlich haftenden Gesellschafters ist von sämtlichen persönlich haftenden Gesellschaftern zur Eintragung in das Handelsregister anzumelden. Die Vorschrift des § 143 Abs. 3 findet Anwendung.[2])

1. Vgl. oben § 177 S. 91. Ist nur ein persönlich haftender Gesellschafter vorhanden, so wird durch seinen Tod die Gesellschaft selbst dann aufgelöst, wenn im Gesellschaftsvertrage den Kommanditisten das Recht beigelegt ist, einen anderen persönlich haftenden Gesellschafter zu wählen, es sei denn, daß Fortsetzung der Gesellschaft mit den Erben vereinbart ist, KGJ. 11, 29.

2. Vgl. oben S. 82.

Liquidation.

§ 331 HGB.

Sofern nicht der Gesellschaftsvertrag ein anderes bestimmt, erfolgt die Liquidation durch sämtliche persönlich haftende Gesellschafter und durch eine oder mehrere von der Generalversammlung gewählte Personen als Liquidatoren.

Zu dem Antrag auf Ernennung oder Abberufung von Liquidatoren durch das Gericht ist auch jeder persönlich haftende Gesellschafter befugt.

Umwandlung in eine AG.

§ 332 HGB.

Eine Kommanditgesellschaft auf Aktien kann durch Beschluß der Generalversammlung und aller persönlich haftenden Gesellschafter in eine Aktiengesellschaft umgewandelt werden.[1])

Die Vorschriften über eine Abänderung des Gesellschaftsvertrags finden Anwendung.

Die Anteile der der Umwandlung zustimmenden Mehrheit der Kommanditisten müssen mindestens ein Viertel des nicht auf Aktien der persönlich haftenden Gesellschafter fallenden Teiles des Grundkapitals darstellen. In dem Beschlusse sind die zur Durchführung der Umwandlung erforderlichen Maßregeln, insbesondere die Firma sowie die Art der Bestellung und Zusammensetzung des Vorstandes, festzusetzen.

§ 333 HGB.

Bei der Anmeldung des Umwandlungsbeschlusses sind zugleich die Mitglieder des Vorstandes zur Eintragung in das Handelsregister anzumelden. Eine öffentlich beglaubigte Abschrift der Urkunden über ihre Bestellung ist beizufügen; bei der Anmeldung zur Eintragung in das Handelsregister einer Zweigniederlassung bedarf es der Beifügung dieser Abschrift nicht. Auf die Anmeldung zur Eintragung in das Handelsregister des Sitzes der Gesellschaft finden die Vorschriften des § 14 keine Anwendung.[2])

Der Anmeldung ist eine von der Generalversammlung genehmigte, für einen höchstens zwei Monate vor der Anmeldung liegenden Zeitpunkt aufgestellte Bilanz beizufügen. Auf diese Bilanz finden die Vorschriften des § 261, des § 263 Abs. 1 und des § 264 Anwendung.[3]

Mit der Eintragung scheiden die persönlich haftenden Gesellschafter aus der Gesellschaft aus; die Gesellschaft besteht von diesem Zeitpunkt an als Aktiengesellschaft fort.

1. Die Umwandlung stellt keine Neugründung, sondern nur eine Veränderung des rechtlichen Charakters der fortbestehenden Gesellschaft dar, OLG. München 26. 3. 02 Rspr. 5, 279.

2. Vgl. oben S. 30. 3. Vgl. oben S. 122, 123.

IX. Die Gesellschaft mit beschränkter Haftung.

Anmeldung.

§ 7 GmbHG.

Die Gesellschaft[1]) ist bei dem Gericht, in dessen Bezirke sie ihren Sitz hat, zur Eintragung in das Handelsregister anzumelden.[2])

Die Anmeldung darf nur erfolgen, nachdem von jeder Stammeinlage,[3]) soweit nicht andere als in Geld zu leistende Einlagen auf das Stammkapital gemacht sind, ein Viertel, mindestens aber der Betrag von zweihundertundfünfzig Mark eingezahlt ist.[4])

1. Das Gesetz gibt keine Definition der Gesellschaft m. b. H. Ihre Errichtung kann zu jedem gesetzlich zulässigen Zweck erfolgen [§ 1, vgl. RG. 25. 11. 05 Recht 06, 317; über Unzulässigkeit der Eintragung einer ohne Verleihung der Korporationsrechte in Form einer G. m. b. H. begründeten Religionsgesellschaft oder geistlichen Gesellschaft in Preußen, vgl. KG. 9. 11. 05 Rspr. 12, 438; 20. 4. 05 (30 **A** 129) und 27. 6. 04 Rspr. 9, 371]. Sie entsteht als solche erst mit der Eintragung ins HR. (§ 11 Abs. 1).

2. Durch sämtliche Geschäftsführer (§ 78). Soweit es sich um die Anmeldung zum HR. des Sitzes der Gesellschaft handelt, findet kein Zwang zur Anmeldung durch Ordnungsstrafverfahren statt (§ 79).

3. Ueber die Stammeinlage d. h. den Betrag der von jedem Gesellschafter auf das Stammkapital zu leistenden Einlage bestimmt § 5:

Das Stammkapital der Gesellschaft muß mindestens zwanzigtausend Mark, die Stammeinlage jedes Gesellschafters muß mindestens fünfhundert Mark betragen.

Kein Gesellschafter kann bei Errichtung der Gesellschaft mehrere Stammeinlagen übernehmen.

Der Betrag der Stammeinlage kann für die einzelnen Gesellschafter verschieden bestimmt werden. Derselbe muß in Mark durch hundert teilbar sein. Der Gesamtbetrag der Stammeinlagen muß mit dem Stammkapital übereinstimmen.

Sollen von Gesellschaftern Einlagen, welche nicht in Geld zu leisten sind, auf das Stammkapital gemacht oder soll die Vergütung für Vermögensgegenstände, welche die Gesellschaft übernimmt, auf Stammeinlagen angerechnet werden, so muß die Person des Gesellschafters, der Gegenstand der Einlage oder Uebernahme sowie der Geldwert, für welchen die

Einlage angenommen wird, oder die für die übernommenen Gegenstände zu gewährende Vergütung im Gesellschaftsvertrage festgesetzt werden.

Die Angaben im Gesellschaftsvertrag über die Einlagen müssen wahr, vollständig und hinreichend genau sein, RG. 4. 5. 06 Recht 06, 695. Zulässig ist die Vereinbarung, daß die von den Gesellschaftern einzulegenden Gegenstände unmittelbar von einem Dritten auf die Gesellschaft übertragen werden sollen, indem dieser die Leistung der dem Gesellschafter obliegenden Einlage bewirkt, ObLG. München 22. 6. 00 KGJ. 20 D 27. Unzulässig ist die Eintragung, wenn bei der Errichtung eine der Stammeinlagen durch mehrere Personen gemeinsam übernommen wurde, OLG. Stuttgart 3. 5. 01 ZBlFG. 2, 220.

4. Ueber Einzahlungen bestimmt § 19:

Die Einzahlungen auf die Stammeinlagen sind nach Verhältnis der letzteren zu leisten.

Die Stammeinlagen können den Gesellschaftern außer dem Falle einer Herabsetzung des Stammkapitals weder erlassen noch gestundet werden. Eine Aufrechnung können die Gesellschafter nicht geltend machen; ebenso wenig findet an dem Gegenstande einer nicht in Geld zu leistenden Einlage wegen Forderungen, welche sich nicht auf den Gegenstand beziehen, ein Zurückbehaltungsrecht statt.

Eine Leistung auf die Stammeinlage, welche nicht in Geld besteht oder welche durch Aufrechnung einer für die Ueberlassung von Vermögensgegenständen zu gewährenden Vergütung bewirkt wird, befreit den Gesellschafter von seiner Verpflichtung nur, soweit sie in Ausführung einer nach § 5 Absatz 4 getroffenen Bestimmung erfolgt.

Die Barzahlung kann durch eine auf Vertrag zwischen Gesellschaft und Gesellschafter beruhende Aufrechnung ersetzt werden, RG. 29. 4. 03 ZBlFG. 4,

271; 27. 9. 05 JW. 05, 700. Die Geldeinlage braucht nicht in Bareinzahlung zu geschehen, sie kann z. B. auch in Form der Hinterlegung eines Bankbuchs beim Anwalt des Verpflichteten geschehen, OLG. Hamburg 11. 2. 05 Rspr. 10, 245.

§ 8 GmbHG.

Der Anmeldung müssen beigefügt sein:

1. der Gesellschaftsvertrag und im Falle des § 2 Absatz 2 die Vollmachten der Vertreter, welche den Gesellschaftsvertrag unterzeichnet haben, oder eine beglaubigte Abschrift dieser Urkunden,[1])
2. die Legitimation der Geschäftsführer, sofern dieselben nicht im Gesellschaftsvertrage bestellt sind,[2])
3. eine von den Anmeldenden unterschriebene Liste der Gesellschafter, aus welcher Name, Vorname, Stand und Wohnort der letzteren, sowie der Betrag der von einem jeden derselben übernommenen Stammeinlage ersichtlich ist,
4. in dem Falle, daß der Gegenstand des Unternehmens der staatlichen Genehmigung bedarf, die Genehmigungsurkunde.

In der Anmeldung ist die Versicherung abzugeben, daß die im § 7 Absatz 2 bezeichneten Leistungen auf die Stammeinlagen bewirkt sind, und daß der Gegenstand der Leistungen sich in der freien Verfügung der Geschäftsführer befindet.

Die Geschäftsführer haben ihre Unterschrift zur Aufbewahrung bei dem Gerichte zu zeichnen.

1. Ueber den Gesellschaftsvertrag bestimmen:

§ 2. Der Gesellschaftsvertrag bedarf des Abschlusses in gerichtlicher oder notarieller Form. Er ist von sämtlichen Gesellschaftern zu unterzeichnen.

Die Unterzeichnung durch Bevollmächtigte ist nur auf Grund einer gerichtlich oder notariell errichteten oder beglaubigten Vollmacht zulässig.

§ 3. Der Gesellschaftsvertrag muß enthalten:

1. die Firma und den Sitz der Gesellschaft,
2. den Gegenstand des Unternehmens,
3. den Betrag des Stammkapitals,
4. den Betrag der von jedem Gesellschafter auf das Stammkapital zu leistenden Einlage (Stammeinlage).

Soll das Unternehmen auf eine gewisse Zeit beschränkt sein oder sollen den Gesellschaftern außer der Leistung von Kapitaleinlagen noch andere Verpflichtungen gegenüber der Gesellschaft auferlegt werden, so bedürfen auch diese Bestimmungen der Aufnahme in den Gesellschaftsvertrag.

Im Sinne des § 2 Abs. 2 genügt Beglaubigung durch den Gerichtsschreiber nicht, auch wenn dieser nach Landesrecht für öffentliche Beglaubigungen zuständig ist, KG. 3. 11. 02 Rspr. 6, 109. Die Vollmacht zur Unterzeichnung des Gesellschaftsvertrages berechtigt den Bevollmächtigten für den Vollmachtgeber bei Abschluß des Vertrags die Leistung einer Stammeinlage zu versprechen, auch wenn der Betrag dieser Stammeinlage in der Vollmachtsurkunde nicht angegeben ist, KGJ. 19, 17. Vertreter öffentlicher Korporationen (Staat, Provinz, Kreis 2c.) bedürfen zum Abschluß eines Gesellschaftsvertrags keiner beglaubigten Vollmacht, da sie nicht Stellvertreter, sondern Organe der Gesellschafter sind, KG. 13. 8. 01 Rspr. 3, 259. Ein vorläufiger Beitritt (unter Vorbehalt der Genehmigung des Regierungspräsidenten) ist unwirksam, KG. a. a. O.

Hinsichtlich der Firma vgl. oben S. 53, 54; in Ansehung der freien Bestimmbarkeit des Sitzes gilt das oben S. 96 Bemerkte.

Zulässig ist es als Gegenstand des Unternehmens schlechthin den Betrieb von Handelsgeschäften anzugeben oder zwar einzelne Branchen kaufmännischer Tätigkeit ausdrücklich zu erwähnen, dann aber als Generalklausel auch den Betrieb von anderen kaufmännischen Geschäften vorzusehen, RG. 25. 11. 05 Recht 06, 317. Die den Gegenstand des Unternehmens betreffende Eintragung kann, soweit sie mit dem Inhalt des Gesellschaftsvertrags im Widerspruch steht, von Amts wegen gemäß § 142 FGG. gelöscht werden, KG. 18. 4. 04 (27 A 232), vgl. oben zu § 142 FGG. S. 38.

Fernere fakultative Bestimmungen des Gesellschaftsvertrags sehen vor die §§ 5 (oben S. 162), 6 (unten S. 166, 167), 10 (unten S. 167), 15, 17, 26 bis 29, 34, 35 (unten S. 168), 38 (unten S. 171), 52 (unten S. 175), 53 (unten S. 177), 60 (unten S. 184).

☞ Die Satzung kann nicht rechtsgültig bestimmen, daß über die Rechtmäßigkeit des Ausschlusses von Mitgliedern die eigenen Organe unter Ausschluß des Rechtsweges entscheiden sollen; die Gesellschaft würde sonst zum Richter in eigener Sache werden, RG. 3. 3. 04 ZBlFG. 4, 856.

2. § 6 lautet:

Die Gesellschaft muß einen oder mehrere Geschäftsführer haben.

Zu Geschäftsführern können Gesellschafter oder andere Personen bestellt werden. Die Bestellung erfolgt entweder im Gesellschaftsvertrage oder nach Maßgabe der Bestimmungen des dritten Abschnitts.

Ist im Gesellschaftsvertrage bestimmt, daß sämtliche Gesellschafter zur Geschäftsführung berechtigt sein sollen, so gelten nur die der Gesellschaft bei Festsetzung dieser Bestimmung angehörenden Personen als die bestellten Geschäftsführer.

Wenn die Bestellung nicht im Gesellschaftsvertrage erfolgt ist, hat sie durch Beschlußfassung der Gesellschaftsversammlung zu geschehen, für welche die Vorschriften der §§ 47 und 48 (vgl. unten S. 173, 174) gelten. Die Bestellung kann auch dem Aufsichtsrat übertragen werden. Es ist Auslegungsfrage, ob die Uebertragung der Befugnis zur Bestellung zugleich das Recht zur Abberufung umfaßt oder ob dieses Recht der Gesellschaftsversammlung vorbehalten bleiben soll, KG. 29. 6. 05 (30 A 133). Wählbar sind auch Nichtgesellschafter.

Eintragung und Veröffentlichung.

§ 10 GmbHG.

Bei der Eintragung in das Handelsregister sind die Firma und der Sitz der Gesellschaft, der Gegenstand des Unternehmens, die Höhe des Stammkapitals, der Tag des Abschlusses des Gesellschaftsvertrages und die Personen der Geschäftsführer anzugeben.

Enthält der Gesellschaftsvertrag besondere Bestimmungen über die Zeitdauer der Gesellschaft oder über die Befugnis der Geschäftsführer oder der Liquidatoren zur Vertretung der Gesellschaft,[1]) so sind auch diese Bestimmungen einzutragen.

In die Veröffentlichung, durch welche die Eintragung bekannt gemacht wird, sind außer dem Inhalte der Eintragung die nach § 5 Absatz 4 getroffenen Festsetzungen und, sofern der Gesellschaftsvertrag besondere Bestimmungen über die Form enthält, in welcher öffentliche Bekanntmachungen der Gesellschaft erlassen werden, auch diese Bestimmungen aufzunehmen.

I. Hinsichtlich der Vertretungsbefugnis der Geschäftsführer bestimmen:

§ 35. Die Gesellschaft wird durch die Geschäftsführer gerichtlich und außergerichtlich vertreten.

Dieselben haben in der durch den Gesellschaftsvertrag bestimmten Form ihre Willenserklärungen kundzugeben und für die Gesellschaft zu zeichnen. Ist nichts darüber bestimmt, so muß die Erklärung und Zeichnung durch sämtliche Geschäftsführer erfolgen. Ist der Gesellschaft gegenüber eine Willenserklärung abzugeben, so genügt es, wenn dieselbe an einen der Geschäftsführer erfolgt.

Die Zeichnung geschieht in der Weise, daß die Zeichnenden zu der Firma der Gesellschaft ihre Namensunterschrift beifügen.

§ 37. Die Geschäftsführer sind der Gesellschaft gegenüber verpflichtet, die Beschränkungen einzuhalten, welche für den Umfang ihrer Befugnis, die Gesellschaft zu vertreten, durch den Gesellschaftsvertrag oder, soweit dieser nicht ein anderes bestimmt, durch die Beschlüsse der Gesellschafter festgesetzt sind.

Gegen dritte Personen hat eine Beschränkung der Befugnis der Geschäftsführer, die Gesellschaft zu vertreten, keine rechtliche Wirkung. Dies gilt insbesondere für den Fall, daß die Vertretung sich nur auf gewisse Geschäfte oder Arten von Geschäften erstrecken oder nur unter gewissen Umständen oder für eine gewisse Zeit oder an einzelnen Orten stattfinden soll, oder daß die Zustimmung der Gesellschafter oder eines Organs der Gesellschaft für einzelne Geschäfte erfordert ist.

Im Gesellschaftsvertrage kann nicht bestimmt werden, daß zu verpflichtenden Firmenzeichnungen des einzigen vorhandenen Geschäftsführers die Mitzeichnung eines Prokuristen erforderlich sei; die Eintragung einer solchen Bestimmung ist abzulehnen, KG. 12. 1. 05 (29 A 95), vgl. oben S. 106. Hinsichtlich der Vertretungsbefugnis der Liquidatoren vgl. § 68 (unten S. 186).

Zweigniederlassung.

§ 12 GmbHG.

Auf die Anmeldung der Gesellschaft zur Eintragung in das Handelsregister eines Gerichts, in dessen Bezirke sie eine Zweigniederlassung [1]) besitzt, finden die Bestimmungen im § 8 Absatz 1 und 2 keine Anwendung. Der Anmeldung [2]) ist eine von dem Gerichte der Hauptniederlassung [3]) beglaubigte Abschrift des Gesellschaftsvertrages und der Liste der Gesellschafter beizufügen.

Die Eintragung hat die im § 10 Absatz 1 und 2 bezeichneten Angaben zu enthalten. In die Veröffentlichung, durch welche die Eintragung bekannt gemacht wird, sind auch die im § 10 Absatz 3 bezeichneten Bestimmungen aufzunehmen, die nach § 5 Absatz 4 getroffenen Festsetzungen jedoch nur dann, wenn die Eintragung innerhalb der ersten zwei Jahre nach der Eintragung in das Handelsregister des Sitzes der Gesellschaft erfolgt.

1. Ueber den Begriff „Zweigniederlassung" vgl. oben S. 28, 29.

2. Die Anmeldung muß durch sämtliche Geschäftsführer erfolgen (§ 78).

3. Landesgesetzlich (vgl. Art. 35 PrFGG.) zugelassene Beglaubigung durch den Gerichtsschreiber des Gerichts der Hauptniederlassung genügt, OLG. Colmar 4. 11. 03 Rspr. 8, 258.

Geschäftsführer.

§ 39 GmbHG.

Jede Aenderung[1]) in den Personen der Geschäftsführer sowie die Beendigung der Vertretungsbefugnis[2]) eines Geschäftsführers ist zur Eintragung in das Handelsregister anzumelden.[3])

Der Anmeldung ist eine Abschrift der Urkunden über die Bestellung der Geschäftsführer oder über die Beendigung der Vertretungsbefugnis beizufügen.[4]) Diese Bestimmung findet auf die Anmeldung zum Handelsregister einer Zweigniederlassung keine Anwendung.

Die Geschäftsführer haben ihre Unterschrift zur Aufbewahrung bei dem Gerichte zu zeichnen.

1. Wenn im Gesellschaftsvertrage die Bestellung bestimmter Personen zu Geschäftsführern enthalten ist, so handelt es sich nicht um eine Festsetzung des Gesellschaftsvertrages selbst und eine beschlossene Aufhebung des betreffenden Paragraphen kann mangels abweichender Bestimmung nicht auf den darin enthaltenen, nicht zum materiellen Inhalt des Gesellschaftsvertrags gehörigen Vermerk über den Wahlakt bezogen werden, RG. 21. 5. 00 RJA. 1, 58. Die Wahl neuer Geschäftsführer an Stelle der im Gesellschaftsvertrage bestellten

bedarf keiner gerichtlichen oder notariellen Beurkundung, weil sie keine Aenderung des Gesellschaftsvertrages ist, KG. 25. 2. 01 (21 A 261).

2. Ueber die **Abberufung eines Geschäftsführers** bestimmt § 38:

> Die Bestellung der Geschäftsführer ist zu jeder Zeit widerruflich, unbeschadet der Entschädigungsansprüche aus bestehenden Verträgen.
>
> Im Gesellschaftsvertrage kann die Zulässigkeit des Widerrufs auf den Fall beschränkt werden, daß wichtige Gründe denselben notwendig machen. Als solche Gründe sind insbesondere grobe Pflichtverletzung oder Unfähigkeit zur ordnungsmäßigen Geschäftsführung anzusehen.

Gegen die die Eintragung der Abberufung eines Geschäftsführers anordnende Verfügung steht diesem die Beschwerde zu, KG. 18. 12. 99 ZBlFG. 1, 882; 15. 2. 06 RJA. 7, 116; über das Verfahren, falls die Eintragung bereits erfolgt ist, vgl. oben §§ 142, 143 FGG. A. 4 S. 38.

3. Anmeldung durch sämtliche Geschäftsführer ist nicht erforderlich (§ 78), es genügt die Beobachtung der Form, in der die Geschäftsführer überhaupt ihre Willenserklärungen kundzugeben haben; ist im Gesellschaftsvertrage hierüber nichts bestimmt, so muß die Anmeldung durch sämtliche Geschäftsführer erfolgen (§ 35 Abs. 2).

4. Das Gericht hat die eingereichten Urkunden zu prüfen, ob sie die nachgesuchte Eintragung rechtfertigen, KG. 12. 10. 05 RJA. 6, 190. Die Frage, ob beim Beschluß über Bestellung eines Geschäftsführers die Ausübung eines Stimmrechts durch den Gesellschafter, der zum Geschäftsführer bestellt werden soll, zulässig ist (§ 47 Abs. 4), ist abweichend von KG. 8. 12. 02 (25 A 253) zu bejahen, vgl. oben § 259 HGB. A. 1 S. 117.

Gesellschafterliste.

§ 40 GmbHG.

Alljährlich im Monat Januar haben die Geschäftsführer eine von ihnen unterschriebene Liste der Gesellschafter, aus welcher Name, Vorname, Stand und Wohnort der letzteren sowie ihre Stammeinlagen zu entnehmen sind, zum Handelsregister einzureichen.[1]) Sind seit Einreichung der letzten Liste Veränderungen hinsichtlich der Person der Gesellschafter und des Umfangs ihrer Beteiligung nicht eingetreten, so genügt die Einreichung einer entsprechenden Erklärung.

1. Hinsichtlich der Form der Einreichung gilt das in A. 3 zu § 39 Bemerkte, KG. 9. 3. 05 (30 A 136).

Bekanntmachung der Bilanz.

§ 41 GmbHG.

Die Geschäftsführer sind verpflichtet, für die ordnungsmäßige Buchführung der Gesellschaft zu sorgen.

Sie müssen in den ersten drei Monaten des Geschäftsjahres die Bilanz für das verflossene Geschäftsjahr nebst einer Gewinn- und Verlustrechnung aufstellen.

Durch den Gesellschaftsvertrag kann die bezeichnete Frist bis auf sechs Monate, bei Gesellschaften, deren Unternehmen den Betrieb von Geschäften in überseeischen Gebieten zum Gegenstande hat, bis auf neun Monate erstreckt werden.

Für Gesellschaften, bei welchen der Gegenstand

des Unternehmens im Betriebe von Bankgeschäften[1]) besteht, ist die Bilanz innerhalb der vorbezeichneten Fristen in den im § 30 Absatz 2[2]) bestimmten öffentlichen Blättern durch die Geschäftsführer bekannt zu machen.[3]) Die Bekanntmachung ist zum Handelsregister einzureichen.

1. Ueber den Begriff der Bankgeschäfte vgl. KG. 24. 6. 01 (22 A 285).
2. Vgl. unten § 58 A. 2 S. 183.
3. Die Bekanntmachung muß in deutscher Sprache erfolgen, KG. 24. 6. 01 (22 A 285).

Gesellschafterbeschlüsse.

§ 47 GmbHG.

Die von den Gesellschaftern in den Angelegenheiten der Gesellschaft zu treffenden Bestimmungen erfolgen durch Beschlußfassung nach der Mehrheit der abgegebenen Stimmen.

Jede hundert Mark eines Geschäftsanteils gewähren eine Stimme.

Vollmachten bedürfen zu ihrer Gültigkeit der schriftlichen Form.

Ein Gesellschafter, welcher durch die Beschlußfassung entlastet oder von einer Verbindlichkeit befreit werden soll, hat hierbei kein Stimmrecht und darf ein solches auch nicht für Andere ausüben.[1]) Dasselbe gilt von einer Beschlußfassung, welche die Vornahme eines Rechtsgeschäfts oder die Einleitung oder Erledigung eines Rechtsstreites gegenüber einem Gesellschafter betrifft.[2])

§ 48 GmbHG.

Die Beschlüsse der Gesellschafter werden in Versammlungen gefaßt.3)

Der Abhaltung einer Versammlung bedarf es nicht, wenn sämtliche Gesellschafter schriftlich mit der zu treffenden Bestimmung oder mit der schriftlichen Abgabe der Stimmen sich einverstanden erklären.4)

1. Bei Beschlußfassung über Entlastung eines Geschäftsführers, der zugleich Teilhaber einer offenen Handelsgesellschaft ist, ist die Ausübung eines Stimmrechts seitens der offenen Handelsgesellschaft durch den anderen Teilhaber nicht ausgeschlossen, RG. 27. 6. 06 JW. 06, 576.

2. Vgl. S. 171 A. 4.

3. Ueber Berufung der Gesellschafterversammlung bestimmen:

§ 49. Die Versammlung der Gesellschafter wird durch die Geschäftsführer berufen.

Sie ist außer den ausdrücklich bestimmten Fällen zu berufen, wenn es im Interesse der Gesellschaft erforderlich erscheint.

Insbesondere muß die Versammlung unverzüglich berufen werden, wenn aus der Jahresbilanz oder aus einer im Laufe des Geschäftsjahres aufgestellten Bilanz sich ergibt, daß die Hälfte des Stammkapitals verloren ist.

§ 50. Gesellschafter, deren Geschäftsanteile zusammen mindestens dem zehnten Teile des Stammkapitals entsprechen, sind berechtigt, unter Angabe des Zwecks und der Gründe die Berufung der Versammlung zu verlangen.

In gleicher Weise haben die Gesellschafter das Recht zu verlangen, daß Gegenstände zur Beschlußfassung der Versammlung angekündigt werden.

Wird dem Verlangen nicht entsprochen oder sind Personen, an welche dasselbe zu richten wäre, nicht vorhanden, so können die im Absatz 1 bezeichneten Gesellschafter unter Mitteilung des Sachverhältnisses die Berufung oder Ankündigung selbst bewirken. Die Versammlung beschließt, ob die entstandenen Kosten von der Gesellschaft zu tragen sind.

§ 51. Die Berufung der Versammlung erfolgt durch Einladung der Gesellschafter mittels eingeschriebener Briefe. Sie ist mit einer Frist von mindestens einer Woche zu bewirken.

Der Zweck der Versammlung soll jederzeit bei der Berufung angekündigt werden.

Ist die Versammlung nicht ordnungsmäßig berufen, so können Beschlüsse nur gefaßt werden, wenn sämtliche Gesellschafter anwesend sind.

Das Gleiche gilt in bezug auf Beschlüsse über Gegenstände, welche nicht wenigstens drei Tage vor der Versammlung in der für die Berufung vorgeschriebenen Weise angekündigt worden sind.

4. Für die Löschung nichtiger Beschlüsse der Gesellschafterversammlung gelten die gleichen Bestimmungen wie bei der AG. bezüglich der Generalversammlungsbeschlüsse; vgl. oben S. 126 ff.

Aufsichtsrat.

§ 52 Abs. 1 GmbHG.

Ist nach dem Gesellschaftsvertrage ein Aufsichtsrat zu bestellen, so finden auf denselben, soweit nicht im Gesellschaftsvertrage ein anderes bestimmt ist, die für den Aufsichtsrat einer Aktiengesellschaft nach § 243 Absatz 1, 2, 4, §§ 244 bis 248 und § 249 Absatz 1, 2 des Handelsgesetzbuchs [1]) geltenden Vorschriften entsprechende Anwendung.[2])

1. §§ 243, 244, 248 HGB. siehe oben S. 105, 114, 106.

2. Hinsichtlich der Form der Anmeldung gilt das in A. 3 zu § 39 Bemerkte. Für das Handeln des Aufsichtsrats nach außen gilt das in A. 6 zu § 195 HGB. oben S. 106 Bemerkte; es ist also für die rechtsgültige Kundgebung eines Aufsichtsratsbeschlusses, durch den die bisherigen Geschäftsführer durch neue ersetzt werden, eine übereinstimmende Erklärung sämtlicher Mitglieder des Aufsichtsrats nötig, KG. 12. 10. 05 RJA. 6, 190. Im Gesellschaftsvertrage kann in Abweichung von § 248 HGB. bestimmt werden, daß die Mitglieder des Aufsichtsrats Stellvertreter der Geschäftsführer sein sollen, KG. 12. 2. 00 (20 A 49). Durch die Annahme der Wahl als Mitglied des Aufsichtsrats wird mit der Gesellschaft ein Vertrag geschlossen, der bei unentgeltlicher Uebernahme des Amts als Auftrag, sonst als Dienstvertrag aufzufassen ist; wenn das Amt nach den für diesen Vertrag geltenden Kündigungsvorschriften niedergelegt ist, so kann die Wiederbestellung als Aufsichtsratsmitglied nur durch einen neuen formgerechten Beschluß der Gesellschafterversammlung erfolgen, KG. 21. 11. 04 (29 A 98).

Statutenänderung.

§ 54 GmbHG.

Die Abänderung des Gesellschaftsvertrages[1]) ist zur Eintragung in das Handelsregister anzumelden.[2])

Bei der Eintragung genügt, sofern nicht die Abänderung die im § 10 Absatz 1 und 2 bezeichneten Angaben betrifft, die Bezugnahme auf die bei dem Gerichte eingereichten Urkunden über die Abänderung. Die öffentliche Bekanntmachung findet in Betreff aller Bestimmungen statt, auf welche sich die im § 10 Absatz 3 und im § 12 vorgeschriebenen Veröffentlichungen beziehen.

Die Abänderung hat keine rechtliche Wirkung, bevor sie in das Handelsregister des Sitzes der Gesellschaft eingetragen ist.[3])

1. Ueber Beschlußfassung bestimmt § 53:

Eine Abänderung des Gesellschaftsvertrages kann nur durch Beschluß der Gesellschafter erfolgen.

Der Beschluß muß gerichtlich oder notariell beurkundet werden, derselbe bedarf einer Mehrheit von drei Vierteilen der abgegebenen Stimmen. Der Gesellschaftsvertrag kann noch andere Erfordernisse aufstellen.

Eine Vermehrung der den Gesellschaftern nach dem Gesellschaftsvertrage obliegenden Leistungen kann nur mit Zustimmung sämtlicher beteiligter Gesellschafter beschlossen werden.

Zu einem Beschlusse, durch den die Vergütung aufgehoben oder herabgesetzt wird, die den Gesellschaftern für die von ihnen zu bewirkenden Leistungen nach dem Gesellschaftsvertrage zusteht, ist Zustimmung sämtlicher Gesellschafter erforderlich, KG. 7. 12. 03 (27 A 228). Die Bestimmung, daß die Gesellschafter sich bei Ausübung des Stimmrechts nur durch andere Gesellschafter vertreten lassen dürfen, kann durch Mehrheitsbeschluß dann nicht wirksam beschlossen werden, wenn nach den Umständen des Falls hierdurch ein Teil der Gesellschafter gegenüber dem anderen besonders benachteiligt wird, KG. 12. 1. 03 (25 A 258). Die nicht im ursprünglichen Gesellschaftsvertrage vorgesehene Amortisation von Geschäftsanteilen kann nachträglich nur mit Zustimmung aller Gesellschafter für zulässig erklärt werden, KG. a. a. O.; vgl. § 34. Die Verlängerung der Dauer kann jedenfalls dann nicht mit bloßer Dreiviertelmehrheit beschlossen werden, wenn den Gesellschaftern im Vertrage außer der Leistung von Kapitaleinlagen noch andere Verpflichtungen (z. B. Aufbringung des Geschäftsaufwandes durch Umlageverfahren, falls die Erträgnisse der Stammeinlagen nicht ausreichen) obliegen, da dann die Verlängerung der Dauer eine Vermehrung der Vertragsverpflichtungen enthält, OLG. Dresden 16. 12. 03 Rspr. 8, 260. Stets ist zu einem solchen Beschluß auf Verlängerung Erfüllung der Anforderungen des § 53 Abs. 2 erforderlich, KG. 10. 5. 06 Recht 06, 758.

2. Hinsichtlich der Form der Anmeldung gilt das in A. 3 zu § 39 Bemerkte, hinsichtlich des Ausschlusses des Ordnungsstrafverfahrens das in A. 2 zu § 7 Gesagte.

3. Ein vorher von einem zufolge der Statutenänderung gebildeten Gesellschaftsorgane gefaßter Beschluß ist ungültig, OLG. Colmar 15. 2. 05 ZBlFG. 6, 379.

Kapitalerhöhung.

§ 57 GmbHG.

Die beschlossene Erhöhung des Stammkapitals [1]) ist zur Eintragung in das Handelsregister anzumelden,[2]) nachdem das erhöhte Kapital durch Uebernahme von Stammeinlagen gedeckt ist.

Die Bestimmung im § 7 Absatz 2 über die vor der Anmeldung des Gesellschaftsvertrages zu leistende Einzahlung, sowie die Bestimmung im § 8 Absatz 2 über die in der Anmeldung abzugebende Versicherung finden entsprechende Anwendung.

Der Anmeldung sind beizufügen:

1. die im § 55 Absatz 1 bezeichneten Erklärungen oder eine beglaubigte Abschrift derselben; [1])

2. eine von den Anmeldenden unterschriebene Liste der Personen, welche die neuen Stammeinlagen übernommen haben; aus der Liste muß der Betrag der von jedem übernommenen Einlage ersichtlich sein.

In Bezug auf die Verantwortlichkeit der Anmeldenden für die Richtigkeit ihrer Angaben finden die Bestimmungen im § 9 entsprechende Anwendung.[3])

1. Hierzu bestimmen:

§ 55. Wird eine Erhöhung des Stammkapitals beschlossen, so bedarf es zur Uebernahme jeder auf das erhöhte Kapital zu leistenden Stammeinlage einer gerichtlich oder notariell aufgenommenen oder beglaubigten Erklärung des Uebernehmers.

Zur Uebernahme einer Stammeinlage können von der Gesellschaft die bisherigen Gesellschafter oder andere Personen, welche durch die Uebernahme ihren Beitritt zu der Gesellschaft erklären, zugelassen werden. Im letzteren Falle sind außer dem Betrage der Stammeinlage auch sonstige Leistungen, zu welchen der Beitretende nach dem Gesellschaftsvertrage verpflichtet sein soll, in der im Absatz 1 bezeichneten Urkunde ersichtlich zu machen.

Wird von einem der Gesellschaft bereits angehörenden Gesellschafter eine Stammeinlage auf das erhöhte Kapital übernommen, so erwirbt derselbe einen weiteren Geschäftsanteil.

Die Bestimmungen im § 5 Absatz 1 und 3 über den Betrag der Stammeinlagen sowie die Bestimmung im § 5 Absatz 2 über die Unzulässigkeit der Uebernahme mehrerer Stammeinlagen finden auch hinsichtlich der auf das erhöhte Kapital zu leistenden Stammeinlagen Anwendung.

§ 56. Soll auf das erhöhte Stammkapital eine Einlage gemacht werden, welche nicht in Geld zu leisten ist, oder soll eine Vergütung für Vermögensgegenstände, welche die Gesellschaft übernimmt, auf eine Einlage angerechnet werden, so muß die Person desjenigen, welcher die Einlage zu leisten oder die Vermögensgegenstände zu überlassen hat, sowie der Gegenstand der Einlage oder Ueberlassung und der Geldwert, für welchen die Einlage angenommen wird, oder die für den überlassenen Gegenstand zu gewährende Vergütung in dem Beschlusse auf Erhöhung des Stammkapitals festgesetzt und in der im § 55 Absatz 1 bezeichneten Erklärung angegeben werden.

Die Bestimmung im § 19 Absatz 3 findet entsprechende Anwendung.

Die Anordnung von Gewinnrücklagen, mag sie ausdrücklich oder versteckt, z. B. durch Abschreibungen über das zur Richtigstellung der Aktivwerte erforderliche Maß hinaus oder durch Vortrag auf neue Rechnung, erfolgen, stellt keine Kapitalerhöhung dar, OLG. Colmar 26. 10. 04 Rspr. 10, 241. Das Verbot der Aufrechnung gegen Stammeinlagen (§ 19 Abs. 2) gilt auch hier; die Vereinbarung vertragsmäßiger Aufrechnung bedarf zu ihrer Gültigkeit der Aufnahme in den Kapitalerhöhungsbeschluß und in die nach § 55 Abs. 1 abzugebende Erklärung, RG. 24. 2. 06 Recht 06, 696. Der Erhöhungsbeschluß bedarf zwar nach § 53 Abs. 2 der gerichtlichen oder notariellen Beurkundung, der Mangel der Beurkundung wird aber durch die Eintragung der Erhöhung ins HR. geheilt, KG. 9. 7. 00 RJA. 1, 116.

Hinsichtlich der Zulässigkeit, nur ein Höchstmaß der Kapitalerhöhung zu beschließen, gelten die gleichen Grundsätze wie bei der AG., vgl. oben § 280 HGB. S. 132. Es ist Auslegungsfrage, ob die im Erhöhungsbeschluß angegebene Summe als fest bestimmt oder als Höchstgrenze zu gelten hat; ist eine bestimmte Summe genannt und nicht zu erkennen gegeben, daß diese als Höchstbetrag gelten soll, so ist ersteres anzunehmen und die Eintragung nur zum vollen beschlossenen Betrage zulässig, KG. 14. 11. 04 (29 A 102). Es kann nicht zunächst ein die Erhöhung des Stammkapitals bis zu einer bestimmten Höchstgrenze zulassender Beschluß und sodann die allmähliche Durchführung dieses Beschlusses mittels Uebernahme von Stammeinlagen eingetragen werden, vielmehr muß die Erhöhung mit der Eintragung des Beschlusses abgeschlossen sein, OLG. Hamburg 18. 1. 05 KGJ. 29 A 266.

2. Durch sämtliche Geschäftsführer (§ 78). Hinsichtlich des Ausschlusses des Ordnungsstrafverfahrens gilt A. 2 zu § 7.

3. Die Eintragung ins HR. kann nicht aus dem Grunde angefochten werden, daß die von den Geschäftsführern bei der Anmeldung abgegebene Versicherung unrichtig gewesen sei, RG. 27. 4. 03 (54, 389).

Kapitalherabsetzung.

§ 58 GmbHG.

Eine Herabsetzung[1]) des Stammkapitals kann nur unter Beobachtung der nachstehenden Bestimmungen erfolgen:

1. der Beschluß auf Herabsetzung des Stammkapitals muß von den Geschäftsführern zu drei verschiedenen Malen durch die im § 30 Absatz 2 bezeichneten Blätter[2]) bekannt gemacht werden; in diesen Bekanntmachungen sind zugleich die Gläubiger der Gesellschaft aufzufordern, sich bei derselben zu melden; die aus den Handelsbüchern der Gesellschaft ersichtlichen oder in anderer Weise bekannten

Gläubiger sind durch besondere Mitteilung zur Anmeldung aufzufordern;

2. die Gläubiger, welche sich bei der Gesellschaft melden und der Herabsetzung nicht zustimmen, sind wegen der erhobenen Ansprüche zu befriedigen oder sicherzustellen;
3. die Anmeldung des Herabsetzungsbeschlusses zur Eintragung in das Handelsregister[3]) erfolgt nicht vor Ablauf eines Jahres seit dem Tage, an welchem die Aufforderung der Gläubiger in den öffentlichen Blättern zum dritten Male stattgefunden hat;
4. mit der Anmeldung sind die Bekanntmachungen des Beschlusses einzureichen; zugleich haben die Geschäftsführer die Versicherung abzugeben, daß die Gläubiger, welche sich bei der Gesellschaft gemeldet und der Herabsetzung nicht zugestimmt haben, befriedigt oder sichergestellt sind.

Die Bestimmung im § 5 Absatz 1 über den Mindestbetrag des Stammkapitals bleibt unberührt. Erfolgt die Herabsetzung zum Zweck der Zurückzahlung von Stammeinlagen oder zum Zweck des Erlasses der auf diese geschuldeten Einzahlungen, so darf der verbleibende Betrag der Stammeinlagen nicht unter den im § 5 Absatz 1 und 3 bezeichneten Betrag herabgehen.

1. Herabsetzung und Erhöhung können zwar zu gleicher Zeit beschlossen werden, aber gleichzeitig nicht

anders in Kraft treten, als daß die Anmeldung beider erst nach Ablauf des Sperrjahrs bewirkt wird; es kann auch zunächst die Erhöhung angemeldet und eingetragen werden, OLG. Dresden 11. 11. 03 Rspr. 9, 267.

2. Dies sind die im Gesellschaftsvertrage für die Bekanntmachungen der Gesellschaft bestimmten und in Ermangelung solcher die für die Bekanntmachungen aus dem HR. bestimmten öffentlichen Blätter.

3. Das in A. 2 zu § 57 Bemerkte gilt auch hier.

Zweigniederlassung.

§ 59 GmbHG.

Auf die Anmeldungen zu dem Handelsregister eines Gerichts, in dessen Bezirke die Gesellschaft eine Zweigniederlassung besitzt, finden die Bestimmungen im § 57 Absatz 2, Absatz 3 Nr. 1 und im § 58 Absatz 1 Nr. 4 keine Anwendung.[1])

1. Hinsichtlich der Form der Anmeldung gilt A. 3 zu § 39.

Auflösung.

§ 65 GmbHG.

Die Auflösung[1]) der Gesellschaft ist außer dem Falle des Konkursverfahrens zur Eintragung in das Handelsregister anzumelden.[2]) Das gleiche gilt von einer Fortsetzung der Gesellschaft in den im § 60 Absatz 1 Nr. 4 bezeichneten Fällen.

Die Auflösung ist von den Liquidatoren zu drei verschiedenen Malen durch die im § 30 Absatz 2 bezeichneten öffentlichen Blätter[3]) bekannt zu machen. Durch die Bekanntmachung sind zugleich die

Gläubiger der Gesellschaft aufzufordern, sich bei derselben zu melden.

I. Ueber Auflösungsgründe bestimmen §§ 60 bis 62:

§ 60. Die Gesellschaft mit beschränkter Haftung wird aufgelöst:

1. durch Ablauf der im Gesellschaftsvertrage bestimmten Zeit;
2. durch Beschluß der Gesellschafter; derselbe bedarf, sofern im Gesellschaftsvertrage nicht ein anderes bestimmt ist, einer Mehrheit von drei Vierteilen der abgegebenen Stimmen;
3. durch gerichtliches Urteil oder durch Entscheidung des Verwaltungsgerichts oder der Verwaltungsbehörde in den Fällen der §§ 61 und 62;
4. durch die Eröffnung des Konkursverfahrens; wird das Verfahren nach Abschluß eines Zwangsvergleichs aufgehoben oder auf Antrag des Gemeinschuldners eingestellt, so können die Gesellschafter die Fortsetzung der Gesellschaft beschließen.

Im Gesellschaftsvertrage können weitere Auflösungsgründe festgesetzt werden.

§ 61. Die Gesellschaft kann durch gerichtliches Urteil aufgelöst werden, wenn die Erreichung des Gesellschaftszweckes unmöglich wird, oder wenn andere, in den Verhältnissen der Gesellschaft liegende, wichtige Gründe für die Auflösung vorhanden sind.

Die Auflösungsklage ist gegen die Gesellschaft zu richten. Sie kann nur von Gesellschaftern erhoben werden, deren Geschäftsanteile zusammen mindestens dem zehnten Teile des Stammkapitals entsprechen.

Für die Klage ist das Landgericht ausschließlich zuständig, in dessen Bezirk die Gesellschaft ihren Sitz hat.

§ 62. Wenn eine Gesellschaft das Gemeinwohl dadurch gefährdet, daß die Gesellschafter gesetzwidrige Beschlüsse fassen oder gesetzwidrige Handlungen der Geschäftsführer wissentlich geschehen lassen, so kann sie aufgelöst werden, ohne daß deshalb ein Anspruch auf Entschädigung stattfindet.

Das Verfahren und die Zuständigkeit der Behörden richtet sich nach den für streitige Verwaltungssachen landesgesetzlich geltenden Vorschriften. Wo ein Verwaltungsstreitverfahren nicht besteht, kann die Auflösung nur durch gerichtliches Erkenntnis auf Betreiben der höheren Verwaltungsbehörde erfolgen. Ausschließlich zuständig ist in diesem Falle das Landgericht, in dessen Bezirk die Gesellschaft ihren Sitz hat.

Durch die Vereinigung sämtlicher Geschäftsanteile in einer Hand wird die Gesellschaft nicht aufgelöst; ein Uebergang des Vermögens auf den einzigen Inhaber der Geschäftsanteile als solchen findet nicht statt, vielmehr bleibt dasselbe der juristischen Person, OLG. Colmar 24. 4. 03 ZBlFG. 4, 44; Hamburg 24. 10. 04 Rspr. 10, 240; RG. 20. 6. 04 Gruchot 49, 1100.

2. Hinsichtlich der Form der Anmeldung gilt A. 3 zu § 39.

3. Vgl. § 58 A. 2.

Liquidation.

§ 67 GmbHG.

Die ersten Liquidatoren[1]) sind durch die Geschäftsführer, jede Aenderung in den Personen der Liquidatoren sowie eine Beendigung ihrer Vertretungsbefugnis ist durch die Liquidatoren zur Eintragung in das Handelsregister anzumelden.[2])

Der Anmeldung ist eine Abschrift der Urkunden über die Bestellung der Liquidatoren oder über die

Aenderung in den Personen derselben beizufügen. Diese Vorschrift findet auf die Anmeldung zum Handelsregister einer Zweigniederlassung keine Anwendung.

Die Eintragung der gerichtlichen Ernennung oder Abberufung von Liquidatoren geschieht von Amts wegen.

Die Liquidatoren haben ihre Unterschrift zur Aufbewahrung bei dem Gerichte zu zeichnen.

§ 68 GmbHG.

Die Liquidatoren haben in der bei ihrer Bestellung bestimmten Form ihre Willenserklärungen kundzugeben und für die Gesellschaft zu zeichnen. Ist nichts darüber bestimmt, so muß die Erklärung und Zeichnung durch sämtliche Liquidatoren erfolgen.

Die Bestimmung ist mit der Bestellung der Liquidatoren zur Eintragung in das Handelsregister anzumelden.[2])

Die Zeichnungen geschehen in der Weise, daß die Liquidatoren der bisherigen, nunmehr als Liquidationsfirma zu bezeichnenden Firma ihre Namensunterschrift beifügen.

1. Hinsichtlich der Bestellung und Abberufung der Liquidatoren bestimmt § 66:

In den Fällen der Auflösung außer dem Falle des Konkursverfahrens erfolgt die Liquidation durch die Geschäftsführer, wenn nicht dieselbe durch den Gesellschaftsvertrag oder durch Beschluß der Gesellschafter anderen Personen übertragen wird.

Auf Antrag von Gesellschaftern, deren Geschäftsanteile zusammen mindestens dem zehnten Teile des Stammkapitals entsprechen, kann aus wichtigen Gründen die Bestellung von Liquidatoren durch das Gericht (§ 7 Absatz 1) erfolgen.

Die Abberufung von Liquidatoren kann durch das Gericht unter derselben Voraussetzung wie die Bestellung stattfinden. Liquidatoren, welche nicht vom Gericht ernannt sind, können auch durch Beschluß der Gesellschafter vor Ablauf des Zeitraums, für welchen sie bestellt sind, abberufen werden.

Aenderungen des Gesellschaftsvertrages sind im Liquidationsstadium nicht statthaft, OLG. Karlsruhe 5. 8. 03 Rspr. 9, 268; auch können Geschäftsführer nicht bestellt werden, KG. 10. 5. 06 Recht 06, 758. Ueber den Beitritt des Liquidators zu einer neuen GmbH. vgl. oben S. 142.

2. Hinsichtlich der Form der Anmeldung gilt A. 3 zu § 39. Für die Pflicht der Geschäftsführer zur Anmeldung der Liquidatoren ist es unerheblich, ob eine Verteilung bereits stattgefunden hat, sowie ob die Vereinigung aller Geschäftsanteile in einer Hand erfolgt, OLG. Karlsruhe 21. 7. 03 Rspr. 9, 268.

Nichtigkeit.

§ 75 GmbHG.

Enthält der Gesellschaftsvertrag nicht die nach § 3 Absatz 1 wesentlichen Bestimmungen oder ist eine dieser Bestimmungen nichtig, so kann jeder Gesellschafter, jeder Geschäftsführer und, wenn ein Aufsichtsrat bestellt ist, jedes Mitglied des Aufsichtsrats im Wege der Klage beantragen, daß die Gesellschaft für nichtig erklärt werde.

Die Vorschriften der §§ 272, 273 des Handelsgesetzbuchs finden entsprechende Anwendung.[1])

§ 76 GmbHG.

Ein Mangel, der die Bestimmungen über die Firma oder den Sitz der Gesellschaft oder den Gegenstand des Unternehmens betrifft, kann durch einstimmigen Beschluß der Gesellschafter geheilt werden.

§ 144 Abs. 1 Satz 2, Abs. 3 FGG.

Das gleiche[2]) gilt für eine in das Handelsregister eingetragene Gesellschaft mit beschränkter Haftung, wenn die Voraussetzungen vorliegen, unter denen nach §§ 75, 76 des Gesetzes, betreffend die Gesellschaften mit beschränkter Haftung, die Nichtigkeitsklage erhoben werden kann.[3])

. . . .

In den Fällen der Abs. 1, 2 soll die nach § 142 Abs. 2 zu bestimmende Frist mindestens drei Monate betragen.[4])

1. §§ 272, 273 HGB. vgl. oben S. 125 ff. Hinsichtlich der Form der Einreichung des Urteils gilt A. 3 zu § 39.

2. Nämlich Löschung gemäß den §§ 142, 143 FGG., vgl. oben S. 36 ff.

3. Wenn bei Abschluß des Begründungsvertrags gesetzliche Formvorschriften, z. B. § 2, verletzt sind, so ist die Gesellschaft trotz geschehener Eintragung nichtig, RG. 13. 5. 03 (54, 418).

Ueber das weitere Verfahren bestimmt § 77:

Ist die Nichtigkeit einer Gesellschaft in das Handelsregister eingetragen, so finden zum Zwecke der

Abwickelung ihrer Verhältnisse die für den Fall der Auflösung geltenden Vorschriften entsprechende Anwendung.

Die Wirksamkeit der im Namen der Gesellschaft mit Dritten vorgenommenen Rechtsgeschäfte wird durch die Nichtigkeit nicht berührt.

Die Gesellschafter haben die versprochenen Einzahlungen zu leisten soweit es zur Erfüllung der eingegangenen Verbindlichkeiten erforderlich ist.

Hieraus folgt, daß über das Vermögen einer für nichtig erklärten Gesellschaft auch ein Konkursverfahren eröffnet werden kann, RG. 20. 6. 04 Gruchot 49, 1100.

4. Beteiligt im Sinne des § 142 Abs. 2 ist nur die Gesellschaft selbst und damit ihr Geschäftsführer, nicht die einzelnen Gesellschafter; dem Geschäftsführer allein ist die Frist zum Widerspruch zu bestimmen, ohne daß indessen Anhörung der Gesellschafter aus Zweckmäßigkeitsgründen ausgeschlossen ist, OLG. Stuttgart 2. 3. 06 ZBlFG. 7, 214.

Umwandlung einer AG. in eine GmbH.

§ 80 GmbHG.

[1]) Wird eine Aktiengesellschaft zum Zweck der Umwandlung in eine Gesellschaft mit beschränkter Haftung aufgelöst, so kann die Liquidation derselben unterbleiben, wenn hinsichtlich der Errichtung der neuen Gesellschaft den nachstehenden Bestimmungen genügt wird.

Das Stammkapital der neuen Gesellschaft darf nicht geringer sein als das Grundkapital der aufgelösten Gesellschaft.

Den Aktionären ist durch öffentliche Bekanntmachung oder in sonst geeigneter Weise Gelegenheit zu geben, mit dem auf ihre Aktien entfallenden Anteil an dem Vermögen der aufgelösten Gesellschaft sich bei der neuen Gesellschaft zu beteiligen. Die Aktien der sich beteiligenden Mitglieder müssen mindestens drei Vierteile des Grundkapitals der aufgelösten Gesellschaft darstellen.

Der auf jede Aktie entfallende Anteil an dem Vermögen der aufgelösten Gesellschaft wird auf Grund einer Bilanz berechnet, welche der Generalversammlung der Aktionäre zur Genehmigung vorzulegen ist. Der Beschluß, durch welchen die Genehmigung erfolgt, bedarf einer Mehrheit von drei Vierteilen des in der Generalversammlung vertretenen Grundkapitals.

Die neue Gesellschaft muß spätestens binnen einem Monate nach Auflösung der Aktiengesellschaft zur Eintragung in das Handelsregister angemeldet werden.[2]) Die Eintragung darf nur erfolgen, nachdem die Beobachtung der vorstehenden Bestimmungen nachgewiesen ist.

1. Die Umwandlung einer offenen Handelsgesellschaft in eine GmbH. kann nur durch die nicht von besonderen Rechtsregeln beherrschte Auflösung der ersteren und Neuerrichtung der letzteren Gesellschaft bewirkt werden. KGJ. 15, 39, ebenso die Umwandlung einer Kommanditgesellschaft in eine GmbH., KG. 9. 7. 04 Rspr. 9, 246.

2. Das in A. 2 zu § 57 Bemerkte gilt auch hier.

X. Der Versicherungsverein auf Gegenseitigkeit.

Anmeldung.

§ 30 PrivVUntG.

Der Verein[1]) ist bei dem Gericht, in dessen Bezirk er seinen Sitz hat, von sämtlichen Mitgliedern des Vorstandes und des Aufsichtsrats zur Eintragung in das Handelsregister anzumelden.[2])

Von jeder Erteilung der Erlaubnis zum Geschäftsbetriebe (§ 15) hat die Aufsichtsbehörde[3]) dem Registergerichte Mitteilung zu machen.

§ 31 PrivVUntG.

Der Anmeldung sind beizufügen:

1. die Urkunde über die Erlaubnis zum Geschäftsbetriebe;[4])
2. die Satzung;[5])
3. die Urkunden über die Bestellung des Vorstandes und des Aufsichtsrats;
4. die Urkunden über die Bestellung des Gründungsfonds nebst einer Erklärung des Vorstandes und des Aufsichtsrats darüber, inwieweit der Gründungsfonds durch Barzahlung gedeckt und in ihrem Besitz ist.

Die Mitglieder des Vorstandes haben ihre Namensunterschrift zur Aufbewahrung bei dem Gerichte zu zeichnen.

Die der Anmeldung beigefügten Schriftstücke werden bei dem Gericht in Urschrift oder in beglaubigter Abschrift aufbewahrt.

1. D. h. ein Verein, der die Versicherung seiner Mitglieder nach dem Grundsatz der Gegenseitigkeit betreiben will. Personenvereinigungen, die ihren Mitgliedern Unterstützung gewähren, ohne ihnen einen Rechtsanspruch darauf einzuräumen, fallen nicht unter das Gesetz (§ 1 Abs. 2). Ueber den Begriff des Rechtsanspruchs im Sinne dieser Bestimmung vgl. KG. 8. 2. 06 RJA. 7, 109.

2. Da nach § 16 auf die Versicherungsvereine a. G. die in Betreff der Kaufleute im ersten und dritten Buche des HGB. gegebenen Vorschriften mit Ausnahme der §§ 1—7 Anwendung finden, so besteht Registerzwang; ausgenommen sind indessen die kleineren Vereine (über die Anerkennung eines Vereins als eines kleineren entscheidet die Aufsichtsbehörde) und die bereits zur Zeit des Inkrafttretens des Gesetzes (1. Januar 1902 — V. v. 24. 11. 01 RGBl. 489) ohne Rechtsfähigkeit bestehenden Vereine (§§ 53, 103). Auf die Anmeldung und Eintragung der zur Zeit des Inkrafttretens des Gesetzes bestehenden Vereine, welche die Versicherung ihrer Mitglieder nach dem Grundsatz der Gegenseitigkeit betreiben und die Rechtsfähigkeit besitzen, finden §§ 30 bis 33 entsprechende Anwendung (§ 101).

Das Registergericht hat sich auf die Prüfung zu beschränken, ob den formellen Anforderungen für die Anmeldung entsprochen ist, dagegen darf es die Satzung, auf die hin die Erlaubnis der Aufsichtsbehörde erteilt ist, nicht bemängeln. KG. 25. 5. 03 (26 A 69).

3. Aufsichtsbehörde ist bei den kleineren Unternehmungen, d. h. solchen, deren Geschäftskreis sich innerhalb der Grenzen eines Bundesstaats hält und die keine Auslandsversicherung pflegen, die Landesbehörde (in

Preußen der Regierungspräsident, für Berlin der Polizeipräsident — Ausf. V. v. 30. 6. 01 GS. 141), bei allen anderen das Kaiserliche Aufsichtsamt für Privatversicherung (§§ 2, 3, 93; 84; 70—82).

4. Hierzu bestimmt § 15:

Ein Verein, welcher die Versicherung seiner Mitglieder nach dem Grundsatze der Gegenseitigkeit betreiben will, erlangt durch die von der Aufsichtsbehörde erteilte Erlaubnis zum Geschäftsbetrieb als „Versicherungsverein auf Gegenseitigkeit" die Rechtsfähigkeit.

5. § 17 bestimmt:

Die Verfassung eines Versicherungsvereins auf Gegenseitigkeit wird durch die Satzung bestimmt, soweit sie nicht auf den nachfolgenden Vorschriften beruht.

Die Satzung bedarf der gerichtlichen oder notariellen Beurkundung.

Vgl. ferner § 18 oben S. 55.

Eintragung.

§ 32 PrivVUntG.

Bei der Eintragung in das Handelsregister sind die Firma und der Sitz des Vereins, die Versicherungszweige, auf welche sich der Betrieb erstrecken soll, die Höhe des Gründungsfonds, der Tag, an dem die Erlaubnis zum Geschäftsbetrieb erteilt ist, und die Mitglieder des Vorstandes anzugeben.

Enthält die Satzung besondere Bestimmungen über die Dauer des Vereins oder über die Befugnis der Mitglieder des Vorstandes oder der Liquidatoren zur Vertretung des Vereins, so sind auch diese Bestimmungen einzutragen.

Veröffentlichung.

§ 33 PrivVUntG.

In die Veröffentlichung, durch welche die Eintragung bekannt gemacht wird, sind außer dem Inhalte der Eintragung aufzunehmen:

1. eine Angabe darüber, ob die Deckung der Ausgaben durch Beiträge im voraus oder im Umlageverfahren erfolgen soll, und im ersteren Falle, ob mit Ausschluß oder mit Vorbehalt von Nachschüssen, ob die Beitragspflicht beschränkt ist oder nicht, und ob eine Kürzung der Versicherungsansprüche vorbehalten ist (§ 24);[1])
2. die im § 28 [2]) bezeichneten Festsetzungen;
3. die Art der Bestellung und Zusammensetzung der Vereinsorgane;
4. Name, Stand und Wohnort der Mitglieder des ersten Aufsichtsrats;
5. die Form, in der die Berufung des obersten Organs erfolgt.

1. § 24 lautet:

Die Satzung hat darüber Bestimmung zu treffen, ob die Deckung der Ausgaben erfolgen soll.

1. durch einmalige oder wiederkehrende Beiträge im voraus, und zwar mit Vorbehalt von Nachschüssen oder unter Ausschluß von Nachschüssen mit oder ohne Vorbehalt der Kürzung der Versicherungsansprüche,
2. durch Beiträge, die nach Maßgabe des eingetretenen Bedarfs umgelegt werden.

Die Satzung kann einen Höchstbetrag festsetzen, auf welchen die Pflicht zur Zahlung von Nachschüssen oder Umlagen beschränkt ist. Eine Beschränkung, wonach die Ausschreibung von Nachschüssen oder Umlagen nur zum Zwecke der Deckung von Versicherungsansprüchen der Mitglieder stattfinden darf, ist unzulässig.

2. § 28 lautet:

Die Satzung hat über die Form Bestimmung zu treffen, in der die Bekanntmachungen des Vereins zu erfolgen haben.

Bekanntmachungen, die durch öffentliche Blätter erfolgen sollen, sind, wenn der Geschäftsbetrieb des Vereins sich über das Gebiet eines Bundesstaats hinaus erstreckt, in den Reichsanzeiger einzurücken. Ist der Geschäftsbetrieb auf das Gebiet eines Bundesstaats beschränkt, so kann die Landes-Zentralbehörde an Stelle des Reichsanzeigers ein anderes Blatt bestimmen. Weitere Blätter bestimmt die Satzung.

Vorstand.

§ 34 PrivVUntG.

Auf den Vorstand finden die Vorschriften der §§ 231 bis 239, 241, 242 des Handelsgesetzbuchs[1]) mit der Maßgabe entsprechende Anwendung, daß das von Beschlüssen der Generalversammlung Gesagte von den Beschlüssen des obersten Organs gilt und daß an die Stelle des § 236 Abs. 1 und des § 241 Abs. 3 des Handelsgesetzbuchs folgende Vorschriften treten:

1. die Mitglieder des Vorstandes dürfen, sofern die Satzung nicht ein anderes bestimmt, ohne Einwilligung des Aufsichtsrats weder ein

Handelsgewerbe betreiben noch dem Vorstand oder Aufsichtsrat einer gleichartigen Versicherungsunternehmung angehören;

2. die Mitglieder des Vorstandes sind insbesondere zum Schadensersatze verpflichtet, wenn entgegen den Vorschriften des Gesetzes eine Verzinsung oder Tilgung des Gründungsfonds oder eine Verteilung des Vereinsvermögens erfolgt oder wenn Zahlungen geleistet werden, nachdem die Zahlungsunfähigkeit des Vereins eingetreten ist oder seine Ueberschuldung sich ergeben hat.

1. Vgl. oben S. 104, 113, 114, 76.

Aufsichtsrat.

§ 35 PrivVUntG.

Auf den Aufsichtsrat finden die Vorschriften der §§ 243 bis 249 des Handelsgesetzbuchs[1]) mit der Maßgabe entsprechende Anwendung, daß die der Generalversammlung übertragenen Aufgaben von dem obersten Organe wahrgenommen werden, und daß an die Stelle des § 243 Abs. 4 Satz 2, des § 245 Abs. 1 und des § 249 Abs. 3 Satz 1 des Handelsgesetzbuchs folgende Vorschriften treten:

1. die Satzung hat zu bestimmen, ob für einen Beschluß des obersten Organs, durch den die Bestellung zum Mitgliede des Aufsichtsrats widerrufen wird, eine besondere Mehrheit erforderlich sein soll;

2. eine nach dem Jahresüberschusse bemessene Vergütung für die Mitglieder des Aufsichtsrats darf nur von dem Betrage gewährt werden, welcher verbleibt, nachdem sämtliche Abschreibungen und Rücklagen bewirkt worden sind und nachdem für diejenigen Personen, welche gegen Zusicherung einer Beteiligung am Ueberschusse den Gründungsfonds zur Verfügung gestellt haben, der nach § 22 Abs. 3 bedungene Anteil am Ueberschuß in Abzug gebracht worden ist;
3. die Mitglieder des Aufsichtsrats sind insbesondere zum Schadensersatze verpflichtet, wenn mit ihrem Wissen und ohne ihr Einschreiten die im § 34 Nr. 2 bezeichneten Handlungen vorgenommen werden.

1. Vgl. oben S. 105, 114, 106, 107.

Oberstes Organ.

§ 36 PrivVUntG.

Auf das oberste Organ[1]) finden die für die Generalversammlung der Aktionäre gegebenen Vorschriften der §§ 250, 251, des § 252 Abs. 3, 4, der §§ 253, 256 bis 261, 264, 265, des § 266 Abs. 1, des § 267 Abs. 1, 2, der §§ 268 bis 273 des Handelsgesetzbuchs[2]) und, wenn als oberstes Organ die Versammlung der Mitglieder bestellt ist, auch die Vorschriften des § 252 Abs. 2 und der §§ 254, 255, 263 des Handelsgesetzbuchs[3]) mit folgenden Maßgaben entsprechende Anwendung:

1. soweit nach diesen Vorschriften einer Minderheit von Aktionären, deren Anteile den zehnten oder den zwanzigsten Teil des Grundkapitals erreichen, gewisse Rechte gewährt sind, hat die Satzung die erforderliche Minderheit der Mitglieder des obersten Organs zu bestimmen;
2. die bezeichneten Vorschriften bleiben insoweit außer Anwendung, als sie eine Hinterlegung von Aktien oder die Angabe des Betrags der vertretenen Aktien vorschreiben;
3. die Aufsichtsbehörde kann bei der Erlaubnis zum Geschäftsbetriebe gestatten, daß die Kosten der Errichtung und die im ersten Geschäftsjahr entstehenden Kosten der Einrichtung, soweit sie weder die Hälfte des gesamten Gründungsfonds noch den bar eingezahlten Teil übersteigen, auf mehrere, höchstens jedoch auf die ersten fünf Geschäftsjahre verteilt werden und der jedesmal verbleibende Rest als Aktivum in die Bilanz eingestellt wird.

Die Satzung hat die Form und, soweit nicht nach Abs. 1 die §§ 254, 255 des Handelsgesetzbuchs zur entsprechenden Anwendung gelangen, auch die Voraussetzungen und die Frist für die Berufung des obersten Organs zu bestimmen.

I. Ueber das oberste Organ bestimmt § 29:

Die Satzung hat über die Bildung eines Vorstandes, eines Aufsichtsrats und eines obersten Organs

(Versammlung von Mitgliedern oder von Vertretern der Mitglieder) Bestimmung zu treffen.

Die durch das oberste Organ auszuübenden Obliegenheiten können auf mehrere dem Vorstand und dem Aufsichtsrat übergeordnete Organe verteilt sein.

2. Vgl. oben S. 115—119, 122—127.

3. Vgl. oben S. 116—118, 122, 123.

Satzungsänderung.

§ 39 PrivVUntG.

Die Satzung kann nur durch Beschluß des obersten Organs geändert werden.

Die Vornahme von Aenderungen, die nur die Fassung betreffen, kann durch Beschluß des obersten Organs dem Aufsichtsrat übertragen werden.

Der Aufsichtsrat kann durch Beschluß des obersten Organs ermächtigt werden, den Aenderungsbeschluß für den Fall, daß die Aufsichtsbehörde vor der Genehmigung die Vornahme von Aenderungen verlangt, diesen Aenderungen zu unterziehen.

Der Beschluß des obersten Organs bedarf, wenn durch ihn ein Versicherungszweig aufgegeben oder ein neuer eingeführt werden soll, einer Mehrheit von drei Vierteilen der abgegebenen Stimmen; die Satzung kann noch andere Erfordernisse aufstellen. Zu sonstigen Beschlüssen der im Abs. 1 bis 3 bezeichneten Art bedarf es einer solchen Mehrheit nur dann, wenn die Satzung nicht andere Erfordernisse aufstellt.

§ 40 PrivVUntG.

Die Aenderung der Satzung ist zur Eintragung in das Handelsregister anzumelden. Der Anmeldung ist die Genehmigungsurkunde beizufügen.

Bei der Eintragung genügt, soweit nicht die Aenderung die im § 32 bezeichneten Angaben betrifft, die Bezugnahme auf die bei dem Gericht eingereichten Urkunden über die Aenderung. Die öffentliche Bekanntmachung findet in Betreff aller Bestimmungen statt, auf welche sich die im § 33 vorgeschriebenen Veröffentlichungen beziehen.

Die Aenderung hat keine Wirkung, bevor sie bei dem Gericht, in dessen Bezirke der Verein seinen Sitz hat, in das Handelsregister eingetragen worden ist.[1])

1. Auch für Satzungsänderungen gilt trotz § 40 Abs. 3, daß nur die Aufsichtsbehörde über die Erfüllung der gesetzlichen Anforderungen an den Satzungsinhalt zu entscheiden hat. KG. 25. 5. 03 (26 A 69).

Auflösung.

§ 45 PrivVUntG.

Die Auflösung des Vereins[1]) ist außer dem Falle des Konkurses durch den Vorstand zur Eintragung in das Handelsregister anzumelden.

1. Ueber Auflösungsgründe bestimmen:

§ 42. Durch den Ablauf der in der Satzung bestimmten Zeit wird der Verein aufgelöst.

§ 43. Die Auflösung des Vereins kann nur durch das oberste Organ beschlossen werden.

Zu dem Beschlusse bedarf es einer Mehrheit von drei Vierteilen der abgegebenen Stimmen, sofern nicht die Satzung andere Erfordernisse aufstellt. Mitglieder des obersten Organs, welche gegen die Auflösung gestimmt haben, sind berechtigt, gegen den Auflösungsbeschluß Widerspruch zum Protokolle zu erklären (§ 74).

Der Beschluß bedarf der Genehmigung der Aufsichtsbehörde. Von der Genehmigung hat die Aufsichtsbehörde dem Registergerichte Mitteilung zu machen.

Die zwischen den Mitgliedern und dem Vereine bestehenden Versicherungsverhältnisse erlöschen mit dem in dem Beschlusse bestimmten Zeitpunkte, frühestens jedoch mit dem Ablaufe von vier Wochen, mit der Wirkung, daß die bis zu diesem Zeitpunkt entstandenen Versicherungsansprüche geltend gemacht, im übrigen aber nur die für künftige Versicherungsperioden vorausbezahlten Beiträge, abzüglich der hierfür aufgewandten Kosten, zurückgefordert werden können.

Auf die Versicherungsverhältnisse aus der Lebensversicherung finden die Vorschriften des Abs. 4 keine Anwendung. Diese Versicherungsverhältnisse bleiben unberührt, soweit die Satzung nicht ein anderes bestimmt.

Liquidation.

§ 47 PrivVUntG.

Auf die Liquidation finden die Vorschriften des § 295 Abs. 1, Abs. 3 Satz 2, der §§ 296 bis 299 und des § 302 des Handelsgesetzbuchs[1]) entsprechende Anwendung. Auf Antrag des Aufsichtsrats oder einer in der Satzung zu bestimmenden Minderheit von Mitgliedern kann aus wichtigen Gründen die

Ernennung von Liquidatoren durch das Gericht erfolgen, in dessen Bezirke der Verein seinen Sitz hat. Die Abberufung von Liquidatoren kann durch das Gericht unter denselben Voraussetzungen wie die Bestellung stattfinden. Die Vorschriften der §§ 145, 146 des Gesetzes über die Angelegenheiten der freiwilligen Gerichtsbarkeit finden entsprechende Anwendung.

Eine Tilgung des Gründungsfonds darf erst erfolgen, nachdem die Ansprüche sämtlicher übrigen Gläubiger, insbesondere die Ansprüche der Mitglieder aus dem Versicherungsverhältnisse, befriedigt oder sichergestellt worden sind. Zum Zwecke der Tilgung dürfen Nachschüsse oder Umlagen nicht erhoben werden.

1. Vgl. oben S. 140—143, 148.

Fortsetzung.

§ 49 PrivVUntG.

Durch die Eröffnung des Konkurses wird der Verein aufgelöst. Die Vorschriften des § 307 Abs. 2, 3 des Handelsgesetzbuchs finden entsprechende Anwendung.[1])

1. Vgl. oben S. 149.

Konzessionsentziehung.

§ 67 PrivVUntG.

Handelt eine Unternehmung fortgesetzt den ihr nach Maßgabe der Gesetze oder des genehmigten

Geschäftsplans obliegenden Pflichten zuwider, oder ergeben sich bei Prüfung ihrer Geschäftsführung oder ihrer Vermögenslage so schwere Mißstände, daß bei Fortsetzung des Geschäftsbetriebs die Interessen der Versicherten gefährdet sind, oder befindet sich der Geschäftsbetrieb mit den guten Sitten in Widerspruch, so ist die Aufsichtsbehörde befugt, den Geschäftsbetrieb mit der Wirkung zu untersagen, daß neue Versicherungen nicht abgeschlossen, früher abgeschlossene nicht erhöht oder verlängert werden können.

Im Falle der Untersagung des Geschäftsbetriebs ist die Aufsichtsbehörde berechtigt, alle diejenigen Anordnungen zu treffen, welche zur einstweiligen Sicherstellung des Vermögens der Unternehmung im Interesse der Versicherten nötig sind, insbesondere die Vermögensverwaltung geeigneten Personen zu übertragen. Die Vorschriften des § 64 Abs. 3 finden entsprechende Anwendung.

Bei Versicherungsvereinen auf Gegenseitigkeit hat die Untersagung des Geschäftsbetriebs die Wirkung eines Auflösungsbeschlusses. Die Eintragung der Untersagung in das Handelsregister erfolgt auf Anzeige der Aufsichtsbehörde.

Anhang I.

Allgemeine Verfügung über die Führung des Handelsregisters vom 7. November 1899.

(JMBl. S. 313.)

I. Allgemeines.

§ 1. Die Anmeldungen zur Eintragung in das Handelsregister sowie die zur Aufbewahrung bei dem Gerichte bestimmten Zeichnungen sind, wenn sie persönlich bei Gericht bewirkt werden, in der Regel von dem Gerichtsschreiber des Registergerichts zu Protokoll zu nehmen. Der Richter hat sich der Aufnahme zu unterziehen, wenn bei dem Gerichtsschreiber die zur Beurteilung der Verhältnisse erforderliche Rechtskenntnis nicht zu erwarten ist.

§ 2. Die Verfügung auf die Anmeldungen zur Eintragung und auf alle das Register betreffende Gesuche und Anträge liegt dem Richter ob.[1]) Er hat insondere die Eintragungen in das Register und die erforderlichen Bekanntmachungen zu verfügen sowie die im § 9 Abs. 3 des Handelsgesetzbuchs und im § 33 der Grundbuchordnung erwähnten Bescheinigungen und Zeugnisse auszustellen. Die Ausfertigung der Be-

[1]) Vgl. AVf. v. 25. 4. 06 betr. die Heranziehung des Gerichtsschreibers und der Kanzlei zur Hilfeleistung in richterlichen Geschäften und die Entlastung des Gerichtsschreibers durch die Kanzlei. (JMBl. 112.)

scheinigungen und Zeugnisse erfolgt nach Artikel 18 des Preußischen Gesetzes über die freiwillige Gerichtsbarkeit.

Die Eintragung ist von dem Richter auch dann anzuordnen, wenn sie von dem Beschwerdegericht oder gemäß § 143 des Reichsgesetzes über die Angelegenheiten der freiwilligen Gerichtsbarkeit verfügt ist.

§ 3. Der Richter hat dafür Sorge zu tragen, daß die gesetzlich vorgeschriebenen Eintragungen in das Register erfolgen. Zu diesem Zwecke und zur Vermeidung unzulässiger Eintragungen hat er in zweifelhaften Fällen, soweit der Bezirk des Registergerichts zu dem Bezirk einer Handelskammer oder einer der im § 44 des Gesetzes über die Handelskammern vom 24. Februar 1870/19. August 1897 (Gesetz-Samml. 1897 S. 355) bezeichneten kaufmännischen Korporationen gehört und die erforderliche Auskunft nicht auf andere Weise einfacher und schneller beschafft werden kann, in der Regel das Gutachten der genannten Organe des Handelsstandes einzuholen.

§ 4. Wird eine Eintragung abgelehnt, so sind die Gründe der Ablehnung mitzuteilen.

§ 5. Die Eintragungsverfügung hat den Wortlaut der Eintragung festzustellen; der Wortlaut der öffentlichen Bekanntmachung ist insoweit anzugeben, als ihr Inhalt von dem der Eintragung verschieden ist.

§ 6. Der Gerichtsschreiber hat die Eintragung in das Register zu bewirken und die verfügten Bekanntmachungen herbeizuführen.

§ 7. Die Beglaubigung von Abschriften der Eintragungen und der zum Register eingereichten Schriftstücke liegt dem Gerichtsschreiber ob.

Wird eine auszugsweise Abschrift erteilt, so sind bei der Beglaubigung die Vorschriften des Artikel 47, des Artikel 57 Abs. 3 und des Artikel 59 des Preußischen

Gesetzes über die freiwillige Gerichtsbarkeit zu beobachten.

§ 8. Der Gerichtsschreiber hat das Register sowie die zum Register eingereichten Schriftstücke während der gewöhnlichen Dienststunden einem jeden auf Ersuchen zur Einsicht vorzulegen, ohne daß es einer richterlichen Anordnung bedarf.

§ 9. Für jede Firma werden nach den Vorschriften der Geschäftsordnung für die Gerichtsschreibereien der Amtsgerichte besondere Akten gehalten.

Werden Urkunden, die zu dem Register einzureichen waren, zurückgegeben, so ist eine beglaubigte Abschrift zurückzubehalten. In der Abschrift können diejenigen Teile der Urkunde, welche für die Führung des Handelsregisters ohne Bedeutung sind, weggelassen werden; der Richter bestimmt den Umfang der Abschrift.

Ist die Urkunde in anderen der Vernichtung nicht unterliegenden Akten des Amtsgerichts enthalten, so genügt eine Verweisung auf die anderen Akten.

§ 10. Von dem Registergerichte sind bis zum 6. Dezember jeden Jahres das Blatt oder die Blätter zu bezeichnen, in denen außer im Reichsanzeiger während des nächsten Jahres die Bekanntmachung der Eintragungen in das Register erfolgen soll.

Der Gerichtsschreiber des Registergerichts hat von der erfolgten Bezeichnung bis zum 8. Dezember der Gerichtsschreiberei des Oberlandesgerichts unter Benutzung eines der Anlage 1 entsprechenden Formulars eine Anzeige zu erstatten. Dabei sind die einzelnen für die Bekanntmachungen bestimmten Blätter, außer bei der erstmaligen Erstattung der Anzeige, nur insoweit anzugeben, als in der Auswahl der Blätter gegenüber dem Vorjahr eine Aenderung eintritt. Soweit dies nicht der Fall ist, hat der Gerichtsschreiber einen entsprechenden Vermerk in das Formular aufzunehmen.

Der Gerichtsschreiber des Oberlandesgerichts hat die eingegangenen Anzeigen auf ihre Richtigkeit und Vollständigkeit zu prüfen, die Beseitigung etwaiger Fehler und Lücken schleunigst herbeizuführen und die Anzeigen, in denen gemäß dem Abs. 2 einzelne für die Bekanntmachungen bestimmte Blätter angegeben sind, — im Jahre 1900 also die sämtlichen Anzeigen — bis zum 16. Dezember dem Reichs-Justizamte zu übermitteln. Damit hat er vom Dezember 1901 an die Anzeige zu verbinden, daß bezüglich der übrigen Registergerichte des Oberlandesgerichtsbezirkes eine Aenderung in der Wahl der Blätter nicht eingetreten ist.

§ 11. Die Veröffentlichung einer Eintragung ist zu veranlassen, sobald die Eintragung erfolgt ist und ohne daß eine andere Eintragung abgewartet werden darf.

§ 12. Auf eine leicht verständliche und knappe Fassung der öffentlichen Bekanntmachungen ist Bedacht zu nehmen.

Erfolgen mehrere Bekanntmachungen desselben Gerichts gleichzeitig, so sind sie tunlichst zusammenzufassen.

Der Bezeichnung des Gerichts ist eine Namensunterschrift nicht beizufügen. Ueberflüssige Absätze sind zu vermeiden. Die Spaltenüberschriften des Registers, die Unterschrift des Gerichtsschreibers, die Verfügung, durch welche die Eintragung angeordnet ist, die Geschäftsnummer sowie etwaige bei der Eintragung erfolgte Verweisungen auf andere Stellen des Registers oder auf Aktenstellen sind nicht zu veröffentlichen.

Die Bekanntmachung ist in jedem Blatte (§ 10) nur einmal zu bewirken; ihr Wortlaut ist vor der Absendung an die Blätter dem Richter zur Genehmigung vorzulegen.

§ 13. Die Bekanntmachung der Eintragung an den Antragsteller hat, soweit tunlich, unter Benutzung von

Formularen zu erfolgen; die Ausfüllung der Formulare ist in der Regel von dem Gerichtsschreiber zu bewirken (Allg. Verfügung vom 5. April 1895 Nr. I. — JMBl. S. 125).

Soweit nach den bestehenden Vorschriften die Zusendung durch die Post zu bewirken ist, sind zu den Bekanntmachungen regelmäßig Postkarten, auf deren Rückseite sich das Formular befindet, zu verwenden.

Der Gerichtsschreiber hat die Bekanntmachungen zu unterschreiben und in den Akten bei der gerichtlichen Verfügung zu vermerken, wem die Bekanntmachung zur Beförderung übergeben und wann die Uebergabe erfolgt ist.

§ 14. Gehört der Bezirk des Registergerichts zu dem Bezirk einer Handelskammer oder einer der im § 44 des Gesetzes über die Handelskammern vom $\frac{\text{24. Februar 1870}}{\text{19. August 1897}}$ (Gesetz-Samml. 1897 S. 355) bezeichneten kaufmännischen Korporationen, so ist diesen

1. von der Eintragung einer neuen Firma in das Register unter Bezeichnung des Ortes der Niederlassung oder des Sitzes der Gesellschaft und bei Einzelkaufleuten, offenen Handelsgesellschaften, Kommanditgesellschaften und Kommanditgesellschaften auf Aktien unter Bezeichnung der Inhaber oder der persönlich haftenden Gesellschafter,
2. von der Aenderung einer eingetragenen Firma, der Inhaber oder der persönlich haftenden Gesellschafter, sowie des Ortes der Niederlassung oder des Sitzes der Gesellschaft,
3. von dem Erlöschen einer Firma

durch den Gerichtsschreiber Mitteilung zu machen.

Die Mitteilung erfolgt nach dem Schlusse jedes Kalendervierteljahrs mittelst Uebersendung von Listen
Anl. 2-4 nach den anliegenden Formularen. Gegebenen Falls ist eine Fehlanzeige zu übersenden.

Im unmittelbaren Anschluß an die Eintragung in das Register ist von dem Gerichtsschreiber ein Vermerk in den Listen zu machen.

Gehört der Bezirk des Registergerichts nur teilweise zu dem Bezirk einer Handelskammer oder einer der im Abs. 1 bezeichneten Korporationen, so ist der Umfang der Mitteilungen entsprechend zu beschränken.

§ 15. Gehört ein Ort oder eine Gemeinde (§ 30 des Handelsgesetzbuchs) zu den Bezirken verschiedener Registergerichte, so hat jedes Registergericht die an dem Orte oder in der Gemeinde bestehenden, in das Register eingetragenen Firmen, soweit es noch nicht geschehen ist, den anderen beteiligten Registergerichten mitzuteilen und diese von jeder entsprechenden neuen Eintragung sowie von jeder Aenderung und Löschung der Firmen unverzüglich zu benachrichtigen. Dies gilt auch dann, wenn der betreffende Ort zu mehreren Bundesstaaten gehört.

§ 16. Das Handelsregister besteht aus zwei Abteilungen.

In die Abteilung A werden eingetragen die Firmen der Einzelkaufleute, die offenen Handelsgesellschaften und die Kommanditgesellschaften.

In die Abteilung B werden eingetragen die Aktiengesellschaften, die Kommanditgesellschaften auf Aktien, die Gesellschaften mit beschränkter Haftung und die in den §§ 33, 36 des Handelsgesetzbuchs bezeichneten juristischen Personen.

§ 17. Für jede Abteilung wird ein besonderes Register nach den anliegenden Formularen angelegt. Anl. 5 u. 6.

§ 18. Die Register werden in mehreren dauerhaft gebundenen Bänden geführt. Es ist dazu Papier der Verwendungsklasse 2a (vergl. die Allgemeine Verfügung vom 2. Januar 1892, betreffend das für den Amtsgebrauch anzuschaffende Papier — JMBl. S. 9) von einer Bogengröße von 46 × 56 cm zu verwenden.[2])

Jeder Band einer Abteilung erhält entsprechend der Reihenfolge der Anlegung eine römische Ziffer und ist mit laufenden Seitenzahlen zu versehen.

§ **19**. Die Eintragungen sind deutlich und ohne Abkürzungen zu schreiben; in dem Register darf nichts radiert oder sonst unleserlich gemacht werden.

§ **20**. Jede Firma ist unter einer in derselben Abteilung fortlaufenden Nummer in das Register einzutragen.

Für die eine Firma betreffenden Eintragungen sind zwei gegenüberstehende Seiten des Registers zu verwenden. Für spätere Eintragungen sind geeigneten Falls, insbesondere bei den in Abteilung B des Registers eingetragenen Gesellschaften und juristischen Personen, die erforderlichen Seiten freizulassen.

Wird die Firma geändert, ohne daß die übrigen Eintragungen eine wesentliche Aenderung erfahren, so ist dies in der Spalte, wo die bisherige Firma eingetragen war, zu vermerken. Anderenfalls ist die neue Firma unter einer neuen Nummer an einer anderen Stelle des Registers einzutragen; dabei ist an dieser auf die bisherige Stelle und an der letzteren auf die neue Stelle zu verweisen.

§ **21**. Jede Eintragung ist mit einer laufenden Nummer zu versehen und mittelst eines alle Spalten des Formulars durchschneidenden Querstrichs von der folgenden Eintragung zu trennen.

Erfolgen mehrere Eintragungen gleichzeitig, so erhalten sie nur eine laufende Nummer.

§ **22**. Jeder Eintragung ist außer der Angabe des Tages der Eintragung und außer der Unterschrift des

---

[2]) Die Bogengröße ist jetzt auf 46 × 59 cm festgesetzt. AVf. v. 18. 12. 1899 (JMBl. S. 804).

Gerichtsschreibers eine Verweisung auf die Stelle der Registerakten beizufügen, wo sich die zu Grunde liegende gerichtliche Verfügung befindet.

Die Eintragung ist unter Bezeichnung des Tages, an dem sie erfolgt ist, von dem Gerichtsschreiber in den Registerakten bei der gerichtlichen Verfügung zu vermerken.

§ **23**. Aenderungen des Inhalts einer Eintragung sowie Löschungen sind unter einer neuen laufenden Nummer in diejenige Spalte des Registers einzutragen, in welcher sich die zu ändernde oder zu löschende Eintragung befindet. Eine Eintragung, die durch eine spätere Eintragung ihre Bedeutung verloren hat, ist nach Maßgabe der Anordnung des Richters rot zu unterstreichen.

In die Abschriften aus dem Register sind die rot unterstrichenen Eintragungen nur aufzunehmen, soweit dies beantragt oder nach den Umständen angemessen ist.

§ **24**. Schreibfehler und ähnliche offenbare Unrichtigkeiten, die in einer Eintragung vorkommen, sind neben dieser Eintragung in der Spalte „Bemerkungen" nach Maßgabe der Anordnung des Richters zu berichtigen. Die Berichtigung ist den Beteiligten bekannt zu machen. Die öffentliche Bekanntmachung kann unterbleiben, wenn die Berichtigung einen offenbar unwesentlichen Punkt der Eintragung betrifft.

§ **25**. Erfolgt eine Eintragung auf Grund einer rechtskräftigen oder vollstreckbaren Entscheidung des Prozeßgerichts, so ist dies bei der Eintragung im Register zu vermerken. Wird die Entscheidung, auf Grund deren die Eintragung erfolgt ist, aufgehoben, so ist die Aufhebung in dieselbe Spalte des Registers einzutragen.

§ **26**. Soll eine Eintragung von Amtswegen gelöscht werden, weil sie wegen Mangels einer wesentlichen Voraussetzung unzulässig war, so erfolgt die

Löschung durch Eintragung des Vermerks „Von Amtswegen gelöscht".

§ **27**. Wird die Hauptniederlassung eines Einzelkaufmanns oder der Sitz einer Handelsgesellschaft oder juristischen Person aus dem Bezirke des Registergerichts verlegt und besteht im Bezirke dieses Gerichts auch keine Zweigniederlassung, so sind bei der Eintragung der Verlegung in die Spalte 2 des Registers alle die Firma betreffenden Eintragungen rot zu unterstreichen.

§ **28**. Sind bei den eine Firma betreffenden Eintragungen so zahlreiche Aenderungen eingetreten, daß durch die Eintragung der Aenderungen die Uebersichtlichkeit des Registers erheblich beeinträchtigt wird, so sind die noch gültigen Eintragungen unter einer neuen Nummer an eine andere Stelle des Registers zu übertragen; dabei ist an dieser auf die bisherige Nummer und Stelle und an der letzteren auf die neue Stelle zu verweisen.

Die Uebertragung ist den Beteiligten unter Mitteilung von dem Inhalte der neuen Eintragung bekannt zu machen.

Bestehen Zweifel über die Art oder den Umfang der Uebertragung, so sind die Beteiligten vorher zu hören.

II. Abteilung A des Registers.

§ **29**. 1. In Spalte 1 ist die laufende Nummer der die Firma betreffenden Eintragungen anzugeben.

2. In Spalte 2 sind die Firma, der Ort der Niederlassung, der Sitz der Gesellschaft und die darauf sich beziehenden Aenderungen einzutragen. Ebendort finden die Vermerke über Zweigniederlassungen, auch wenn diese sich im Bezirke des Registergerichts befinden oder eine andere Firma als die Hauptniederlassung

haben, sowie die Vermerke über das Vorhandensein einer Hauptniederlassung ihren Platz.

3. In Spalte 3 sind der Name, Vorname, Stand und Wohnort des Einzelkaufmanns oder der persönlich haftenden Gesellschafter anzugeben.

4. Die Spalte 4 dient zur Aufnahme aller die Prokura betreffenden Eintragungen; Name, Vorname und Wohnort der Prokuristen sind anzugeben.

5. In Spalte 5 sind die der Eintragung unterliegenden Rechtsverhältnisse bei Einzelkaufleuten, z. B. die Eröffnung des Konkurses sowie das Erlöschen ihrer Firma einzutragen.

Ebendort ist bei dem Erwerbe eines Handelsgeschäfts durch einen Einzelkaufmann im Falle der Fortführung der bisherigen Firma eine von den Vorschriften des § 25 Abs. 1 des Handelsgesetzbuchs abweichende Vereinbarung einzutragen.

6. In Spalte 6 ist zunächst zu vermerken, ob die eingetragene Gesellschaft eine offene Handelsgesellschaft oder eine Kommanditgesellschaft ist.

Sodann sind hier die der Eintragung unterliegenden Rechtsverhältnisse bei den genannten Gesellschaften, z. B. der Zeitpunkt ihres Beginns, die Eröffnung des Konkurses, die Auflösung und Fortsetzung, das Erlöschen der Firma, der Eintritt und das Ausscheiden von Gesellschaftern sowie die in § 125 Abs. 4 des Handelsgesetzbuchs erwähnten, die Vertretungsmacht der Gesellschafter betreffenden Verhältnisse und bei Kommanditgesellschaften der Name, Vorname, Stand und Wohnort der Kommanditisten und der Betrag der Einlage eines jeden von ihnen nebst den darauf sich beziehenden Aenderungen einzutragen. Die Auflösung der Gesellschaft ist in dieser Spalte auch dann zu vermerken, wenn gleichzeitig ein Einzelkaufmann als neuer Inhaber der Firma eingetragen wird.

In Spalte 6 ist ferner bei dem Erwerb eines Handelsgeschäfts durch eine offene Handelsgesellschaft oder durch eine Kommanditgesellschaft im Falle der Fortführung der bisherigen Firma eine von den Vorschriften des § 25 Abs. 1 des Handelsgesetzbuchs abweichende Vereinbarung und bei Eintritt eines persönlich haftenden Gesellschafters oder eines Kommanditisten in das Geschäft eines Einzelkaufmanns im Falle der Fortführung der bisherigen Firma eine von den Vorschriften des § 28 Abs. 1 des Handelsgesetzbuchs abweichende Vereinbarung einzutragen.

In dieselbe Spalte sind die Personen der Liquidatoren unter der Bezeichnung als solche und unter Angabe des Namens, Vornamens, Standes und Wohnorts, die Bestimmung, daß sie einzeln handeln können, sowie die hierauf oder auf ihre Personen sich beziehenden Aenderungen einzutragen.

7. Die Spalte 7 ist zur Aufnahme der Verweisung auf die Registerakten, zur Angabe des Tages der Eintragung und für die Unterschrift des Gerichtsschreibers bestimmt.

8. Die Spalte 8 dient auch zu etwaigen Verweisungen auf spätere Eintragungen. Den Vermerken in dieser Spalte ist, wenn in keiner anderen Spalte gleichzeitig eine Eintragung erfolgt, das Datum und die Unterschrift des Gerichtsschreibers beizufügen.

§ **30**. Wird bei dem Eintritt eines persönlich haftenden Gesellschafters oder eines Kommanditisten in das Geschäft eines Einzelkaufmanns oder bei dem Eintritt eines Gesellschafters in eine bestehende Gesellschaft die bisherige Firma nicht fortgeführt, so ist der Eintritt im Register bei der bisherigen Firma zu vermerken. Ebendort ist gegebenen Falls eine von den Vorschriften des § 28 Abs. 1 des Handelsgesetzbuchs abweichende Vereinbarung einzutragen.

Bei der neuen Firma ist der Eintritt in Spalte 6 des Registers zu vermerken.

An der bisherigen Stelle ist auf die neue Stelle und an dieser auf die bisherige Stelle in der Spalte „Bemerkungen" zu verweisen.

§ **31.** Geht die Firma eines Einzelkaufmanns, einer offenen Handelsgesellschaft oder einer Kommanditgesellschaft auf eine Handelsgesellschaft anderer Art oder auf eine juristische Person über, so ist die Firma in der Abteilung A des Registers zu löschen und in die Abteilung B des Registers einzutragen.

An der bisherigen Stelle ist auf die neue Stelle und an dieser auf die bisherige Stelle in der Spalte „Bemerkungen" zu verweisen.

III. Abteilung B des Registers.

§ **32.** [3]) 1. Die Spalten 1, 2 der Abteilung B sind zu denselben Eintragungen wie die Spalten 1, 2 der Abteilung A zu verwenden.

2. In Spalte 3 sind der Gegenstand des Unternehmens und die darauf sich beziehenden Aenderungen anzugeben.

3. In Spalte 4 ist bei Aktiengesellschaften und bei Kommanditgesellschaften auf Aktien die Höhe des Grundkapitals, bei Gesellschaften mit beschränkter Haftung die Höhe des Stammkapitals anzugeben. Ebendort sind die Erhöhung oder die Herabsetzung des Grund- oder Stammkapitals und, soweit die Eintragung der darauf gerichteten Beschlüsse gesetzlich vorgeschrieben ist, auch diese einzutragen.

---

[3]) Durch AVf. v. 26. 6. 02 (JMBl. S. 113) ist bestimmt, daß Versicherungsvereine auf Gegenseitigkeit unter entsprechender Anwendung des § 32 in die Abt. B des HR. einzutragen sind.

4. In Spalte 5 sind bei Aktiengesellschaften und juristischen Personen die Mitglieder des Vorstandes und deren Stellvertreter, bei Kommanditgesellschaften auf Aktien die persönlich haftenden Gesellschafter, bei Gesellschaften mit beschränkter Haftung die Geschäftsführer und deren Stellvertreter mit Namen, Vornamen, Stand und Wohnort einzutragen. Ebendort und in gleicher Weise sind die Liquidatoren unter der Bezeichnung als solche einzutragen.

5. Die Spalte 6 dient zur Aufnahme aller die Prokura betreffenden Eintragungen; Name, Vorname und Wohnort der Prokuristen sind anzugeben.

6. In Spalte 7 sind einzutragen:

a) die Art der eingetragenen Gesellschaft oder juristischen Person;

b) der Tag der Feststellung oder des Abschlusses des Gesellschaftsvertrags;

c) die besonderen Bestimmungen des Gesellschaftsvertrags oder der Satzung über die Zeitdauer der Gesellschaft oder des Unternehmens;

d) die Bestimmungen des Gesellschaftsvertrags oder der Satzung, welche die Befugnis der Mitglieder des Vorstandes, der persönlich haftenden Gesellschafter, der Geschäftsführer oder der Liquidatoren zur Vertretung der Gesellschaft oder juristischen Person abweichend von den gesetzlichen Vorschriften regeln;

e) die bei der Bestellung der Liquidatoren über ihre Vertretungsbefugnis getroffenen Bestimmungen, soweit diese von den gesetzlichen Vorschriften oder von den Bestimmungen des Gesellschaftsvertrags oder der Satzung abweichen;

f) jede Aenderung in den Personen des Vorstandes, der persönlich haftenden Gesellschafter, der Geschäftsführer oder Liquidatoren sowie jede Aenderung oder Beendigung der Vertretungsbefugnis einer dieser Personen, bei Aktiengesellschaften außerdem die von dem Aufsichtsrat auf Grund des § 232 Abs. 2 Satz 2 des Handelsgesetzbuchs getroffenen Anordnungen;

g) jede Aenderung des Gesellschaftsvertrags oder der Satzung, soweit sie nicht die in den Spalten 2 bis 4 eingetragenen Angaben betrifft. Bei der Eintragung genügt, soweit nicht die Abänderung die einzutragenden Angaben betrifft, eine allgemeine Bezeichnung des Gegenstandes der Aenderung; dabei ist in der Spalte „Bemerkungen" auf die bei dem Gericht eingereichten Urkunden sowie auf die Stelle der Registerakten, wo die Urkunden sich befinden, zu verweisen.

7. In Spalte 8 sind einzutragen:
die Auflösung;
die Eröffnung, Einstellung und Aufhebung des Konkurses sowie die Aufhebung des Eröffnungsbeschlusses;
die Fortsetzung der Gesellschaft;
die Beschlüsse über den Ausschluß der Liquidation in den Fällen der §§ 304, 306 des Handelsgesetzbuchs;
die Nichtigkeit der Gesellschaft;
das Erlöschen der Firma.

8. Die Verwendung der Spalten 9 und 10 richtet sich nach den Vorschriften über die Benutzung der Spalten 7 und 8 der Abteilung A.

§ **33**. Urteile, durch die ein in das Register eingetragener Beschluß der Generalversammlung rechtskräftig für nichtig erklärt ist, sowie die gemäß § 144 Abs. 2 des Reichsgesetzes über die Angelegenheiten der freiwilligen Gerichtsbarkeit verfügte Löschung eines Beschlusses sind mittelst eines Vermerkes, der den Beschluß als nichtig bezeichnet, in diejenigen Spalten des Registers einzutragen, in welche der Beschluß eingetragen war.

§ **34**. Soll eine Aktiengesellschaft, eine Kommanditgesellschaft auf Aktien oder eine Gesellschaft mit beschränkter Haftung als nichtig gelöscht werden, so ist in der nach § 142 Abs. 2, § 144 Abs. 1 des Reichsgesetzes über die Angelegenheiten der freiwilligen Gerichtsbarkeit ergehenden Benachrichtigung, sofern der Mangel bis zur Löschung geheilt werden kann, auf diese Möglichkeit ausdrücklich hinzuweisen.

Die Löschung erfolgt durch Eintragung eines Vermerkes, der die Gesellschaft als nichtig bezeichnet. Das Gleiche gilt, wenn die Gesellschaft durch rechtskräftiges Urteil für nichtig erklärt ist.

§ **35**. Bei dem Uebergang einer in Abteilung B eingetragenen Firma auf einen Einzelkaufmann, eine Handelsgesellschaft oder eine juristische Person ist die Firma an der bisherigen Stelle im Register zu löschen und unter einer anderen Nummer an einer neuen Stelle — und zwar im Falle des Ueberganges auf einen Einzelkaufmann, eine offene Handelsgesellschaft oder eine Kommanditgesellschaft in Abteilung A — einzutragen; dabei ist an jeder der beiden Stellen in der Spalte „Bemerkungen" auf die andere Stelle zu verweisen.

IV. Uebergangs- und Schlußbestimmungen.

§ **36**. Für die Firmen, welche vor dem 1. Januar 1900 eingetragen sind, werden die bisherigen Register bis auf weiteres fortgeführt. Neue Eintragungen bei diesen Firmen erhalten, wenn sie in den bisherigen Registern erfolgen, an der nach den bisherigen Vorschriften dafür bestimmten Stelle ihren Platz.

Im Falle der Löschung einer in die bisherigen Register eingetragenen Firma ist von den Registergerichten, bei denen bisher ein besonderes Prokurenregister geführt wurde, in diesem zugleich das Erlöschen der für die erloschene Firma eingetragenen Prokuren zu vermerken.

§ **37.** Auf eine allmähliche Uebertragung der vor dem 1. Januar 1900 eingetragenen Firmen in die neuen Register ist tunlichst Bedacht zu nehmen. In diese sind die bisherigen Eintragungen nur insoweit aufzunehmen, als es zur Darstellung des bei der Vornahme der Uebertragung vorhandenen Rechtszustandes erforderlich ist. Ist von dem Inhaber des Handelsgeschäfts eine Prokura erteilt, so ist diese, auch wenn sie in eine besondere Abteilung des bisherigen Registers eingetragen war, bei Uebertragung der Firma in die neuen Register mitzuübertragen.

In dem bisherigen Register ist auf die Stelle des neuen Registers, wohin die Uebertragung erfolgt ist, und an dieser Stelle in der Spalte „Bemerkungen" auf die Nummer und Stelle der bisherigen Eintragung zu verweisen. Diese ist in allen Spalten rot zu unterstreichen.

§ **38.** Die Uebertragung ist mit der Angabe, in welcher Art und in welchem Umfange sie bewirkt werden soll, von dem Richter zu verfügen und von dem Gerichtsschreiber zu bewirken. Dieser hat den Uebertragungsvermerk in der Spalte „Bemerkungen" unter Angabe des Tages der Uebertragung zu unterschreiben.

§ **39.** Die Uebertragung in die neuen Register muß erfolgen, wo nach den bisherigen Vorschriften eine Uebertragung an eine andere Stelle des Registers zu bewirken war. Sie ist in der Regel auch dann zu veranlassen, wenn bei einer vor dem 1. Januar 1900 eingetragenen Firma eine neue Eintragung erfolgen soll.

§ **40.** Eine öffentliche Bekanntmachung der Uebertragung findet nicht statt. Ist gleichzeitig eine neue Eintragung bewirkt, so bewendet es hinsichtlich ihrer bei den allgemeinen Vorschriften über die öffentliche Bekanntmachung.

Die Uebertragung ist den Beteiligten unter Mitteilung von dem Inhalte der neuen Eintragung bekannt zu machen.

Bestehen Zweifel über die Art oder den Umfang der Uebertragung, so sind die Beteiligten vorher zu hören.

§ **41**. Wird im Geltungsbereiche des Einführungsgesetzes zum Allgemeinen Deutschen Handelsgesetzbuche für das vormalige Königreich Hannover vom 5. Oktober 1864 eine vor dem 1. Januar 1900 eingetragene Firma, bei der eine Abweichung von dem ehelichen Güterrecht im Register vermerkt war, in das neue Register übertragen oder eine derartige Firma als solche eines Minderkaufmanns im bisherigen Register gelöscht, so ist in diesem bei der Uebertragung oder Löschung anzugeben, daß dadurch der Vermerk über die Abweichung von dem ehelichen Güterrechte nicht betroffen ist. Dieser Vermerk ist nicht rot zu unterstreichen.

§ **42**. Eintragungen, die den Güterstand einer vor dem 1. Januar 1900 geschlossenen Ehe betreffen, sind nach Anhörung der Beteiligten von Amts wegen zu löschen, wenn das Registergericht von der Auflösung der Ehe zuverlässige Kenntnis erhält.

§ **43**. Nach dem 1. Januar 1900 ist unverzüglich auf die Anmeldung derjenigen Firmen hinzuwirken, die abweichend von dem bisherigen Rechte künftig in das Register einzutragen sind.

Ebenso ist die alsbaldige Löschung derjenigen Eintragungen herbeizuführen, die auf Grund des bisherigen Landesrechts bewirkt, in Zukunft aber unzulässig sind.

Endlich ist alsbald zu veranlassen, daß die bestehenden Aktiengesellschaften und Kommanditgesellschaften auf Aktien, deren Firma aus Personennamen zusammengesetzt ist und nicht erkennen läßt, daß eine Aktiengesellschaft oder Kommanditgesellschaft auf Aktien die Inhaberin ist, eine dem § 20 des Handelsgesetzbuchs entsprechende Bezeichnung in die Firma aufnehmen.

§ **44**. Dem Registergerichte der Hauptniederlassung ist die Eintragung einer Zweigniederlassung, auch wenn sie vor dem 1. Januar 1900 erfolgt ist, behufs Eintragung eines entsprechenden Vermerkes mitzuteilen. Die Mitteilung unterbleibt, wenn die Errichtung der Zweigniederlassung bereits in dem Register der Hauptniederlassung vermerkt und dies dem Registergerichte der Zweigniederlassung bekannt ist.

§ **45**. Diese Verfügung tritt am 1. Januar 1900 in Kraft.

Anlage 1.

Amtsgericht.[1]	Blätter, die neben dem Reichsanzeiger bestimmt sind, für die Bekanntmachungen		
	aus dem Handelsregister.	aus dem Genossenschaftsregister	
		bei kleineren Genossenschaften.[2]	bei anderen Genossenschaften.

[1]) Der Bezeichnung des Amtsgerichts ist in Klammer diejenige des Oberlandesgerichts beizufügen, zu dessen Bezirke das Amtsgericht gehört.

[2]) Bei kleineren Genossenschaften finden die Bekanntmachungen nur in einem einzigen Blatte neben dem Reichsanzeiger statt (Genossenschaftsgesetz § 156).

Anlage 2.

Benachrichtigung der Organe des Handelsstandes von neu eingetragenen Firmen.

In das Handelsregister des Amtsgerichts in . . . . . sind aus dem Bezirke der . . . . in . . . . während des . . . . . Kalendervierteljahrs 19 . . folgende Firmen neu eingetragen worden:

Laufende Nummer.	Firma.	Ort der Niederlassung; Sitz der Gesellschaft.	Bezeichnung des Einzelkaufmanns oder der persönlich haftenden Gesellschafter.	Bemerkungen.

Anlage 3.

Benachrichtigung der Organe des Handelsstandes von Aenderungen der Eintragungen.

Bei den in das Handelsregister des Amtsgerichts in . . . . aus dem Bezirke der . . . . in . . . . eingetragenen Firmen sind während des . . . . Kalendervierteljahrs 19 . . folgende Aenderungen der Firma, der Inhaber, der persönlich haftenden Gesellschafter, des Ortes der Niederlassung oder des Sitzes der Gesellschaft eingetragen worden:

Laufende Nummer.	Firma	Aenderungen			Bemerkungen.
		der Firma.	der Inhaber oder der persönlich haftenden Gesellschafter.	des Ortes der Niederlassung oder des Sitzes der Gesellschaft.	

Anlage 5.

Handelsregister

des

Königlichen Amtsgerichts in ....Stettin.........

Abtheilung A.

Band I.

1.	2.	3.	4.
Nummer der Eintragung.	Firma; Ort der Niederlassung; Sitz der Gesellschaft.	Bezeichnung des Einzelkaufmanns oder der persönlich haftenden Gesellschafter.	Prokura.
1.	Johann Müller, Stettin.	Johann Christian Müller, Kaufmann, Stettin.	
2.	In Heringsdorf ist eine Zweigniederlassung errichtet.		
3.	Die Firma ist in: Johann Christian Müller geändert.		
4.		Anton Bolte, Kaufmann, Stettin.	
5.		Georg Danz, Kaufmann, Stettin.	

Nummer der Firma ....1.....

5.	6.	7.	8.
Rechts-verhältnisse bei Einzelkaufleuten.	Rechtsverhältnisse bei Handelsgesellschaften.	Geschäfts-nummer; Tag der Eintragung; Unterschrift.	Bemerkungen.
		2 HRA 1. 1. 2. Jan. 1900. N. N.	
		2 HRA 1. 3. 3. April 1900. N. N.	
		2 HRA 1. 6. 10. Juli 1900. N. N.	
Der Uebergang der in dem Betriebe des Geschäfts begründeten Forderungen ist bei dem Erwerbe des Geschäfts durch Anton Bolte ausgeschlossen.		2 HRA 1. 10. 31. Jan. 1901 N. N.	
	Offene Handelsgesellschaft. Georg Danz ist in das Geschäft als persönlich haftender Gesellschafter eingetreten. Die Gesellschaft hat am 6. März 1901 begonnen.	2 HRA 1. 11. 7. März 1901. N. N.	

1.	2.	3.	4.
Nummer der Eintragung.	Firma; Ort der Niederlassung; Sitz der Gesellschaft.	Bezeichnung des Einzelkaufmanns oder der persönlich haftenden Gesellschafter.	Prokura.
6.		Hermann Franke, Kaufmann, Stettin.	Dem Engelbert Kleine und dem Ferdinand Lampe, beiden in Stettin, ist Gesamtprokura erteilt. Ein Jeder von ihnen ist auch in Gemeinschaft mit einem der Gesellschafter Danz und Franke zur Vertretung der Gesellschaft ermächtigt.
7.			Die Prokura des Engelbert Kleine und des Ferdinand Lampe ist erloschen.

Fortsetzungen der Eintragungen s. S.

Nummer der Firma 1.

5.	6.	7.	8.
Rechtsverhältnisse bei Einzelkaufleuten.	Rechtsverhältnisse bei Handelsgesellschaften.	Geschäftsnummer; Tag der Eintragung; Unterschrift.	Bemerkungen.
	Hermann Franke ist in die Gesellschaft als persönlich haftender Gesellschafter eingetreten. Er und der Gesellschafter Georg Danz sind nur in Gemeinschaft oder in Gemeinschaft mit einem Prokuristen zur Vertretung der Gesellschaft ermächtigt.	2 HRA 1. / 15. 2. April 1902. N. N.	
	Kommanditgesellschaft. Die Kaufleute Anton Gabriel in Berlin und Adolf Otto in Stettin sind in die Gesellschaft als Kommanditisten mit einer Einlage von je 50000 Mk. eingetreten. Georg Danz und Hermann Franke sind unbeschränkt zur Vertretung der Gesellschaft ermächtigt.	2 HRA 1. / 20. 3. Juli 1904. N. N.	

Anlage 4.

Benachrichtigung der Organe des Handelsstandes von dem Erlöschen von Firmen.

Von den in das Handelsregister des Amtsgerichts in . . . . aus dem Bezirke der . . . . in . . . . eingetragenen Firmen sind während des . . . . Kalendervierteljahrs 19 . . die folgenden gelöscht worden:

Laufende Nummer.	Firma.	Bemerkungen.

Anlage 6.

Handelsregister

des

Königlichen Amtsgerichts in ......Hannover.......

Abteilung B.

Band I.

1.	2.	3.	4.	5.	6.
Nummer der Eintragung.	Firma und Sitz	Gegenstand des Unternehmens.	Grund- oder Stammkapital.	Vorstand; persönlich haftende Gesellschafter; Geschäftsführer; Liquidatoren.	Prokura.
1.	Gas- und Elektrizitätswerke Hannover, Aktiengesellschaft. Hannover.	Die Erbauung und der Betrieb von Gas- und Elektrizitätsanstalten innerhalb des Deutschen Reichs.	1 000 000 Mark.	Albert Merten, Kommerzienrat, Hannover. Ernst Kluge, Fabrikant, Linden. Johannes Wilke, Techniker, Hannover.	
2.					Dem Hermann Werner in Hannover ist Prokura erteilt.
3.		Nach dem Beschlusse der Generalversammlung v. 28. Mai 1905 ist auch die Erbauung und der Betrieb von Gas- und Elektrizitätsanstalten außerhalb des Deutschen Reichs Gegenstand des Unternehmens.			

Nummer der Firma 6.

7.	8.	9.	10.
Gesellschaftsvertrag oder Satzung; Vertretungsbefugnis	Auflösung; Konkurs; Fortsetzung; Nichtigkeit; Erlöschen der Firma	Geschäftsnummer; Tag der Eintragung; Unterschrift.	Bemerkungen.
Aktiengesellschaft. Der Gesellschaftsvertrag ist am 5. Januar 1900 festgestellt. Jedem Mitgliede des Vorstandes steht nach dem Gesellschaftsvertrage die selbständige Vertretung der Gesellschaft zu.		2 H R B 6. / 1. / 1. März 1900. / N. N.	
		2 H R B 6. / 4. / 4. April 1902. / N. N.	
Durch den Beschluß der Generalversammlung vom 28. Mai 1905 ist die Form, in der die von der Gesellschaft ausgehenden Bekanntmachungen erfolgen, geändert.		2 H R B 6. / 10. / 26. Juni 1905. / N. N.	Das über die Generalversammlung vom 28. Mai 1905 aufgenommene Protokoll befindet sich Bl. 66 der Registerakten.

1. Nummer der Eintragung.	2. Firma und Sitz.	3. Gegenstand des Unternehmens.	4. Grund- oder Stamm-kapital.	5. Vorstand; persönlich haftende Gesellschafter; Geschäftsführer; Liquidatoren.	6. Prokura.
4.			Nach dem Beschlusse der Generalversammlung vom 3. Mai 1906 soll das Grundkapital um 300 000 Mk. erhöht werden.		
5.			Das Grundkapital ist um 300 000 Mk. erhöht und beträgt jetzt 1300000 Mk.	Wilhelm Krüger, Fabrikant, Hannover.	
6.				Die bisherigen Vorstandsmitglieder sind Liquidatoren.	Die Prokura des Hermann Werner ist erloschen.

Nummer der Firma 6.

7.	8.	9.	10.
Gesellschaftsvertrag oder Satzung; Vertretungsbefugnis.	Auflösung; Konkurs; Fortsetzung; Nichtigkeit; Erlöschen der Firma.	Geschäftsnummer; Tag der Eintragung; Unterschrift.	Bemerkungen.
		2 H R B 6. / 15. 20. Mai 1906. N. N.	
Ernst Kluge ist aus dem Vorstand ausgeschieden und an seiner Stelle Wilhelm Krüger zum Vorstandsmitgliede bestellt.		2 H R B 6. / 16. 6. Oktob. 1906. N. N.	
Die Gesellschaft wird durch je zwei Liquidatoren vertreten.	Durch den Beschluß der Generalversammlung vom 12. Mai 1910 ist die Gesellschaft aufgelöst.	2 H R B 6. / 26. 10. Aug. 1910 N. N.	

2. Das Genossenschaftsregister.

A. Einrichtung und allgemeine Verfahrensvorschriften.

Registergericht und Ausführungsbestimmungen.

§ 10 Abs. 2 GenG.

Das Genossenschaftsregister wird bei dem zur Führung des Handelsregisters zuständigen Gerichte [1]) geführt.

§ 161 Abs. 1 GenG.

Die zur Ausführung der Vorschriften über das Genossenschaftsregister und die Anmeldungen zu demselben erforderlichen Bestimmungen werden von dem Bundesrat erlassen.[2])

1. Vgl. oben § 125 FGG. S. 16.
2. Bekanntm. v. 1. 7. 99 (RGBl. 347), abgedruckt im Anhang II. Für Preußen ferner AVf. v. 8. 11. 99 (JMBl. 334), abgedruckt im Anhang III.

Entsprechende Gesetzesanwendung.

§ 156 GenG.

Die Vorschriften in §§ 9 bis 11 des Handelsgesetzbuchs [1]) finden auf das Genossenschaftsregister

Anwendung. Die Eintragungen sind durch den Deutschen Reichsanzeiger bekannt zu machen. Die anderen Blätter hat das Gericht zu bestimmen, für kleinere Genossenschaften nur ein anderes Blatt.[2])

§ 147 Abs. 1 FGG.

Die Vorschriften der §§ 127 bis 131, 142, 143[3]) finden auf die Eintragungen in das Genossenschaftsregister entsprechende Anwendung.

1. Vgl. oben S. 20, 21, 26.

2. Vgl. hierzu §§ 4, 5 d. Bek. v. 1. 7. 99 (Anhang II) und für Preußen Art. 4, 5 d. AVf. v. 8. 11. 99 (Anhang III). Die Genossenschaft hat die Kosten einer auf sie bezüglichen Veröffentlichung nur in demjenigen Umfange zu tragen, in welchem die Veröffentlichung durch das Gesetz gerechtfertigt wird; ob eine Genossenschaft als „kleinere" in Betracht kommt, ist vom Registergericht nach sachlichen Gründen gemäß der Lage der Genossenschaft zur Zeit der jeweiligen Bekanntmachung von Amts wegen zu prüfen, KGJ. 15, 46. Gegen die Auswahl des für kleinere Genossenschaften bestimmten anderen Blattes steht diesen ein Beschwerderecht nicht zu. ObLG. München 29. 12. 05 RJA. 7, 37.

3. Vgl. oben S. 22, 24—26, 28, 36, 37; auch § 9 Abs. 2 d. Bek. v. 1. 7. 99 (Anhang II), über unwirksame Eintragungen und Berichtigung von Schreibfehlern §§ 24, 36 a. a. O.

Form der Anmeldungen; Zweigniederlassung.

§ 157 GenG.

Die Anmeldungen zum Genossenschaftsregister sind durch sämtliche Mitglieder des Vorstandes oder sämtliche Liquidatoren persönlich zu bewirken oder in beglaubigter Form einzureichen.[1])

Die in §§ 16, 28, § 33 Absatz 2, § 51 Absatz 5, § 63 Absatz 2, § 84, § 85 Absatz 2 [2]) vorgeschriebenen Anmeldungen und Einreichungen müssen auch zu dem Genossenschaftsregister einer jeden Zweigniederlassung[3]) erfolgen.

§ 158 GenG.

Von der Eintragung eines beitretenden Genossen, der Eintragung oder Vormerkung des Austritts, der Ausschließung oder des Todes von Genossen, sowie von der Eintragung weiterer Geschäftsanteile in die Liste der Genossen hat das Gericht (§ 10) dem Gerichte einer jeden Zweigniederlassung zur Berichtigung der dort geführten Liste Mitteilung zu machen.[4])

Imgleichen ist die Eintragung der Auflösung einer Genossenschaft, sowie die Eröffnung des Konkursverfahrens zu dem Genossenschaftsregister einer jeden Zweigniederlassung mitzuteilen.

1. Vgl. hierzu §§ 6—8 d. Bek. v. 1. 7. 99 (Anhang II).
2. Vgl. unten S. 255, 256, 258, 264, 267, 278, 279.
3. Ueber Errichtung einer Zweigniederlassung vgl. § 14 GenG. unten S. 252.
4. Vgl. § 28 d. Bek. v. 1. 7. 99 (Anhang II).

Gebühren und Auslagen.

§ 159 GenG.

Gebühren für die Verhandlung und Entscheidung erster Instanz über die in vorstehendem Paragraphen bezeichneten Anträge, sowie für die Eintragungen und Vormerkungen werden nicht erhoben. Die Erhebung von Auslagen findet nach §§ 79, 80 und 80b des Gerichtskostengesetzes statt.

Ordnungsstrafen.

§ 160 GenG.

Die Mitglieder des Vorstandes [1]) sind von dem Gerichte (§ 10) zur Befolgung der im § 8 Absatz 2, § 14, §§ 28, 30, § 61 Absatz 2, § 63, § 78 Absatz 2, § 79 Absatz 2 [2]) enthaltenen Vorschriften durch Ordnungsstrafen anzuhalten; die einzelne Strafe darf den Betrag von dreihundert Mark nicht übersteigen. In gleicher Weise sind die Mitglieder des Vorstandes und die Liquidatoren zur Befolgung der im § 33 Absatz 2, § 47, § 48 Absatz 2, § 51 Absatz 4 und 5, § 84, § 85 Absatz 2, § 89, § 157 Absatz 2 [3]) enthaltenen Vorschriften anzuhalten.

Rücksichtlich des Verfahrens sind die Vorschriften maßgebend, welche zur Erzwingung der im Handelsgesetzbuch angeordneten Anmeldungen zum Handelsregister gelten. [4])

1. Für die Feststellung der derzeitigen Vorstandsmitglieder genügt die Bezugnahme auf das Genossenschaftsregister nicht, wenn ein Beteiligter einwendet, daß er trotz Eintragung nicht mehr Vorstandsmitglied sei; der Registerrichter hat dann von Amts wegen die erforderlichen Feststellungen zu treffen und, falls es hiernach an der erforderlichen Zahl von Vorstandsmitgliedern fehlt, das Ordnungsstrafverfahren behufs Erzwingung der Neuwahl einzuleiten, KGJ. 5, 11.

2. Vgl. unten S. 244, 252, 256, 258, 266, 267, 276.
3. Vgl. unten S. 258, 261, 262, 264, 278—280, 238.
4. Vgl. § 14 HGB., §§ 132—139 FGG. oben S. 30 ff. Dem einzelnen Genossen steht ein Beschwerderecht zwecks Herbeiführung eines Ordnungsstrafverfahrens nicht zu, KG. 28. 6, 06 Recht 06, 866.

B. Einzelvorschriften über Registerinhalt und -führung.

Errichtung und Anmeldung.

§ 10 Abs. 1 GenG.

[1]) Das Statut,[2]) sowie die Mitglieder des Vorstandes sind in das Genossenschaftsregister bei dem Gerichte einzutragen, in dessen Bezirke die Genossenschaft ihren Sitz hat.

§ 11 GenG.

Die Anmeldung behufs der Eintragung liegt dem Vorstande ob.

Der Anmeldung sind beizufügen:

1. das Statut,[2]) welches von den Genossen unterzeichnet sein muß, und eine Abschrift desselben;
2. eine Liste der Genossen;[3])
3. eine Abschrift[4]) der Urkunden über die Bestellung des Vorstandes und des Aufsichtsrats.[5])

Die Mitglieder des Vorstandes haben zugleich ihre Unterschrift vor dem Gerichte zu zeichnen oder die Zeichnung in beglaubigter Form einzureichen.

Die Abschrift des Statuts wird von dem Gerichte beglaubigt und, mit der Bescheinigung der erfolgten Eintragung versehen, zurückgegeben. Die übrigen Schriftstücke werden bei dem Gerichte aufbewahrt.[6])

1. Für den Begriff der eintragungsfähigen Genossenschaft ist § 1 maßgebend:

§ 1. Gesellschaften von nicht geschlossener Mitgliederzahl, welche die Förderung des Erwerbes oder der Wirtschaft ihrer Mitglieder mittelst gemeinschaftlichen Geschäftsbetriebes bezwecken (Genossenschaften), namentlich:

1. Vorschuß- und Kreditvereine,
2. Rohstoffvereine,
3. Vereine zum gemeinschaftlichen Verkaufe landwirtschaftlicher oder gewerblicher Erzeugnisse (Absatzgenossenschaften, Magazinvereine),
4. Vereine zur Herstellung von Gegenständen und zum Verkaufe derselben auf gemeinschaftliche Rechnung (Produktivgenossenschaften),
5. Vereine zum gemeinschaftlichen Einkaufe von Lebens- oder Wirtschaftsbedürfnissen im Großen und Ablaß im Kleinen (Konsumvereine),
6. Vereine zur Beschaffung von Gegenständen des landwirtschaftlichen oder gewerblichen Betriebes und zur Benutzung derselben auf gemeinschaftliche Rechnung,
7. Vereine zur Herstellung von Wohnungen,

erwerben die Rechte einer „eingetragenen Genossenschaft" nach Maßgabe dieses Gesetzes.

Bei Beurteilung der Frage, ob die gesetzlichen Erfordernisse einer eintragungsfähigen Genossenschaft vorliegen, ist das Statut als einheitliches Ganzes der Erörterung zu unterziehen und eine Beanstandung des Gegenstandes oder Zwecks des Unternehmens nur zulässig, wenn die betreffende Angabe im Statut dem Gesetz zuwiderläuft oder die nötige Bestimmtheit vermissen läßt. Mit dem gesetzlichen Zweck, den Erwerb oder die Wirtschaft der Genossen zu fördern, ist die statutarische Bestimmung vereinbar, daß durch die materielle Hebung der Vereinsmitglieder hauptsächlich auch ihre sittliche Hebung bezweckt wird, KGJ. 14, 43; dagegen ist die Eintragung unzulässig, wenn nicht die Absicht besteht, die Mitglieder in ihrem sonstigen Berufe und in ihrer Wirtschaftsführung grundsätzlich durch Geschäfte der Genossenschaft mit ihnen zu fördern, vielmehr ihnen durch Geschäfte der Genossenschaft mit Nichtmitgliedern Gewinn zuzuführen, KGJ. 18, 27. Ueber einzelne Fälle nichteintragungsfähiger Vereinigungen vgl. ZBlFG. 2, 172; 3, 836. Ein Versicherungsverein auf Gegenseitigkeit kann nicht in Form einer eingetragenen Genossenschaft begründet werden, KG. 8. 2. 06 RJA. 7, 109. Ein Eintragungszwang kann gegen die im § 1 beschriebenen Vereine nicht ausgeübt werden, KGJ. 19, 24.

§ 2 bestimmt:

Die Genossenschaften können errichtet werden:

1. dergestalt, daß die einzelnen Mitglieder (Genossen) für die Verbindlichkeiten der Genossenschaft dieser sowie unmittelbar den Gläubigern derselben mit ihrem ganzen Vermögen haften (eingetragene Genossenschaft mit unbeschränkter Haftpflicht);
2. dergestalt, daß die Genossen zwar mit ihrem ganzen Vermögen, aber nicht unmittelbar den Gläubigern der Genossenschaft verhaftet, vielmehr nur verpflichtet sind, der letzteren die zur Befriedigung der Gläubiger erforderlichen Nachschüsse

zu leisten (eingetragene Genossenschaft mit unbeschränkter Nachschußpflicht);
3. dergestalt, daß die Haftpflicht der Genossen für die Verbindlichkeiten der Genossenschaft sowohl dieser wie unmittelbar den Gläubigern gegenüber im Voraus auf eine bestimmte Summe beschränkt ist (eingetragene Genossenschaft mit beschränkter Haftpflicht).

Die Zahl der Genossen muß mindestens sieben betragen (§ 4).

2. Ueber Form und Inhalt des Statuts bestimmen:

§ 5. Das Statut der Genossenschaft bedarf der schriftlichen Form.

§ 6. Das Statut muß enthalten:
1. die Firma und den Sitz der Genossenschaft;
2. den Gegenstand des Unternehmens;
3. Bestimmungen über die Form für die Berufung der Generalversammlung der Genossen, sowie für die Beurkundung ihrer Beschlüsse und über den Vorsitz in der Versammlung;
4. Bestimmungen über die Form, in welcher die von der Genossenschaft ausgehenden Bekanntmachungen erfolgen, sowie über die öffentlichen Blätter, in welche dieselben aufzunehmen sind.

§ 7. Das Statut muß ferner bestimmen:
1. ob die Genossen der unbeschränkten Haftpflicht oder nur der unbeschränkten Nachschußpflicht oder der beschränkten Haftpflicht unterliegen sollen;
2. den Betrag, bis zu welchem sich die einzelnen Genossen mit Einlagen beteiligen können (Geschäftsanteil),

   sowie die Einzahlungen auf den Geschäftsanteil, zu welchen jeder Genosse verpflichtet ist; dieselben müssen bis zu einem Gesamtbetrage von mindestens einem Zehnteile des Geschäftsanteils nach Betrag und Zeit bestimmt sein;

3. die Grundsätze für die Aufstellung und die Prüfung der Bilanz;
4. die Bildung eines Reservefonds, welcher zur Deckung eines aus der Bilanz sich ergebenden Verlustes zu dienen hat, sowie die Art dieser Bildung, insbesondere den Teil des jährlichen Reingewinns, welcher in den Reservefonds einzustellen ist, und den Mindestbetrag des letzteren, bis zu dessen Erreichung die Einstellung zu erfolgen hat.

§ 8. Der Aufnahme in das Statut bedürfen Bestimmungen, nach welchen:
1. die Genossenschaft auf eine bestimmte Zeit beschränkt wird;
2. Erwerb und Fortdauer der Mitgliedschaft an den Wohnsitz innerhalb eines bestimmten Bezirks geknüpft wird;
3. das Geschäftsjahr, insbesondere das erste, auf ein mit dem Kalenderjahre nicht zusammenfallendes Jahr oder auf eine kürzere Dauer, als auf ein Jahr, bemessen wird;
4. über gewisse Gegenstände die Generalversammlung nicht schon durch einfache Stimmenmehrheit, sondern nur durch eine größere Stimmenmehrheit oder nach anderen Erfordernissen Beschluß fassen kann;
5. die Ausdehnung des Geschäftsbetriebes auf Personen, welche nicht Mitglieder der Genossenschaft sind, zugelassen wird.

Genossenschaften, bei welchen die Gewährung von Darlehen Zweck des Unternehmens ist, dürfen ihren Geschäftsbetrieb, soweit er in einer diesen Zweck verfolgenden Darlehnsgewährung besteht, nicht auf andere Personen außer den Mitgliedern ausdehnen. Darlehnsgewährungen, welche nur die Anlegung von Geldbeständen bezwecken, fallen nicht unter dieses Verbot.

Als Ausdehnung des Geschäftsbetriebes gilt nicht der Abschluß von Geschäften mit Personen, welche bereits die Erklärung des Beitritts zur Genossenschaft unterzeichnet haben und von derselben zugelassen sind.

Konsumvereine (§ 1 Nr. 5) dürfen im regelmäßigen Geschäftsverkehr Waren nur an ihre Mitglieder oder deren Vertreter verkaufen. Diese Beschränkung findet auf landwirtschaftliche Konsumvereine, welche ohne Haltung eines offenen Ladens die Vermittelung des Bezugs von ihrer Natur nach ausschließlich für den landwirtschaftlichen Betrieb bestimmten Waren besorgen, hinsichtlich dieser Waren keine Anwendung.

Ferner muß bei Genossenschaften mit beschränkter Haftpflicht die Haftsumme, welche nicht niedriger als der Geschäftsanteil sein darf, durch das Statut bestimmt werden, und es kann durch das Statut die Beteiligung der Genossen auf mehrere Geschäftsanteile unter Festsetzung der Höchstzahl derselben gestattet werden (§§ 131, 134).

Zu den einzelnen Bestimmungen des Statuts ist folgendes zu bemerken:

Bezüglich der Firma bestimmt § 3:

Die Firma der Genossenschaft muß vom Gegenstande des Unternehmens entlehnt sein und entsprechend der im § 2 vorgesehenen Art der Genossenschaft die daselbst bestimmte zusätzliche Bezeichnung enthalten.

Der Name von Genossen oder anderen Personen darf in die Firma nicht aufgenommen werden. Jede neue Firma muß sich von allen an demselben Orte oder in derselben Gemeinde bereits bestehenden Firmen eingetragener Genossenschaften deutlich unterscheiden.

Die Sachfirma muß zwar den Gegenstand des Unternehmers im wesentlichen erkennen lassen, braucht ihn aber nicht erschöpfend wiederzugeben, insbesondere ist nicht erforderlich, daß außer dem Objekte des Geschäftsbetriebs auch die Betriebsart angegeben wird;

so ist z. B. die Firma „Maschinengenossenschaft e. G. m. b. H." nicht zu beanstanden, KG. 25. 5. 05 (30 A 145). Werden nach dem Statut mehrere Geschäftszweige selbständig nebeneinander betrieben, so ist davon auszugehen, daß dieser Betrieb mehrerer Geschäftszweige auch in der Firma zum Ausdruck gebracht werden muß; ist jedoch dem Statut zu entnehmen, daß ein Geschäftszweig den anderen derart überwiegt, daß er allein der Genossenschaft das charakteristische Gepräge gibt, so genügt eine von diesem einen Hauptgegenstand entlehnte Firma, KG. 18. 1. 04 Rspr. 9, 268. Gebrauch einer ausschließlich deutschen Firma ist nicht vorgeschrieben; nur der Zusatz: eingetragene Genossenschaft und die Angabe der Haftform muß deutsch sein, KGJ. 8, 23; KG. 23. 10. 99 ZBlFG. 1, 472. Der Gebrauch mehrerer Firmen ist unzulässig, KGJ. 14, 83. Ueber die Ausschließlichkeit der Firma vgl. oben S. 49.

Hinsichtlich des Sitzes vgl. oben S. 96. Ueber registermäßige Behandlung der Verlegung des Sitzes in den Bezirk eines andern Gerichts vgl. KG. 28. 1. 01 (21 A 265).

Für die Wahl des zu Bekanntmachungen bestimmten Blattes ist Gebrauch der deutschen Sprache nicht erforderlich, KG. 23. 10. 99 ZBlFG. 1, 472. Geht eines der im Statut bestimmten Blätter ein, so genügt die Bekanntmachung in den übrigen Blättern, KGJ. 4, 44.

Bezüglich der den Genossen aufzulegenden Einzahlungen ist es ausreichend, wenn jährliche Einzahlungen von solcher Höhe bestimmt sind, daß der zehnte Teil des Geschäftsanteils durch sie regelmäßig erreicht werden kann (Jahresbeitrag von 3 Mk. bei einem Geschäftsanteil von 500 Mk.), und sofern die Beteiligung bis zur vollen Höhe des Geschäftsanteils durch das Statut ermöglicht wird, auch wenn die Einzahlungen zu dessen Erreichung nicht genügen, KG. 12. 10. 03 (26 A 228).

Für die Prüfung der Bilanz braucht das Statut andere Grundsätze als die sich hierfür schon aus dem Gesetz ergebenden nicht zu enthalten, KGJ. 14, 38.

Die Bildung eines ausschließlich zur Deckung eines aus der Bilanz sich ergebenden Verlustes dienenden Reservefonds ist unerläßlich. Sein Mindestbetrag braucht nur dann nicht festgesetzt zu werden, wenn der Gewinn ganz und dauernd dem Reservefonds überwiesen wird, KGJ. 17, 15. Der Mindestbetrag kann aber durch Prozente von andern beweglichen Summen, so von dem Wert des Warenlagers, der Immobilien und Utensilien, bestimmt werden, KGJ. 15, 50.

Jedem Genossen muß für die Generalversammlung eine Stimme zugebilligt und darf nicht mehr als eine solche zugebilligt werden; eine statutarische Vorschrift, welche für gewisse Beschlüsse neben der Stimmenmehrheit nach Kopfzahlen auch noch eine nach der kapitalistischen Beteiligung der Genossen zu berechnenden Mehrheit erfordert, ist unzulässig, KGJ. 10, 39. Ist die Beschlußfähigkeit der Generalversammlung von der Anwesenheit einer bestimmten Zahl von Genossen abhängig gemacht, so brauchen für den Fall der Nichterreichung der Anwesenheitsziffer weitere Bestimmungen im Statut nicht vorgesehen zu sein, KG. 12. 10. 03 (26 A 228). Die Satzungsbestimmung, daß Vorstands- und Aufsichtsratsmitglieder jederzeit durch die Generalversammlung nur mit Mehrheit von drei Vierteln der erschienenen Genossen enthoben werden können, widerspricht nicht dem Gesetz, RG. 27. 5. 05 ZBlFG. 6, 236.

Die Aufnahme von Genossen kann statutenmäßig von beliebigen, an sich erlaubten Bedingungen, z. B. von Zahlung eines Beitrittsgeldes, abhängig gemacht werden, und zwar auch in der Weise, daß die Beitretenden die Verpflichtung zur Zahlung des Beitrittsgeldes nur für einen bestimmten, möglicher Weise erst später verwirklichten Fall übernehmen sollen, RG. 20. 1. 06 (62, 303).

Der Umstand, daß die Geltung gesetzlicher Vorschriften neben verwandten statutarischen nicht ausdrücklich vorbehalten ist, bildet keinen Ablehnungsgrund, KGJ. 15, 50. Sind einzelne Bestimmungen eines zur Eintragung angemeldeten Statuts infolge Beanstandung des Registerrichters vor der Eintragung durch Generalversammlungsbeschluß geändert und soll nunmehr die Eintragung des abgeänderten Statuts erfolgen, so muß dem Gericht eine diese Bestimmungen in ihrer abgeänderten Fassung enthaltende Urkunde vorgelegt werden, die von allen Genossen unterzeichnet ist, KG. 9. 2. 03 (25 A 263).

3. Hinsichtlich der vom Gericht zu führenden Genossenliste vgl. §§ 26 ff. der Bekanntm. v. 1. 7. 99 (Anh. II).

4. Einfache Abschrift — § 8 d. Bekanntm. v. 1. 7. 99 (Anh. II).

5. Ueber Vorstand und Aufsichtsrat bestimmt § 9:

Die Genossenschaft muß einen Vorstand und einen Aufsichtsrat haben.

Die Mitglieder des Vorstandes und des Aufsichtsrats müssen Genossen sein. Gehören der Genossenschaft einzelne eingetragene Genossenschaften als Mitglieder an, oder besteht die Genossenschaft ausschließlich aus solchen, so können Mitglieder der letzteren in den Vorstand und den Aufsichtsrat berufen werden.

Ferner sind zu beachten:

§ 24. Die Genossenschaft wird durch den Vorstand gerichtlich und außergerichtlich vertreten.

Der Vorstand besteht aus zwei Mitgliedern und wird von der Generalversammlung gewählt. Durch das Statut kann eine höhere Mitgliederzahl sowie eine andere Art der Bestellung festgesetzt werden.

Die Mitglieder des Vorstandes können besoldet oder unbesoldet sein. Ihre Bestellung ist zu jeder

Zeit widerruflich, unbeschadet der Entschädigungsansprüche aus bestehenden Verträgen.

§ 36. Der Aufsichtsrat besteht, sofern nicht das Statut eine höhere Zahl festsetzt, aus drei von der Generalversammlung zu wählenden Mitgliedern. Die zu einer Beschlußfassung erforderliche Zahl ist durch das Statut zu bestimmen.

Die Mitglieder dürfen keine nach dem Geschäftsergebnis bemessene Vergütung (Tantieme) beziehen.

Die Bestellung zum Mitgliede des Aufsichtsrats kann auch vor Ablauf des Zeitraums, für welchen dasselbe gewählt ist, durch die Generalversammlung widerrufen werden. Der Beschluß bedarf einer Mehrheit von drei Vierteilen der erschienenen Genossen.

§ 37. Die Mitglieder des Aufsichtsrats dürfen nicht zugleich Mitglieder des Vorstandes oder dauernd Stellvertreter derselben sein, auch nicht als Beamte die Geschäfte der Genossenschaft führen. Nur für einen im Voraus begrenzten Zeitraum kann der Aufsichtsrat einzelne seiner Mitglieder zu Stellvertretern von behinderten Mitgliedern des Vorstandes bestellen; während dieses Zeitraums und bis zur erteilten Entlastung des Vertreters darf der letztere eine Tätigkeit als Mitglied des Aufsichtsrat nicht ausüben.

Scheiden aus dem Vorstande Mitglieder aus, so dürfen dieselben nicht vor erteilter Entlastung in den Aufsichtsrat gewählt werden.

Nicht erforderlich ist, daß die Gewählten zur Zeit der Wahl bereits Genossen sind, ihr Beitritt kann mit der Annahme der Wahl verbunden werden, KGJ. 18, 32. Das Statut braucht über die Obliegenheiten des Aufsichtsrats Grundsätze, welche sich hierfür nicht schon aus dem Gesetz ergeben, nicht zu enthalten, es kann auch die Bestimmung weiterer Obliegenheiten einer von der Generalversammlung festzusetzenden Dienstanweisung vorbehalten, KGJ. 15, 54.

Ueber sonstige Organe der Genossenschaft bestimmt § 42:

Der Betrieb von Geschäften der Genossenschaft, sowie die Vertretung der letzteren in Bezug auf diese Geschäftsführung kann auch sonstigen Bevollmächtigten oder Beamten der Genossenschaft zugewiesen werden. In diesem Falle bestimmt sich die Befugnis derselben nach der ihnen erteilten Vollmacht; sie erstreckt sich im Zweifel auf alle Rechtshandlungen, welche die Ausführung derartiger Geschäfte gewöhnlich mit sich bringt.

Die Bestellung von Prokuristen oder von Handlungsbevollmächtigten zum gesamten Geschäftsbetriebe findet nicht statt.

Auch ein Vorstandsmitglied kann zum Beamten der Genossenschaft bestellt werden, OLG. Marienwerder 5. 7. 04 ZBlFG. 6, 574.

6. Vgl. hierzu §§ 14, 15, 18 d. Bekanntm. v. 1. 7. 99 (Anh. II) und für Preußen Art. 3 d. AVf. v. 8. 11. 99 (Anh. III).

Veröffentlichung.

§ 12 GenG.

Das eingetragene Statut ist von dem Gerichte im Auszuge zu veröffentlichen.

Die Veröffentlichung muß enthalten:[1])

1. das Datum des Statuts;
2. die Firma und den Sitz der Genossenschaft;
3. den Gegenstand des Unternehmens;
4. die Form, in welcher die von der Genossenschaft ausgehenden Bekanntmachungen erfolgen, sowie die öffentlichen Blätter, in welche dieselben aufzunehmen sind;

5. die Zeitdauer der Genossenschaft, falls dieselbe auf eine bestimmte Zeit beschränkt ist;
6. das Geschäftsjahr, falls es, abgesehen von dem ersten, auf ein mit dem Kalenderjahre nicht zusammenfallendes Jahr oder auf eine kürzere Dauer, als auf ein Jahr, bemessen ist;
7. die Namen und den Wohnort der Mitglieder des Vorstandes.

Zugleich ist bekannt zu machen, daß die Einsicht der Liste der Genossen während der Dienststunden des Gerichts jedem gestattet ist.

Ist in dem Statut bestimmt, in welcher Form der Vorstand seine Willenserklärungen kundgibt und für die Genossenschaft zeichnet, so ist auch diese Bestimmung zu veröffentlichen.[2])

1. Bei Genossenschaften mit beschränkter Haftpflicht ist auch die Bestimmung der Haftsumme und die Zulassung der Beteiligung eines Genossen auf mehrere Geschäftsanteile zu veröffentlichen (§§ 131, 134).

2. Vgl. hierzu § 25:

Der Vorstand hat in der durch das Statut bestimmten Form seine Willenserklärungen kundzugeben und für die Genossenschaft zu zeichnen. Ist nichts darüber bestimmt, so muß die Erklärung und Zeichnung durch sämtliche Mitglieder des Vorstandes ererfolgen. Weniger als zwei Mitglieder dürfen hierfür nicht bestimmt werden.

Die Zeichnung geschieht in der Weise, daß die Zeichnenden zu der Firma der Genossenschaft oder zu der Benennung des Vorstandes ihre Namensunterschrift beifügen.

Zweigniederlassung.

§ 14 GenG.

Jede Zweigniederlassung muß bei dem Gerichte, in dessen Bezirke sie sich befindet, behufs Eintragung in das Genossenschaftsregister angemeldet werden.

Die Anmeldung hat die im § 12 vorgeschriebenen Angaben zu enthalten. Derselben sind zwei beglaubigte Abschriften des Statuts und eine durch das Gericht der Hauptniederlassung beglaubigte Abschrift der Liste der Genossen beizufügen. Die Bestimmung im § 11 Abs. 3 findet Anwendung.

Das Gericht hat die eine Abschrift des Statuts, mit der Bescheinigung der erfolgten Eintragung versehen, zurückzugeben und von der Eintragung zu dem Genossenschaftsregister bei dem Gerichte der Hauptniederlassung Mitteilung zu machen.[1])

1. Vgl. hierzu § 19 d. Bekanntm. v. 1. 7. 99 (Anhang II); ferner §§ 157, 158 GenG. oben S. 237, 238.

Beitritt.

§ 15 GenG.

Nach der Anmeldung des Statuts zum Genossenschaftsregister bedarf es zum Erwerbe der Mitgliedschaft einer von dem Beitretenden zu unterzeichnenden,[1]) unbedingten Erklärung des Beitritts.[2])

Der Vorstand hat die Erklärung im Falle der Zulassung des Beitretenden behufs Eintragung desselben in die Liste der Genossen dem Gerichte (§ 10) einzureichen. Die Eintragung ist unverzüglich vorzunehmen.[3])

Durch die Eintragung, welche auf Grund der Erklärung und deren Einreichung stattfindet, entsteht die Mitgliedschaft des Beitretenden.[4])

Von der Eintragung hat das Gericht den Genossen und den Vorstand zu benachrichtigen.[5]) Die Beitrittserklärung wird in Urschrift bei dem Gerichte aufbewahrt. Wird die Eintragung versagt, so hat das Gericht hiervon den Antragsteller unter Rückgabe der Beitrittserklärung und den Vorstand in Kenntnis zu setzen.

1. Die Beitrittserklärung muß mit dem bürgerlichen Namen unterzeichnet werden, Beitritt eines Einzelkaufmanns unter seiner Firma ist unzulässig, KGJ. 13, 51. Der Beitritt kann auch durch einen Bevollmächtigten schriftlich erklärt werden, indem neben der Beitrittserklärung schriftliche Vollmacht eingereicht wird, KG. 10. 3. 02 (24 A 74).

2. Für Genossenschaften mit unbeschränkter Haftpflicht bestimmt § 120:

Die Beitrittserklärungen (§ 15) müssen die ausdrückliche Bemerkung enthalten, daß die einzelnen Genossen für die Verbindlichkeiten der Genossenschaft dieser sowie unmittelbar den Gläubigern derselben nach Maßgabe des Gesetzes mit ihrem ganzen Vermögen haften.

Für Genossenschaften mit unbeschränkter Nachschußpflicht bestimmt § 127:

Die Beitrittserklärungen (§ 15) müssen die ausdrückliche Bemerkung enthalten, daß die einzelnen Genossen mit ihrem ganzen Vermögen verpflichtet sind, der Genossenschaft die zur Befriedigung der Gläubiger derselben erforderlichen Nachschüsse nach Maßgabe des Gesetzes zu leisten.

3. Vgl. hierzu § 29 d. Bek. v. 1. 7. 99 (Anh. II). Die Prüfung einer Beitrittserklärung durch den Registerrichter hat sich an sich nur darauf zu erstrecken, ob den Vorschriften der §§ 15, 120, 127 entsprochen ist, es ist jedoch eine Ablehnung der Eintragung wegen materieller Unwirksamkeit der Beitrittserklärung nicht ausgeschlossen, falls diese Unwirksamkeit sich ohne weitere Ermittelungen aus den dem Gericht bekannten Tatsachen ergibt, KG. 6. 7. 05 (30 A 149); vgl. auch KG. 12. 4. 06 ZBlFG. 7, 215. Der Beitritt eines Minderjährigen bedarf der Genehmigung des Vormundschaftsgerichts, KG. 6. 7. 05 (30 A 149), unzulässig aber ist es, wenn das Registergericht zur Prüfung der Rechtswirksamkeit der Beitrittserklärung Mitteilung des Geburtsdatums verlangt, OLG. Colmar 3. 6. 01 Rspr. 4, 4. Zum Beitritt einer Ehefrau ist die Genehmigung des Mannes nicht nötig, KG. 21. 12. 03 ZBlFG. 4, 800; OLG. Dresden 5. 8. 01 ZBlFG. 5, 715; Eintragung ihres Geburtsnamens ist nicht vorgeschrieben, KG. 12. 4. 06 ZBlFG. 7, 215. Behufs Eintragung einer Genossenschaft oder Gesellschaft m. b. H. in die Liste der Genossen hat das Gericht die Legitimation des Vorstandes bezw. derjenigen Personen, welche die Beitrittserklärung namens der Gesellschaft in der für Willenserklärungen von Geschäftsführern üblichen Form unterzeichnet haben, nicht zu prüfen; zur Unterzeichnung genügt die handschriftliche Hinzufügung der Namen der Geschäftsführer zu der durch Stempeldruck hergestellten Firma, KG. 14. 9. 00 RJA. 1, 4; 19. 9. 04 (28 A 241).

4. Und zwar auch dann, wenn die Aufnahme dem Genossenschaftsstatut (durch statutarischen Ausschluß nichtphysischer Personen) zuwiderläuft, RG. 3. 5. 05 ZBlFG. 6, 236. Ist die Beitrittserklärung und ihre

Einreichung vor, die Eintragung aber erst nach Eröffnung des Konkurses über das Genossenschaftsvermögen erfolgt, so ist die Eintragung wirkungslos, RG. 15. 1. 02 ZBlFG. 2, 839.

5. Vgl. § 3 der Bek. v. 1. 7. 99 (Anh. II) sowie für Preußen AVf. v. 12. 12. 91 (JMBl. 356) und bezüglich der Fassung der Formulare AVf. v. 23. 12. 99 unter III (JMBl. 866).

Statutenänderung.

§ 16 GenG.

Eine Abänderung des Statuts oder die Fortsetzung einer auf bestimmte Zeit beschränkten Genossenschaft kann nur durch die Generalversammlung beschlossen werden.

Zu einer Abänderung des Gegenstandes des Unternehmens, sowie zur Erhöhung des Geschäftsanteils[1]) bedarf es einer Mehrheit von drei Vierteilen der erschienenen Genossen. Das Statut kann noch andere Erfordernisse aufstellen. Zu sonstigen Aenderungen des Statuts bedarf es einer Mehrheit von drei Vierteilen der erschienenen Genossen, sofern nicht das Statut andere Erfordernisse aufstellt.

Auf die Anmeldung und Eintragung[2]) des Beschlusses finden die Vorschriften des § 11 mit der Maßgabe entsprechende Anwendung, daß der Anmeldung zwei Abschriften des Beschlusses beizufügen sind. Die Veröffentlichung des Beschlusses findet nur insoweit statt, als derselbe eine der im § 12 Abs. 2 und 4 bezeichneten Bestimmungen zum Gegenstande hat.[3])

Der Beschluß hat keine rechtliche Wirkung, bevor

er in das Genossenschaftsregister des Sitzes der Genossenschaft eingetragen ist.

1. Zu andern Geldleistungen als den Einzahlungen auf den Geschäftsanteil oder den erhöhten Geschäftsanteil können die Genossen nach ihrem Beitritt durch Mehrheitsbeschluß nicht angehalten werden (z. B. nicht bei einer Milchverkaufsgenossenschaft zur Zahlung einer „Milchabgabe"). RG. 20. 1. 06 (62, 303).

2. Vgl. hierzu § 16 der Bek. v. 1. 7. 99 (Anh. II) und für Preußen Art. 3 der AVf. v. 8. 11. 99 (Anh. III).

Das Registergericht ist berechtigt und verpflichtet, die Eintragung einer genehmigungspflichtigen Satzungsänderung vom Nachweis dieser Genehmigung abhängig zu machen, KG. 26. 5. 02 (24 A 203).

3. Bei Genossenschaften mit beschränkter Haftpflicht ist auch die Aenderung der Statutenbestimmungen über die Höhe der Haftsumme und Beteiligung eines Genossen auf mehrere Geschäftsanteile zu veröffentlichen (§§ 131 Abs. 2, 134 Abs. 2).

Vorstand.

§ 28 GenG.

Jede Aenderung des Vorstandes, sowie die Beendigung der Vertretungsbefugnis eines Vorstandsmitgliedes ist durch den Vorstand zur Eintragung in das Genossenschaftsregister anzumelden.[1] Eine Abschrift der Urkunden über die Bestellung oder über die Beendigung der Vertretungsbefugnis eines Vorstandsmitgliedes ist der Anmeldung beizufügen[2] und wird bei dem Gericht aufbewahrt.

Die Vorstandsmitglieder haben ihre Unterschrift vor dem Gerichte zu zeichnen oder die Zeichnung in beglaubigter Form einzureichen.[3]

1. Vgl. § 18 der Bek. v. 1. 7. 99 (Anhang II).

Die endgültige Abberufung steht Kraft unabänderlicher Gesetzesvorschrift nur der Generalversammlung zu, KGJ. 19, 27; über vorläufige Enthebung bestimmt § 40:

> Der Aufsichtsrat ist befugt, nach seinem Ermessen Mitglieder des Vorstandes vorläufig, bis zur Entscheidung der ohne Verzug zu berufenden Generalversammlung, von ihren Geschäften zu entheben und wegen einstweiliger Fortführung derselben das Erforderliche zu veranlassen.

Mit dem Zeitpunkt, in dem die bisherigen Vorstandsmitglieder durch neue ersetzt werden, kommen ausschließlich die letzteren als Vorstandsmitglieder in Betracht; diese können, sofern sie noch nicht Genossen sind, ihre eigene Beitrittserklärung behufs Eintragung in die Genossenliste einreichen und zugleich oder nachher, auch vor dieser Eintragung, die durch ihre Bestellung eingetretene Vorstandsänderung anmelden, KGJ. 18, 32.

Veränderungen innerhalb des Aufsichtsrats sind nicht zur Kenntnis des Registergerichts zu bringen; das Gericht hat nicht zu prüfen, ob die in einer ordnungsmäßig ausgestellten Urkunde als Mitglieder des Aufsichtsrats bezeichneten Personen wirklich dem Aufsichtsrat angehören, KGJ. 18, 36.

2. Einfache Abschrift genügt — § 8 der Bek. vom 1. 7. 99 (Anh. II). Das Gericht hat zu prüfen, ob die eingereichten Urkunden die nachgesuchte Eintragung rechtfertigen, KG. 3. 1. 00 (19, 27); 8. 12. 02 (25 A 253).

3. Hinsichtlich der Beglaubigung vgl. § 8 der Bek. v. 1. 7. 99 (Anh. II). Die Zeichnung braucht nicht in der für schriftliche Willenserklärungen namens der Genossenschaft durch § 25 Abs. 2 vorgeschriebenen Form zu erfolgen, KG. 11. 7. 00 ZBlFG. 1, 408.

Verzeichnis der Genossen.

§ 30 GenG.

Der Vorstand hat ein Verzeichnis der Genossen zu führen und dasselbe mit der Liste in Uebereinstimmung zu halten.[1])

1. Vgl. § 160 oben S. 239. Besteht zwischen der vom Vorstand geführten und der gerichtlichen Genossenliste eine Differenz, so sind die Vorstandsmitglieder im Ordnungsstrafverfahren anzuhalten, die Uebereinstimmung ihres Verzeichnisses mit der gerichtlichen Liste herbeizuführen, nicht aber hat der Registerrichter von sich aus die Differenzen aufzuklären und hierzu ein Ordnungsstrafverfahren einzuleiten, KG. 6. 7. 03 Rspr. 7, 211.

Bilanzveröffentlichung.

§ 33 GenG.

Der Vorstand ist verpflichtet, Sorge zu tragen, daß die erforderlichen Bücher der Genossenschaft geführt werden.

Er muß binnen sechs Monaten nach Ablauf jedes Geschäftsjahres die Bilanz[1]) desselben, die Zahl der im Laufe des Jahres eingetretenen oder ausgeschiedenen, sowie die Zahl der am Jahresschlusse der Genossenschaft angehörigen Genossen[2]) veröffentlichen.[3]) Die Bekanntmachung ist zu dem Genossenschaftsregister einzureichen.[4])

1. Die zu veröffentlichende Bilanz muß die einzelnen Bestandteile der Aktiva und Passiva in übersichtlicher Weise enthalten, die Angabe je einer einzigen Summe bei den Aktiven und Passiven genügt nicht, KG. 5. 3. 00

(20 A 60). Ebenso ist eine Bilanz, in deren Passiven die Geschäftsguthaben der Genossen zusammen mit den Geschäftsschulden in einer einzigen Summe ausgeworfen sind, nicht gesetzmäßig, KG. 2. 4. 02 (24 A 200). Das Nichtvorhandensein von Grundstücken braucht nicht ausdrücklich durch Aufnahme einer Vakatanzeige oder durch einen Strich bei der betreffenden Stelle zum Ausdruck gebracht zu sein, KG. 12. 9. 03 Rspr. 8, 261.

2. Bei Angabe des Bestandes der Mitglieder, die am Jahresschlusse der Genossenschaft angehörten, sind auch diejenigen Mitglieder nicht mitzuzählen, deren Ausscheiden erst zum Schlusse des Geschäftsjahrs oder, wie im Falle des Todes, mit dem Schlusse des Geschäftsjahrs erfolgt ist, RG. 11. 1. 04 (56, 425).

3. Die Veröffentlichung der Bilanz sowie der Zahl der Genossen muß in deutscher Sprache erfolgen, KGJ. 4, 42.

4. Nach der Auflösung ist die Pflicht zur Veröffentlichung und Einreichung durch die Liquidatoren zu erfüllen, KG. 2. 3. 05 (29 A 226).

Generalversammlung.

§ 43 GenG.

Die Rechte, welche den Genossen in den Angelegenheiten der Genossenschaft, insbesondere in Bezug auf die Führung der Geschäfte, die Prüfung der Bilanz und die Verteilung von Gewinn und Verlust zustehen, werden in der Generalversammlung [1]) durch Beschlußfassung [2]) der erschienenen Genossen ausgeübt.

Jeder Genosse hat eine Stimme.

Ein Genosse, welcher durch die Beschlußfassung entlastet oder von einer Verpflichtung befreit werden soll, hat hierbei kein Stimmrecht. Dasselbe gilt von einer Beschlußfassung, welche den Abschluß eines Rechtsgeschäfts mit einem Genossen betrifft.

Die Genossen können das Stimmrecht nicht durch Bevollmächtigte ausüben. Diese Bestimmung findet auf handlungsunfähige Personen, Korporationen, Handelsgesellschaften, Genossenschaften oder andere Personenvereine und, wenn das Statut die Teilnahme von Frauen an der Generalversammlung ausschließt, auf Frauen keine Anwendung. Ein Bevollmächtigter kann nicht mehr als einen Genossen vertreten.

1. Hinsichtlich der Berufung der Generalversammlung bestimmen:

§ 44. Die Generalversammlung wird durch den Vorstand berufen, soweit nicht nach dem Statut oder diesem Gesetze auch andere Personen dazu befugt sind.

Eine Generalversammlung ist außer den im Statut oder in diesem Gesetze ausdrücklich bestimmten Fällen zu berufen, wenn dies im Interesse der Genossenschaft erforderlich erscheint.

§ 45. Die Generalversammlung muß ohne Verzug berufen werden, wenn der zehnte Teil oder der im Statut hierfür bezeichnete geringere Teil der Genossen in einer von ihnen unterschriebenen Eingabe unter Anführung des Zwecks und der Gründe die Berufung verlangt.

In gleicher Weise sind die Genossen berechtigt, zu verlangen, daß Gegenstände zur Beschlußfassung einer Generalversammlung angekündigt werden.

Wird dem Verlangen nicht entsprochen, so kann das Gericht (§ 10) die Genossen, welche das Verlangen gestellt haben, zur Berufung der Generalversammlung oder zur Ankündigung des Gegenstandes ermächtigen. Mit der Berufung oder Ankündigung ist die gerichtliche Ermächtigung bekannt zu machen.

§ 46. Die Berufung der Generalversammlung muß in der durch das Statut bestimmten Weise mit einer Frist von mindestens einer Woche erfolgen.

Der Zweck der Generalversammlung soll jederzeit bei der Berufung bekannt gemacht werden. Ueber Gegenstände, deren Verhandlung nicht in der durch das Statut oder durch § 45 Abs. 3 vorgesehenen Weise mindestens drei Tage vor der Generalversammlung angekündigt ist, können Beschlüsse nicht gefaßt werden; hiervon sind jedoch Beschlüsse über die Leitung der Versammlung, sowie über Anträge auf Berufung einer außerordentlichen Generalversammlung ausgenommen.

Zur Stellung von Anträgen und zu Verhandlungen ohne Beschlußfassung bedarf es der Ankündigung nicht.

Auch der Aufsichtsrat hat eine Generalversammlung zu berufen, wenn dies im Interesse der Genossenschaft erforderlich ist (§ 13 Abs. 2). Vgl. auch § 89 unten S. 280.

2. Bezüglich der Prüfung der Beschlüsse durch den Registerrichter gilt das zu § 259 HGB. oben S. 120 Bemerkte.

Protokollbuch.

§ 47 GenG.

Die Beschlüsse der Generalversammlung sind in ein Protokollbuch einzutragen, dessen Einsicht jedem Genossen [1]) und der Staatsbehörde [2]) gestattet werden muß.

1. Das Recht auf Einsicht des Protokollbuchs kann von dem Genossen auch durch einen Bevollmächtigten ausgeübt werden, KG. 19. 10. 05 RJA. 6, 194.

2. Welche Behörde in jedem Bundesstaat unter der Bezeichnung Staatsbehörde zu verstehen ist, wird von der Landeszentralbehörde bekannt gemacht (§ 161); in Preußen ist es für Genossenschaften, deren Bezirk sich über die Grenzen eines Kreises nicht hinauserstreckt, der Landrat, sonst der Regierungspräsident desjenigen Bezirks, in dem die Genossenschaft ihren Sitz hat.

Bilanz und Jahresrechnung.

§ 48 GenG.

Die Generalversammlung hat über die Genehmigung der Bilanz zu beschließen und von dem Gewinn oder Verlust den auf die Genossen fallenden Betrag festzusetzen.

Die Bilanz, sowie eine den Gewinn und Verlust des Jahres zusammenstellende Berechnung (Jahresrechnung) sollen mindestens eine Woche vor der Versammlung in dem Geschäftslokale der Genossenschaft oder an einer anderen, durch den Vorstand bekannt zu machenden, geeigneten Stelle zur Einsicht der Genossen ausgelegt oder sonst denselben zur Kenntnis gebracht werden. Jeder Genosse ist berechtigt, auf seine Kosten eine Abschrift der Bilanz, sowie der Jahresrechnung zu verlangen.

Nichtigkeit von Generalversammlungsbeschlüssen.

§ 51 GenG.

Ein Beschluß der Generalversammlung kann

wegen Verletzung des Gesetzes oder des Statuts im Wege der Klage[1]) angefochten werden. Die Klage muß binnen einem Monat erhoben werden.

Zur Anfechtung befugt ist jeder in der Generalversammlung erschienene Genosse, sofern er gegen den Beschluß Widerspruch zum Protokoll erklärt hat, und jeder nicht erschienene Genosse, sofern er zu der Generalversammlung unberechtigter Weise nicht zugelassen worden ist oder sofern er die Anfechtung darauf gründet, daß die Berufung der Versammlung oder die Ankündigung des Gegenstandes der Beschlußfassung nicht gehörig erfolgt sei. Außerdem ist der Vorstand und, wenn der Beschluß eine Maßregel zum Gegenstande hat, durch deren Ausführung sich die Mitglieder des Vorstandes und des Aufsichtsrats strafbar oder den Gläubigern der Genossenschaft haftbar machen würden, jedes Mitglied des Vorstandes und des Aufsichtsrats zur Anfechtung befugt.

Die Klage ist gegen die Genossenschaft zu richten. Die Genossenschaft wird durch den Vorstand, sofern dieser nicht selbst klagt, und durch den Aufsichtsrat vertreten. Zuständig für die Klage ist ausschließlich das Landgericht, in dessen Bezirke die Genossenschaft ihren Sitz hat. Die mündliche Verhandlung erfolgt nicht vor Ablauf der im ersten Absatz bezeichneten Frist. Mehrere Anfechtungsprozesse sind zur gleichzeitigen Verhandlung und Entscheidung zu verbinden.

Die Erhebung der Klage sowie der Termin zur mündlichen Verhandlung sind ohne Verzug von dem Vorstande in den für die Bekanntmachungen der Genossenschaft bestimmten Blättern zu veröffentlichen.

Soweit durch ein Urteil rechtskräftig der Beschluß für nichtig erklärt ist, wirkt es auch gegenüber den Genossen, welche nicht Partei sind. War der Beschluß in das Genossenschaftsregister eingetragen, so hat der Vorstand dem Gerichte (§ 10) das Urteil behufs der Eintragung einzureichen. Die öffentliche Bekanntmachung der letzteren erfolgt, soweit der eingetragene Beschluß veröffentlicht war.

§ 147 Abs. 3, 4 FGG.

Ein in das Genossenschaftsregister eingetragener Beschluß der Generalversammlung einer Genossenschaft kann gemäß den Vorschriften der §§ 142, 143 [2]) als nichtig gelöscht werden, wenn er durch seinen Inhalt zwingende Vorschriften des Gesetzes verletzt und seine Beseitigung im öffentlichen Interesse erforderlich erscheint.[3])

In den Fällen der Abs. 2, 3 soll die nach § 142 Abs. 2 zu bestimmende Frist mindestens drei Monate betragen.[4])

1. Ueber die rechtliche Natur der Klage aus § 51 GenG. vgl. OLG. Hamburg 19. 2. 06 RJA. 7, 121; nicht unter die Anfechtungsklage fallen die Rechte aus der Mitgliedschaft, soweit sie vermögensrechtlicher Natur sind und nur das einzelne Mitglied betreffen, wie z. B. das

Recht auf Verbleiben in der Genossenschaft, welches sich durch Anfechtung eines Ausschließungsbeschlusses äußert.

2. Vgl. oben S. 36 ff.

3. Die Wahl von Vorstandsmitgliedern ist nicht deshalb zu löschen, weil an der Wahl Nichtgenossen teilgenommen haben, OLG. Rostock 23. 6. 04 KGJ. 28 A 311.

4. Ueber das Verfahren vgl. § 23 der Bekanntm. v. 1. 7. 99 (Anh. II) und für Preußen Art. 3 der AVf. v. 8. 11. 99 (Anh. III).

Revisionsverbände.

§ 58 GenG.

Der Verbandsvorstand[1]) hat das Statut mit einer beglaubigten[2]) Abschrift der Verleihungsurkunde, sowie alljährlich im Monat Januar ein Verzeichnis der dem Verbande angehörigen Genossenschaften[3]) den Gerichten (§ 10), in deren Bezirke diese ihren Sitz haben, sowie der höheren Verwaltungsbehörde, in deren Bezirke der Vorstand seinen Sitz hat, einzureichen.

1. Zum Zwecke der mindestens in jedem zweiten Jahr erforderlichen Prüfung der Einrichtungen der Genossenschaft und ihrer Geschäftsführung durch einen der Genossenschaft nicht angehörigen sachverständigen Revisor (§ 53 GenG.) können Genossenschaften sich zu einem Verbande zusammenschließen, welchem, wenn er den Anforderungen der §§ 55—57 GenG. genügt, durch den Bundesrat bezw. die Landeszentralbehörde das Recht zu verleihen ist, den Revisor zu bestellen. Zur gerichtlichen Vertretung der einzelnen Genossenschaften ist der Verband nicht ermächtigt, OLG. Karlsruhe 18. 8. 05 ZBlFG. 6, 574.

2. Vgl. § 8 Abs. 2 der Bekanntm. v. 1. 7. 99 (Anh. II).

3. Das Verzeichnis braucht bei jedem Registergericht nur diejenigen Genossenschaften zu enthalten, welche im Bezirk des betreffenden Gerichts ihren Sitz haben, KG. 22. 4. 01 (22 A 117).

Gerichtlicher Revisor.

§ 61 GenG.

Für Genossenschaften, welche einem Revisionsverbande (§§ 55 bis 57) nicht angehören, wird der Revisor durch das Gericht (§ 10) bestellt.

Der Vorstand der Genossenschaft hat die Bestellung zu beantragen.[1])

Die Bestellung erfolgt, nachdem die höhere Verwaltungsbehörde [2]) über die Person des Revisors gehört ist. Erklärt die Behörde sich mit einer von der Genossenschaft vorgeschlagenen Person einverstanden, so ist diese zum Revisor zu bestellen.[3])

1. Vgl. § 160 GenG. oben S. 239.

2. Welche Behörde darunter in jedem Bundesstaate zu verstehen ist, wird von der Landeszentralbehörde bekannt gemacht (§ 161); in Preußen ist es der Regierungspräsident, im Stadtkreis Berlin der Polizeipräsident.

3. Bezüglich der Gebühren und Auslagen des Revisors bestimmt § 62:

> Der Revisor hat gegen die Genossenschaft Anspruch auf Erstattung angemessener barer Auslagen und auf Vergütung für seine Leistung nach Maßgabe der erforderlichen Zeitversäumnis.
>
> Dem vom Gerichte bestellten Revisor werden in Ermangelung einer Einigung die Auslagen und die Vergütung durch das Gericht festgesetzt. Die Vorschriften im § 104 Abs. 2, § 105, § 794 Nr. 3 der Zivilprozeßordnung finden Anwendung.

Revisionsbericht.

§ 63 GenG.

Der Vorstand der Genossenschaft hat dem Revisor die Einsicht der Bücher und Schriften der Genossenschaft und die Untersuchung des Bestandes der Genossenschaftskasse, sowie der Bestände an Effekten, Handelspapieren und Waren zu gestatten. Zu der Revision ist der Aufsichtsrat zuzuziehen.

Der Vorstand hat eine Bescheinigung des Revisors, daß die Revision stattgefunden hat, zum Genossenschaftsregister einzureichen [1]) und den Bericht über die Revision bei der Berufung der nächsten Generalversammlung als Gegenstand der Beschlußfassung anzukündigen.[2]) In der Generalversammlung hat der Aufsichtsrat sich über das Ergebnis der Revision zu erklären.

Der von einem Verbande bestellte Revisor hat eine Abschrift des Revisionsberichts dem Verbandsvorstande einzureichen.

1. Bei Genossenschaften, die einem Revisionsverbande angehören, ist der Vorstand dafür verantwortlich, daß die von ihm eingereichte Bescheinigung auch tatsächlich vom Verbandsrevisor ausgestellt ist; eine weitere Prüfung der Legitimation des Revisors durch den Richter findet nicht statt, KG. 20. 8. 01 Rspr. 4, 3.

Für Preußen vgl. wegen der der Genossenschaft über die erfolgte Einreichung vom Gericht zu erteilenden Bescheinigung AVf. v. 27. 12. 95 (JMBl. 96, 15).

2. Vgl. § 160 GenG. oben S. 239.

Ausscheiden von Genossen.

§ 69 GenG.

[1])Der Vorstand ist verpflichtet, die Aufkündigung des Genossen[2]) oder des Gläubigers[3]) mindestens sechs Wochen vor dem Ende des Geschäftsjahres, zu dessen Schlusse sie stattgefunden hat, dem Gerichte (§ 10) zur Liste der Genossen einzureichen. Er hat zugleich die schriftliche Versicherung abzugeben, daß die Aufkündigung rechtzeitig erfolgt ist.[4]) Der Aufkündigung des Gläubigers sind die im § 66 Abs. 2 bezeichneten Urkunden, sowie eine beglaubigte[5]) Abschrift des Pfändungs- und Ueberweisungsbeschlusses beizufügen.

Imgleichen hat der Vorstand im Falle des § 67[6]) mit der Bescheinigung die Erklärung des Genossen oder Abschrift[8]) der Erklärung der Genossenschaft, sowie im Falle der Ausschließung[7]) Abschrift[8]) des Beschlusses dem Gerichte einzureichen. Die Einreichung ist bis zu dem im ersten Absatz bezeichneten Zeitpunkte und, wenn die Erklärung oder der Beschluß später erfolgt, ohne Verzug zu bewirken.

1. Vgl. hierzu §§ 31 ff. der Bekanntm. v. 1. 7. 99 (Anh. II).

2. Ueber Aufkündigung eines Genossen bestimmt § 65:

Jeder Genosse hat das Recht, mittelst Aufkündigung seinen Austritt aus der Genossenschaft zu erklären.

Die Aufkündigung findet nur zum Schlusse eines Geschäftsjahres statt. Sie muß mindestens drei

Monate vorher schriftlich erfolgen. Durch das Statut kann eine längere, jedoch höchstens zweijährige Kündigungsfrist festgesetzt werden.

Ein den vorstehenden Bestimmungen zuwiderlaufendes Abkommen ist ohne rechtliche Wirkung.

Die Kündigung kann auch durch einen Bevollmächtigten erfolgen; nur die Kündigung, nicht auch die Vollmacht, bedarf dann der Schriftform, KG. 23. 11. 03 (27 A 67). Unbegründet ist das Verlangen des Registergerichts, daß der Vorstand bei Austrittserklärungen von Ehefrauen in jedem Falle bestimmte Nachweise über die Wirksamkeit dieser Erklärungen vorzulegen habe, OLG. Jena 19. 8. 05 ZBlFG. 6, 346. Ueber Zurücknahme der Aufkündigung vgl. RG. 1. 7. 01 ZBlFG. 3, 250.

3. Ueber Aufkündigung eines Gläubigers bestimmt § 66:

Der Gläubiger eines Genossen, welcher, nachdem innerhalb der letzten sechs Monate eine Zwangsvollstreckung in das Vermögen des Genossen fruchtlos versucht ist, die Pfändung und Ueberweisung des demselben bei der Auseinandersetzung mit der Genossenschaft zukommenden Guthabens erwirkt hat, kann behufs seiner Befriedigung das Kündigungsrecht des Genossen an dessen Stelle ausüben, sofern der Schuldtitel nicht bloß vorläufig vollstreckbar ist.

Der Aufkündigung muß eine beglaubigte Abschrift des Schuldtitels und der Urkunden über die fruchtlose Zwangsvollstreckung beigefügt sein.

Die Herbeiführung der Eintragung der Kündigung bildet eine Angelegenheit der Genossenschaft und nicht des Gläubigers; die Kündigung darf nur dann beim Registergericht eingereicht werden, wenn vom Gläubiger die erforderlichen Urkunden in öffentlich beglaubigter Form beigebracht sind, ObLG. München 5. 2. 04 ZBlFG. 4, 729.

4. Die Kündigungserklärung braucht nicht den Zeitpunkt anzugeben, für den die Kündigung erfolgt; es genügt, wenn aus der vom Vorstand abzugebenden schriftlichen Versicherung hervorgeht, daß die Kündigung rechtzeitig erfolgt ist, KG. 30. 9. 01 (23 A 112). Diese Versicherung ist keine empfangsbedürftige Willenserklärung, sondern ein Zeugnis, sodaß § 130 Abs. 3 BGB. auf sie nicht anwendbar ist, KG. 7. 12. 05 ZBlFG. 6, 637.

5. Vgl. § 8 Abs. 2 der Bekanntm. v. 1. 7. 99 (Anh. II).

6. § 67 lautet:

Ist durch das Statut die Mitgliedschaft an den Wohnsitz innerhalb eines bestimmten Bezirks geknüpft (§ 8 Nr. 2), so kann ein Genosse, welcher den Wohnsitz in dem Bezirke aufgibt, zum Schlusse des Geschäftsjahres seinen Austritt schriftlich erklären.

Imgleichen kann die Genossenschaft dem Genossen schriftlich erklären, daß er zum Schlusse des Geschäftsjahres auszuscheiden habe.

Ueber die Aufgabe des Wohnsitzes ist die Bescheinigung einer öffentlichen Behörde beizubringen.

7. Ueber die Ausschließung bestimmt § 68:

Ein Genosse kann wegen des Verlustes der bürgerlichen Ehrenrechte, sowie wegen der Mitgliedschaft in einer anderen Genossenschaft, welche an demselben Orte ein gleichartiges Geschäft betreibt, zum Schlusse des Geschäftsjahres aus der Genossenschaft ausgeschlossen werden. Aus Vorschuß- und Kreditvereinen kann die Ausschließung wegen der Mitgliedschaft in einer anderen solchen Genossenschaft auch dann erfolgen, wenn die letztere ihr Geschäft nicht an demselben Orte betreibt.

Durch das Statut können sonstige Gründe der Ausschließung festgesetzt werden.

Der Beschluß, durch welchen der Genosse ausgeschlossen wird, ist diesem von dem Vorstande ohne Verzug mittelst eingeschriebenen Briefes mitzuteilen.

Von dem Zeitpunkte der Absendung desselben kann der Genosse nicht mehr an der Generalversammlung teilnehmen, auch nicht Mitglied des Vorstandes oder des Aufsichtsrats sein.

Die Ausschließung erfolgt durch das im Statut bestimmte Organ; mangels einer solchen Bestimmung durch die Generalversammlung. Durch die Satzung kann nicht rechtswirksam bestimmt werden, daß die Genossenschaft selbst unter Ausschluß des Rechtswegs über den Ausschluß eines Mitgliedes entscheide, RG. 3. 3. 04 (57, 154). Der einzureichende Ausschließungsbeschluß muß erkennen lassen, daß ein formell ordnungsmäßiger Beschluß des statutenmäßig zuständigen Organs vorliegt, daß insbesondere die für die Beschlußfassung im Statut vorgeschriebenen Formalien beobachtet sind, KG. 12. 3. 00 Rspr. 1, 395. Ueber das Verfahren im Fall der Zulässigkeit der Berufung gegen den Ausschließungsbeschluß des Aufsichtsrats an die Generalversammlung vgl. KGJ. 15, 59.

8. Einfache Abschrift — § 8 der Bekanntm. v. 1. 7. 99 (Anh. II).

§ 70 GenG.

In die Liste ist die das Ausscheiden des Genossen begründende Tatsache[1]) und der aus den Urkunden hervorgehende Jahresschluß unverzüglich einzutragen.[2])

Infolge der Eintragung scheidet der Genosse mit dem in der Liste vermerkten Jahresschlusse, wenn jedoch die Eintragung erst im Laufe eines späteren Geschäftsjahres bewirkt wird, mit dem Schlusse des letzteren aus der Genossenschaft aus.

1. Die Gründe des Ausscheidens sind gesetzlich fest begrenzt; statutarische Festsetzung anderweiter Gründe, infolge deren das Ausscheiden von selbst eintritt, ist unzulässig, KGJ. 11, 45. Durch eine ohne die gesetzlichen Voraussetzungen erfolgende Eintragung des Ausscheidens erlischt die Mitgliedschaft nicht. Die Mitgliedschaft einer offenen Handelsgesellschaft wird nicht schon durch ihre Auflösung nach Maßgabe der Vorschriften über das Ausscheiden eines Genossen im Todesfalle beendet, vielmehr ist auch in diesem Falle Aufkündigung erforderlich, KGJ. 14, 53.

2. Vgl. hierzu §§ 31—34 der Bekanntm. v. 1. 7. 99 (Anh. II).

Ist das Ausscheiden eines Genossen eingetragen, so wird die Löschung dieser Eintragung nicht schon durch die Unzulänglichkeit der vom Vorstand überreichten urkundlichen Beläge, sondern nur durch die Unrichtigkeit der eingetragenen Tatsache gerechtfertigt, KG. 23. 11. 03 (27 A 67). Ueber das Verfahren, falls ein Genosse über die angeblich unrichtige Eintragung des Tages seines Ausscheidens mit dem Antrag auf Eintragung eines anderen Tages beim Landgericht Beschwerde führt, vgl. KG. 9. 5. 04 (28 A 58).

§ 71 GenG.

Auf Antrag des Genossen, im Falle des § 66 auf Antrag des Gläubigers, hat das Gericht die Tatsache, auf Grund deren das Ausscheiden, und den Jahresschluß, zu welchem dasselbe beansprucht wird, ohne Verzug in der Liste vorzumerken.[1])

Erkennt der Vorstand den Anspruch in beglaubigter Form an oder wird er zur Anerkennung rechtskräftig verurteilt, so ist dies bei Einreichung des Anerkenntnisses oder Urteils der Vormerkung hinzuzufügen. Infolgedessen gilt der Austritt oder die Ausschließung als am Tage der Vormerkung eingetragen.

1. Vgl. § 35 der Bekanntm. v. 1. 7. 99 (Anh. II).

§ 72 GenG.

Von der Eintragung, sowie der Vormerkung oder von deren Versagung hat das Gericht den Vorstand und den Genossen, im Falle des § 66 auch den Gläubiger, zu benachrichtigen.

Die behufs der Eintragung oder der Vormerkung eingereichten Urkunden bleiben in der Verwahrung des Gerichts.

Uebertragung des Geschäftsguthabens.

§ 76 GenG.

[1]) Ein Genosse kann zu jeder Zeit, auch im Laufe des Geschäftsjahres, sein Geschäftsguthaben mittelst schriftlicher Uebereinkunft[2]) einem anderen übertragen und hierdurch aus der Genossenschaft ohne Auseinandersetzung mit ihr austreten, sofern der Erwerber an seiner Stelle Genosse wird oder sofern derselbe schon Genosse ist und dessen bisheriges Guthaben mit dem ihm zuzuschreibenden Betrage

den Geschäftsanteil nicht übersteigt. Das Statut kann eine solche Uebertragung ausschließen oder an weitere Voraussetzungen knüpfen.

Der Vorstand hat die Uebereinkunft dem Gerichte (§ 10) ohne Verzug einzureichen und, falls der Erwerber schon Genosse ist, zugleich die schriftliche Versicherung abzugeben, daß dessen bisheriges Guthaben mit dem zuzuschreibenden Betrage den Geschäftsanteil nicht übersteigt.

Die Uebertragung ist in die Liste bei dem veräußernden Genossen unverzüglich einzutragen. Als Zeitpunkt des Ausscheidens gilt der Tag der Eintragung. Dieselbe darf, falls der Erwerber noch nicht Genosse ist, nur zugleich mit der Eintragung des letzteren erfolgen. Die Vorschriften der §§ 15, 71 und 72 finden entsprechende Anwendung.

Wird die Genossenschaft binnen sechs Monaten nach dem Ausscheiden des Genossen aufgelöst, so hat dieser im Falle der Eröffnung des Konkursverfahrens die Nachschüsse, zu deren Zahlung er verpflichtet gewesen sein würde, insoweit zu leisten, als zu derselben der Erwerber unvermögend ist.

1. Vgl. hierzu §§ 31 ff. der Bekanntm. v. 1. 7. 99 (Anh. II).

2. Die Uebereinkunft über Uebertragung eines Geschäftsguthabens auf einen andern, der gleichzeitig Genosse wird, setzt die Annahme der Uebertragung durch den andern voraus; diese wird durch den bloßen Beitritt als Genosse nicht unzweideutig erklärt, OLG. München 20. 10. 00 RJA. 1, 187.

Tod eines Genossen.

§ 77 GenG.

[1]) Im Falle des Todes eines Genossen gilt dieser mit dem Schlusse des Geschäftsjahres, in welchem der Tod erfolgt ist, als ausgeschieden. Bis zu diesem Zeitpunkte wird die Mitgliedschaft des Verstorbenen durch den Erben desselben fortgesetzt.[2]) Für mehrere Erben kann das Stimmrecht durch einen Bevollmächtigten ausgeübt werden.

Der Vorstand hat eine Anzeige von dem Tode des Genossen ohne Verzug dem Gerichte (§ 10) zur Liste der Genossen einzureichen.

Die Vorschriften in § 70 Abs. 1, §§ 71 bis 75[3]) finden entsprechende Anwendung.

1. Vgl. hierzu §§ 31 ff. der Bekanntm. v. 1. 7. 99 (Anh. II).

2. Die Unvererblichkeit der Mitgliedschaft ist zwingendes Recht, sodaß die Vererblichkeit nicht im Statut bestimmt werden kann, RG. 6. 4. 05 (30 A 153). Bis zu dem angegebenen Zeitpunkt kann auch die Veräußerungsbefugnis des § 76 von den Erben ausgeübt werden, ZBlFG. 6, 513.

3. §§ 70, 71 u. 72 vgl. oben S. 271—273; §§ 73—75 betreffen die Auseinandersetzung des Ausgeschiedenen mit der Genossenschaft.

Auflösung:

a) durch Generalversammlungsbeschluß;

§ 78 GenG.

Die Genossenschaft kann durch Beschluß der Generalversammlung jederzeit aufgelöst werden; der Beschluß bedarf einer Mehrheit von drei Vierteilen der erschienenen Genossen. Das Statut kann außer dieser Mehrheit noch andere Erfordernisse aufstellen.

Die Auflösung ist durch den Vorstand ohne Verzug zur Eintragung in das Genossenschaftsregister anzumelden.[1])

1. Vgl. zu diesem und den folgenden Paragraphen § 20 der Bekanntm. v. 1. 7. 99 (Anh. II).

b) durch Zeitablauf;

§ 79 GenG.

In dem Falle, daß durch das Statut die Zeitdauer der Genossenschaft beschränkt ist, tritt die Auflösung derselben durch Ablauf der bestimmten Zeit ein.

Die Vorschrift im § 78 Abs. 2 findet Anwendung.

c) durch Gerichtsbeschluß;

§ 80 GenG.

Beträgt die Zahl der Genossen weniger als sieben, so hat das Gericht (§ 10) auf Antrag des Vorstandes und, wenn der Antrag nicht binnen sechs Monaten erfolgt, von Amts wegen nach Anhörung des Vorstandes die Auflösung der Genossenschaft auszusprechen.

Der Beschluß ist der Genossenschaft zuzustellen. Gegen denselben steht ihr die sofortige Beschwerde nach Maßgabe der Zivilprozeßordnung zu. Die Auflösung tritt mit der Rechtskraft des Beschlusses in Wirksamkeit.

d) durch Entscheidung im Verwaltungsstreitverfahren;

§ 81 GenG.

Wenn eine Genossenschaft sich gesetzwidriger Handlungen oder Unterlassungen schuldig macht, durch welche das Gemeinwohl gefährdet wird, oder wenn sie andere als die in diesem Gesetze (§ 1) bezeichneten geschäftlichen Zwecke verfolgt, so kann sie aufgelöst werden, ohne daß deshalb ein Anspruch auf Entschädigung stattfindet.

Das Verfahren und die Zuständigkeit der Behörden richtet sich nach den für streitige Verwaltungssachen landesgesetzlich geltenden Vorschriften. Wo ein Verwaltungsstreitverfahren nicht besteht, finden die Vorschriften in §§ 20, 21 der Gewerbeordnung mit der Maßgabe Anwendung, daß die Entscheidung in erster Instanz durch die höhere Verwaltungsbehörde erfolgt, in deren Bezirke die Genossenschaft ihren Sitz hat.

Von der Auflösung hat die in erster Instanz entscheidende Behörde dem Gerichte (§ 10) Mitteilung zu machen.

e) Eintragung.

§ 82 GenG.

Die Auflösung der Genossenschaft ist von dem Gerichte ohne Verzug in das Genossenschaftsregister einzutragen.[1])

Sie muß von den Liquidatoren zu drei verschiedenen Malen durch die für die Bekanntmachungen der Genossenschaft bestimmten Blätter bekannt gemacht werden.[2]) Durch die Bekanntmachung sind zugleich die Gläubiger aufzufordern, sich bei der Genossenschaft zu melden.

1. Vgl. für Preußen Art. 3 der AVf. v. 8. 11 99 (Anh. III).

2. Hierdurch wird die gemäß § 156 (oben S. 236, 237) erforderliche Bekanntmachung seitens des Gerichts nicht ersetzt.

Liquidation.

§ 84 GenG.

[1]) Die ersten Liquidatoren[2]) sind durch den Vorstand, jede Aenderung in den Personen der Liquidatoren, sowie eine Beendigung ihrer Vertretungsbefugnis ist durch die Liquidatoren zur Eintragung in das Genossenschaftsregister anzumelden. Eine Abschrift der Urkunden über die Bestellung der Liquidatoren oder über die Aenderung in den Personen derselben ist der Anmeldung beizufügen und wird bei dem Gericht aufbewahrt.

Die Eintragung der gerichtlichen Ernennung oder Abberufung von Liquidatoren geschieht von Amts wegen.

Die Liquidatoren haben ihre Unterschrift persönlich vor dem Gerichte zu zeichnen oder die Zeichnung in beglaubigter Form einzureichen.

1. Vgl. hierzu §§ 20, 21 der Bekanntm. v. 1. 7. 99 (Anh. II) und für Preußen Art. 3 der AVf. v. 8. 11. 99 (Anh. III).

2. Hierzu bestimmt § 83:

Die Liquidation erfolgt durch den Vorstand, wenn nicht dieselbe durch das Statut oder durch Beschluß der Generalversammlung anderen Personen übertragen wird.

Es sind wenigstens zwei Liquidatoren zu bestellen.

Auf Antrag des Aufsichtsrats oder mindestens des zehnten Teils der Genossen kann die Ernennung von Liquidatoren durch das Gericht (§ 10) erfolgen.

Die Abberufung der Liquidatoren kann durch das Gericht unter denselben Voraussetzungen wie die Bestellung erfolgen. Liquidatoren, welche nicht vom Gerichte ernannt sind, können auch durch die Generalversammlung vor Ablauf des Zeitraums, für welchen sie bestellt sind, abberufen werden.

§ 85 GenG.

Die Liquidatoren haben in der bei ihrer Bestellung bestimmten Form ihre Willenserklärungen kundzugeben und für die Genossenschaft zu zeichnen. Ist nichts darüber bestimmt, so muß die Erklärung und Zeichnung durch sämtliche Liquidatoren erfolgen. Weniger als zwei dürfen hierfür nicht bestimmt werden.

Die Bestimmung ist mit der Bestellung der Liquidatoren zur Eintragung in das Genossenschaftsregister anzumelden.

Die Zeichnungen geschehen derartig, daß die Liquidatoren der bisherigen, nunmehr als Liquidationsfirma zu bezeichnenden Firma ihre Namensunterschrift beifügen.

§ 89 GenG.

Die Liquidatoren haben die aus den §§ 26, 27, § 33 Abs. 1, § 34, §§ 44 bis 47, § 48 Abs. 2, § 51 [1]) sich ergebenden Rechte und Pflichten des Vorstandes und unterliegen gleich diesem der Ueberwachung des Aufsichtsrats. Sie haben sofort bei Beginn der Liquidation und demnächst in jedem Jahre eine Bilanz aufzustellen. Die erste Bilanz ist zu veröffentlichen; die Bekanntmachung ist zu dem Genossenschaftsregister einzureichen.

1. §§ 33, 44—47, 48 u. 51 vgl. oben S. 258, 260—264.

Verteilung des Vermögens.

§ 90 GenG.

Eine Verteilung des Vermögens unter die Genossen darf nicht vor Tilgung oder Deckung der Schulden und nicht vor Ablauf eines Jahres seit dem Tage vollzogen werden, an welchem die Aufforderung der Gläubiger in den hierzu bestimmten Blättern (§ 82 Abs. 2) zum dritten Male erfolgt ist.

Meldet sich ein bekannter Gläubiger nicht, so ist der geschuldete Betrag, wenn die Berechtigung zur Hinterlegung vorhanden ist, für den Gläubiger zu hinterlegen. Ist die Berichtigung einer Verbindlichkeit zur Zeit nicht ausführbar oder ist eine Verbindlichkeit streitig, so darf die Verteilung des Vermögens nur erfolgen, wenn dem Gläubiger Sicherheit geleistet ist.

Liquidatoren, welche diesen Vorschriften zuwiderhandeln, sind außer der Genossenschaft den Gläubigern zum Ersatze des ihnen daraus erwachsenen Schadens persönlich und solidarisch verpflichtet. Die gleiche Verpflichtung trifft die Mitglieder des Aufsichtsrats, wenn die Zuwiderhandlung mit ihrem Wissen und ohne ihr Einschreiten geschieht. Die Verpflichtung wird den Gläubigern gegenüber dadurch nicht aufgehoben, daß die Zuwiderhandlung auf einem Beschlusse der Generalversammlung beruht.

Nichtigkeit.

§ 94 GenG.

Enthält das Statut nicht die für dasselbe wesentlichen Bestimmungen oder ist eine dieser Bestimmungen nichtig, so kann jeder Genosse und jedes Mitglied des Vorstandes und des Aufsichtsrats im Wege der Klage beantragen, daß die Genossenschaft für nichtig erklärt werde.

§ 95 GenG.

Als wesentlich im Sinne des § 94 gelten die in den §§ 6, 7 und 131[1]) bezeichneten Bestimmungen des Statuts mit Ausnahme derjenigen über die Beurkundung der Beschlüsse der Generalversammlung und den Vorsitz in dieser, sowie über die Grundsätze für die Aufstellung und Prüfung der Bilanz.

Ein Mangel, der eine hiernach wesentliche Bestimmung des Statuts betrifft, kann durch einen den Vorschriften dieses Gesetzes über Aenderungen des Statuts entsprechenden Beschluß der Generalversammlung geheilt werden.

Die Berufung der Generalversammlung erfolgt, wenn sich der Mangel auf die Bestimmungen über die Form der Berufung bezieht, durch Einrückung in diejenigen öffentlichen Blätter, welche für die Bekanntmachung der Eintragungen in das Genossenschaftsregister des Sitzes der Genossenschaft bestimmt sind.

Betrifft bei einer Genossenschaft mit beschränkter Haftpflicht der Mangel die Bestimmungen über die Haftsumme, so darf durch die zur Heilung des Mangels beschlossenen Bestimmungen der Gesamtbetrag der von den einzelnen Genossen übernommenen Haftung nicht vermindert werden.

§ 96 GenG.

Das Verfahren über die Klage auf Nichtigkeitserklärung und die Wirkungen des Urteils bestimmen sich nach den Vorschriften des § 51 Abs. 3 bis 5[2]) und des § 52.

§ 147 Abs. 2 u. 4 FGG.

Eine in das Genossenschaftsregister eingetragene Genossenschaft kann gemäß den Vorschriften der §§ 142, 143[3]) als nichtig gelöscht werden,[4]) wenn die Voraussetzungen vorliegen, unter denen nach den §§ 94, 95 des Gesetzes, betreffend die Erwerbs-

und Wirtschaftsgenossenschaften, die Nichtigkeitsklage erhoben werden kann.

. . . .

In den Fällen der Abs. 2, 3 soll die nach § 142 Abs. 2 zu bestimmende Frist mindestens drei Monate betragen.[4])

1. Vgl. oben S. 243 und unten.
2. Vgl. oben S. 263, 264.
3. Vgl. oben S. 36 ff.
4. Ueber das Verfahren vgl. § 22 der Bekanntm. v. 1. 7. 99 (Anh. II) und für Preußen Art. 3 Nr. 7 der AVf. v. 8. 11. 99 (Anh. II).

Konkurs.

§ 102 GenG.

Die Eröffnung des Konkursverfahrens ist unverzüglich in das Genossenschaftsregister einzutragen.[1]) Die Eintragung wird nicht bekannt gemacht.

1. Die Eintragung neuer Genossen nach Konkurseröffnung ist, weil die Genossenschaft dadurch aufgelöst ist, nichtig und folglich abzulehnen, OLG. Hamburg 24. 2. 00 Rspr. 1, 58. Durch bloße Zahlungsunfähigkeit wird die Gültigkeit der Beschlüsse der Genossenschaft nicht berührt, OLG. Stettin 18. 12. 99 Rspr. 1, 64.

Sondervorschriften für Genossenschaften m. b. H.:

a) Bestimmung der Haftsumme;

§ 131 GenG.

Bei Genossenschaften mit beschränkter Haftpflicht darf die Haftsumme der einzelnen Genossen (§ 2) nicht niedriger als der Geschäftsanteil sein.

Die Haftsumme muß bei Errichtung der Genossenschaft durch das Statut bestimmt werden. Die Bestimmung oder eine Abänderung derselben ist zu veröffentlichen (§§ 12, 16).

b) Erhöhung der Haftsumme;

§ 132 GenG.

Zu einer Erhöhung der Haftsumme bedarf es einer Mehrheit von drei Vierteilen der in der Generalversammlung erschienenen Genossen. Das Statut kann noch andere Erfordernisse aufstellen.

c) Herabsetzung der Haftsumme;

§ 133 GenG.

[1]) Eine Herabsetzung der Haftsumme kann nur unter Beobachtung der Bestimmungen erfolgen, welche für die Verteilung des Genossenschaftsvermögens im Falle der Auflösung maßgebend sind (§ 82 Abs. 2, § 90 Abs. 1 bis 3).[2]) Bekannte Gläubiger sind durch besondere Mitteilung zur Anmeldung aufzufordern.

Die Anmeldung des Herabsetzungsbeschlusses zum Genossenschaftsregister erfolgt nicht vor Ablauf des im § 90 Abs. 1 bezeichneten Jahres. Mit der Anmeldung sind die Bekanntmachungen des Beschlusses einzureichen. Zugleich hat der Vorstand die schriftliche Versicherung abzugeben, daß die Gläubiger, welche sich bei der Genossenschaft gemeldet und der

Herabsetzung nicht zugestimmt haben, befriedigt oder sichergestellt sind.

1. Vgl. hierzu § 17 der Bekanntm. v. 1. 7. 99 (Anh. II).
2. Vgl. oben S. 277, 280, 281.

d) Beteiligung auf mehrere Geschäftsanteile;

§ 134 GenG.

Durch das Statut kann die Beteiligung des Genossen auf mehrere Geschäftsanteile, unter Festsetzung der höchsten Zahl derselben, gestattet werden.[1])

Die Bestimmung oder eine Abänderung derselben ist zu veröffentlichen (§§ 12, 16).

§ 137 GenG.

Ein Genosse, welcher auf einen weiteren Geschäftsanteil beteiligt sein will, hat darüber eine von ihm zu unterzeichnende, unbedingte Erklärung abzugeben.[2])

Die Erklärung ist von dem Vorstande nach der Zulassung des Genossen zu dem weiteren Geschäftsanteile behufs Eintragung des letzteren in die Liste der Genossen dem Gerichte (§ 10) einzureichen.[3]) Zugleich hat der Vorstand schriftlich zu versichern, daß die übrigen Geschäftsanteile des Genossen erreicht seien.[4])

Die Beteiligung auf den weiteren Geschäftsanteil tritt mit der in Gemäßheit der vorstehenden Absätze erfolgten Eintragung in Kraft.[5])

Im übrigen kommen die Vorschriften des § 15 zur entsprechenden Anwendung.

§ 138 GenG.

Eine Uebertragung des Geschäftsguthabens findet in dem Falle des § 134 an einen anderen Genossen nur statt, sofern dessen bisheriges Guthaben mit dem ihm zuzuschreibenden Betrage die der höchsten Zahl der Geschäftsanteile entsprechende Gesamtsumme nicht übersteigt. Hierauf ist die im § 76[6]) vorgesehene Versicherung des Vorstandes zu richten. Im übrigen verbleibt es bei den Bestimmungen im § 137.[7])

1. Im Statut darf den Genossen auch die Verpflichtung zur Beteiligung auf mehrere Geschäftsanteile auferlegt werden, und zwar sowohl zur sukzessiven wie zur gleichzeitigen, sofern letzterenfalls dem Verbote des § 136 (vgl. A. 4) nicht zuwidergehandelt wird, RG. 20. 1. 06 (62, 303).

2. Die sofortige Beteiligung eines der Genossenschaft Beitretenden auf mehrere Geschäftsanteile, sowie die gleichzeitige Beteiligung eines schon als Genosse Eingetragenen auf mehrere weitere Geschäftsanteile ist zulässig, KG. 2. 4. 00 (20 A 53), OLG. Marienwerder 12. 12. 02 Rspr. 6. 195.

3. Vgl. hierzu § 30 der Bekanntm. v. 1. 7. 99 (Anh. II).

4. Hierzu bestimmt § 136:

Bevor der erste Geschäftsanteil erreicht ist, darf die Beteiligung des Genossen auf einen zweiten Geschäftsanteil seitens der Genossenschaft nicht zugelassen werden. Das Gleiche gilt von der Zulassung zu jedem weiteren Geschäftsanteile.

5. Die Eintragung in die Genossenliste hat, auch wenn den Vorschriften des § 137 zuwidergehandelt ist, konstitutive Wirkung, OLG. Marienwerder 12. 12. 02 Rspr. 6, 195.

6. Vgl. oben S. 274.

7. Der Erwerber des Geschäftsguthabens eines Ausscheidenden auf mehrere Geschäftsanteile beteiligten Genossen kann, sofern er als neuer Genosse an Stelle des Ausscheidenden mit ebenso vielen Geschäftsanteilen wie dieser beteiligt sein will, nicht ohne die schriftliche Versicherung des Vorstandes eingetragen werden, daß die dem letzten Geschäftsanteile vorangehenden Anteile des Erwerbers erreicht seien, OLG. München 17. 3. 05 KGJ. 30 A 309. Ein mit mehreren Geschäftsanteilen beteiligter Genosse kann nur sein ganzes Geschäftsguthaben unter Austritt aus der Genossenschaft, nicht aber einen oder einige dieser Geschäftsanteile mit der Wirkung übertragen, daß er mit dem Reste an der Genossenschaft beteiligt bleibt, KGJ. 15, 57.

e) Veröffentlichungen.

§ 139 GenG.

Mit der Bilanz eines jeden Geschäftsjahres ist außer den im § 33 vorgesehenen Angaben über die Zahl der Genossen der Gesamtbetrag, um welchen in diesem Jahre die Geschäftsguthaben, sowie die Haftsummen der Genossen sich vermehrt oder vermindert haben, und der Betrag der Haftsummen zu veröffentlichen, für welche am Jahresschluß alle Genossen zusammen aufzukommen haben.

Umwandlung.

§ 143 GenG.

Eine Genossenschaft mit unbeschränkter Haftpflicht kann sich in eine solche mit unbeschränkter

Nachschußpflicht nur unter Beobachtung der Bestimmungen umwandeln, welche für die Verteilung des Genossenschaftsvermögens im Falle der Auflösung maßgebend sind (§ 82 Abs. 2, § 90 Abs. 1 bis 3).[1])

Dasselbe gilt von der Umwandlung einer Genossenschaft mit unbeschränkter Haftpflicht oder mit unbeschränkter Nachschußpflicht in eine solche mit beschränkter Haftpflicht.[2])

Die Vorschriften im § 133 Abs. 2[3]) finden entsprechende Anwendung.

1. Vgl. oben S. 277, 280, 281.

2. Ueber den Inhalt der erforderlichen Bekanntmachung vgl. KG. 6. 6. 00 (20 A 271) und § 17 der Bekanntm. v. 1. 7. 99 (Anh. II).

3. Vgl. oben S. 284.

Anhang II.

Bekanntmachung, betreffend die Führung des Genossenschaftsregisters und die Anmeldungen zu diesem Register.

Vom 1. Juli 1899. (RGBl. S. 347 ff.)

Auf Grund des § 161 Abs. 1 des Gesetzes, betreffend die Erwerbs- und Wirtschaftsgenossenschaften (Reichs-Gesetzbl. 1898 S. 810), hat der Bundesrat beschlossen, daß vom 1. Januar 1900 ab an die Stelle der §§ 3 bis 17 und der §§ 19 bis 35 der Bestimmungen über die Führung des Genossenschaftsregisters und die Anmeldung zu demselben (Reichs-Gesetzbl. 1889 S. 150) die folgenden Vorschriften treten:

I. Allgemeines.

Obliegenheiten des Richters und des Gerichtsschreibers.

§ 1. Die Obliegenheiten des Richters und des Gerichtsschreibers bei der Führung des Genossenschaftsregisters und der Liste der Genossen sowie bei den auf die Eintragungen bezüglichen Verhandlungen bestimmen sich, soweit nicht durch Reichsgesetz oder durch diese Vorschriften besondere Anordnungen getroffen sind, nach den in den einzelnen Bundesstaaten für das Handelsregister geltenden Vorschriften.

Eintragungs-Verfügung.

§ 2. Die Eintragungen in das Genossenschaftsregister und in die Liste der Genossen erfolgen auf Grund einer Verfügung des Registergerichts. Werden die Geschäfte des Registerführers nicht von einem Richter wahrgenommen, so soll die Verfügung für das Genossenschaftsregister den Wortlaut, für die Liste der Genossen den Inhalt der Eintragungen feststellen.

Die Eintragungen sind unverzüglich zu bewirken. Die erfolgte Eintragung ist bei der gerichtlichen Verfügung zu vermerken.

Benachrichtigung der Beteiligten.

§ 3. Von jeder Eintragung in das Genossenschaftsregister oder in die Liste der Genossen ist dem Vorstand oder den Liquidatoren Nachricht zu geben. Das Gleiche gilt von der Ablehnung einer beantragten Eintragung.

Diese Benachrichtigungen sowie die in den Fällen der §§ 15, 72, 76, 77, 137 des Gesetzes weiter vorgeschriebenen Benachrichtigungen von Genossen und von Gläubigern oder Erben eines Genossen können ohne Förmlichkeiten, insbesondere durch einfache Postsendung erfolgen. Für die Benachrichtigungen über Eintragungen in die Liste der Genossen sind Formulare zu verwenden, deren Ausfüllung dem Gerichtsschreiber obliegt; die Benachrichtigung ist in der Regel mittelst einer Postkarte zu bewirken, auf deren Rückseite sich das Formular befindet.

Wird eine Eintragung abgelehnt, so sind die Gründe der Ablehnung mitzuteilen.

Bekanntmachung der Registereintragungen.

§ 4. Die öffentliche Bekanntmachung einer Eintragung in das Genossenschaftsregister (Gesetz § 156; Handelsgesetzbuch § 10) ist zu veranlassen, sobald die

Eintragung bewirkt ist und ohne daß eine andere Eintragung abgewartet werden darf.

§ 5. Für die Bekanntmachungen aus dem Genossenschaftsregister können neben dem Deutschen Reichsanzeiger andere als die für die Bekanntmachungen aus dem Handelsregister dienenden Blätter bestimmt werden. Hinsichtlich der Bekanntmachung der hiernach bestimmten Blätter finden die Vorschriften entsprechende Anwendung, welche für die Bekanntmachung der zu den Veröffentlichungen aus dem Handelsregister benutzten Blätter gelten.

Hört eines der Blätter im Laufe des Jahres zu erscheinen auf, so hat das Gericht unverzüglich ein anderes Blatt zu bestimmen.

Bei kleineren Genossenschaften, für welche gemäß § 156 des Gesetzes neben dem Reichsanzeiger nur ein anderes Blatt zu bestimmen ist, hat die Auswahl dieses Blattes hauptsächlich mit Rücksicht auf die Verbreitung im Gerichtsbezirke zu erfolgen. Bei der Entscheidung, ob eine Genossenschaft zu den kleineren Genossenschaften zu rechnen ist, hat das Registergericht sowohl die Zahl der vorhandenen Mitglieder und die Größe des Genossenschaftsvermögens als die Art und den Umfang des Geschäftsbetriebs zu berücksichtigen.

Die Bekanntmachungen im Deutschen Reichsanzeiger sind in einem bestimmten Teile des Blattes zusammenzustellen.

Form der Anmeldungen sowie der sonstigen Anzeigen, Erklärungen und Einreichungen.

§ 6. Die Vorschrift, daß Anmeldungen zum Genossenschaftsregister durch sämtliche Mitglieder des Vorstandes oder durch sämtliche Liquidatoren persönlich zu bewirken oder in beglaubigter Form einzureichen sind (Gesetz § 157 Abs. 1), gilt nur von den Anmeldungen, welche in dem Gesetz als solche ausdrücklich bezeichnet sind.

Dahin gehören:

1. die Anmeldung des Statuts (Gesetz §§ 10, 11);
2. die Anmeldung von Abänderungen des Statuts (Gesetz § 16) einschließlich der Anmeldung einer Herabsetzung der Haftsumme und der Umwandlung einer Genossenschaft nebst den von dem Vorstande hierbei abzugebenden Versicherungen (Gesetz §§ 133, 143, 144);
3. die Anmeldung einer Zweigniederlassung (Gesetz § 14) oder der Aufhebung einer solchen;
4. die Anmeldung der Bestellung, des Ausscheidens oder der vorläufigen Enthebung von Vorstandsmitgliedern und Liquidatoren (Gesetz §§ 10, 11, 28, 84, § 85 Abs. 2);
5. die Anmeldung der Auflösung einer Genossenschaft in den Fällen der §§ 78, 79 des Gesetzes.

Die Anmeldung durch einen Bevollmächtigten ist ausgeschlossen.

§ 7. Für die sonstigen Anzeigen und Erklärungen, die zum Genossenschaftsregister oder zur Liste der Genossen zu bewirken sind, bedarf es weder der Mitwirkung sämtlicher Vorstandsmitglieder oder Liquidatoren noch, soweit nicht ein anderes vorgeschrieben ist, der beglaubigten Form (zu vergl. Gesetz § 33 Abs. 2, § 63 Abs. 2, § 89).

Sind jedoch solche Anzeigen oder Erklärungen mit rechtlicher Wirkung für die Genossenschaft verbunden, so müssen sie in der für die Willenserklärungen des Vorstandes oder der Liquidatoren vorgeschriebenen Form, insbesondere unter Mitwirkung der hiernach erforderlichen Zahl von Vorstandsmitgliedern oder Liquidatoren erfolgen (Gesetz §§ 25, 85). Dahin gehören die sämtlichen Einreichungen, Anzeigen und Versicherungen, die bezüglich des Beitritts und des Ausscheidens von Genossen sowie bezüglich der Beteiligung von Genossen auf weitere Geschäftsanteile von dem Vorstande zur Liste der Genossen zu bewirken sind (Gesetz § 15 Abs. 2, § 69, § 71 Abs. 2, § 76 Abs. 2, § 77 Abs. 2, § 137 Abs. 2, § 138).

Die Einreichungen und Anzeigen können persönlich bei dem Gericht oder schriftlich mittelst Einsendung bewirkt werden. Im ersteren Falle wird über den Vorgang ein Vermerk unter Bezeichnung der erschienenen Vorstandsmitglieder oder Liquidatoren aufgenommen; im Falle schriftlicher Einreichung ist die ordnungsmäßige Zeichnung durch den Vorstand oder die Liquidatoren erforderlich.

Beglaubigung.

§ 8. Ist für eine Erklärung die beglaubigte Form erforderlich (§ 6 und § 36 Abs. 1 dieser Vorschriften, § 71 Abs. 2 des Gesetzes), so können außer den Notaren und den sonst zuständigen Behörden und Beamten auch der Gemeindevorsteher sowie die Polizeibehörde die Beglaubigung der Unterschriften bewirken.

In den Fällen, in welchen die Abschrift einer Urkunde zum Genossenschaftsregister oder zur Liste der Genossen einzureichen ist, genügt, sofern nicht ein anderes vorgeschrieben ist, eine einfache Abschrift (Gesetz § 11 Abs. 2 Nr. 3, § 28, § 69 Abs. 2). Ist die Einreichung einer beglaubigten Abschrift vorgeschrieben, so hat die Beglaubigung durch eine zuständige Behörde oder einen zuständigen Beamten oder Notar zu erfolgen (§ 14 Abs. 2, § 58, § 66 Abs. 2, § 69 Abs. 1 des Gesetzes, § 31 Nr. 2, 5 dieser Vorschriften).

Löschungen von Amts wegen.

§ 9. Soll eine Eintragung im Genossenschaftsregister von Amts wegen gelöscht werden, weil sie wegen Mangels einer wesentlichen Voraussetzung unzulässig war (Gesetz über die Angelegenheiten der freiwilligen Gerichtsbarkeit §§ 142, 143), so erfolgt die Löschung durch Eintragung des Vermerkes: „Von Amts wegen gelöscht".

Die für die Löschung unzulässiger Eintragungen im Genossenschaftsregister maßgebenden Vorschriften finden auch auf die Liste der Genossen Anwendung.

Gegenstandslos gewordene Eintragungen.

§ 10. Eine Eintragung in das Genossenschaftsregister oder in die Liste der Genossen, die durch eine spätere Eintragung ihre Bedeutung verloren hat, ist rot zu unterstreichen oder in einer ihre Leserlichkeit nicht beeinträchtigenden Weise zu durchstreichen.

Kosten.

§ 11. Für die Eintragungen in das Genossenschaftsregister oder in die Liste der Genossen mit Einschluß der Vormerkungen sowie für die Verhandlung und Entscheidung erster Instanz über Anträge auf solche Eintragungen werden Gebühren nicht erhoben; die Erhebung von Auslagen findet nach §§ 79, 80 und 80 b des Gerichtskostengesetzes statt (Gesetz § 159). Für die Benachrichtigungen über Eintragungen in die Liste der Genossen werden Schreibgebühren nicht erhoben.

II. Eintragungen in das Genossenschaftsregister.

Einrichtung des Registers.

§ 12. Das Genossenschaftsregister wird nach dem in den einzelnen Bundesstaaten vorgeschriebenen Formulare geführt.

Jede Genossenschaft ist auf einem besonderen Blatte des Registers einzutragen; die für spätere Eintragungen noch erforderlichen Blätter sind freizulassen.

Registerakten.

§ 13. Für jede in das Register eingetragene Genossenschaft werden besondere Akten gehalten.

In die Registerakten sind aufzunehmen die zur Eintragung in das Register bestimmten Anmeldungen nebst den ihnen beigefügten Schriftstücken, insbesondere den Zeichnungen von Unterschriften, die sonstigen dem Gericht eingereichten Urkunden und Belege, soweit sie sich nicht auf die Liste der Genossen beziehen (§ 27 Abs. 4), ferner die gerichtlichen Verfügungen sowie die Mitteilungen anderer Behörden und die Nachweise über die Bekanntmachungen.

Inhalt der Eintragung.

§ **14.** Jeder Eintragung ist außer der Angabe des Tages der Eintragung und der Unterschrift des Registerführers eine Verweisung auf die Stelle der Registerakten beizufügen, wo sich die zu Grunde liegende gerichtliche Verfügung (§ 2 dieser Vorschriften) befindet.

Eintragung des Statuts.

§ **15.** Vor der Eintragung des Statuts (Gesetz §§ 10 bis 12) hat das Gericht zu prüfen, ob das Statut den Vorschriften des Gesetzes genügt, insbesondere ob die in dem Statute bezeichneten Zwecke der Genossenschaft den Voraussetzungen des § 1 des Gesetzes entsprechen und ob das Statut die erforderlichen Bestimmungen (Gesetz §§ 6, 7, § 36 Abs. 1 Satz 2, § 131 Abs. 2 Satz 1) enthält.

Die Eintragung des Statuts in das Register erfolgt durch Aufnahme eines Auszugs. Der Auszug hat die im § 12 Abs. 2, 4 des Gesetzes bezeichneten Angaben, bei Genossenschaften mit beschränkter Haftpflicht auch die Höhe der Haftsumme und im Falle des § 134 des Gesetzes die höchste Zahl der Geschäftsanteile, auf welche ein Genosse sich beteiligen kann, zu enthalten.

Die Urschrift des Statuts (Gesetz § 11 Abs. 2 Nr. 1) ist zu den Akten zu nehmen; in dem Register ist auf die Stelle der Akten, wo das Statut sich befindet, zu verweisen.

Eintragung von Abänderungen des Statuts.

§ 16. Beschlüsse der Generalversammlung, die eine Abänderung der im § 15 Abs. 2 dieser Vorschriften bezeichneten Bestimmungen des Statuts oder die Fortsetzung einer auf bestimmte Zeit beschränkten Genossenschaft zum Gegenstande haben, werden nach ihrem Inhalte, Beschlüsse, die eine sonstige Abänderung des Statuts betreffen, nur unter allgemeiner Bezeichnung des Gegenstandes eingetragen (Gesetz § 16).

Die eine der mit der Anmeldung eingereichten Abschriften des Beschlusses (Gesetz § 16 Abs. 3 Satz 1) ist zu den Akten zu nehmen; in dem Register ist auf die Stelle der Akten, wo die Abschrift sich befindet, zu verweisen.

insbesondere der Umwandlung einer Genossenschaft und der Herabsetzung der Haftsumme.

§ 17. Im Falle der Umwandlung einer Genossenschaft (Gesetz §§ 143, 144) ist außer dem Umwandlungsbeschluß auch die durch den Beschluß bedingte Aenderung der Firma (Gesetz §§ 2, 3) und bei der Umwandlung in eine Genossenschaft mit beschränkter Haftpflicht die Höhe der Haftsumme, sowie im Falle des § 134 des Gesetzes die höchste Zahl der Geschäftsanteile, auf welche ein Genosse sich beteiligen kann, einzutragen.

In den im § 143 des Gesetzes bezeichneten Umwandlungsfällen sowie im Falle einer Herabsetzung der Haftsumme bei einer Genossenschaft mit beschränkter Haftpflicht (§ 133 daselbst) sind mit der Anmeldung des Beschlusses die Belege über die vorgeschriebenen Bekanntmachungen des Beschlusses einzureichen; zugleich haben die sämtlichen Mitglieder des Vorstandes die im § 133 Abs. 2 des Gesetzes vorgesehene schriftliche Versicherung abzugeben. Die Eintragung darf nur stattfinden, wenn zwischen der letzten der bezeichneten Bekanntmachungen und der Anmeldung ein Jahr verstrichen ist.

Im übrigen finden die Vorschriften des § 16 Anwendung.

Eintragungen in Ansehung der Mitglieder des Vorstandes.

§ 18. Die Anmeldung und Eintragung der Vorstandsmitglieder (Gesetz § 10 Abs. 1, § 28) hat mit dem Beginn ihres Amtes zu erfolgen. Dasselbe gilt für den Fall der Bestellung von Stellvertretern behinderter Vorstandsmitglieder (Gesetz § 35). Bei der Eintragung sind die Vorstandsmitglieder nach Familiennamen, Vornamen, Beruf und Wohnort anzugeben.

Die Beendigung der Vertretungsbefugnis eines Vorstandsmitgliedes ist alsbald nach dem Ausscheiden des Mitglieds aus dem Vorstand anzumelden und einzutragen. Als Beendigung der Vertretungsbefugnis gilt auch eine vorläufige Enthebung durch den Aufsichtsrat (Gesetz § 40).

Eine Beschränkung der Vertretungsbefugnis des Vorstandes kann nicht eingetragen werden.

Eintragung von Zweigniederlassungen.

§ 19. Die Errichtung einer Zweigniederlassung außerhalb des Gerichtsbezirkes der Hauptniederlassung ist bei dem Gericht, in dessen Bezirke die erstere sich befindet, gemäß § 14 des Gesetzes zur Eintragung anzumelden. Die Eintragung erfolgt nicht, bevor die Eintragung der Hauptniederlassung nachgewiesen ist.

Von der bewirkten Eintragung der Zweigniederlassung hat das Gericht dem Gericht der Hauptniederlassung Mitteilung zu machen. Auf Grund dieser Mitteilung wird die Errichtung der Zweigniederlassung im Register der Hauptniederlassung vermerkt (Gesetz über die Angelegenheiten der freiwilligen Gerichtsbarkeit §§ 131, 147).

Die bei dem Gerichte der Hauptniederlassung zu bewirkenden Anmeldungen und Einreichungen zum Genossenschaftsregister haben mit Ausnahme des Falles der Auflösung der Genossenschaft in der gleichen Weise auch bei dem Gerichte jeder Zweigniederlassung zu erfolgen (Gesetz § 157 Abs. 2).

Im Falle der Auflösung der Genossenschaft hat das Gericht der Hauptniederlassung von der in seinem Register bewirkten Eintragung unverzüglich zu dem Genossenschaftsregister einer jeden Zweigniederlassung Mitteilung zu machen; auf Grund dieser Mitteilung wird die Auflösung im Register der Zweigniederlassung vermerkt. Das Gleiche gilt im Falle der Konkurseröffnung sowie im Falle einer von Amts wegen im Register der Hauptniederlassung bewirkten Löschung (§§ 9, 22, 23 dieser Vorschriften).

Wird abgesehen von den Fällen der Auflösung und der Nichtigkeit der Genossenschaft eine Zweigniederlassung aufgehoben, so ist dies in der gleichen Weise, wie die Errichtung, bei dem Gerichte der Zweigniederlassung zur Eintragung anzumelden und auf Grund der Mitteilung dieses Gerichts über die bewirkte Eintragung im Register der Hauptniederlassung zu vermerken (Gesetz über die Angelegenheiten der freiwilligen Gerichtsbarkeit §§ 131, 147).

Wird eine Zweigniederlassung in dem Gerichtsbezirk errichtet, welchem die Hauptniederlassung angehört, so ist nur die Errichtung und der Ort der Zweigniederlassung durch den Vorstand anzumelden und in dem Register bei der Hauptniederlassung einzutragen. Diese Vorschrift findet im Falle der Aufhebung entsprechende Anwendung.

Eintragung der Auflösung.

§ **20.** Die Eintragung der Auflösung einer Genossenschaft in das Register der Hauptniederlassung erfolgt

1. in den Fällen der §§ 78 und 79 des Gesetzes auf Grund der Anmeldung des Vorstandes,
2. in den übrigen Fällen von Amts wegen, und zwar in dem Falle des § 80 nach Eintritt der Rechtskraft des von dem Registergericht erlassenen Auflösungsbeschlusses, in dem Falle des § 81 auf Grund der von der zuständigen Verwaltungsgerichts- oder Verwaltungsbehörde erster Instanz dem Registergerichte mitgeteilten rechtskräftigen Entscheidung, durch welche die Auflösung ausgesprochen ist, im Falle der Eröffnung des Konkursverfahrens auf Grund der Mitteilung des Gerichtsschreibers des Konkursgerichts (Konkursordnung § 112); in dem letzteren Falle unterbleibt die Veröffentlichung der Eintragung (Gesetz § 102).

In allen Fällen der Auflösung, außer dem Falle der Eröffnung des Konkursverfahrens, sind die Liquidatoren von dem Vorstand anzumelden. Dies gilt auch dann, wenn die Liquidation durch die Mitglieder des Vorstandes als Liquidatoren erfolgt (Gesetz §§ 83, 84). Sind die Liquidatoren durch das Gericht ernannt, so geschieht die Eintragung der Ernennung und der Abberufung von Amts wegen (Gesetz § 84 Abs. 2).

Ist über die Form, in welcher die Liquidatoren ihre Willenserklärungen kundzugeben und für die Genossenschaft zu zeichnen haben, insbesondere über die Zahl der Liquidatoren, welche dabei mitwirken müssen, eine Bestimmung getroffen, so ist auch diese anzumelden und einzutragen (Gesetz § 85).

Im übrigen finden die auf den Vorstand bezüglichen Vorschriften des § 18 entsprechende Anwendung.

§ 21. Sobald mit der vollständigen Verteilung des Genossenschaftsvermögens die Liquidation beendigt ist, haben die Liquidatoren die Beendigung ihrer Vertretungsbefugnis zur Eintragung anzumelden.

Die Aufhebung oder Einstellung des Konkursverfahrens (Konkursordnung §§ 163, 205, Gesetz § 116) ist auf Grund der Mitteilung des Gerichtsschreibers des Konkursgerichts im Genossenschaftsregister zu vermerken.

Eintragung der Nichtigkeit der Genossenschaft.

§ 22. Soll eine Genossenschaft von Amts wegen als nichtig gelöscht werden, so ist in der Verfügung, welche nach § 142 Abs. 2, § 147 Abs. 2, 4 des Gesetzes über die Angelegenheiten der freiwilligen Gerichtsbarkeit der Genossenschaft zugestellt wird, ausdrücklich darauf hinzuweisen, daß der Mangel bis zur Löschung durch Beschluß der Generalversammlung gemäß §,95 Abs. 2 bis 4 des Genossenschaftsgesetzes geheilt werden kann.

Die Löschung erfolgt durch Eintragung eines Vermerkes, der die Genossenschaft als nichtig bezeichnet. Das Gleiche gilt in dem Falle, daß die Genossenschaft durch rechtskräftiges Urteil für nichtig erklärt ist (Gesetz §§ 94, 96).

Im übrigen finden die Vorschriften des § 20 Abs. 2 bis 4 und des § 21 Abs. 1 entsprechende Anwendung.

Eintragung der Nichtigkeit von Beschlüssen der Generalversammlung.

§ 23. Soll ein eingetragener Beschluß der Generalversammlung von Amts wegen als nichtig gelöscht werden (Gesetz über die Angelegenheiten der freiwilligen Gerichtsbarkeit § 147 Abs. 3, 4), so erfolgt die Löschung durch Eintragung eines Vermerkes, der den Beschluß als nichtig bezeichnet. Das gleiche gilt, wenn der Beschluß durch rechtskräftiges Urteil für nichtig erklärt ist (Gesetz § 51 Abs. 5).

Berichtigung von Schreibfehlern.

§ 24. Schreibfehler und ähnliche offenbare Unrichtigkeiten, die in einer Eintragung vorkommen, sind von dem Gerichte zu berichtigen, ohne daß es einer vorgängigen Benachrichtigung der Genossenschaft bedarf. Die Berichtigung erfolgt durch Eintragung eines Vermerkes.

§ 25. Das Genossenschaftsregister ist dauernd aufzubewahren.

Die Registerakten (§ 13) können nach Ablauf von dreißig Jahren seit der Eintragung einer der im § 21 bezeichneten Tatsachen vernichtet werden.

III. Die Eintragungen in die Liste der Genossen.

Oeffentlichkeit der Liste.

§ 26. Die Einsicht der Liste der Genossen ist jedem gestattet (Gesetz § 12 Abs. 3).

Die Vorschriften des § 9 Abs. 2, 3 des Handelsgesetzbuchs über die Erteilung von Abschriften und Bescheinigungen aus dem Handelsregister und aus den zu dem Handelsregister eingereichten Schriftstücken finden auch auf die Liste der Genossen und auf die zu der Liste eingereichten Schriftstücke Anwendung.

Einrichtung der Liste.

§ 27. Die Liste der Genossen wird für jede in das Register eingetragene Genossenschaft nach dem anliegenden Formulare geführt. Sie bildet eine besondere Beilage zum Genossenschaftsregister.

Auf dem Titelblatte der Liste sind die Firma und der Sitz der Genossenschaft sowie Beginn und Ende des Geschäftsjahres (Gesetz § 8 Abs 1 Nr. 3, § 12 Abs. 1 Nr. 6) anzugeben.

Bei jeder Eintragung ist der Tag der Eintragung anzugeben; eine Unterzeichnung der Eintragung ist nicht erforderlich.

Die Anträge, Schriftstücke und Verfügungen, auf Grund deren die Eintragung stattfindet, sind mit der laufenden Nummer, unter welcher der Genosse in die Liste eingetragen ist, zu versehen und, nach Jahrgängen gesammelt, aufzubewahren.

Liste der Zweigniederlassung.

§ 28. Eine Liste der Genossen wird auch bei jedem Gerichte geführt, in dessen Register eine Zweigniederlassung der Genossenschaft eingetragen ist. Die Eintragungen in diese Liste erfolgen nicht auf Grund unmittelbarer Anzeigen oder Anträge der Beteiligten, sondern auf Grund der von dem Gerichte der Hauptniederlassung dem Gerichte der Zweigniederlassung gemachten Mitteilungen über die in der Hauptliste bewirkten Eintragungen (Gesetz § 158 Abs. 1).

Eintragung des Beitritts.

§ 29. In den Spalten 1 bis 4 werden die Mitglieder der Genossenschaft unter laufenden Nummern nach Familiennamen, Vornamen, Beruf und Wohnort eingetragen.

Als erste Mitglieder einer zur Eintragung angemeldeten Genossenschaft sind die Unterzeichner des Statuts einzutragen. Es ist darauf zu achten, daß diese auch in der mit der Anmeldung des Statuts von dem Vorstand eingereichten besonderen Liste (Gesetz § 11 Abs. 2 Nr. 2) aufgeführt sind.

Bei der Eintragung eines Genossen, der nach der Anmeldung des Statuts der Genossenschaft beitritt, hat das Gericht zu prüfen, ob die Beitrittserklärung (Gesetz § 15) die Unterschrift des Genossen trägt, eine unbedingte ist und bei Genossenschaften mit unbeschränkter Haftpflicht oder unbeschränkter Nachschußpflicht die in den §§ 120, 127 des Gesetzes vorgeschriebene Bemerkung enthält, sowie ob die Einreichung ordnungsmäßig durch den Vorstand erfolgt ist (§ 7 dieser Vorschriften).

Auf die Echtheit der Unterschrift und die Wirksamkeit der Beitrittserklärung erstreckt sich die Prüfung des Gerichts nicht; vielmehr bleibt es im allgemeinen den Beteiligten überlassen, Mängel in dieser Richtung im Wege der Klage geltend zu machen. Eine Ablehnung der Eintragung aus solchen Gründen ist jedoch nicht ausgeschlossen, falls die Unwirksamkeit der Beitrittserklärung, ohne daß es weiterer Ermittelungen bedarf, aus den dem Gerichte bekannten Tatsachen sich als zweifellos ergibt.

Bei der Benachrichtigung des Genossen und des Genossenschaftsvorstandes über die Vornahme der Eintragung (Gesetz § 15 Abs. 4, oben § 3) ist die laufende Nummer, unter welcher die Eintragung bewirkt ist, anzugeben.

Eintragung weiterer Geschäftsanteile.

§ **30.** Die Spalten 5 und 6 dienen zur Eintragung der weiteren Geschäftsanteile bei solchen Genossenschaften mit beschränkter Haftpflicht, deren Statut die Beteiligung der Genossen auf mehr als einen Geschäftsanteil gestattet (Gesetz §§ 134 bis 137). Der erste Geschäftsanteil wird nicht eingetragen.

Die Eintragung erfolgt auf Grund der von dem Vorstand eingereichten Beteiligungserklärung des Genossen und der schriftlichen Versicherung des Vorstandes, daß die übrigen Geschäftsanteile des Genossen erreicht seien.

Bei der Einreichung der Urkunden ist die Nummer, unter welcher der Genosse in die Liste eingetragen ist, anzugeben.

Hinsichtlich der Prüfung der Urkunden finden die Vorschriften des § 29 Abs. 3, 4 entsprechende Anwendung.

Bei anderen, als den im Abs. 1 bezeichneten Genossenschaften ist die fünfte und sechste Spalte der Liste mit

Rücksicht auf die Möglichkeit einer späteren Umwandlung der Genossenschaft offen zu lassen.

Einreichung der Urkunden im Falle des Ausscheidens von Genossen.

§ 31. Die Eintragung des Ausscheidens von Genossen erfolgt auf Grund der vom Vorstand eingereichten Urkunden. Diese sind:

1. im Falle der Aufkündigung eines Genossen (Gesetz §§ 65, 69) die Kündigungserklärung des Genossen und die schriftliche Versicherung des Vorstandes, daß die Aufkündigung rechtzeitig erfolgt sei;
2. im Falle der Aufkündigung des Gläubigers eines Genossen (Gesetz §§ 66, 69) die Kündigungserklärung des Gläubigers und die in Nr. 1 bezeichnete Versicherung des Vorstandes, außerdem beglaubigte Abschrift des rechtskräftigen Urteils oder sonstigen Schuldtitels und des Beschlusses, durch welchen das Geschäftsguthaben des Genossen für den Gläubiger gepfändet und diesem überwiesen ist, sowie des Protokolls des Gerichtsvollziehers oder der sonstigen Urkunden, aus denen sich die Fruchtlosigkeit einer innerhalb der letzten sechs Monate vor der Pfändung und Ueberweisung des Geschäftsguthabens gegen den Genossen versuchten Zwangsvollstreckung ergibt;
3. im Falle der Aufgabe des Wohnsitzes eines Genossen bei Genossenschaften, deren Statut die Mitgliedschaft an den Wohnsitz innerhalb eines bestimmten Bezirkes knüpft (Gesetz § 8 Abs. 1 Nr. 2, §§ 67, 69), die Austrittserklärung des Genossen oder Abschrift der an den Genossen gerichteten Erklärung, mit welcher die Genossenschaft das Ausscheiden des Genossen verlangt hat, sowie

eine Bescheinigung der Polizei- oder Gemeindebehörde über den Wegzug aus dem Bezirke;

4. im Falle der Ausschließung eines Genossen aus der Genossenschaft (Gesetz §§ 68, 69) Abschrift des Ausschließungsbeschlusses;
5. im Falle der Uebertragung des Geschäftsguthabens (Gesetz §§ 76, 138) die zwischen dem Ausscheidenden und dem Erwerber des Guthabens wegen der Uebertragung geschlossene Uebereinkunft oder eine beglaubigte Abschrift der Uebereinkunft und,

   falls der Erwerber bereits Mitglied der Genossenschaft ist, die schriftliche Versicherung des Vorstandes, daß das bisherige Geschäftsguthaben des Erwerbers mit dem ihm zuzuschreibenden Betrage den Geschäftsanteil oder — im Falle des § 138 des Gesetzes — die der höchsten Zahl der Geschäftsanteile entsprechende Gesamtsumme nicht übersteigt,

   falls der Erwerber des Guthabens noch nicht Mitglied der Genossenschaft ist, seine vorschriftsmäßige Beitrittserklärung;
6. im Falle des Todes eines Genossen (Gesetz § 77) eine Anzeige des Sterbefalls; als solche genügt eine von den Angehörigen des Verstorbenen veröffentlichte oder der Genossenschaft erstattete Anzeige und mangels einer solchen die Erklärung des Genossenschaftsvorstandes, daß der Todesfall eingetreten sei.

Zeit der Einreichung.

§ **32.** In den Fällen der Aufkündigung des Genossen oder des Gläubigers eines Genossen hat die Einreichung der Urkunden durch den Vorstand spätestens sechs Wochen vor dem Schlusse des Geschäftsjahres (Gesetz § 69 Abs. 1) zu erfolgen. Die Einreichung der im Laufe des Geschäftsjahrs erfolgten Aufkündigungen kann bis zu dem bezeichneten Zeitpunkt aufgeschoben und zusammen bewirkt werden.

Dasselbe gilt in den Fällen der Austrittserklärung wegen Aufgabe des Wohnsitzes und der Ausschließung; sind jedoch diese Tatsachen erst in den letzten sechs Wochen des Geschäftsjahrs eingetreten, so ist die Einreichung unverzüglich zu bewirken.

In den Fällen der Uebertragung des Geschäftsguthabens und des Todes eines Genossen hat die Einreichung durch den Vorstand unverzüglich zu erfolgen.

Bei der Einreichung der Urkunden ist die Nummer, unter welcher der ausscheidende Genosse in die Liste eingetragen ist, anzugeben.

Hinsichtlich der Prüfung der Urkunden finden die Vorschriften des § 29 Abs. 3, 4 entsprechende Anwendung.

Eintragung des Ausscheidens.

§ **33.** Das Ausscheiden von Genossen wird in den Spalten 7 bis 9 der Liste eingetragen.

Außer der das Ausscheiden begründenden Tatsache (§ 31 Nr. 1 bis 6) ist in den Fällen der Aufkündigung, des Wegzugs aus dem Bezirk und der Ausschließung in der Spalte 8 zugleich der Jahresschluß, zu welchem die Aufkündigung, Austrittserklärung oder Ausschließung erfolgt ist, zu vermerken.

Im Falle der Uebertragung des Geschäftsguthabens ist in der Spalte 8 außer der Uebertragung die Person des Erwerbers und die laufende Nummer, unter welcher er in die Liste eingetragen ist oder eingetragen wird, anzugeben. Ist der Erwerber noch nicht Genosse, so darf die Uebertragung nur gleichzeitig mit dem Beitritte des Erwerbers eingetragen werden.

Im Falle des Todes eines Genossen ist der Zeitpunkt des Todes zu vermerken.

§ **34.** Der Tag des Ausscheidens wird in der Spalte 9 eingetragen. Da mit den im Gesetze bestimmten Ausnahmen das Ausscheiden nur zum Schlusse eines Geschäftsjahrs und nur nach erfolgter Eintragung wirksam wird, so kann als Zeitpunkt des Ausscheidens regelmäßig nur der letzte Tag des Geschäftsjahres, in welchem die Eintragung stattfindet, eingetragen werden.

Soll nach den eingereichten Urkunden das Ausscheiden nicht zum Schlusse des laufenden, sondern eines späteren Geschäftsjahrs stattfinden, so ist dieser spätere Zeitpunkt einzutragen.

Wird die Einreichung der Urkunden oder die Eintragung selbst erst nach dem Jahresschlusse, mit welchem das Ausscheiden stattfinden sollte, bewirkt, so kann es erst mit dem nächsten Jahresschlusse wirksam werden; in diesem Falle ist deshalb der letztere Zeitpunkt als Tag des Ausscheidens in die Liste einzutragen. Eine Ausnahme gilt für die Eintragung des Ausscheidens bei Todesfällen, indem hier das Ausscheiden des Erben nicht von der vorgängigen Eintragung in die Liste abhängig ist (Gesetz § 77). Auch bei verspäteter Einreichung der Todesanzeige ist deshalb der letzte Tag desjenigen Geschäftsjahrs, in welchem der Todesfall eingetreten ist, als Zeitpunkt des Ausscheidens einzutragen.

Auf den Fall des Ausscheidens durch Uebertragung des Geschäftsguthabens finden die vorstehenden Bestimmungen keine Anwendung. In diesem Falle wird das Ausscheiden unmittelbar durch die Eintragung wirksam; der Tag der letzteren ist deshalb auch der Zeitpunkt des Ausscheidens und als solcher in der Liste zu vermerken.

Eintragung von Vormerkungen.

§ **35.** Vormerkungen zur Sicherung des Ausscheidens (Gesetz § 71) werden in den Spalten 7 und 8 eingetragen. Die Eintragung erfolgt auf Antrag des Genossen, welcher das Ausscheiden beansprucht, im Falle des § 66 des Gesetzes auf Antrag des Gläubigers des Genossen. Die Tatsachen, auf welche der Anspruch gegründet wird (rechtzeitig bewirkte Aufkündigung, Uebertragung des Geschäftsguthabens, Tod des Erblassers usw.), sind anzugeben; des Nachweises oder der Glaubhaftmachung bedarf es nicht.

Der Zeitpunkt, zu welchem das Ausscheiden beansprucht wird, ist ebenfalls in der Spalte 8 anzugeben. Er bestimmt sich nach den Grundsätzen, welche maßgebend sein würden, wenn statt der Vormerkung das Ausscheiden selbst einzutragen wäre (§ 34). In der Spalte 9 wird der hiernach vorgemerkte Zeitpunkt erst eingetragen, wenn das Ausscheiden durch Anerkenntnis des Vorstandes oder durch rechtkräftiges Urteil festgestellt ist und dies in die Liste eingetragen wird (Gesetz § 71 Abs. 2).

Unwirksame Eintragungen; Berichtigung von Schreibfehlern.

§ **36.** Ist die Unwirksamkeit einer Eintragung durch eine übereinstimmende Erklärung des beteiligten Genossen und des Vorstandes der Genossenschaft in beglaubigter Form anerkannt oder durch rechtskräftiges Urteil festgestellt, so ist dies auf Antrag eines der beiden Teile in der letzten Spalte einzutragen.

Schreibfehler und ähnliche offenbare Unrichtigkeiten, die in einer Eintragung vorkommen, sind von dem Gerichte durch einen Vermerk in der letzten Spalte zu berichtigen.

§ **37.** Die Liste der Genossen ist dauernd aufzubewahren.

Auf die nach Jahrgängen gesammelten Anträge, Schriftstücke und Verfügungen (§ 27 Abs. 4) findet die Vorschrift des § 25 Abs. 2 entsprechende Anwendung.

Berlin, den 1. Juli 1899.

Der Reichskanzler.
Fürst zu Hohenlohe.

Anlage.

Liste der Genossen

für

....

Das Geschäftsjahr beginnt am ....
und endigt am ....

Laufende Nummer.	Genossen.			Weitere Geschäftsanteile	
	Tag der Eintragung.	Name und Beruf.	Wohnort.	Tag der Eintragung.	Zahl der weiteren Geschäftsanteile.
1.	2.	3.	4.	5.	6.
1.	4. Februar 1900	Meier, Wilhelm, Schlossermeister	Merseburg		
2.	4. Februar 1900	Böttcher, Hermann, Tischlermeister	"		
3.	15. März 1900	Kraus, Philipp, Kaufmann	"	15. Dezember 1900 1. Juni 1901	1 1 2
4.	15. März 1900	Himmelreich, Anton, Klempnermeister	"		

Ausscheiden.			
Tag der Eintragung.	Grund des Ausscheidens.	Tag des Ausscheidens.	Bemerkungen.
7.	8.	9.	10.
18. November 1902	Aufkündigung zum 31. Dezember 1902	31. Dezember 1902	
			Die Eintragung des Beitritts ist durch rechtskräftiges Urteil für unwirksam erklärt. Eingetragen am 6. Juli 1901.
7. August 1902	Gestorben am 30. Juli 1902	31. Dezember 1902	
5. Juni 1901	Uebertragung des Guthabens an .... (Nr. ....)	5. Juni 1901	

Laufende Nummer.	Genossen.			Weitere Geschäftsanteile	
	Tag der Eintragung.	Name und Beruf.	Wohnort.	Tag der Eintragung.	Zahl der weiteren Geschäftsanteile.
1.	2.	3.	4.	5.	6.
5.	15. März 1900	Kannegießer, Adolf, Auslaufer	Merseburg		
6.	15. März 1900	Müller, Hans, Landwirt	Bolzhausen	1. Mai 1901	1
7.	2. April 1900	Schulz, Eduard, Gastwirt	Merseburg		
8.	2. April 1900	Becker, Matthias, Maurermeister	"		

Ausscheiden.			Bemerkungen.
Tag der Eintragung.	Grund des Ausscheidens.	Tag des Ausscheidens.	
7.	8.	9.	10.
25. Januar 1903	Ausschließung zum 31. Dezember 1903	31. Dezember 1903	
20. Dezember 1903 4. März 1904	Vorgemerkt Kündigung zum 31. Dezember 1903 Anerkannt	 31. Dezember 1903	
20. Dezember 1902	Wegen Aufgabe des Wohnsitzes im Bezirk ausgetreten zum 31. Dezember 1902	31. Dezember 1902	

Anhang III.

Allgemeine Verfügung über die Führung des Genossenschaftsregisters vom 8. November 1899.

(JMBl. S. 334).

Artikel 1.

Die Obliegenheiten des Richters und des Gerichtsschreibers bei der Führung des Genossenschaftsregisters bestimmen sich nach den Vorschriften der §§ 1, 2, des § 3 Satz 1, der §§ 6 bis 8, des § 12 Abs. 4, des § 13 der Allgemeinen Verfügung vom 7. November 1899 über die Führung des Handelsregisters (JMBl. S. 313).

Die Vorschriften finden auf die Führung der Liste der Genossen entsprechende Anwendung.

Artikel 2.

Das Genossenschaftsregister wird nach dem nachstehend abgedruckten Formular geführt. Als Blatt (§ 12 Abs. 2 der Bekanntmachung vom 1. Juli 1899) gelten zwei gegenüberstehende Seiten des Registers.

Auf die Führung finden die §§ 18 bis 21, der § 22 Abs. 2 und die §§ 23, 25, 28 der Allgemeinen Verfügung vom 7. November 1899 entsprechende Anwendung.

Artikel 3.

1. In Spalte 1 ist die laufende Nummer der die Genossenschaft betreffenden Eintragungen anzugeben.

2. In Spalte 2 sind die Firma (einschließlich der voll auszuschreibenden zusätzlichen Bezeichnung über die Art der Haftung), der Sitz der Genossenschaft und die darauf sich beziehenden Aenderungen einzutragen. Ebendort finden die Vermerke über Zweigniederlassungen sowie die Vermerke über das Vorhandensein einer Hauptniederlassung (§ 19 der Bekanntmachung vom 1. Juli 1899) ihren Platz.

3. In Spalte 3 sind der Gegenstand des Unternehmens und die darauf sich beziehenden Aenderungen anzugeben.

4. In Spalte 4, die nur bei Genossenschaften mit beschränkter Haftpflicht zur Ausfüllung kommen kann, sind die Höhe der Haftsumme und im Falle des § 134 des Genossenschaftsgesetzes die höchste Zahl der Geschäftsanteile aufzunehmen, auf welche ein Genosse sich beteiligen kann. Eine Erhöhung oder Herabsetzung der Haftsumme ist gleichfalls hier einzutragen.

5. In Spalte 5 sind die Mitglieder der Vorstandes und deren Stellvertreter unter Angabe des Familiennamens, Vornamens, Berufs und Wohnorts einzutragen. Ebendort und in gleicher Weise sind die Liquidatoren unter der Bezeichnung als solche einzutragen.

6. In Spalte 6 sind einzutragen:

a) das Datum des Statuts;
b) die Form, in welcher die von der Genossenschaft ausgehenden Bekanntmachungen erfolgen, sowie die öffentlichen Blätter, in welche dieselben aufzunehmen sind;
c) die Zeitdauer der Genossenschaft, falls dieselbe auf eine bestimmte Zeit beschränkt ist;

d) das Geschäftsjahr, falls es, abgesehen von dem ersten, auf ein mit dem Kalenderjahr nicht zusammenfallendes Jahr oder auf eine kürzere Dauer als auf ein Jahr, bemessen ist;

e) die etwaige Bestimmung des Statuts über die Form, in welcher der Vorstand seine Willenserklärung kund gibt und für die Genossenschaft zeichnet, sowie die bei der Bestellung von Liquidatoren getroffene Bestimmung über die Form der Willenserklärung und die Zeichnung (§ 20 Abs. 3 der Bekanntmachung vom 1. Juli 1899), desgleichen etwaige Aenderungen dieser Bestimmungen;

f) jede Aenderung in den Personen des Vorstandes oder der Liquidatoren sowie die Beendigung der Vertretungsbefugnis des Vorstandes oder der Liquidatoren.

Ferner ist in Spalte 6 einzutragen jede Aenderung des Statuts (§§ 16, 17 der Bekanntmachung vom 1. Juli 1899), soweit sie nicht die in den Spalten 2 bis 4 eingetragenen Angaben betrifft.

Jeder Eintragung in Spalte 6 ist derjenige kleine lateinische Buchstabe voranzustellen, mit welchem vorstehend sowie in der Ueberschrift der Spalte der Gegenstand bezeichnet ist, auf den die Aenderung sich bezieht.

7. In Spalte 7 sind einzutragen:
die Auflösung;
die Eröffnung, Einstellung und Aufhebung des Konkursverfahrens sowie die Aufhebung des Eröffnungsbeschlusses;
die Fortsetzung der Genossenschaft;
die Nichtigkeit der Genossenschaft.

8. Die Spalte 8 ist zur Aufnahme der Verweisung auf die Registerakten, zur Angabe des Tages der Eintragung und für die Unterschrift des Gerichtsschreibers bestimmt (§ 14 der Bekanntmachung vom 1. Juli 1899).

9. Die Spalte 9 dient auch zu etwaigen Verweisungen auf spätere Eintragungen. Den Vermerken in dieser Spalte ist, wenn in keiner anderen Spalte gleichzeitig eine Eintragung erfolgt, das Datum sowie die Unterschrift des Gerichtsschreibers beizufügen.

10. Soll ein Beschluß der Generalversammlung als nichtig gelöscht werden (§ 23 der Bekanntmachung vom 1. Juli 1899), so erfolgt die Eintragung des den Beschluß als nichtig bezeichnenden Vermerkes in derselben Spalte, in welcher der Beschluß eingetragen ist.

Artikel 4.

Von der Bestimmung der Blätter für die Bekanntmachungen aus dem Genossenschaftsregister (§ 5 der Bekanntmachung vom 1. Juli 1899) ist dem Reichs-Justizamt in der in § 10 der Allgemeinen Verfügung vom 7. November 1899 bezeichneten Weise Mitteilung zu machen.

Artikel 5.

Bei der Fassung der Bekanntmachungen sind die im § 12 Abs. 1 bis 3 der Allgemeinen Verfügung vom 7. November 1899 gegebenen Anweisungen zu beachten.

Artikel 6.

Gehört ein Ort oder eine Gemeinde (§ 3 Abs. 2 des Genossenschaftsgesetzes) zu den Bezirken verschiedener Registergerichte, so hat jedes Registergericht die Firmen der an dem Orte oder in der Gemeinde bestehenden eingetragenen Genossenschaften, soweit dies noch nicht geschehen ist, den anderen beteiligten Registergerichten mitzuteilen und diese von jeder entsprechenden neuen Eintragung sowie von jeder Aenderung und Löschung der Genossenschaften unverzüglich zu benachrichtigen. Dies gilt auch dann, wenn der betreffende Ort zu mehreren Bundesstaaten gehört.

Artikel 7.

Für die Genossenschaften, welche vor dem 1. Januar 1900 eingetragen sind, werden die bisherigen Register bis auf weiteres fortgeführt. Neue Eintragungen bei diesen Genossenschaften erhalten, wenn sie in den bisherigen Registern erfolgen, an der nach den bisherigen Vorschriften dafür bestimmten Stelle ihren Platz.

Die Uebertragung der vor dem 1. Januar 1900 eingetragenen Genossenschaften in die neuen Register erfolgt unter entsprechender Anwendung der §§ 37 bis 40 der Allgemeinen Verfügung vom 7. November 1899.

Artikel 8.

Diese Verfügung tritt am 1. Januar 1900 in Kraft.

Genossenschaftsregister

des

Königlichen Amtsgerichts in ....Buchhain.........

Band I.

1.	2.	3.	4.	5.
Nummer der Eintragung.	Firma und Sitz.	Gegenstand des Unternehmens.	Bei Genossenschaften mit beschränkter Haftpflicht: Haftsumme; höchste Zahl der Geschäftsanteile.	Vorstand; Liquidatoren.
1.	Vorschußverein, eingetragene Genossenschaft mit beschränkter Haftpflicht, Hermannsdorf.	Betrieb von Bankgeschäften zum Zwecke der Beschaffung der im Gewerbe und in der Wirtschaft der Mitglieder nötigen Geldmittel.	300 Mark. 10 Geschäftsanteile.	Karl Schulze, Bauer, Wilhelm Müller, Gastwirt, Friedrich Schmidt, Lehrer, } Hermannsdorf.
2.			Die Haftsumme ist auf 600 Mk. erhöht durch Beschluß der Generalversammlung v. 20. Dez. 1900.	
3.				Friedrich Braun, Bauer, Hermannsdorf.

Nummer der Genossenschaft ....4....

6.	7.	8.	9.
a) Statut; b) Form d. Bekanntmach.; c) Zeitdauer; d) Geschäftsjahr; e) Form für die Willenserklärung. d. Vorstandes u. d. Liquidatoren; f) Vertretungsbefugnis.	Auflösung; Konkurs; Fortsetzung; Nichtigkeit.	Geschäftsnummer; Tag der Eintragung; Unterschrift des Gerichtsschreibers.	Bemerkungen.
a) Statut v. 17. Juli 1900. b) Bekanntmachungen erfolgen unter der Firma im Buchhainer Kreisblatt und der Schlesischen Zeitung. e) Die Willenserklärungen des Vorstandes erfolgen durch mindestens zwei Mitglieder; die Zeichnung geschieht, indem zwei Mitglieder der Firma ihre Namensunterschrift beifügen.		2 Gn R 4. 1. 20. Juli 1900. N. N.	Das Statut befindet sich Bl. 2 der Registerakten.
		2 Gn R 4. 7. 27. Dez. 1900 N. N.	Der Generalversammlungsbeschluß befindet sich Bl. 6 der Registerakten.
f) Der Bauer Karl Schulze ist aus dem Vorstand ausgetreten und an seine Stelle der Bauer Friedrich Braun in den Vorstand gewählt.		2 Gn R 4. 8. 5. Jan. 1901. N. N.	

1.	2.	3.	4.	5.
Nummer der Eintragung.	Firma und Sitz.	Gegenstand des Unternehmens.	Bei Genossenschaften mit beschränkter Haftpflicht: Haftsumme; höchste Zahl der Geschäftsanteile.	Vorstand; Liquidatoren.
4.			Der Generalversammlungsbeschluß v. 20. Dezember 1900 ist durch rechtskräftiges Urteil des Landgerichts in Brieg vom 15. Juli 1901 für nichtig erklärt; die Haftsumme beträgt sonach nur 300 Mark.	
5.				Die bisherigen Vorstandsmitglieder sind Liquidatoren.
6.				Friedrich Weiß, Schmiedemstr., Hermannsdorf ist Liquidator.

Nummer der Genossenschaft ....4....

6.	7.	8.	9.
a) Statut; b) Form d. Bekanntmach.; c) Zeitdauer; d) Geschäftsjahr; e) Form für die Willenserklärung d. Vorstandes u. d. Liquidatoren; f) Vertretungsbefugnis.	Auflösung; Konkurs; Fortsetzung; Nichtigkeit.	Geschäftsnummer; Tag der Eintragung; Unterschrift des Gerichtsschreibers.	Bemerkungen.
		2 Gn R 4. 17. 1. Aug. 1901. N. N.	
	Die Genossenschaft ist durch Beschluß der Generalversammlung v. 1. September 1901 aufgelöst.	2 Gn R 4. 21. 3. Sept. 1901. N. N.	Der Beschluß befindet sich Bl. 15 der Registerakten.
f) Der Gastwirt Wilhelm Müller ist durch Verfügung des Amtsgerichts in Buchhain vom 10. Dezember 1901 abberufen u. an seiner Stelle der Schmiedemeister Friedrich Weiß zum Liquidator bestellt.		2 Gn R 4. 25. 12. Dez. 1901. N. N.	

3. Das Vereinsregister.

A. Einrichtung und Allgemeine Verfahrensvorschriften.

Registergericht und Ausführungsvorschriften.

§ 55 BGB.

Die Eintragung eines Vereins der im § 21 bezeichneten Art[1]) in das Vereinsregister hat bei dem Amtsgerichte zu geschehen, in dessen Bezirke der Verein seinen Sitz hat.[2])

1. § 21 BGB. lautet:

Ein Verein, dessen Zweck nicht auf einen wirtschaftlichen Geschäftsbetrieb gerichtet ist, erlangt Rechtsfähigkeit durch Eintragung in das Vereinsregister des zuständigen Amtsgerichts.

Unter wirtschaftlichem Geschäftsbetrieb ist eine auf Produktion oder Umsatz wirtschaftlicher Güter gerichtete geschäftsmäßige Tätigkeit zu verstehen. Ein wirtschaftlicher Geschäftsbetrieb schließt aber die Eintragungsfähigkeit eines Vereins dann nicht aus, wenn er nicht Selbstzweck ist, sondern nur die Mittel zur Erreichung eines idealen Zweckes bietet, wenn er nur zur

Verwertung, Vergrößerung und Erhaltung des zur Erreichung idealer Zwecke bestimmten Vereinsvermögens dient (vgl. ZBlFG. 3, 247 u. 508; 4, 227; 6, 236). Die Eintragung ist unzulässig, wenn ein Verein, ohne eigene wirtschaftliche Zwecke zu verfolgen, ausschließlich oder vorwiegend den wirtschaftlichen Interessen seiner Mitglieder durch die von ihm getroffenen Einrichtungen dient (vgl. ZBlFG. 1, 154, 440, 470; 6, 37, dagegen OLG. Stuttgart 23. 3. 00 Rspr. 1, 15, ferner ZBlFG. 3, 242, 249). Ueber Beispiele eintragungsfähiger Vereine vgl. ZBlFG. 2, 149 u. 455; ObLG. München 1. 2. 04 ZBlFG. 4, 800; 6, 379; 7, 49. Die dem Gesetz zuwider erfolgte Eintragung verleiht keine Rechtsfähigkeit (ZBlFG. 3, 129). Ueber die Unzulässigkeit der Eintragung einer geistlichen Gesellschaft in Preußen vgl. KG. 28. 12. 03 (27 A 75). Gegen die Eintragung eines Versicherungsvereins auf Gegenseitigkeit in das VR. steht der Aufsichtsbehörde des Vereins die Beschwerde zu, KG. 25. 4. 04 (28 A 63).

2. Ueber die Führung des Vereinsregisters ist die Bekanntm. v. 12. 11. 98 (RZBl. 438) und für Preußen auf Grund des Art. 29 Pr. FGG. die AVf. v. 6. 11. 99 erlassen (Anh. IV und V).

Form der Anmeldungen.

§ 77 BGB.

Die Anmeldungen zum Vereinsregister sind von den Mitgliedern des Vorstandes sowie von den Liquidatoren mittels öffentlich beglaubigter Erklärung zu bewirken.[1])

1. Die Anmeldung kann auch durch Bevollmächtigte auf Grund öffentlich beglaubigter Vollmacht erfolgen, KG. 5. 10. 03 (26 A 232).

Ordnungsstrafen.

§ 78 BGB.

Das Amtsgericht kann die Mitglieder des Vorstandes zur Befolgung der Vorschriften des § 67 Abs. 1, des § 71 Abs. 1, des § 72, des § 74 Abs. 2 und des § 76[1]) durch Ordnungsstrafen anhalten.[2]) Die einzelne Strafe darf den Betrag von dreihundert Mark nicht übersteigen.

In gleicher Weise können die Liquidatoren zur Befolgung der Vorschriften des § 76 angehalten werden.

1. Vgl. unten S. 335 ff.
2. Das Ordnungsstrafverfahren ist nicht gegen den Vorstand, sondern gegen die einzelnen Vorstandsmitglieder zu richten, KG. 5. 10. 03 (26 A 232).

Entsprechende Gesetzesanwendung.

§ 159 FGG.

Auf die Eintragungen in das Vereinsregister finden die Vorschriften der §§ 127 bis 130,[1] 142, 143,[2]) auf das Verfahren bei der Verhängung von Ordnungsstrafen gegen Mitglieder des Vorstandes oder Liquidatoren eines eingetragenen Vereins finden die Vorschriften der §§ 127, 132 bis 139[3]) entsprechende Anwendung.

1. Vgl. oben S. 22, 24—26, 36, 37. Die nach § 129 FGG. gegebene Antragsermächtigung des Notars gibt zugleich eine Beschwerdeermächtigung, aber nur, wenn er tatsächlich den ersten Antrag gestellt, nicht wenn er lediglich einen Antrag der Beteiligten übermittelt hat, KG. 24. 7. 00 Rspr. 1, 266.

2. Die Kammern für Handelssachen sind zur Entscheidung über Beschwerden in Vereinsregistersachen nicht zuständig, KG. 24. 10. 04 (29 A 109). Ist ein Versicherungsverein auf Gegenseitigkeit ins VR. eingetragen, so kann die Aufsichtsbehörde die Löschung beantragen und gegen die Zurückweisung des Antrags Beschwerde einlegen, KG. a. a. O.

3. Vgl. oben S. 22, 30 ff.

Registereinsicht und Abschriften.

§ 79 BGB.

Die Einsicht des Vereinsregisters sowie der von dem Vereine bei dem Amtsgericht eingereichten Schriftstücke ist Jedem gestattet. Von den Eintragungen kann eine Abschrift[1]) gefordert werden; die Abschrift ist auf Verlangen zu beglaubigen.

1. Vgl. für Preußen Art. 7 der AVf. v. 6. 11. 99 (Anh. V).

Bescheinigungen.

§ 162 FGG.

Das Amtsgericht hat auf Verlangen eine Bescheinigung darüber zu erteilen, daß bezüglich des Gegenstandes einer Eintragung weitere Eintragungen in das Vereins- oder Güterrechtsregister nicht vorhanden sind, oder daß eine bestimmte Eintragung in das Register nicht erfolgt ist.[1])

1. Ueber Ausstellung von Attesten betr. die Zusammensetzung des Vorstandes vgl. § 69 BGB. unten S. 335.

B. Einzelvorschriften über Registerinhalt und -führung.

Anmeldung.

§ 59 BGB.

Der Vorstand [1]) hat den Verein zur Eintragung anzumelden.

Der Anmeldung sind beizufügen:

1. die Satzung [2]) in Urschrift und Abschrift;
2. eine Abschrift der Urkunden über die Bestellung des Vorstandes.[3])

Die Satzung soll von mindestens sieben Mitgliedern [4]) unterzeichnet sein und die Angabe des Tages der Errichtung enthalten.

1. Die Anmeldung muß durch sämtliche vorhandene und durch die Satzung vorgeschriebene Vorstandsmitglieder erfolgen; den Wegfall einzelner kann das Registergericht nicht berücksichtigen, KG. 14. 8. 00 Rspr. 1, 388 (vgl. auch ZBlFG. 2, 297).

2. Ueber den Inhalt der Satzung bestimmen:

§ 57. Die Satzung muß den Zweck, den Namen und den Sitz des Vereins enthalten und ergeben, daß der Verein eingetragen werden soll.

Der Name soll sich von den Namen der an demselben Orte oder in derselben Gemeinde bestehenden eingetragenen Vereine deutlich unterscheiden.

§ 58. Die Satzung soll Bestimmungen enthalten:

1. über den Eintritt und Austritt der Mitglieder;
2. darüber, ob und welche Beiträge von den Mitgliedern zu leisten sind;
3. über die Bildung des Vorstandes;

4. über die Voraussetzungen, unter denen die Mitgliederversammlung zu berufen ist, über die Form der Berufung und über die Beurkundung der Beschlüsse.

Die Eintragungsabsicht muß in der Satzung unzweideutig zum Ausdruck kommen (ZBlFG. 1, 427).

3. Ueber die Bestellung des Vorstandes bestimmt § 27:

Die Bestellung des Vorstandes erfolgt durch Beschluß der Mitgliederversammlung.

Die Bestellung ist jederzeit widerruflich, unbeschadet des Anspruchs auf die vertragsmäßige Vergütung. Die Widerruflichkeit kann durch die Satzung auf den Fall beschränkt werden, daß ein wichtiger Grund für den Widerruf vorliegt; ein solcher Grund ist insbesondere grobe Pflichtverletzung oder Unfähigkeit zur ordnungsmäßigen Geschäftsführung.

Auf die Geschäftsführung des Vorstandes finden die für den Auftrag geltenden Vorschriften der §§ 664 bis 670 entsprechende Anwendung.

Für die Beschlußfassung der Mitgliederversammlung sind maßgebend:

§ 32. Die Angelegenheiten des Vereins werden, soweit sie nicht von dem Vorstand oder einem anderen Vereinsorgane zu besorgen sind, durch Beschlußfassung in einer Versammlung der Mitglieder geordnet. Zur Gültigkeit des Beschlusses ist erforderlich, daß der Gegenstand bei der Berufung bezeichnet wird. Bei der Beschlußfassung entscheidet die Mehrheit der erschienenen Mitglieder.

Auch ohne Versammlung der Mitglieder ist ein Beschluß gültig, wenn alle Mitglieder ihre Zustimmung zu dem Beschlusse schriftlich erklären.

§ 34. Ein Mitglied ist nicht stimmberechtigt, wenn die Beschlußfassung die Vornahme eines Rechtsgeschäfts mit ihm oder die Einleitung oder Erledigung eines Rechtsstreits zwischen ihm und dem Vereine betrifft.

§ 35. Sonderrechte eines Mitglieds können nicht ohne dessen Zustimmung durch Beschluß der Mitgliederversammlung beeinträchtigt werden.

§ 36. Die Mitgliederversammlung ist in den durch die Satzung bestimmten Fällen sowie dann zu berufen, wenn das Interesse des Vereins es erfordert.

§ 37. Die Mitgliederversammlung ist zu berufen, wenn der durch die Satzung bestimmte Teil oder in Ermangelung einer Bestimmung der zehnte Teil der Mitglieder die Berufung schriftlich unter Angabe des Zweckes und der Gründe verlangt.

Wird dem Verlangen nicht entsprochen, so kann das Amtsgericht, in dessen Bezirke der Verein seinen Sitz hat, die Mitglieder, welche das Verlangen gestellt haben, zur Berufung der Versammlung ermächtigen und über die Führung des Vorsitzes in der Versammlung Bestimmung treffen. Auf die Ermächtigung muß bei der Berufung der Versammlung Bezug genommen werden.

§ 38. Die Mitgliedschaft ist nicht übertragbar und nicht vererblich. Die Ausübung der Mitgliedschaftsrechte kann nicht einem anderen überlassen werden.

Die Vorschriften der §§ 27 Abs. 1 u. 3, 32, 33 und 38 finden insoweit keine Anwendung, als die Satzung ein anderes bestimmt (§ 40).

4. Nach § 56 soll die Eintragung nur erfolgen, wenn die Zahl der Mitglieder mindestens sieben beträgt.

Zurückweisung der Anmeldung.

§ 60 BGB.

Die Anmeldung ist, wenn den Erfordernissen der §§ 56 bis 59 nicht genügt ist, von dem Amtsgericht unter Angabe der Gründe zurückzuweisen.[1])

Gegen einen zurückweisenden Beschluß findet die sofortige Beschwerde nach den Vorschriften der Zivilprozeßordnung statt.[2])

1. Ueber den Antrag der Aufsichtsbehörde, das Eintragungsgesuch eines Versicherungsvereins auf Gegenseitigkeit zurückzuweisen, hat das Registergericht sachlich zu entscheiden; gegen die Zulassung der Anmeldung steht der Aufsichtsbehörde die Beschwerde zu, KG. 25. 4. 04 (28 A 63).

2. Auch bei Ablehnung des Antrags aus sachlichen Gründen ist nur die sofortige Beschwerde gegeben, RG. 1. 11. 00 (47, 386); 6. 7. 03 JW. Beil. 113; ObLG. München 24. 11. 00 ZBlFG. 1, 919. Auch die weitere Beschwerde ist die sofortige, ObLG. München 21. 7. 02 ZBlFG. 3, 508, sie findet nur statt, wenn der angefochtene Beschluß einen neuen selbständigen Beschwerdegrund enthält, KG. 9. 4. 00 (20 A 8); 23. 4. 00 RJA. 1, 69; OLG. Jena 11. 4. 05 ZBlFG. 6, 27 und kann ohne Anwaltszwang durch Einreichung einer privatschriftlichen Beschwerdeschrift erhoben werden, KG. 14. 3. 04 (27 A 237). Für die Entscheidung über die weitere Beschwerde ist für ganz Preußen das KG. zuständig, KG. 15. 6. 03 (26 A 3).

Zulassung der Anmeldung.

§ 61 BGB.

Wird die Anmeldung zugelassen, so hat das Amtsgericht sie der zuständigen Verwaltungsbehörde[1]) mitzuteilen.

Die Verwaltungsbehörde kann gegen die Eintragung Einspruch erheben, wenn der Verein nach dem öffentlichen Vereinsrecht unerlaubt ist oder verboten werden kann oder wenn er einen politischen, sozialpolitischen oder religiösen Zweck verfolgt.[2])

1. Zuständig ist in Preußen der Landrat, in Stadtkreisen die Ortspolizeibehörde (Art. 3 der V. v. 16. 11. 99 GS. 562).

2. Ueber politische Zwecke eines Vereins vgl. OVG. 39, 444; 42, 417; ZBlFG. 5 835, über sozialpolitischen Zweck, OVG. 12. 4. 04 DJZ. 04, 1045.

§ 62 BGB.

Erhebt die Verwaltungsbehörde Einspruch, so hat das Amtsgericht den Einspruch dem Vorstande mitzuteilen.

Der Einspruch kann im Wege des Verwaltungsstreitverfahrens oder, wo ein solches nicht besteht, im Wege des Rekurses nach Maßgabe der §§ 20, 21 der Gewerbeordnung angefochten werden.[1])

1. Der Einspruch ist im Verwaltungsstreitverfahren nur auf seine Rechtmäßigkeit, nicht daraufhin, ob er im öffentlichen Interesse notwendig oder zweckmäßig erscheint, zu prüfen, OVG. 39, 440.

§ 63 BGB.

Die Eintragung darf, sofern nicht die Verwaltungsbehörde dem Amtsgerichte mitteilt, daß Einspruch nicht erhoben werde, erst erfolgen, wenn seit der Mitteilung der Anmeldung an die Verwaltungsbehörde sechs Wochen verstrichen sind und Einspruch nicht erhoben oder wenn der erhobene Einspruch endgültig aufgehoben ist.

Eintragung.

§ 64 BGB.

Bei der Eintragung[1]) sind der Name und der Sitz des Vereins, der Tag der Errichtung der Satzung sowie die Mitglieder des Vorstandes im Vereinsregister anzugeben. Bestimmungen, die den Umfang der Vertretungsmacht des Vorstandes beschränken[2]) oder die Beschlußfassung des Vorstandes abweichend von der Vorschrift des § 28 Abs. 1[3]) regeln, sind gleichfalls einzutragen.[4])

§ 65 BGB.

Mit der Eintragung erhält der Name des Vereins den Zusatz „eingetragener Verein".

1. Ueber Form der Eintragung vgl. § 9 der Bek. v. 12. 11. 98 (Anhang IV).

2. Hinsichtlich der Vertretungsmacht des Vorstandes bestimmt § 26:

Der Verein muß einen Vorstand haben. Der Vorstand kann aus mehreren Personen bestehen.

Der Vorstand vertritt den Verein gerichtlich und außergerichtlich; er hat die Stellung eines gesetzlichen Vertreters. Der Umfang seiner Vertretungsmacht kann durch die Satzung mit Wirkung gegen Dritte beschränkt werden.

3. § 28 Abs. 1 lautet:

Besteht der Vorstand aus mehreren Personen, so erfolgt die Beschußfassung nach den für die Beschlüsse der Mitglieder des Vereins geltenden Vorschriften der §§ 32, 34.

§§ 32, 34 sind abgedruckt S. 329, 330.

Genügt satzungsgemäß zur Fassung gültiger Beschlüsse die Anwesenheit einer bestimmten Mindestzahl von Vorstandsmitgliedern, so können doch von diesen gültige Beschlüsse nur gefaßt werden, wenn sämtliche Mitglieder zur Versammlung ordnungsmäßig berufen worden sind, ObLG. München 16. 2. 06 ZBlFG. 6, 901.

4. Nach § 30 BGB. können auch einzelne Mitglieder des Vorstandes für bestimmte Geschäfte zur Vertretung des Vereins für sich allein ermächtigt werden, OLG. Hamburg 12. 8. 03 Rspr. 8, 14. Beim Vorhandensein eines mehrgliedrigen Vorstandes kann auch durch die Satzung rechtsgültig bestimmt werden, daß der Vorsitzende und ein weiteres Vorstandsmitglied den Verein nach außen gerichtlich und außergerichtlich zu vertreten befugt seien; diese Bestimmung ist auch eintragungsfähig, da § 64 andere als die dort genannten Eintragungen nicht ausschließt, KG. 5. 10. 05 RJA. 6, 205.

Veröffentlichung.

§ 66 BGB.

Das Amtsgericht hat die Eintragung durch das für seine Bekanntmachungen bestimmte Blatt zu veröffentlichen.[1])

Die Urschrift der Satzung ist mit der Bescheinigung der Eintragung zu versehen und zurückzugeben. Die Abschrift wird von dem Amtsgerichte beglaubigt und mit den übrigen Schriftstücken aufbewahrt.

1. Vgl. für Preußen Art. 10, 11 der ABf. v. 6. 11. 99 (Anhang V).

Vorstandsänderungen.

§ 67 BGB.

Jede Aenderung des Vorstandes, sowie die erneute Bestellung eines Vorstandsmitglieds ist von dem Vorstande zur Eintragung anzumelden.[1]) Der Anmeldung ist eine Abschrift der Urkunde über die Aenderung oder die erneute Bestellung beizufügen.[2])

Die Eintragung gerichtlich bestellter[3]) Vorstandsmitglieder erfolgt von Amts wegen.

1. Aenderung von Vorstandsmitgliedern und ihre erneute Bestellung muß von sämtlichen Vorstandsmitgliedern angemeldet werden; abweichende Satzungsbestimmungen sind unzulässig, KG. 4. 3. 01 (21 A 271); 24. 6. 01 ZBlFG. 2, 387. Das Registergericht hat das satzungsmäßige Zustandekommen der Wahl zu prüfen, KG. 19. 7. 06 Recht 06, 1074.

2. Vgl. hierzu § 27 oben S. 329.

3. Hierzu bestimmt § 29:

Soweit die erforderlichen Mitglieder des Vorstandes fehlen, sind sie in dringenden Fällen für die Zeit bis zur Hebung des Mangels auf Antrag eines Beteiligten von dem Amtsgerichte zu bestellen, in dessen Bezirke der Verein seinen Sitz hat.

Eintragungszeugnis.

§ 69 BGB.

Der Nachweis, daß der Vorstand aus den im Register eingetragenen Personen besteht, wird Behörden gegenüber durch ein Zeugnis des Amtsgerichts über die Eintragung geführt.

Satzungsänderung.

§ 71 BGB.

Aenderungen der Satzung[1]) bedürfen zu ihrer Wirksamkeit der Eintragung in das Vereinsregister. Die Aenderung ist von dem Vorstande zur Eintragung anzumelden. Der Anmeldung ist der die Aenderung enthaltende Beschluß in Urschrift und Abschrift beizufügen.

Die Vorschriften der §§ 60 bis 64 und des § 66 Abs. 2[2]) finden entsprechende Anwendung.[3])

1. Hinsichtlich der Beschlußfassung bestimmt § 33:

Zu einem Beschlusse, der eine Aenderung der Satzung enthält, ist eine Mehrheit von drei Vierteilen der erschienenen Mitglieder erforderlich. Zur Aenderung des Zweckes des Vereins ist die Zustimmung aller Mitglieder erforderlich; die Zustimmung der nicht erschienenen Mitglieder muß schriftlich erfolgen.

Beruht die Rechtsfähigkeit des Vereins auf Verleihung, so ist zu jeder Aenderung der Satzung staatliche Genehmigung oder, falls die Verleihung durch den Bundesrat erfolgt ist, die Genehmigung des Bundesrats erforderlich.

2. Die Beschwerde ist auch bei Ablehnung der Eintragung von Satzungsänderungen aus sachlichen Gründen die sofortige, ebenso die weitere Beschwerde, ObLG. München 30. 6. 00 ZBlFG. 1, 637.

Mitgliederverzeichnis.

§ 72 BGB.

Der Vorstand hat dem Amtsgericht auf dessen Verlangen jederzeit ein Verzeichnis der Vereinsmitglieder einzureichen.

Entziehung der Rechtsfähigkeit.

§ 73 BGB.

Sinkt die Zahl der Vereinsmitglieder unter drei herab, so hat das Amtsgericht auf Antrag des Vorstandes und, wenn der Antrag nicht binnen drei Monaten gestellt wird, von Amts wegen nach Anhörung des Vorstandes dem Vereine die Rechtsfähigkeit zu entziehen. Der Beschluß ist dem Vereine zuzustellen. Gegen den Beschluß findet die sofortige Beschwerde nach den Vorschriften der Zivilprozeßordnung statt.

Der Verein verliert die Rechtsfähigkeit mit der Rechtskraft des Beschlusses.

Eintragung der Auflösung und des Rechtsfähigkeitsverlusts.

§ 74 BGB.

Die Auflösung des Vereins sowie die Entziehung der Rechtsfähigkeit ist in das Vereinsregister einzutragen. Im Falle der Eröffnung des Konkurses unterbleibt die Eintragung.

Wird der Verein durch Beschluß der Mitgliederversammlung[1]) oder durch den Ablauf der für die Dauer des Vereins bestimmten Zeit aufgelöst, so hat der Vorstand die Auflösung zur Eintragung anzumelden. Der Anmeldung ist im ersteren Falle eine Abschrift des Auflösungsbeschlusses beizufügen.

Wird dem Verein auf Grund des § 43[2]) die Rechtsfähigkeit entzogen oder wird der Verein auf Grund des öffentlichen Vereinsrechts aufgelöst, so erfolgt die Eintragung auf Anzeige der zuständigen Behörde.

1. Hierzu bestimmt § 41:

Der Verein kann durch Beschluß der Mitgliederversammlung aufgelöst werden. Zu dem Beschluß ist eine Mehrheit von drei Vierteilen der erschienenen Mitglieder erforderlich, wenn nicht die Satzung ein anderes bestimmt.

2. § 43 lautet:

Dem Vereine kann die Rechtsfähigkeit entzogen werden, wenn er durch einen gesetzwidrigen Beschluß der Mitgliederversammlung oder durch gesetzwidriges Verhalten des Vorstandes das Gemeinwohl gefährdet.

Einem Vereine, dessen Zweck nach der Satzung nicht auf einen wirtschaftlichen Geschäftsbetrieb gerichtet ist, kann die Rechtsfähigkeit entzogen werden, wenn er einen solchen Zweck verfolgt.

Einem Vereine, der nach der Satzung einen politischen, sozialpolitischen oder religiösen Zweck nicht hat, kann die Rechtsfähigkeit entzogen werden, wenn er einen solchen Zweck verfolgt.

Einem Vereine, dessen Rechtsfähigkeit auf Verleihung beruht, kann die Rechtsfähigkeit entzogen werden, wenn er einen anderen als den in der Satzung bestimmten Zweck verfolgt.

Die Entziehung erfolgt im Verwaltungsstreitverfahren (§ 44).

Konkurs.

§ 75 BGB.

Die Eröffnung des Konkurses ist von Amts wegen einzutragen.[1]) Das Gleiche gilt von der Aufhebung des Eröffnungsbeschlusses.

1. Auf Grund der Mitteilung des Konkursgerichts (§ 112 KO.).

Liquidation.

§ 76 BGB.

Die Liquidatoren[1]) sind in das Vereinsregister einzutragen. Das Gleiche gilt von Bestimmungen, welche die Beschlußfassung der Liquidatoren abweichend von der Vorschrift des § 48 Abs. 3[2]) regeln.

Die Anmeldung hat durch den Vorstand, bei späteren Aenderungen durch die Liquidatoren zu erfolgen. Der Anmeldung der durch Beschluß der Mitgliederversammlung bestellten Liquidatoren ist eine Abschrift des Beschlusses, der Anmeldung einer Bestimmung über die Beschlußfassung der Liquidatoren eine Abschrift der die Bestimmung enthaltenden Urkunde beizufügen.

Die Eintragung gerichtlich bestellter Liquidatoren geschieht von Amts wegen.

1. Ueber die Notwendigkeit der Liquidation bestimmt § 47: „Fällt das Vereinsvermögen nicht an den Fiskus, so muß eine Liquidation stattfinden.“ An den Fiskus fällt das Vereinsvermögen, wenn die Satzung über Anfallsberechtigte nichts enthält und der Verein nach der

Satzung nicht ausschließlich den Interessen seiner Mitglieder dient (§ 45). Ferner bestimmt § 48:

Die Liquidation erfolgt durch den Vorstand. Zu Liquidatoren können auch andere Personen bestellt werden; für die Bestellung sind die für die Bestellung des Vorstandes geltenden Vorschriften maßgebend.

Die Liquidatoren haben die rechtliche Stellung des Vorstandes, soweit sich nicht aus dem Zwecke der Liquidation ein anderes ergibt.

Sind mehrere Liquidatoren vorhanden, so ist für ihre Beschlüsse Uebereinstimmung aller erforderlich, sofern nicht ein anderes bestimmt ist.

2. Vgl. A. 1.

4. Das Güterrechtsregister.

A. Einrichtung und allgemeine Verfahrensvorschriften.

Registergericht und Ausführungsvorvorschriften.

§ 1558 BGB.

Die Eintragungen[1]) in das Güterrechtsregister haben bei dem Amtsgerichte zu geschehen, in dessen Bezirke der Mann seinen Wohnsitz hat.[2])

Durch Anordnung der Landesjustizverwaltung kann die Führung des Registers für mehrere Amtsgerichtsbezirke einem Amtsgericht übertragen werden.[3])

1. Eintragungen können immer erst nach Eingehung der Ehe erfolgen, KG. 9. 4. 00 (20 A 66). Das GR. steht nur für solche Eintragungen offen, die vom Gesetz ausdrücklich zugelassen sind, KG. 21. 4. 02 (24 A 78); OLG. Colmar 1. 2. 05 KGJ. 29 A 267, RG. 30. 4. 06 JW. 06, 405. Wird zwischen den Eheleuten Gütertrennung vereinbart, so sind ihre Erklärungen im Ehevertrage darüber, was die Braut zur Zeit besitzt, nicht eintragbar, KG. 15. 3. 06 Rspr. 12, 303.

2. Art. 4 EGHGB. bestimmt:

Die nach dem bürgerlichen Rechte mit einer Eintragung in das Güterrechtsregister verbundenen Wirkungen treten, sofern ein Ehegatte Kaufmann ist und seine Handelsniederlassung sich nicht in dem Bezirke des für den Wohnsitz des Ehemanns zuständigen Registergerichts befindet, in Ansehung der auf den Betrieb des Handelsgewerbes sich beziehenden Rechtsverhältnisse nur ein, wenn die Eintragung auch in das Güterrechtsregister des für den Ort der Handelsniederlassung zuständigen Gerichts erfolgt ist. Bei mehreren Niederlassungen genügt die Eintragung in das Register des Ortes der Hauptniederlassung.

Wird die Niederlassung verlegt, so finden die Vorschriften des § 1559 des Bürgerlichen Gesetzbuchs entsprechende Anwendung.

Das Amtsgericht der Handelsniederlassung hat die Zulässigkeit der Eintragung selbständig zu prüfen, OLG. Hamburg 9. 8. 05 Rspr. 12, 308.

3. Für die Führung des GR. ist die Bekanntm. v. 12. 11. 98 (RZBl. 438) maßgebend und für Preußen die auf Grund des Art. 29 Pr. FGG. erlassene AVf. v. 6. 11. 99 (JMBl. 299) — Anhang IV und V. Vgl. ferner für Preußen AVf. v. 19. 4. 06 (JMBl. 123).

Wohnsitzverlegung.

§ 1559 BGB.

Verlegt der Mann nach der Eintragung seinen Wohnsitz in einen anderen Bezirk, so muß die Eintragung im Register dieses Bezirkes wiederholt werden. Die frühere Eintragung gilt als von neuem erfolgt, wenn der Mann den Wohnsitz in den früheren Bezirk zurückverlegt.

Eintragungsantrag.

§ 1560 BGB.

Eine Eintragung in das Register soll nur auf Antrag[1]) und nur insoweit erfolgen, als sie beantragt ist.[2]) Der Antrag ist in öffentlich beglaubigter Form zu stellen.

1. Eine Eintragung in das GR. auf Ersuchen eines Gerichts — z. B. eines Gerichts, das eine einstweilige Verfügung in einer güterrechtlichen Streitigkeit erlassen hat — ist unzulässig; es muß dem interessierten Ehegatten selbst überlassen bleiben, bei der zuständigen Stelle den Antrag zu stellen, OLG. Colmar 13. 8. 02 ZBlFG. 4, 637.

2. Der Antrag muß erkennen lassen, welche Bestimmungen eines Ehevertrages eingetragen werden sollen; aus dem Fehlen einer Erklärung über den Umfang der Eintragung läßt sich nicht folgern, daß sie den ganzen Vertragsinhalt umfassen solle, KG. 14. 12. 03 ZBlFG. 4, 637.

§ 1561 BGB.

Die Eintragung erfolgt in den Fällen des § 1357 Abs. 2[1]) und des § 1405 Abs. 3[2]) auf Antrag des Mannes.

In den anderen Fällen ist der Antrag beider Ehegatten[3]) erforderlich; jeder Ehegatte ist dem anderen gegenüber zur Mitwirkung verpflichtet.

Der Antrag eines der Ehegatten genügt:

1. zur Eintragung eines Ehevertrags oder einer auf gerichtlicher Entscheidung[4]) beruhenden Aenderung der güterrechtlichen Verhältnisse der Ehegatten, wenn mit dem Antrage der

Ehevertrag oder die mit dem Zeugnisse der Rechtskraft versehene Entscheidung vorgelegt wird;

2. Zur Wiederholung einer Eintragung in dem Register eines anderen Bezirkes, wenn mit dem Antrag eine nach der Aufhebung des bisherigen Wohnsitzes erteilte, öffentlich beglaubigte Abschrift der früheren Eintragung vorgelegt wird.

1. Beschränkung und Ausschluß der Schlüsselgewalt; vgl. unten S. 357.

2. Einspruch und Einwilligungswiderruf betr. den Betrieb eines selbständigen Erwerbsgeschäfts durch die Frau; vgl. unten S. 358.

3. Auf Antrag beider Ehegatten erfolgt die Eintragung ohne Vorlegung des behaupteten Ehevertrages (ZBlFG. 1, 261).

4. Entscheidungen sind nur Urteile, Beschlüsse und Verfügungen, die der formellen Rechtskraft fähig sind; auf Grund einer durch Beschluß erlassenen einstweiligen Verfügung kann eine Eintragung ins GR. nicht erfolgen, OLG. Darmstadt 22. 11. 01 Rspr. 4, 98; wohl aber, wenn durch rechtskräftiges Urteil im Wege der einstweiligen Verfügung Nießbrauch und Verwaltung des Mannes aufgehoben sind, OLG. Dresden 10. 6. 02 Rspr. 5, 140 (über die Zulässigkeit derartiger einstweiliger Verfügungen vgl. RG. 2. 6. 02 ZBlFG. 3, 453).

Veröffentlichung.

§ 1562 BGB.

Das Amtsgericht hat die Eintragung durch das für seine Bekanntmachungen bestimmte Blatt zu veröffentlichen.

Wird eine Aenderung des Güterstandes eingetragen, so hat sich die Bekanntmachung auf die Bezeichnung des Güterstandes und, wenn dieser abweichend von dem Gesetze geregelt ist, auf eine allgemeine Bezeichnung der Abweichung zu beschränken.

Entsprechende Gesetzesanwendung.
§ 161 FGG.

Auf die Eintragungen in das Güterrechtsregister finden die Vorschriften der §§ 127 bis 130,[1]) 142, 143[2]) entsprechende Anwendung.

Von einer Eintragung sollen in allen Fällen beide Ehegatten benachrichtigt werden.

1. Vgl. oben S. 22, 24—26. Gemäß § 129 FGG. ist der Notar zum Antrag auf Eintragung nur berechtigt, wenn er entweder den Eintragungsantrag beider Ehegatten oder sowohl den Eintragungsantrag eines Ehegatten, wie den Ehevertrag beurkundet hat; aus dem Abschluß des Ehevertrages allein läßt sich noch nicht die Absicht der Parteien folgern, ihn auch eintragen zu lassen, KG. 5. 11. 00 (21 A 88); 5. 1. 03 Rspr. 7, 286; 14. 12. 03 ZBlFG. 4, 637; OLG. Colmar 8. 1. 02 ZBlFG. 2, 845 und 26. 3. 02 Rspr. 5, 196. Der Notar muß mit dem Antrag die für die Eintragung grundlegenden Urkunden, insbesondere den von ihm beurkundeten Ehevertrag oder einen ausreichenden Auszug, einreichen, KG. 5. 11. 00 (21 A 88); OLG. Colmar 5. 4. 05 ZBlFG. 6, 37; vgl. auch OLG. Rostock 21. 10. 01 Rspr. 3, 368. Der Ansicht, wonach für die Form des vom Notar gestellten Antrags § 1560 Satz 2 BGB. gilt (OLG. Hamburg 8. 9. 00 KGJ. 20 D 31), ist nicht beizutreten, denn der mit dem Amte des Notars verknüpfte öffentliche Glaube erstreckt sich ohne weiteres auf die Betätigung der ihm

als Ausfluß des öffentlichen Glaubens zustehenden Antragsberechtigung (vgl. auch ZBlFG. 1, 669). Im Falle der Ablehnung seines Antrags ist der Notar auch beschwerdeberechtigt, OLG. Hamburg a. a. O.

Registereinsicht und Abschriften.

§ 1563 BGB.

Die Einsicht[1]) des Registers ist jedem gestattet. Von den Eintragungen kann eine Abschrift[2]) gefordert werden; die Abschrift ist auf Verlangen zu beglaubigen.

1. Vgl. für Preußen Art. 14 der AVf. v. 6. 11. 99 (Anh. V).

2. Vgl. für Preußen Art. 7 der AVf. v. 6. 11. 99 (Anh. V). Hinsichtlich des übrigen Akteninhalts gilt § 34 FGG. (vgl. oben S. 21 A. 1); die Abschrift ist also zu versagen, wenn durch sie offenbar nur die Kosten eines gebührenpflichtigen Zeugnisses erspart werden sollen, OLG. Hamburg ZBlFG. 2, 356.

Bescheinigungen.

§ 162 FGG.

Das Amtsgericht hat auf Verlangen eine Bescheinigung darüber zu erteilen, daß bezüglich des Gegenstandes einer Eintragung weitere Eintragungen in das Vereins- oder Güterrechtsregister nicht vorhanden sind, oder daß eine bestimmte Eintragung in das Register nicht erfolgt ist.[1])

1. Ueber weitere Bescheinigungen bestimmt § 34 GBO.: „Der Nachweis, daß zwischen Ehegatten Gütertrennung oder ein vertragsmäßiges Güterrecht besteht oder daß ein Gegenstand zum Vorbehaltsgut eines Ehegatten gehört, wird durch ein Zeugnis des Gerichts über die Eintragung des güterrechtlichen Verhältnisses im Güterrechtsregister geführt."

B. Gegenstand der Eintragungen.

Vorbemerkung: In Preußen dient das GR. auch zur Aufnahme derjenigen Eintragungen, welche nach Art. 59 § 9 Abs. 2, Art. 61 § 3, Art. 62 Abs. 1, Art. 63 bis 65 Pr. AGBGB. in Ansehung der zur Zeit des Inkrafttretens des BGB. bestehenden Ehen zu erfolgen haben — Art. 19 der AVf. v. 6. 11. 99 (Anh. V). Zu Art. 63 AGBGB. vgl. KG. 21. 4. 02 (24 A 78).

Allgem. Vorschriften über vertragsmäßiges Güterrecht.

§ 1435 BGB.

Wird durch Ehevertrag[1]) die Verwaltung und Nutznießung des Mannes ausgeschlossen oder geändert, so können einem Dritten gegenüber aus der Ausschließung oder der Aenderung Einwendungen gegen ein zwischen ihm und einem der Ehegatten vorgenommenes Rechtsgeschäft oder gegen ein zwischen ihnen ergangenes rechtskräftiges Urteil nur hergeleitet werden, wenn zur Zeit der Vornahme des Rechtsgeschäfts oder zur Zeit des Eintritts der Rechtshängigkeit die Ausschließung oder die Aenderung in dem Güterrechtsregister des zuständigen Amtsgerichts eingetragen oder dem Dritten bekannt war.[2])

Das Gleiche gilt, wenn eine in dem Güterrechtsregister eingetragene Regelung der güterrechtlichen Verhältnisse durch Ehevertrag aufgehoben oder geändert wird.[3])

1. Ueber Zulässigkeit und Form der Eheverträge bestimmen §§ 1432—1434:

§ 1432. Die Ehegatten können ihre güterrechtlichen Verhältnisse durch Vertrag (Ehevertrag) regeln, insbesondere auch nach der Eingehung der Ehe den Güterstand aufheben oder ändern.

§ 1433. Der Güterstand kann nicht durch Verweisung auf ein nicht mehr geltendes oder auf ein ausländisches Gesetz bestimmt werden.

Hat der Mann zur Zeit der Eingehung der Ehe oder, falls der Vertrag nach der Eingehung der Ehe geschlossen wird, zur Zeit des Vertragsabschlusses seinen Wohnsitz im Auslande, so ist die Verweisung auf ein an diesem Wohnsitze geltendes Güterrecht zulässig.

§ 1434. Der Ehevertrag muß bei gleichzeitiger Anwesenheit beider Teile vor Gericht oder vor einem Notar geschlossen werden.

§ 1436 enthält eine Auslegungsregel:

Wird durch Ehevertrag die Verwaltung und Nutznießung des Mannes ausgeschlossen oder die allgemeine Gütergemeinschaft, die Errungenschaftsgemeinschaft oder die Fahrnisgemeinschaft aufgehoben, so tritt Gütertrennung ein, sofern sich nicht aus dem Vertrag ein anderes ergibt.

Als Eheverträge gelten nur die von den Ehegatten oder Verlobten über ihre güterrechtlichen Verhältnisse abgeschlossenen Verträge, nicht von den Eltern der Braut in der Ehevertragsurkunde abgegebene Rentenversprechen, ObLG. München 25. 2. 03 ZBlFG. 3, 807, ferner nicht Vereinbarungen, die erst nach Auflösung der Ehe ihre vermögensrechtliche Wirkung äußern sollen, also z. B. nicht die für den Fall der Scheidung getroffene Vereinbarung über die Unterhaltspflicht des Mannes, ObLG. München 16. 6. 04 Recht 04, 362, desgleichen nicht Vereinbarungen zwischen den Ehegatten über die Auseinanderſetzung ihres gemeinſchaftlichen Vermögens, ObLG. München 12. 12. 04 Recht 05, 17; 18. 6. 06 Recht 06, 862. Alle vermögensrechtlichen Verträge der Ehegatten, die ihren Güterſtand nicht berühren, ſcheiden aus dem Begriff des Ehevertrages aus, ObLG. München 20. 7. 03 ZBlFG. 4, 271; 30. 12. 05 ZBlFG. 6, 769, vgl. auch ObLG. München 11. u. 30. 5. 04 Recht 04, 335. Es braucht aber die Regelung der güterrechtlichen Verhältniſſe nicht allgemeiner Natur zu ſein, ſondern ſie kann ſich auch bloß auf einen beſtimmten Gegenſtand beziehen, OLG. Colmar 23. 3. 04 ZBlFG. 4, 798.

Die für güterrechtliche Verhältniſſe gewährte Vertragsfreiheit muß den Rahmen des durch den Ehevertrag modifizierten geſetzlichen Güterſtandes reſpektieren, Abmachungen, die mit dem Weſen dieſes Güterſtandes unvereinbar ſind (z. B. Errichtung eines Geſamtguts beim geſetzlichen Güterſtande), ſind unzuläſſig, OLG. Colmar 25. 5. 03 Rſpr. 7, 53 (vgl. auch ZBlFG. 4, 424). Abzulehnen iſt die Eintragung in ſich widerſpruchsvoller Vereinbarungen (z. B. „Gütertrennung mit Errungenſchaftsgemeinſchaft“, OLG. Colmar 21. 6. 05 KGJ. 30 A 313) ſowie unklarer Vereinbarungen (z. B. Ausſchluß der beſtehenden allgemeinen Gütergemeinſchaft und Vereinbarung des Eintritts des geſetzlichen Güterrechts des BGB., wobei zweifelhaft bleibt, ob der geſetzliche Güterſtand der Verwaltung und Nutznießung oder der der Gütertrennung gemeint iſt, KG. 21. 12. 03 (27 A 80). Wird in einem nach Eingehung der Ehe geſchloſſenen Ehevertrage ein vom geſetzlichen abweichender Güterſtand mit der Maßgabe vereinbart, daß er vom Zeitpunkt der Eheſchließung ab gelten ſolle, ſo kann die Eintragung mit dem Vermerk der Rückwirkung nicht ſtattfinden, OLG. Colmar 1. 2. 05 KGJ. 29 A 267. Es kann nicht in Anſehung eines einzelnen Vermögensſtücks ein anderer als der ſonſt zwiſchen den Eheleuten beſtehende Güterſtand vereinbart werden (ZBlFG. 5, 390).

Das Registergericht hat den vertragsmäßigen Güterstand gemäß den materiellen Abmachungen der Ehegatten, nicht aber notwendigerweise mit den von diesen gebrauchten formellen Wendungen einzutragen, KG. 18. 2. 01 Rspr. 2, 485. Alles für das GR. Unwesentliche (z. B. überflüssige Erklärungen) ist von der Eintragung von Amts wegen auszuschließen, KG. 19. 1. 05 ZBlFG. 6, 36. Ist im Ehevertrage bestimmt, daß alles Vermögen, das die Ehefrau schon besitzt oder künftig erwirbt, Vorbehaltsgut sein solle, so genügt die Eintragung: Gütertrennung, ObLG. München 21. 6. 02 ZBlFG. 3, 254; KG. 19. 1. 05 ZBlFG. 6, 36. Kraft Gesetzes eintretende Folgen eines vereinbarten Güterstandes brauchen nicht eingetragen zu werden, OLG. Colmar 25. 2. 03 Rspr. 6, 278. Bei Gütertrennung ist Vorbehaltsgut ausgeschlossen, demnach ist auch der Bestand des Vermögens jedes Ehegatten bei ihr nicht zu registrieren, KG. 14. 12. 03 ZBlFG. 4, 637.

2. Ueber die Tragweite des § 1435 vgl. OLG. Colmar 22. 3. 05 Rspr. 11, 282.

3. Die Verabredung, die fortgesetzte Gütergemeinschaft solle nicht eintreten, muß, um den Gläubigern gegenüber wirksam zu sein, eingetragen werden, OLG. Hamburg 12. 11. 03 Rspr. 8, 335.

Gesetzliche Gütertrennung.

§ 1426 BGB.

Tritt nach § 1364[1]) die Verwaltung und Nutznießung des Mannes nicht ein oder endigt sie auf Grund der §§ 1418 bis 1420,[1]) so tritt Gütertrennung ein.

Für die Gütertrennung gelten die Vorschriften der §§ 1427 bis 1431.

§ 1431 Abs. 1 BGB.

Die Gütertrennung ist Dritten gegenüber nur nach Maßgabe des § 1435 wirksam.

§ 1470 BGB.

Die Aufhebung der Gütergemeinschaft tritt in den Fällen der §§ 1468, 1469[2]) mit der Rechtskraft des Urteils ein. Für die Zukunft gilt Gütertrennung.

Dritten gegenüber ist die Aufhebung der Gütergemeinschaft nur nach Maßgabe des § 1435 wirksam.[3])

§ 1545 BGB.

Endigt die Errungenschaftsgemeinschaft nach den §§ 1542 bis 1544,[4]) so gilt für die Zukunft Gütertrennung.

Dritten gegenüber ist die Beendigung der Gemeinschaft nur nach Maßgabe des § 1435 wirksam.

§ 1587 BGB.

Wird die eheliche Gemeinschaft nach der Aufhebung[5]) wiederhergestellt, so fallen die mit der Aufhebung verbundenen Wirkungen weg und tritt Gütertrennung ein.

1. Die Verwaltung und Nutznießung tritt nach § 1364 nicht ein, wenn der Mann die Ehe mit einer in der Geschäftsfähigkeit beschränkten Frau ohne Einwilligung ihres gesetzlichen Vertreters eingeht; sie endigt nach §§ 1418—1420 mit der Rechtskraft des die Aufhebung auf Klage der Frau anordnenden Urteils, mit der Rechtskraft des Beschlusses, durch den der Konkurs

über das Vermögen des Mannes eröffnet wird, im Falle der Todeserklärung des Mannes mit dem Zeitpunkt, der als Zeitpunkt des Todes gilt.

2. §§ 1468 und 1469 regeln die Voraussetzungen, unter denen die Frau und der Mann auf Aufhebung der allgemeinen Gütergemeinschaft klagen kann.

3. Die für die allgemeine Gütergemeinschaft geltenden Vorschriften finden auch auf die Fahrnisgemeinschaft Anwendung (§ 1549).

4. Die Errungenschaftsgemeinschaft endigt nach §§ 1542 bis 1544 mit der Rechtskraft des die Aufhebung auf Klage der Frau oder des Mannes anordnenden Urteils, mit der Rechtskraft des Beschlusses, durch den der Konkurs über das Vermögen des Mannes eröffnet wird, im Falle der Todeserklärung eines Ehegatten mit dem Zeitpunkt, der als Zeitpunkt des Todes gilt.

5. Durch Urteil gemäß §§ 1575, 1586 BGB.

Wiederherstellung der Verwaltung und Nutznießung und Errungenschaftsgemeinschaft.

§ 1431 Abs. 2 BGB.

Das Gleiche[1]) gilt im Falle des § 1425[2]) von der Wiederherstellung der Verwaltung und Nutznießung, wenn die Aufhebung in das Güterrechtsregister eingetragen worden ist.

§ 1548 BGB.

Die Wiederherstellung der Errungenschaftsgemeinschaft tritt in den Fällen des § 1547[3]) mit der Rechtskraft des Urteils ein. Die Vorschrift des § 1422 findet entsprechende Anwendung.

Dritten gegenüber ist die Wiederherstellung, wenn die Beendigung in das Güterrechtsregister eingetragen worden ist, nur nach Maßgabe des § 1435 wirksam.

Im Falle der Wiederherstellung wird Vorbehaltsgut der Frau, was ohne die Beendigung der Gemeinschaft Vorbehaltsgut geblieben oder geworden sein würde.

1. Nämlich Wirksamkeit Dritten gegenüber nur nach Maßgabe des § 1435 (oben S. 347).

2. § 1425 lautet:

Wird die Entmündigung oder Pflegschaft, wegen deren die Aufhebung der Verwaltung und Nutznießung erfolgt ist, wiederaufgehoben oder wird der die Entmündigung aussprechende Beschluß mit Erfolg angefochten, so kann der Mann auf Wiederherstellung seiner Rechte klagen. Das Gleiche gilt, wenn der für tot erklärte Mann noch lebt.

Die Wiederherstellung der Rechte des Mannes tritt mit der Rechtskraft des Urteils ein. Die Vorschrift des § 1422 findet entsprechende Anwendung.

Im Falle der Wiederherstellung wird Vorbehaltsgut, was ohne die Aufhebung der Rechte des Mannes Vorbehaltsgut geblieben oder geworden sein würde.

3. § 1547 lautet:

Endigt die Errungenschaftsgemeinschaft durch die Eröffnung des Konkurses über das Vermögen des Mannes, so kann die Frau auf Wiederherstellung der Gemeinschaft klagen. Das gleiche Recht steht, wenn die Gemeinschaft infolge einer Todeserklärung endigt, dem für tot erklärten Ehegatten zu, falls er noch lebt.

Wird die Gemeinschaft auf Grund des § 1418 Nr. 3 bis 5 aufgehoben, so kann der Mann unter den Voraussetzungen des § 1425 Abs. 1 auf Wiederherstellung der Gemeinschaft klagen.

Bildung von Vorbehaltsgut:

a) beim gesetzlichen Güterstande;

§ 1366 BGB.

Vorbehaltsgut sind die ausschließlich zum persönlichen Gebrauche der Frau bestimmten Sachen, insbesondere Kleider, Schmucksachen und Arbeitsgeräte.

§ 1367 BGB.

Vorbehaltsgut ist, was die Frau durch ihre Arbeit oder durch den selbständigen Betrieb eines Erwerbsgeschäfts erwirbt.

§ 1368 BGB.

Vorbehaltsgut ist, was durch Ehevertrag für Vorbehaltsgut erklärt ist.[1])

§ 1369 BGB.

Vorbehaltsgut ist, was die Frau durch Erbfolge, durch Vermächtnis oder als Pflichtteil erwirbt (Erwerb von Todes wegen) oder was ihr unter Lebenden von einem Dritten unentgeltlich zugewendet wird, wenn der Erblasser durch letztwillige Verfügung, der Dritte bei der Zuwendung bestimmt hat, daß der Erwerb Vorbehaltsgut sein soll.

§ 1370 BGB.

Vorbehaltsgut ist, was die Frau auf Grund eines zu ihrem Vorbehaltsgute gehörenden Rechtes oder als Ersatz für die Zerstörung, Beschädigung oder Entziehung eines zu dem Vorbehaltsgute gehörenden Gegenstandes oder durch ein Rechtsgeschäft erwirbt, das sich auf das Vorbehaltsgut bezieht.

§ 1371 BGB.

Auf das Vorbehaltsgut finden die bei der Gütertrennung für das Vermögen der Frau geltenden Vorschriften entsprechende Anwendung; die Frau hat jedoch einen Beitrag zur Bestreitung des ehelichen Aufwandes nur insoweit zu leisten, als der Mann nicht schon durch die Nutzungen des eingebrachten Gutes einen angemessenen Beitrag erhält.

1. Die Bezeichnung der durch Ehevertrag zum Vorbehaltsgute erklärten Gegenstände kann nach Kategorien, namentlich nach dem Erwerbsgrunde, erfolgen, KG. 16. 3. 05 (30 A 156); 15. 3. 06 Rspr. 12, 303.

b) bei der allgemeinen Gütergemeinschaft und Fahrnisgemeinschaft;

§ 1440 BGB.

Von dem Gesamtgut ausgeschlossen ist das Vorbehaltsgut.

Vorbehaltsgut ist, was durch Ehevertrag für Vorbehaltsgut eines der Ehegatten erklärt ist[1]) oder von einem der Ehegatten nach § 1369 oder § 1370 erworben wird.

§ 1441 BGB.

Auf das Vorbehaltsgut der Frau finden die bei der Gütertrennung für das Vermögen der Frau geltenden Vorschriften entsprechende Anwendung; die Frau hat jedoch dem Manne zur Bestreitung des ehelichen Aufwandes einen Beitrag nur insoweit zu leisten, als die in das Gesamtgut fallenden Einkünfte zur Bestreitung des Aufwandes nicht ausreichen.[2])

1. Die Vereinbarung ist eintragbar, daß alle zukünftigen Schenkungen, die ein Ehegatte dem andern aus seinem Vorbehaltsgute macht, Vorbehaltsgut sein sollen, dagegen nicht die Vereinbarung, daß alle zukünftigen Schenkungen, also auch solche aus dem gütergemeinschaftlichen Vermögen, für Vorbehaltsgut erklärt werden, denn es bedarf eines Ehevertrages, wenn die Eheleute nachträglich Gegenstände, welche beim Erwerbe Gesamtgut geworden sind, aus diesem ausscheiden und zum Vorbehaltsgut eines von ihnen machen wollen, KG. 16. 3. 05 (30 A 156), vgl. auch OLG. Hamburg 27. 4. 05 ZBlFG. 6, 345.

2. Die für die allgemeine Gütergemeinschaft geltenden Vorschriften finden auch auf die Fahrnisgemeinschaft Anwendung (§ 1549).

c) bei der Errungenschaftsgemeinschaft.

§ 1526 BGB.

Vorbehaltsgut der Frau ist, was durch Ehevertrag für Vorbehaltsgut erklärt ist oder von der Frau nach § 1369 oder § 1370 erworben wird.

Vorbehaltsgut des Mannes ist ausgeschlossen.

Für das Vorbehaltsgut der Frau gilt das Gleiche wie für das Vorbehaltsgut bei der allgemeinen Gütergemeinschaft.

Beschränkung und Ausschluss der Schlüsselgewalt.

§ 1357 BGB.

Die Frau ist berechtigt, innerhalb ihres häuslichen Wirkungskreises die Geschäfte des Mannes für ihn zu besorgen und ihn zu vertreten. Rechtsgeschäfte, die sie innerhalb dieses Wirkungskreises vornimmt, gelten als im Namen des Mannes vorgenommen, wenn nicht aus den Umständen sich ein anderes ergibt.

Der Mann kann das Recht der Frau beschränken oder ausschließen. Stellt sich die Beschränkung oder die Ausschließung als Mißbrauch des Rechtes des Mannes dar, so kann sie auf Antrag der Frau durch das Vormundschaftsgericht aufgehoben werden. Dritten gegenüber ist die Beschränkung oder die Ausschließung nur nach Maßgabe des § 1435 wirksam.[1])

1. Die Eintragung der Ausschließung der Schlüsselgewalt ist auch dann zulässig, wenn die Schlüsselgewalt durch Aufhebung der häuslichen Gemeinschaft tatsächlich in Wegfall gekommen ist, OLG. Hamburg 1. 4. 01 Rspr. 2, 368; 31. 1. 06 Rspr. 12, 300.

Betrieb eines Erwerbsgeschäfts.

§ 1405 BGB.

Erteilt der Mann der Frau die Einwilligung zum selbständigen Betrieb eines Erwerbsgeschäfts, so ist seine Zustimmung zu solchen Rechtsgeschäften und Rechtsstreitigkeiten nicht erforderlich, die der Geschäftsbetrieb mit sich bringt. Einseitige Rechtsgeschäfte, die sich auf das Erwerbsgeschäft beziehen, sind der Frau gegenüber vorzunehmen.

Der Einwilligung des Mannes in den Geschäftsbetrieb steht es gleich, wenn die Frau mit Wissen und ohne Einspruch des Mannes das Erwerbsgeschäft betreibt.

Dritten gegenüber ist ein Einspruch und der Widerruf der Einwilligung nur nach Maßgabe des § 1435 wirksam.[1])

1. § 1405 gilt nicht nur beim gesetzlichen Güterstande, sondern ist auch bei den Gütergemeinschaftsrechten des BGB. entsprechend anwendbar (§§ 1452, 1519 Abs. 2, 1525 Abs. 2, 1549).

Ausländische Ehegatten.

Art. 16 EGBGB.

Haben ausländische Ehegatten oder Ehegatten, die nach der Eingehung der Ehe die Reichsangehörigkeit erwerben, den Wohnsitz im Inlande, so finden die Vorschriften des § 1435 des Bürgerlichen Gesetzbuchs entsprechende Anwendung; der ausländische gesetzliche Güterstand steht einem vertragsmäßigen gleich.

Die Vorschriften der §§ 1357, 1362, 1405[1]) des Bürgerlichen Gesetzbuchs finden Anwendung, soweit sie Dritten günstiger sind als die ausländischen Gesetze.

§ 11a GewO.

Betreibt eine Ehefrau, für deren güterrechtliche Verhältnisse ausländische Gesetze maßgebend sind, im Inlande selbständig ein Gewerbe, so ist es auf ihre Geschäftsfähigkeit in Angelegenheiten des Gewerbes ohne Einfluß, daß sie Ehefrau ist.

Soweit die Frau infolge des Güterstandes in der Verfügung über ihr Vermögen beschränkt ist, finden die Vorschriften des § 1405 [2]) des Bürgerlichen Gesetzbuchs Anwendung. Hat die Frau ihren Wohnsitz nicht im Inlande, so ist der Einspruch des Mannes gegen den Betrieb des Gewerbes und der Widerruf der erteilten Einwilligung in das Güterrechtsregister des Bezirkes einzutragen, in welchem das Gewerbe betrieben wird.

Betreibt die Frau das Gewerbe mit Einwilligung des Mannes oder gilt die Einwilligung nach § 1405 Abs. 2 [2]) des Bürgerlichen Gesetzbuchs als erteilt, so haftet für die Verbindlichkeiten der Frau aus dem Gewerbebetrieb ihr Vermögen ohne Rücksicht auf die dem Manne kraft des Güterstandes zustehenden Rechte; im Falle des Bestehens einer ehelichen Gütergemeinschaft haftet auch das gemeinschaftliche Vermögen.

1. Vgl. oben S. 357, 358.
2. Vgl. oben S. 357, 358.

Anhang IV.

Bekanntmachung betr. die Führung des Vereinsregisters und des Güterrechtsregisters vom 12. November 1898.

(RGBl. S. 438.)

I. Allgemeines.

§ 1. Die Eintragungen in die Register erfolgen auf Grund einer Verfügung des Amtsgerichts. Werden die Geschäfte des Registerführers nicht von einem Richter wahrgenommen, so soll die Verfügung den Wortlaut der Eintragung feststellen.

§ 2. Die Register werden nach den anliegenden Formularen[1]) geführt. Jede Eintragung ist mit einer laufenden Nummer zu versehen und mittelst eines alle Spalten des Formulars durchschneidenden Querstrichs von der folgenden Eintragung zu trennen.

§ 3. Vor oder unter einer jeden Eintragung ist der Tag der Eintragung zu vermerken. Die Eintragung ist von dem Registerführer zu unterschreiben.

§ 4. Bei jeder Eintragung ist am Schlusse auf die Stelle der Registerakten zu verweisen, wo sich die zu Grunde liegende gerichtliche Verfügung befindet.

---

1. Vgl. die S. 366 ff. abgedruckten Muster.

Jede Eintragung ist in den Registerakten bei der gerichtlichen Verfügung zu vermerken.

§ 5. Aenderungen des Inhalts einer Eintragung sowie Löschungen sind unter einer neuen laufenden Nummer in derjenigen Spalte des Registers einzutragen, in welcher sich die zu ändernde oder zu löschende Eintragung befindet. Eine Eintragung, die durch eine spätere Eintragung ihre Bedeutung verloren hat, ist rot zu unterstreichen oder in einer ihre Leserlichkeit nicht beeinträchtigenden Weise zu durchstreichen.

Schreibfehler und ähnliche offenbare Unrichtigkeiten, die in einer Eintragung vorkommen, sind neben dieser Eintragung in der Spalte „Bemerkungen" zu berichtigen.

§ 6. Die Register sind mit laufenden Seitenzahlen zu versehen.

§ 7. Der Gebrauch der Formulare wird durch die beiden mit Eintragungen versehenen Muster erläutert.

II. Vereinsregister.

§ 8. Für die einen Verein betreffenden Eintragungen sind zwei gegenüberstehende Seiten des Vereinsregisters zu verwenden.

§ 9. In der ersten Spalte ist die laufende Nummer der Eintragung, in der zweiten Spalte sind neben dem Namen und dem Sitze des Vereins die darauf sich beziehenden Aenderungen (zu vergl. §§ 57, 64, 71 des Bürgerlichen Gesetzbuchs) zu vermerken.

In der dritten Spalte sind einzutragen:

der Tag der Errichtung der Satzung;

solche Bestimmungen der Satzung, die den Umfang der Vertretungsmacht des Vorstandes beschränken oder die Beschlußfassung des Vorstandes und der Liquidatoren abweichend von den Vorschriften des § 28 Abs. 1 und des § 48 Abs. 3 des Bürgerlichen Gesetzbuchs regeln (zu vergl. § 64, § 76 Abs. 1 Satz 2 des Bürgerlichen Gesetzbuchs);

ferner der Tag einer Aenderung der Satzung und, sofern die Aenderung eine der vorbezeichneten Bestimmungen betrifft, der Inhalt, andernfalls aber nur eine allgemeine Bezeichnung des Gegenstandes der Aenderung (zu vergl. § 71 des Bürgerlichen Gesetzbuchs).

In der vierten Spalte sind die Mitglieder des Vorstandes nach Familiennamen, Vornamen, Beruf und Wohnort sowie die Aenderungen des Vorstandes und die erneute Bestellung eines Vorstandsmitglieds anzugeben (zu vergl. §§ 64, 67 des Bürgerlichen Gesetzbuchs).

In der fünften Spalte sind einzutragen:

die Auflösung, die Entziehung der Rechtsfähigkeit, die Eröffnung des Konkurses und die Aufhebung des Eröffnungsbeschlusses;

ferner, unter Angabe des Familiennamens, Vornamens, Berufs und Wohnorts, die Personen der Liquidatoren und die sie betreffenden Aenderungen;

endlich Bestimmungen, welche die Beschlußfassung der Liquidatoren abweichend von der Vorschrift des § 48 Abs. 3 des Bürgerlichen Gesetzbuchs regeln und nicht schon in der Satzung enthalten sind (zu vergl. §§ 74 bis 76 des Bürgerlichen Gesetzbuchs).

Die sechste Spalte dient auch zu etwaigen Verweisungen auf spätere Eintragungen, insbesondere für den Fall, daß der Inhalt einer Eintragung durch eine spätere Eintragung nur teilweise geändert wird und deshalb seine Bedeutung nicht verliert (zu vergl. § 5 Abs. 1).

§ **10.** Für jeden eingetragenen Verein werden besondere Akten gehalten. Die Akten sind mit dem Namen des Vereins und mit der Nummer zu versehen, welche der Verein im Register führt.

In die Registerakten sind aufzunehmen:

die zur Eintragung bestimmten Anmeldungen nebst den ihnen beigefügten Schriftstücken, die gerichtlichen Verfügungen, die Mitteilungen anderer Behörden und die Nachweise über die Bekanntmachungen.

§ 11. Zu dem Register ist ein alphabetisches Verzeichnis der Vereine zu führen; haben mehrere Vereine den gleichen Namen, so ist die Bezeichnung des Sitzes beizufügen. Bei jedem Vereine sind außer der laufenden Nummer die Seiten anzugeben, wo er im Register eingetragen ist.

III. Güterrechtsregister.

§ 12. Für die ein Ehepaar betreffenden Eintragungen ist eine Seite des Güterrechtsregisters zu verwenden.

§ 13. Die Ehegatten sind nach Familiennamen und Vornamen, der Mann unter Bezeichnung seines Berufs und Wohnsitzes, die Frau unter Beifügung ihres Geburtsnamens, über den Spalten des Formulars anzugeben. Ist bei dem Gericht offenkundig, daß sich am Wohnorte des Ehemanns mehrere Personen mit gleichem Vornamen und Familiennamen und von gleichem Berufe befinden, so ist die Bezeichnung des Mannes durch die Angabe der Zeit und des Ortes seiner Geburt oder durch die Angabe seiner Eltern oder in sonstiger Weise zu ergänzen.

In der ersten Spalte ist die laufende Nummer der Eintragung zu vermerken.

In der zweiten Spalte sind einzutragen:

die Beschränkung oder Ausschließung des der Frau nach § 1357 des Bürgerlichen Gesetzbuchs zustehenden Rechtes sowie die Aufhebung einer solchen Beschränkung oder Ausschließung;

die Ausschließung oder Aenderung der Verwaltung und Nutznießung des Mannes sowie die Aufhebung oder Aenderung einer in dem Güterrechtsregister eingetragenen Regelung der güterrechtlichen Verhältnisse (zu vergl. §§ 1371, 1431, 1435, 1441, 1470, 1526, 1545, 1548, 1549, 1587 des Bürgerlichen Gesetzbuchs; Artikel 16 des zugehörigen Einführungsgesetzes);

der Einspruch des Mannes gegen den selbständigen Betrieb eines Erwerbsgeschäfts der Frau oder der Widerruf seiner Einwilligung sowie die Zurücknahme des Einspruchs oder des Widerrufs (zu vergl. §§ 1405, 1452, § 1519 Abs. 2, § 1525 Abs. 2, § 1549 des Bürgerlichen Gesetzbuchs; Artikel 16, Artikel 36 Nr. I des zugehörigen Einführungsgesetzes).

Bei der Eintragung von Vorbehaltsgut kann zur näheren Bezeichnung der einzelnen dazu gehörenden Gegenstände auf ein bei den Registerakten befindliches Verzeichnis Bezug genommen werden.

Die dritte Spalte dient auch zu etwaigen Verweisungen auf spätere Eintragungen (zu vergl. § 9 Abs. 5).

Erfolgt eine Eintragung im Register eines anderen als des für den Wohnsitz des Mannes zuständigen Gerichts, weil einer der Ehegatten im Bezirke des anderen Gerichts ein Handelsgewerbe oder ein sonstiges Gewerbe betreibt (vergl. Artikel 4 des Einführungsgesetzes zum Handelsgesetzbuch, Artikel 36 Nr. 1 des Einführungsgesetzes zum Bürgerlichen Gesetzbuche), so ist bei der Eintragung dieser Grund in der dritten Spalte zu vermerken.

§ 14. Die Erteilung der beglaubigten Abschrift einer Eintragung zum Zwecke der Wiederholung der Eintragung in dem Register eines anderen Bezirkes nach Aufhebung des bisherigen Wohnsitzes des Mannes (§ 1561 Abs. 3 Nr. 2 des Bürgerlichen Gesetzbuches) ist in der dritten Spalte zu vermerken.

§ 15. Zu dem Register werden besondere Akten gehalten. In diese Akten sind aufzunehmen: die Eintragungsanträge nebst den ihnen beigefügten Schriftstücken, die gerichtlichen Verfügungen und die Nachweise über die Bekanntmachungen.

§ 16. Zu dem Register ist ein alphabetisches Verzeichnis der Eintragungen nach dem Namen des Ehemannes unter Angabe der Seite des Registers zu führen.[1])

---

1. In Preußen sind nach der AVf. v. 16. 12. 05 (JMBl. S. 369) in dem Verzeichnisse neben dem Namen des Ehemannes, Vorname und Geburtsname der Frau anzugeben.

Muster für das

Nummer des

1.	2.	3.
Nummer der Eintragung.	Name und Sitz des Vereins.	Satzung.
1.	Concordia, Berlin.	Die Satzung ist am 1. Mai 1900 errichtet. Der Vorstand kann Grundstücke nur auf Grund eines Beschlusses der Mitgliederversammlung veräußern. Zur Beschlußfassung des Vorstandes ist Einstimmigkeit erforderlich. (Bl. oder Nr. d. A.) 1. Juli (Name des
2.		Durch Beschluß der Mitgliederversammlung vom 20. Septbr. 1900 sind die Bestimmungen über die Aufnahme neuer Mitglieder geändert. (Bl. oder Nr. d. A.) 1. Oktober 1900. (Name des Registerführers.)

Vereinsregister.

Vereinsregisters 1.

4.	5.	6.
Vorstand.	Auflösung; Entziehung der Rechtsfähigkeit; Konkurs; Liquidatoren.	Bemerkungen.
Kaufmann Johann Neumann und Fabrikant Heinrich Schmidt, beide in Berlin, Kaufmann Fritz Freudenberg in Charlottenburg. (Bl. oder Nr. d. A.) 1900. Registerführers.)		

(Fortsetzung umstehend.)

1.	2.	3.
Nummer der Eintragung.	Name und Sitz des Vereins.	Satzung.
3.		
4.		Nach Beschluß der Mitgliederversammlung vom 25. November 1900 kann der Vorstand Darlehen von mehr als dreihundert Mark nur auf Grund eines Beschlusses der Mitgliederversammlung aufnehmen. (Bl. od. Nr. d. A.) 2. Januar 1902. (Name des Registerführers.)
5.		

4.	5.	6.
Vorstand.	Auflösung; Entziehung der Rechtsfähigkeit; Konkurs; Liquidatoren.	Bemerkungen.
Johann Neumann ist ausgeschieden; statt seiner ist der Rentner Karl Kohler in Berlin bestellt. (Bl. od. Nr. d. A.) 1. Oktober 1901. (Name des Registerführers.)		
	Der Verein ist durch Beschluß der Mitgliederversammlung vom 13. Februar 1902 aufgelöst. Zu Liquidatoren sind bestellt der Kaufmann Herm. Meyer u. der Fabrikant Georg Kohn, beide in Berlin. (Bl. oder Nr. d. A.) 15. Februar 1902. (Name des Registerführers.)	

Muster für das Güterrechtsregister.

Bezeichnung der Ehegatten: Lehmann, Heinrich Karl, Kaufmann zu Berlin, und Anna, geb. Müller.

Nummer der Eintragung.	Rechtsverhältnis.	Bemerkungen.
1.	Die Verwaltung und Nutznießung des Mannes ist durch Urteil vom 1. März 1901 aufgehoben. (Bl. oder Nr. d. A.) 1. Mai 1901. (Name des Registerführers.)	
2.	Der Mann hat das Recht der Frau, innerhalb ihres häuslichen Wirkungskreises seine Geschäfte für ihn zu besorgen und ihn zu vertreten, ausgeschlossen. (Bl. oder Nr. d. A.) 15. Juni 1902. (Name des Registerführers.)	

3.	Die Verwaltung und Nutznießung des Mannes ist durch Urteil vom 1. April 1903 wiederhergestellt. (Bl. oder Nr. d. A.) 15. Juni 1903. (Name des Registerführers.)	
4.	Der Mann hat gegen den Geschäftsbetrieb der Frau Einspruch erhoben. (Bl. oder Nr. d. A.) 1. Juli 1904. (Name des Registerführers.)	
5.	Durch Vertrag vom 1. Juli 1905 ist allgemeine Gütergemeinschaft vereinbart unter Ausschließung der fortgesetzten Gütergemeinschaft. Dabei sind für Vorbehaltsgut der Frau erklärt: die für sie in dem Grundbuche von Halle a. S. Band 1 Bl. 50, Abt. III Nr. 9 eingetragene Hypothek von 20 000 Mk., 5000 Mk. 3 1/2 prozentige Pfandbriefe der Preußischen Hypotheken-Aktienbank in Berlin Serie XIII Nr. 125 bis 129 zu je 1000 Mk. (Bl. oder Nr. d. A.) 1. Juli 1905. (Name des Registerführers.) Fortsetzung der Eintragungen s. S. 100.	

Anhang V.

Allgemeine Verfügung über die Führung des Vereinsregisters und des Güterrechtsregisters vom 6. November 1899.

(JMBl. S. 299.)

In Ergänzung der vorstehenden Bestimmungen des Bundesrats wird folgendes angeordnet:

Artikel 1.

Die Register werden in dauerhaft gebundenen Bänden geführt. Es ist dazu Papier der Verwendungsklasse 2a (vergl. die Allgemeine Verfügung vom 2. Januar 1892, betreffend das für den Amtsgebrauch anzuschaffende Papier, Just.-Minist.-Bl. S. 9) zu verwenden Die Bogengröße beträgt bei dem Vereinsregister 46×56 cm, bei dem Güterrechtsregister 40,5×51 cm.[1])

Jeder Band enthält entsprechend der Reihenfolge der Anlegung eine römische Ziffer.

Artikel 2.

Werden Anmeldungen zur Eintragung in das Vereinsregister oder Anträge auf Eintragungen in das

---

1. In der Allgem. Verf. v. 18. 12. 1899 (JMBl. S. 804) ist für das Vereinsregister eine Bogengröße von 46×59 cm, für das Güterrechtsregister eine solche von 40×50 cm festgesetzt.

Güterrechtsregister persönlich bei Gericht erklärt, so ist das Protokoll in der Regel von dem Gerichtsschreiber des Registergerichts aufzunehmen. Der Richter hat sich der Aufnahme zu unterziehen, wenn bei dem Gerichtsschreiber die zur Beurteilung der Verhältnisse erforderliche Rechtskenntnis nicht zu erwarten ist.

Artikel 3.

Die Verfügung auf die Anmeldungen und auf alle das Register betreffenden Gesuche und Anträge liegt dem Richter ob. Er hat insbesondere die Eintragungen in das Register und die erforderlichen Bekanntmachungen zu verfügen sowie die im § 69 des Bürgerlichen Gesetzbuchs, im § 34 der Grundbuchordnung und im § 162 des Reichsgesetzes über die Angelegenheiten der freiwilligen Gerichtsbarkeit erwähnten Bescheinigungen und Zeugnisse auszustellen. Die Ausfertigung der Bescheinigungen und Zeugnisse erfolgt nach Artikel 18 des Preußischen Gesetzes über die freiwillige Gerichtsbarkeit.

Die Eintragung ist von dem Richter auch dann anzuordnen, wenn sie von dem Beschwerdegericht oder gemäß § 143 des Reichsgesetzes über die Angelegenheiten der freiwilligen Gerichtsbarkeit verfügt ist.

Artikel 4.

Wird eine Eintragung abgelehnt, so sind die Gründe der Ablehnung mitzuteilen.

Artikel 5.

Der Gerichtsschreiber hat die Eintragung in das Register zu bewirken und die verfügten Bekanntmachungen herbeizuführen.

Artikel 6.

Die Eintragungen sind deutlich und ohne Abkürzungen zu schreiben; in dem Register darf nichts radiert oder sonst unleserlich gemacht werden.

Artikel 7.

Eine Eintragung, die durch eine spätere Eintragung ihre Bedeutung verloren hat (Bestimmungen des Bundesrats § 5 Abs. 1 Satz 2), ist nicht zu durchstreichen, sondern, nach Maßgabe der Anordnung des Richters, rot zu unterstreichen.

In die Abschriften aus den Registern sind die rot unterstrichenen Eintragungen nur aufzunehmen, soweit dies beantragt oder nach den Umständen angemessen ist.

Artikel 8.

Schreibfehler oder ähnliche offenbare Unrichtigkeiten, die in einer Eintragung vorkommen (Bestimmungen des Bundesrats § 5 Abs. 2), dürfen nur auf Grund einer Verfügung des Richters berichtigt werden. Die Berichtigung des Vereinsregisters ist dem Vorstande, den Liquidatoren oder dem Konkursverwalter des Vereins, die Berichtigung des Güterrechtsregisters den Ehegatten bekannt zu machen. Die öffentliche Bekanntmachung kann unterbleiben, wenn die Berichtigung einen offenbar unwesentlichen Punkt der Eintragung betrifft.

Artikel 9.

In dem Vermerk über die Eintragung, den der Gerichtsschreiber in die Registerakten aufzunehmen hat (Bundesratsbestimmungen § 4 Abs. 2), ist der Tag anzugeben, an welchem die Eintragung erfolgt ist.

Artikel 10.

Die gesetzlich vorgeschriebene Veröffentlichung einer Eintragung ist zu veranlassen, sobald die Eintragung erfolgt ist und ohne daß eine andere Eintragung abgewartet werden darf.

Artikel 11.

Auf eine leicht verständliche und knappe Fassung der öffentlichen Bekanntmachungen ist Bedacht zu nehmen.

Erfolgen mehrere Bekanntmachungen desselben Gerichts gleichzeitig, so sind sie tunlichst zusammenzufassen.

Der Bezeichnung des Gerichts ist eine Namensunterschrift nicht beizufügen. Ueberflüssige Absätze sind zu vermeiden. Die Spaltenüberschriften des Registers, die Unterschrift des Registerführers (Bestimmungen des Bundesrats § 3 Satz 2), die Verfügung, durch welche die Eintragung angeordnet ist, die Geschäftsnummer sowie etwaige bei der Eintragung erfolgte Verweisungen auf andere Stellen des Registers oder auf Aktenstellen (vergl. Bestimmungen des Bundesrats § 4 Satz 1) sind nicht zu veröffentlichen.

Die Bekanntmachung ist nur einmal zu bewirken; ihr Wortlaut ist vor der Absendung an das für die Bekanntmachungen des Gerichts bestimmte Blatt dem Richter zur Genehmigung vorzulegen. Weicht der Inhalt der Bekanntmachung von dem der Eintragung ab (Bürgerliches Gesetzbuch § 1562 Abs. 2), so hat der Richter den Inhalt der Bekanntmachung wörtlich anzugeben.

Artikel 12.

Die in den §§ 130, 159, 161 des Reichsgesetzes über die Angelegenheiten der freiwilligen Gerichtsbarkeit vorgeschriebene Bekanntmachung der Eintragung an den Antragsteller sowie an den Ehegatten des Antragstellers hat, soweit tunlich, unter Benutzung von Formularen zu erfolgen; die Ausfüllung der Formulare ist in der Regel von dem Gerichtsschreiber zu bewirken (Allg. Verf. vom 5. April 1895 Nr I, Just.-Minist.-Bl. S. 125).

Soweit nach den bestehenden Vorschriften die Zusendung durch die Post zu bewirken ist, sind zu den

Bekanntmachungen, die eine Eintragung in das Vereinsregister betreffen, regelmäßig Postkarten zu verwenden, auf deren Rückseite sich das Formular befindet. Zu Bekanntmachungen, die eine Eintragung in das Güterrechtsregister betreffen, sollen Postkarten nicht verwendet werden.

Der Gerichtsschreiber hat die Bekanntmachungen zu unterschreiben und in den Akten bei der gerichtlichen Verfügung zu vermerken, wem die Bekanntmachung zur Beförderung übergeben und wann die Uebergabe erfolgt ist.

Artikel 13.

Die Beglaubigung von Abschriften der Eintragungen und der zum Register eingereichten Schriftstücke liegt dem Gerichtsschreiber ob.

Wird eine auszugsweise Abschrift erteilt, so sind bei der Beglaubigung die Vorschriften des Artikel 47, des Artikel 57 Abs. 3 und des Artikel 59 des Preußischen Gesetzes über die freiwillige Gerichtsbarkeit zu beobachten.

Artikel 14.

Der Gerichtsschreiber hat das Vereinsregister nebst den von dem Vereine zum Register eingereichten Schriftstücken sowie das Güterrechtsregister nebst denjenigen Schriftstücken, auf welche bei den Eintragungen in das Güterrechtsregister Bezug genommen ist (Bestimmungen des Bundesrats § 13 Abs. 3 a. E.), während der gewöhnlichen Dienststunden einem jeden auf Ersuchen zur Einsicht vorzulegen, ohne daß es einer richterlichen Anordnung bedarf.

Artikel 15.

Gehört ein Ort oder eine Gemeinde (Bürgerliches Gesetzbuch § 57) zu den Bezirken verschiedener Registergerichte, so hat jedes Registergericht die Namen der an dem Orte oder in der Gemeinde errichteten Vereine, die in das Vereinsregister eingetragen werden, sowie die Namensänderungen und Löschungen, die bei solchen Vereinen eingetragen werden, den anderen beteiligten Registergerichten unverzüglich mitzuteilen. Dies gilt auch dann, wenn der betreffende Ort zu mehreren Bundesstaaten gehört.

Artikel 16.

In dem Vereinsregister sind außer den zwei gegenüberstehenden Seiten, die nach § 8 der Bestimmungen des Bundesrats für jeden Verein zu verwenden sind, geeignetenfalls für spätere Eintragungen die erforderlichen Seiten freizulassen.

Artikel 17.

Wird der Sitz eines eingetragenen Vereins aus dem Bezirke des Registergerichts verlegt, so sind bei der Eintragung der Verlegung in die Spalte 2 des Registers alle den Verein betreffenden Eintragungen rot zu unterstreichen.

Artikel 18.

Sind bei den einen Verein betreffenden Eintragungen so zahlreiche Aenderungen eingetreten, daß durch die Eintragung der Aenderungen die Uebersichtlichkeit des Registers erheblich beeinträchtigt wird, so sind die noch gültigen Eintragungen unter einer neuen Nummer an eine andere Stelle des Registers zu übertragen; dabei ist an dieser auf die bisherige Nummer und Stelle und an der letzteren auf die neue Stelle zu verweisen.

Die Uebertragung ist dem Vorstande des Vereins, den Liquidatoren oder dem Konkursverwalter unter Mitteilung von dem Inhalte der neuen Eintragung bekannt zu machen.

Bestehen Zweifel über die Art oder den Umfang der Uebertragung, so sind die im Abs. 2 bezeichneten Personen vorher zu hören.

Artikel 19.

Das Güterrechtsregister dient auch zur Aufnahme derjenigen Eintragungen, welche nach Artikel 59 § 9 Abs. 2, Artikel 61 § 3, Artikel 62 Abs. 1, Artikel 63 bis 65 des Ausführungsgesetzes zum Bürgerlichen Gesetzbuch in Ansehung der zur Zeit des Inkrafttretens des Bürgerlichen Gesetzbuchs bestehenden Ehen zu erfolgen haben.

Artikel 20.

Diese Verfügung tritt am 1. Januar 1900 in Kraft.

5. Das Musterregister.

Reichsgesetz betr. das Urheberrecht an Mustern und Modellen vom 11. Januar 1876.

(RGBl. 11.)

Anmeldung und Niederlegung.

§ 9.

Das Musterregister wird von den mit der Führung der Handelsregister beauftragten Gerichtsbehörden geführt.[1])

Der Urheber[2]) hat die Anmeldung und Niederlegung[3]) des Musters oder Modells bei der Gerichtsbehörde seiner Hauptniederlassung, und falls er eine eingetragene Firma nicht besitzt, bei der betreffenden Gerichtsbehörde seines Wohnortes zu bewirken.

Urheber, welche im Inlande weder eine Niederlassung, noch einen Wohnsitz haben, müssen die Anmeldung und Niederlegung bei dem Handelsgericht in Leipzig bewirken.

Die Muster oder Modelle können offen oder versiegelt, einzeln oder in Paketen niedergelegt werden.

Die Pakete dürfen jedoch nicht mehr als 50 Muster oder Modelle enthalten und nicht mehr als 10 Kilogramm wiegen. Die näheren Vorschriften über die Führung des Musterregisters erläßt das Reichskanzleramt.[4])

Die Eröffnung der versiegelt niedergelegten Muster erfolgt drei Jahre nach der Anmeldung (§ 7), beziehentlich, wenn die Schutzfrist eine kürzere ist, nach dem Ablaufe derselben.

Die Eintragung und die Verlängerung der Schutzfrist (§ 8 Alinea 2)[5]) wird monatlich im Deutschen Reichsanzeiger bekannt gemacht.[6]) Die Kosten der Bekanntmachung hat der Anmeldende zu tragen.

1. Vgl. oben S. 16.

2. § 16 bestimmt:

Das gegenwärtige Gesetz findet Anwendung auf alle Muster und Modelle inländischer Urheber, sofern die nach den Mustern oder Modellen hergestellten Erzeugnisse im Inlande verfertigt sind, gleichviel ob dieselben im Inlande oder Auslande verbreitet werden.

Wenn ausländische Urheber im Gebiete des Deutschen Reichs ihre gewerbliche Niederlassung haben, so genießen sie für die im Inlande gefertigten Erzeugnisse den Schutz des gegenwärtigen Gesetzes.

Im übrigen richtet sich der Schutz der ausländischen Urheber nach den bestehenden Staatsverträgen.

3. § 7 bestimmt:

Der Urheber eines Musters oder Modells genießt den Schutz gegen Nachbildung nur dann, wenn er dasselbe zur Eintragung in das Musterregister angemeldet und ein Exemplar oder eine Abbildung des

Musters 2c. bei der mit Führung des Musterregisters beauftragten Behörde niedergelegt hat.

Die Anmeldung und Niederlegung muß erfolgen, bevor ein nach dem Muster oder Modelle gefertigtes Erzeugnis verbreitet wird.

Das Gesetz hat nur den Schutz der sogenannten Geschmacksmuster zum Gegenstande, d. h. solcher plastischen oder flächenartigen Erzeugnisse, welche durch neue eigenartige Zeichnung, Farbe und plastische Form eine ästhetische Befriedigung hervorzurufen bestimmt sind.

Wenn der Musterschutz für „Pappimitation einer Ledertasche" angemeldet wird, so genügt es nicht, wenn nur ein Modell aus roher geprägter Pappe niedergelegt wird mit der darauf befindlichen Angabe, daß dasselbe in Lederpunzimitation wie ein zugleich niedergelegtes Reklameschild ausgeführt werden solle, denn darin liegt nur eine Art von Beschreibung des Musters, RG. 18. 11. 01 ZBlFG. 2, 656. Der ein Muster Anmeldende ist zwar verpflichtet, anzugeben, ob das Muster für Flächenerzeugnisse oder für plastische Erzeugnisse bestimmt ist (vgl. § 6 der Bekanntm. v. 29. 2. 76 Anh. VI), aber für die Art der Darstellung ist das niederzulegende Muster ohne Bedeutung, es kann auch, wenn es für Flächenerzeugnisse bestimmt ist, in plastischer Form zur Niederlegung gelangen und umgekehrt, KGJ. 12, 41.

4. Ueber die Führung des Musterregisters sind erlassen die Bekanntm. v. 29. 2. 76 (RGBl. 123) und vom 23. 12. 86 (RGBl. 418), abgedruckt als Anh. VI u. VII.

5. Hierzu bestimmt § 8:

Der Schutz des gegenwärtigen Gesetzes gegen Nachbildung wird dem Urheber des Musters oder Modells nach seiner Wahl ein bis drei Jahre lang vom Tage der Anmeldung (§ 7) ab, gewährt.

Der Urheber ist berechtigt, gegen Zahlung der im § 12 Absatz 3 bestimmten Gebühr, eine Ausdehnung der Schutzfrist bis auf höchstens fünfzehn Jahre zu verlangen. Die Verlängerung der Schutzfrist wird in dem Musterregister eingetragen.

Der Urheber kann das ihm nach Absatz 2 zustehende Recht außer bei der Anmeldung auch bei Ablauf der dreijährigen und der zehnjährigen Schutzfrist ausüben.

Falls der Urheber nachträglich auf einen Teil der Schutzfrist verzichtet, so ist das Erlöschen des Schutzes im Register zu vermerken und ein entsprechender Teil der Gebühr nach Abzug der durch die öffentliche Bekanntmachung der Aenderung entstehenden Auslagen zurückzuzahlen, KG. 19. 7. 05 RJA. 6, 122.

6. Vgl. hierzu § 10 der Bekanntm. v. 29. 2. 76 (Anh. VI) und §§ 2, 3 der Bekanntm. v. 23. 12. 86 (Anh. VII).

Eintragung.

§ 10.

Die Eintragungen in das Musterregister werden bewirkt, ohne daß eine zuvorige Prüfung über die Berechtigung des Antragstellers oder über die Richtigkeit der zur Eintragung angemeldeten Tatsachen stattfindet.[1])

1. Demgemäß ist, sofern der Antragsteller erklärt, Schutz nur für die Form seines Musters zu suchen, der Richter nicht befugt, die Eintragung deshalb abzulehnen, weil er nach den Angaben des Antragstellers über Beschaffenheit und Zweck des Musters annimmt, daß es sich nicht um einen Schutz für die Form, sondern um ein dem Patentschutz unterworfenes Erzeugnis handelt, KGJ. 4, 46. Ebenso darf die Eintragung nicht abgelehnt werden, weil das angemeldete Muster nur ein Warenzeichen sei, KGJ. 12, 41, oder weil das Muster kein neues und eigentümliches Erzeugnis oder weil der Gegenstand des Musterschutzes zu unbestimmt sei, KG. 5. 1. 03 (25 A 266). Der Registerrichter darf auch nicht fordern, daß, wer die Eintragung als Rechtsnachfolger des Urhebers verlangt, sich durch Urkunden als Nachfolger legitimiere, KGJ. 12, 41.

Einsicht u. Auszüge.

§ 11.

Es ist Jedermann gestattet, von dem Musterregister und den nicht versiegelten Mustern und Modellen Einsicht zu nehmen und sich beglaubigte Auszüge aus dem Musterregister erteilen zu lassen. In Streitfällen darüber, ob ein Muster oder Modell gegen Nachbildung geschützt ist, können zur Herbeiführung der Entscheidung auch die versiegelten Pakete von der mit der Führung des Musterregisters beauftragten Behörde geöffnet werden.

Gebühren.

§ 12.

Alle Eingaben, Verhandlungen, Atteste, Beglaubigungen, Zeugnisse, Auszüge 2c., welche die Eintragung in das Musterregister betreffen, sind stempelfrei.

Für jede Eintragung und Niederlegung eines einzelnen Musters oder eines Pakets mit Mustern 2c. (§ 9) wird, insofern die Schutzfrist auf nicht länger als drei Jahre beansprucht wird (§ 8 Absatz 1),[1] eine Gebühr von 1 Mark für jedes Jahr erhoben.

Nimmt der Urheber in Gemäßheit des § 8 Absatz 2[1]) eine längere Schutzfrist in Anspruch, so hat er für jedes weitere Jahr bis zum zehnten Jahre einschließlich eine Gebühr von 2 Mark, von elf bis fünfzehn Jahren eine Gebühr von 3 Mark für jedes einzelne Muster oder Modell zu entrichten. Für jeden Eintragungsschein, sowie für jeden sonstigen Auszug aus dem Musterregister wird eine Gebühr von je 1 Mark erhoben.

1. Vgl. oben S. 381, 382.

Anhang VI.

Bekanntmachung über die Führung des Musterregisters vom 29. Februar 1876

(RZBl. S. 123; JMBl. S. 194).

§ 1. Das Musterregister wird von den mit der Führung der Handelsregister beauftragten Gerichtsbehörden geführt (§ 9 des Gesetzes vom 11. Januar 1876, betreffend das Urheberrecht an Mustern und Modellen — RGBl. S 11). Soweit im nachstehenden nichts Abweichendes bestimmt ist, kommen die Vorschriften über die Führung des Handelsregisters auch bei dem Musterregister zur Anwendung.

§ 2. Das Musterregister wird nach dem anliegenden Formular A eingerichtet. Zu demselben ist ein Verzeichnis anzulegen, welches die eingetragenen Namen, beziehungsweise Firmen, in alphabetischer Reihenfolge enthält.

§ 3. Zu dem Musterregister werden Akten angelegt, in welche, nach der Zeitfolge, alle dasselbe betreffenden Eingaben, Verhandlungen, Urkunden 2c. gebracht werden.

Eingaben und Verhandlungen, in welchen ein Antrag auf Eintragung in das Musterregister enthalten ist müssen mit dem Vermerke versehen werden, an welchem Tage und zu welcher Stunde sie bei dem Gerichte eingegangen sind.

§ 4. Die Exemplare und Abbildungen der Muster 2c., welche in Gemäßheit des § 7 des Gesetzes beim Gerichte niedergelegt werden, sind in einem besonderen, leicht zugänglichen Behältnisse sicher aufzubewahren und mit einem Papierstreifen zu versehen, auf welchem das betreffende Blatt des Musterregisters und der Akten angegeben ist.

§ 5. Die Anträge auf Eintragung in das Musterregister können schriftlich oder mündlich zu Protokoll gestellt werden. Im ersteren Falle muß die Echtheit der Unterschrift des Antragstellers von einer zur Führung eines öffentlichen Siegels berechtigten Person, amtlich beglaubigt sein; im letzteren Falle muß die Identität der Person des Antragstellers, sofern derselbe dem Gericht nicht bekannt ist, durch einen bekannten und glaubhaften Zeugen erwiesen werden.

§ 6. Bei der Anmeldung muß bestimmt angegeben werden, ob das Muster ꝛc.; dessen Eintragung verlangt wird, für Flächenerzeugnisse oder für plastische Erzeugnisse bestimmt ist (§ 6 Nr. 2 des Gesetzes). Wenn der Anmeldende eine solche Angabe unterlassen hat, so ist er zur nachträglichen Beibringung derselben mit dem Bemerken aufzufordern, daß die Eintragung des Musters ꝛc. vor Abgabe dieser Erklärung nicht erfolgen könne. Die Anmeldung eines und desselben Musters ꝛc. für Flächenerzeugnisse und für plastische Erzeugnisse ist unzulässig.

§ 7. Die Muster können offen oder versiegelt, einzeln oder in Paketen niedergelegt werden. Die Pakete dürfen aber nicht mehr als 50 Muster ꝛc. enthalten und nicht mehr als 10 Kilogramm wiegen (§ 9 Abs. 4 des Gesetzes). Wenn bei der Gerichtsbehörde ein Paket eingeht, welches mehr als 10 Kilogramm wiegt, oder welches — nach der Aufschrift bezw. nach dem Anschreiben — mehr als 50 Muster enthält, so ist dasselbe zurückzusenden und die Eintragung in das Musterregister zu verweigern. Auf den Paketen muß äußerlich angegeben sein, wieviel Muster rc. in denselben enthalten sind.

Außerdem müssen an jedem Muster, beziehungsweise an jedem Pakete mit Mustern die Fabriknummern oder die Geschäftsnummern, unter welchen die Muster in den Geschäftsbüchern des Urhebers oder seines Rechtsnachfolgers eingetragen sind, angegeben sein.

§ 8. Alle Eingaben, Verhandlungen, Atteste, Beglaubigungen, Zeugnisse, Auszüge rc., welche die Eintragung in das Musterregister betreffen, sind stempelfrei.

Die Gebühren, welche für die Eintragung und Niederlegung der Muster rc. entrichtet werden müssen, sind im § 12 des Gesetzes angegeben.

Außerdem hat der Anmeldende nach § 9 des Gesetzes die Kosten der Bekanntmachung im Deutschen Reichsanzeiger zu tragen. Diese Kosten betragen . . . (s. jetzt Bek v. 23. Dezember 1886).

Eintragungsscheine werden nur auf ausdrückliches Verlangen des Anmeldenden erteilt. Für jeden solchen Schein, sowie für jeden sonstigen Auszug aus dem Musterregister wird eine Gebühr von 1 Mark erhoben (§ 12 des Gesetzes).

Die Gebühren sind entweder bar an das Gericht einzusenden oder, auf Verlangen des Anmeldenden, durch Postvorschuß von demselben einzuziehen.

§ 9. Wenn in Gemäßheit des § 8 des Gesetzes eine Verlängerung der Schutzfrist beantragt wird, so ist diese Verlängerung im Musterregister in der Spalte 7 einzutragen.

Die Verlängerung der Schutzfrist wird ebenfalls im Deutschen Reichsanzeiger bekannt gemacht, und es hat daher derjenige, welcher die Verlängerung nachsucht, außer den im § 12 des Gesetzes bestimmten Gebühren die Kosten der Bekanntmachung mit 1 Mark 50 Pf.[1]) zu tragen.

---

[1]) Vgl. jetzt Bek. v. 23. 12. 1886 (Anh. VII) § 2 Abs. 1.

§ **10.** Die Eintragung und die Verlängerung der Schutzfrist wird monatlich im Deutschen Reichsanzeiger bekannt gemacht (§ 9 des Gesetzes). Die mit der Führung des Musterregisters betraute Behörde hat am Schlusse jedes Monats ein Verzeichnis der von ihr im Laufe des verflossenen Monats bewirkten Eintragungen an die „Expedition des Deutschen Reichs- und Preußischen Staatsanzeigers in Berlin" portofrei einzusenden.[2]),

Die Expedition des Deutschen Reichsanzeigers ꝛc. übersendet dem Gerichte über die erfolgte Bekanntmachung kostenfrei[3]) ein Belagsblatt, welches zu den Akten zu bringen ist.

Die Bekanntmachung ist nach folgendem Muster abzufassen:

A. In das Musterregister ist eingetragen:

Nr 1. Firma Schmidt & Co. in Leipzig: 1 Muster für Teppiche; offen; Flächenmuster; Fabriknummer 100; Schutzfrist 1 Jahr; Angemeldet am 1. April 1876, vormittags 9 Uhr.

Nr. 2. Fabrikant Schulz in Leipzig: 1 Paket mit 20 Mustern für Tapeten; Flächenmuster; Fabriknummer 10—29; Schutzfrist 3 Jahre; Angemeldet am 2. April 1876, vormittags 10 Uhr.

Nr. 3. Glasfabrik von Müller in Leipzig: 1 Glaskrone; versiegelt; Muster für plastische Erzeugnisse; Fabriknummer 20; Schutzfrist 10 Jahre; Angemeldet am 3. April 1876, vormittags 11 Uhr.

Leipzig, den 30. April 1876

Königliches Handelsgericht.

---

[2]) Der Kostenbetrag für die Bekanntmachung ist nicht mehr — wie an der weggelassenen Stelle vorgeschrieben war — im voraus beizufügen. Vgl. jetzt Bek. v. 23. 12. 1886 (Anh. VII) § 3.

[3]) Vgl. jetzt Bek. v. 23. 12. 1886 (Anh. VII) § 2 Abs 2.

B. In das Musterregister ist eingetragen:

bei Nr. 1. Firma Schmidt & Co. in Leipzig hat für das unter Nr. 1 eingetragene Teppichmuster die Verlängerung der Schutzfrist bis auf 3 Jahre angemeldet.

Leipzig, den 31. Dezember 1876.

Königliches Handelsgericht.

§ 11. Die versiegelt niedergelegten Muster usw. werden nach Ablauf der Schutzfrist, oder, falls die Schutzfrist drei Jahre übersteigt, nach Ablauf von drei Jahren, von der Anmeldung ab gerechnet, von Amts wegen eröffnet und können alsdann von jedermann eingesehen werden.

Damit die Eröffnung rechtzeitig erfolge, ist über die versiegelt niedergelegten Muster ein besonderes Verzeichnis zu führen, in welchem der Tag vermerkt wird, an welchem die amtliche Eröffnung vorzunehmen ist. Ueber die erfolgte Oeffnung ist eine kurze Verhandlung aufzunehmen, welche bei den Akten verbleibt.

§ 12. Die niedergelegten Muster rc., sowie deren Abbildungen werden vier Jahre nach Ablauf der Schutzfrist aufbewahrt. Demnächst ist der Urheber, bezw. sein Rechtsnachfolger aufzufordern, die Muster rc wieder in Empfang zu nehmen, widrigenfalls über dieselben anderweitig verfügt werden würde.

Wenn der Urheber bezw. sein Rechtsnachfolger die Muster rc. nicht in Empfang nimmt, so ist wegen deren weiterer Verwendung die Bestimmung des Reichskanzleramts im geordneten Geschäftswege einzuholen.[4])

---

[4]) Wird der Aufforderuug, die mit der Aufgabe zur Post, auch wenn sie als unbestellbar zurückkommt, als bewirkt gilt, nicht entsprochen, so sind wertlose Muster rc. zu vernichten; im übrigen sind sie einer öffentlichen Sammlung oder Anstalt zu überweisen oder zu veräußern unter Verrechnung des Erlöses zu den unbestimmten Einnahmen (Ministerialvfg. v. 26. Juni 1886).

Musterregister. A.

Laufende Nr.	Name bezw. Firma des Anmeldenden	Tag und Stunde der Anmeldung	Bezeichnung des angemeldeten Musters oder Modells	Angabe, ob das Muster für Flächenerzeugnisse oder für plastische Erzeugnisse bestimmt ist	Schutzfrist	Verlängerung der Schutzfrist	Akten über das Musterregister	Bemerkungen
1	2	3	4	5	6	7	8	9
1.	Firma Schmidt & Co. in Leipzig.	1. April 1876, vorm. 9 Uhr.	1 Muster für Teppiche; offen. Fabriknummer 100.	Flächenerzeugnisse.	1 Jahr		Bd. I S. 1.	
2.	Fabrikant Schulz in Leipzig.	2. April 1876, vorm. 10 Uhr.	1 versiegeltes Paket mit 20 Mustern für Tapeten. Fabriknummern 10 bis 29.	Flächenerzeugnisse.	3 Jahre.			

Anhang VII.

Bekanntmachung über die Führung des Musterregisters vom 23. Dezember 1886

(RZBl. S. 418; JMBl. 1891 S. 121).

In Ergänzung und Abänderung der Bekanntmachung vom 29. Februar 1876 (ZBl. S. 123), sowie unter Aufhebung der Bekanntmachung vom 23. Juli 1876 (ZBl. S. 404) wird folgendes bestimmt:

§ 1. Im Musterregister erhält jedes Muster oder Modell, welches einzeln niedergelegt wird, und jedes niedergelegte Paket mit Mustern rc. bei Eintragung der Schutzfrist eine besondere Nummer.

§ 2. Die Kosten für die Bekanntmachung der Eintragung einer Schutzfrist oder ihrer Verlängerung im „Deutschen Reichsanzeiger" werden vom 1. Januar 1887 ab nach dem Raum, die Zeile zu 30 Pf., berechnet.

Für jedes Belagsblatt sind 10 Pf. zu entrichten; außerdem sind der Verwaltung des Reichsanzeigers die Kosten für Porto zu erstatten.

§ 3. Der Kostenbetrag ist erst nach Zustellung der Kostenrechnung der Expedition des Deutschen Reichsanzeigers einzusenden.

6. Das Börsenregister.

Börsengesetz. Vom 22. Juni 1896
(RGBl. S. 157).

Registergericht.

§ 54.

Bei jedem zur Führung des Handelsregisters zuständigen Gericht ist je ein Börsenregister für Waren und für Wertpapiere zu führen. Die Landesregierung kann die Führung des Registers für die Bezirke mehrerer Gerichte einem derselben übertragen.[1])

1. Ueber die Führung des Börsenregisters ist erlassen die Bekanntmachung vom 9. 10. 96 (RZBl. S. 492) und für Preußen die AVf. v. 17. 10. 96 (JMBl. S. 327) — abgedruckt als Anhang VIII und IX.

Eintragungen.

§ 55.

In das Börsenregister werden nach Namen, Vornamen, Stand und Wohnort die Personen eingetragen, die sich an Börsentermingeschäften in Waren oder Wertpapieren beteiligen wollen. Betrifft die Eintragung eine Handelsgesellschaft oder juristische Person, so ist ihre Firma oder ihr Name sowie der Ort, wo sie ihren Sitz hat, einzutragen.

Die Eintragung erfolgt in dem Register des Bezirks, in welchem der Einzutragende seine gewerbliche Niederlassung oder in Ermangelung einer solchen seinen Wohnsitz hat. Im Falle einer Verlegung der Niederlassung oder des Wohnsitzes wird die Eintragung unter Löschung in dem Register des bisherigen Bezirks in das Register des neuen Bezirks gebührenfrei übertragen.

Einsicht u. Abschriften.

§ 56.

Das Börsenregister ist öffentlich. Die Einsicht desselben ist während der gewöhnlichen Dienststunden einem jeden gestattet. Auch kann von den Eintragungen gegen Erlegung der Kosten eine Abschrift gefordert werden, die auf Verlangen zu beglaubigen ist.

Gebühren.

§ 57.

Vor der Eintragung in ein Börsenregister ist eine Eintragungsgebühr von einhundertfünfzig Mark zu entrichten.

Für jedes folgende Kalenderjahr, während dessen die Eintragung bestehen soll, ist eine Erhaltungsgebühr von je fünfundzwanzig Mark zu zahlen.

Die Gebühren fließen, insoweit die Landesregierungen nicht ein anderes bestimmen, den Landeskassen zu.

Eintragungsantrag.

§ 58.

Den Antrag auf Eintragung hat der Einzutragende, oder, falls er sich durch Verträge nicht verpflichten kann, sein gesetzlicher Vertreter zu stellen.

Ehefrauen, die nicht Handelsfrauen sind, bedürfen der Genehmigung des Ehemannes.[1])

Der gesetzliche Vertreter einer unter Vormundschaft oder Pflegschaft (Kuratel), stehenden Person bedarf der Genehmigung der Vormundschaftsbehörde.

1. Die jetzige Fassung des § 58 Abs. 2 beruht auf Art. 14 EGHGB.

§ 59.

Der Antrag ist bei dem Gerichte, bei welchem das Börsenregister geführt wird, mündlich zu Protokoll zu stellen oder schriftlich einzureichen.

Schriftliche Anträge müssen gerichtlich oder notariell aufgenommen oder beglaubigt sein.

Die vorstehenden Bestimmungen finden auch auf eine etwa erforderliche Genehmigung (§ 58) Anwendung.

Anträge und Erklärungen öffentlicher Behörden bedürfen, wenn sie vorschriftsmäßig unterschrieben und untersiegelt sind, keiner Beglaubigung.

§ 60.

Der Antrag auf Eintragung soll die Erklärung enthalten, daß der Einzutragende Börsentermingeschäfte in Waren oder Wertpapieren eingehen wolle.

§ 61.

Der Antrag auf Eintragung in das Warenregister kann auf bestimmte Geschäftszweige beschränkt werden. Auf Antrag ist gebührenfrei die Eintragung auf weitere Geschäftszweige auszudehnen oder die eingetragene Beschränkung zu löschen; auf einen solchen Antrag finden die Bestimmungen der §§ 58, 59 entsprechende Anwendung.

Bekanntmachung.

§ 62.

Die erfolgte Eintragung ist von dem Gerichte ohne Verzug ihrem ganzen Inhalte nach auf Kosten des Eingetragenen im „Reichsanzeiger" sowie in denjenigen öffentlichen Blättern bekannt zu machen, welche gemäß Art. 14 des Handelsgesetzbuchs für die Veröffentlichung der in das Handelsregister aufgenommenen Eintragungen bestimmt sind.

Löschungsantrag.

§ 63.

Die Löschung der Eintragung erfolgt gebührenfrei auf Antrag des Eingetragenen oder seines gesetzlichen Vertreters am Schlusse des Jahres, in welchem der Löschungsantrag gestellt ist. Für Ehefrauen, die nicht Handelsfrauen sind, genügt der Antrag des Ehemannes.[1])

Der Löschungsantrag ist bei dem Gerichte mündlich zu Protokoll zu stellen oder in gerichtlicher oder notarieller Beglaubigung einzureichen. Die Vorschrift in § 59 Absatz 4 findet entsprechende Anwendung.

1. Die Fassung des Abs. 1 Satz 2 beruht auf Art. 14 EGHGB.

Löschung von Amts wegen.

§ 64.

Eine Eintragung, die nicht nach den Vorschriften im § 58 erfolgt ist, wird, wenn der Mangel nicht inzwischen beseitigt ist, von Amts wegen gelöscht.

Am Schlusse des Kalenderjahres wird eine Eintragung von Amts wegen gelöscht, wenn die Erhaltungsgebühr für das nächstfolgende Jahr nicht bis zum Ende des vorletzten Monats des laufenden Jahres eingezahlt ist.

Eintragungsliste.

§ 65.

Jedes Gericht hat nach Beginn des Kalenderjahres eine Liste derjenigen Personen aufzustellen, deren Eintragungen am 1. Januar noch in Kraft bestanden.

Das Gericht für den Bezirk der Stadt Berlin, an welches die übrigen Gerichte ihre Listen bis zum 31. Januar jedes Jahres einzusenden haben, stellt nach deren Eingang unverzüglich eine Gesamtliste auf und macht sie durch den „Reichsanzeiger" bekannt.

Anhang VIII.

Bekanntmachung über die Führung der Börsenregister und die Aufstellung der Gesamtliste vom 9. Oktober 1896

(RGBl. S. 492, JMBl. S. 327).

In Ausführung der §§ 54 bis 65 des Börsengesetzes vom 22. Juni 1896 (Reichs-Gesetzbl. S. 157) hat der Bundesrat folgende Bestimmungen über die Führung der Börsenregister und die Aufstellung der Gesamtliste beschlossen:

I. Führung der Börsenregister.

§ 1. Die Eintragungen in das Börsenregister für Waren erfolgen nach dem beiliegenden Formular A, die Eintragungen in das Börsenregister für Wertpapiere nach dem beiliegenden Formular B unter Beachtung der in den Formularen enthaltenen Erläuterungen. Formular A. Formular B.

§ 2. Die Obliegenheiten des Richters und des Gerichtsschreibers (Registerführers) bei Führung der Börsenregister und den auf die Eintragungen in das Register bezüglichen Verhandlungen bestimmen sich nach den in den einzelnen Bundesstaaten für das Handelsregister geltenden Vorschriften.

Auf die Erteilung von Abschriften, Auszügen und Bescheinigungen aus dem Register und auf die Bekanntmachung der Eintragungen in dasselbe finden, soweit nicht im Börsengesetze oder in diesen Bestimmungen etwas anderes angeordnet ist, die zu den Artikeln 12 bis 14 des Handelsgesetzbuchs in den einzelnen Bundesstaaten ergangenen Ausführungsbestimmungen entsprechende Anwendung.

Die Bekanntmachungen im Reichsanzeiger (§ 62 des Börsengesetzes) sind in einem bestimmten Teile desselben zusammenzustellen.

§ **3.** Die Eintragungen sind von dem Registerführer zu unterzeichnen.

Nach erfolgter Eintragung ist in den Akten die Erledigung der Verfügung und der Tag der Erledigung zu vermerken.

§ **4.** Für jedes der beiden Börsenregister werden besondere Akten

(A. Akten, betreffend das Börsenregister für Waren,

B. Akten, betreffend das Börsenregister für Wertpapiere),

gehalten. Zu diesen Akten gelangen nach der Zeitfolge alle auf die Registereintragungen bezüglichen Eingänge und die von dem Gerichte erlassenen Verfügungen, sowie die Nachweisungen über die erfolgten Bekanntmachungen.

Nehmen Verhandlungen über einzelne Fälle einen Umfang an, der die Aufnahme in die Sammelakten ungeeignet erscheinen läßt, so sind Sonderakten zu bilden.

§ **5.** Das Börsenregister ist dauernd aufzubewahren.

Die Registerakten können vernichtet werden, wenn dreißig Jahre verstrichen sind, seitdem alle Eintragungsvermerke, auf welche die Akten sich beziehen, gelöscht waren.

§ 6. Von jeder Eintragung oder von der Ablehnung der Eintragung ist der Antragsteller zu benachrichtigen. In dem ablehnenden Bescheide sind die Gründe der Ablehnung anzugeben.

Von der Löschung erhält der Eingetragene auch dann Nachricht, wenn sie von Amts wegen erfolgt ist. Eine Bekanntmachung der Löschung in öffentlichen Blättern findet nicht statt.

Die in den Absätzen 1 und 2 bezeichneten Benachrichtigungen können ohne Förmlichkeiten, insbesondere durch einfache Postsendung, erfolgen.

§ 7. Das Gericht der Eintragung hat, sobald bei Zahlung der Erhaltungsgebühr oder aus sonstigem Anlaß zu seiner Kenntnis gelangt, daß eine Verlegung der Niederlassung oder des Wohnsitzes des Eingetragenen erfolgt ist (§ 55 Abs. 2 Satz 2 des Börsengesetzes), dem für den Ort der neuen Niederlassung oder des neuen Wohnsitzes zuständigen Gerichte von dem Sachverhalt unter Beifügung eines Auszuges aus dem Börsenregister Mitteilung zu machen. Dieses Gericht nimmt nach Prüfung der Voraussetzungen für die Uebertragung die neue Eintragung vor und setzt davon den Eingetragenen, sowie das bisher zuständige Gericht in Kenntnis, welches sodann die Löschung seiner Eintragung unter Hinweis auf die Uebertragung herbeiführt.

§ 8. Bevollmächtigte haben ihre Befugnis zur Stellung von Anträgen oder zur Abgabe von Erklärungen durch eine gerichtlich oder notariell aufgenommene oder beglaubigte Vollmacht nachzuweisen.

§ 9. Auf die Erledigung der das Börsenregister betreffenden Angelegenheiten sind die Gerichtsferien ohne Einfluß.

II. Aufstellung der Gesamtliste.

§ 10. Die von den Gerichten gemäß § 65 des Börsengesetzes alljährlich an das Amtsgericht I zu Berlin zu übersendende Liste ist pünktlich bis zum 31. Januar jedes Jahres mit der Aufschrift „Börsenregistersache" in zwei Exemplaren einzureichen Von diesen Exemplaren ist das eine derart herzustellen, daß die Rückseiten unbeschrieben bleiben.

In die Liste sind die in den Spalten 2 bis 4 des Formulars A und in den Spalten 2 bis 3 des Formulars B vorgesehenen Eintragungen, welche am 1. Januar noch in Kraft bestanden, für jedes der beiden Register gesondert aufzunehmen, und zwar derart, daß die Orte, an denen die Personen oder Firmen ihren Wohnsitz oder ihre Niederlassung haben, in alphabetischer Reihenfolge und für jeden Ort die Personen und Firmen gleichfalls in alphabetischer Reihenfolge geordnet werden.

§ 11. Die Gesamtliste umfaßt unter A die Eintragungen in das Börsenregister für Waren, unter B die Eintragungen in das Börsenregister für Wertpapiere.

In jeder dieser Abteilungen werden die Orte, an denen die Personen oder Firmen ihren Wohnsitz oder ihre Niederlassung haben, in alphabetischer Reihenfolge und für jeden Ort die Personen und Firmen gleichfalls in alphabetischer Reihenfolge aufgeführt (Formular C.) Formular C.

Die Bekanntmachung der Gesamtliste im Reichsanzeiger ist mit besonderer Beschleunigung herbeizuführen.

Berlin, den 9. Oktober 1896.

Der Reichskanzler

In Vertretung: v. Boetticher.

Börsenregister für Waren.

Formular A.

1.	2.	3.	4.	5.
Laufende Nr.	Name, Vorname, Stand, Firma.	Ort der Niederlassung oder Wohnsitz.	Geschäftszweig.	Bemerkungen.
1.	*Lucas, Hans, Kaufmann*	*Hamburg*	*Kaffee* *Zucker*	*Eingetragen am 17. November 1897 (Registerakten A Band IV Bl. 389).* *X. Registerführer.* *Die Ausdehnung auf Zucker ist eingetragen am 14 April 1899 (Registerakten A Band VI Bl. 84).* *X. Registerführer.* *Gelöscht am 31. Dezember 1901 (Registerakten A Band IX Bl. 44).* *X. Registerführer.*
2.	u. s. w.			

Erläuterungen.

1. Zur Ermöglichung von Zusätzen in den Spalten 4 und 5 ist zwischen den laufenden Nummern ein größerer Zwischenraum zu lassen, als ihn die erste Eintragung erheischt.
2. In Spalte 3 ist auch Straße und Hausnummer einzutragen, sofern diese Angabe zur Feststellung der Identität erforderlich erscheint.
3. Ist die Eintragung auf bestimmte Geschäftszweige nicht beschränkt (§ 61 des Börsengesetzes), so bleibt die Spalte 4 offen.
4. In Spalte 5 ist der Tag der ersten Eintragung, der Tag der Eintragung von Aenderungen in Spalte 4 oder von sonstigen Aenderungen und der Tag der Löschung unter Hinweis auf den Band und das Blatt der Registerakten aufzunehmen.
5. Soweit die Eintragungen durch Löschung erledigt sind, werden sie unterstrichen.

Formular B.

Börsenregister für Wertpapiere.

1. Laufende Nr.	2. Name, Vorname, Stand, Firma.	3. Ort der Niederlassung oder Wohnsitz.	4. Bemerkungen.
1.	***Meyer,*** *Julius, Bankier (Firma: A. C. Meyer)*	*Schöneberg, Potsdamerstr. 2*	*Eingetragen am 10. November 1896 (Registerakten B Band I Bl. 4).* *X. Registerführer.* *Gelöscht infolge Uebertragung in das Register des Grossherzoglich badischen Amtsgerichts zu Mannheim am 17. Juni 1897 (Registerakten B Band I Bl. 98).* *X. Registerführer.*
2.	***Kurtz & Spanhake,*** *offene Handelsgesellschaft*	*Steglitz*	*Eingetragen am 12. Januar 1897 (Registerakten B Band II Bl. 147).* *X. Registerführer.*

3.	***Deutsche Hypothekenbank,*** *Aktiengesellschaft*	*Rixdorf*	*Eingetragen am 4. Februar 1897 (Registerakten B Band II Blatt 349).* *X. Registerführer.*

Erläuterungen.

1. Zur Ermöglichung von Zusätzen in der Spalte 4 ist zwischen den laufenden Nummern ein größerer Zwischenraum zu lassen, als ihn die erste Eintragung erheischt.
2. In Spalte 3 ist auch Straße und Hausnummer einzutragen, sofern diese Angabe zur Feststellung der Identität erforderlich erscheint.
3. In Spalte 4 ist der Tag der ersten Eintragung, der Tag der Eintragung von Aenderungen und der Tag der Löschung unter Hinweis auf den Band und das Blatt der Registerakten aufzunehmen.
4. Soweit die Eintragungen durch Löschung erledigt sind, werden sie unterstrichen.

Formular C.

Gesamtliste

derjenigen Eintragungen in die Börsenregister, welche am 1. Januar *1897* in Kraft bestanden.

A. Börsenregister für Waren.

Aachen.

Abel, *Heinrich, Brauereibesitzer — Firma Schulz & Co., Kölnerstrasse 2 (Spiritus).*

Althoff & Müller, *offene Handelsgesellschaft.*

Augsburg.

usw.

B. Börsenregister für Wertpapiere.

usw.

Erläuterung.

Die in Klammern etwa vermerkte Warengattung bezeichnet den Geschäftszweig, auf welchen die Eintragung beschränkt ist.

Anhang IX.

AVf. über die Führung der Börsenregister und die Aufstellung der Gesamtliste vom 17. Oktober 1896.

(JMBl. S. 331).

1. Zu den Registern sind alphabetische Verzeichnisse der Namen und Firmen zu führen. Die Verzeichnisse können mit dem für die Bände des Handelsregisters bestehenden Namenverzeichnis vereinigt werden.

2. In der Hauptübersicht der Geschäfte bei den Amtsgerichten (Formular A zu der Allgemeinen Verfügung vom 6. Dezember 1880), und zwar schon in derjenigen für das Jahr 1896, sind unter Abschnitt II. A. III. a. 5. *(Oeffentliche Register)* noch aufzunehmen:

k) Personen und Firmen, welche eingetragen sind in das Börsenregister:

A. für Waren ....

B. für Wertpapiere ....

3. Sowohl die Eintragungsgebühr als auch die Erhaltungsgebühr (§ 57 des Börsengesetzes) ist von dem Rendanten auch dann anzunehmen, wenn der Betrag noch nicht registriert ist. In solchen Fällen erfolgt die

Eintragung in das Kostenregister auf den Antrag des Rendanten (§ 16 Nr. 1e der Kasseninstruktion).

4. Von der gemäß § 65 des Börsengesetzes und § 10 der Bekanntmachung des Herrn Reichskanzlers aufzustellenden Liste ist eine Abschrift zu fertigen und gleichzeitig mit der Absendung der Liste an das Amtsgericht I in Berlin der Gerichtskasse zuzustellen. In diese Abschrift sind folgende Spalten aufzunehmen:

Betrag der eingezahlten Erhaltungsgebühr .... Mark.
Tag der Einzahlung.
Nummer des Kostenregisters.
Namensschrift des Kontrolleurs.

Sobald die Einzahlung einer Erhaltungsgebühr erfolgt, füllt der Rendant die beiden ersten dieser Spalten in der Liste aus und sorgt dafür, daß auch die beiden anderen Spalten ausgefüllt werden.

Erfolgt die Zahlung der Erhaltungsgebühr für eine Person oder für eine Firma, welche in der Liste nicht eingetragen steht, so ist dieselbe nach Namen, Vornamen, Stand und Wohnort beziehungsweise nach dem Sitz der Firma nachzutragen.

Alljährlich am 1. Dezember wird die Liste abgeschlossen, von dem Rendanten unterschrieben und zur Gerichtsschreiberei behufs Vorlegung an den mit der Führung des Börsenregisters beauftragten Richter abgegeben.

Wird die Erhaltungsgebühr zu einer Zeit eingezahlt, zu welcher die seitherige Liste abgeschlossen und eine neue Liste der Gerichtskasse noch nicht zugegangen ist, so hat der Rendant in jedem Falle eine Anzeige zu den Registerakten zu erstatten; dieselbe ist mit der Nummer des Kostenregisters zu versehen und von dem Kontrolleur mit zu unterschreiben. Eine gleiche besondere Anzeige ist zu erstatten, wenn bei Zahlung der Erhaltungsgebühr zur Kenntnis der Gerichtskasse gelangt, daß eine Verlegung der Niederlassung oder des Wohnsitzes des Eingetragenen erfolgt ist.

5. Sofern die Zahl der in das Börsenregister eingetragenen Personen oder Firmen nur gering ist, kann von dem Landgerichtspräsidenten angeordnet werden, daß von der Führung der in Nr. 4 bezeichneten Liste abgesehen wird. In solchen Fällen hat der Rendant bei Einzahlung der Erhaltungsgebühr stets eine besondere Anzeige (Nr. 4) zu erstatten.

7. Das Schiffsregister.

A. Bestimmungen für Seeschiffe.

Reichsgesetz betr. das Flaggenrecht der Kauffahrteischiffe vom 22. Juni 1899.

(RGBl. S. 319).

Registergericht.

§ 4.

Für die zur Führung der Reichsflagge befugten Kauffahrteischiffe sind in den an der See oder an Seeschiffahrtsstraßen belegenen Gebieten Schiffsregister zu führen.[1])

Die Schiffsregister werden von den Amtsgerichten geführt. Durch Anordnung der Landesjustizverwaltung kann die Führung des Registers für mehrere Amtsgerichtsbezirke einem Amtsgericht übertragen werden.

1. Ueber Einrichtung und Führung des Schiffsregisters ist für Preußen auf Grund des Art. 29 PrFGG. die AVf. v. 11. 12. 99 (JMBl. S. 753) erlassen — abgedruckt als Anhang XI.

Einsicht und Abschriften.

§ 5.

Das Schiffsregister ist öffentlich; die Einsicht desselben ist jedem gestattet. Von den Eintragungen können gegen Erlegung der Kosten Abschriften gefordert werden, die auf Verlangen zu beglaubigen sind.

Heimatshafen.

§ 6.

Ein Schiff kann nur in das Schiffsregister des Hafens eingetragen werden, von welchem aus, als dem Heimatshafen, die Seefahrt mit dem Schiffe betrieben werden soll.

Soll die Seefahrt von einem ausländischen Hafen oder von einem Hafen eines Schutzgebiets oder eines Konsulargerichtsbezirkes aus betrieben werden oder fehlt es an einem bestimmten Heimatshafen, so steht dem Rheder die Wahl des inländischen Registers frei. Hat der Rheder weder seinen Wohnsitz noch seine gewerbliche Niederlassung im Bezirke des Registergerichts, so ist er verpflichtet, einen im Bezirke des Registergerichts wohnhaften Vertreter zu bestellen, welcher die nach diesem Gesetze für den Rheder begründeten Rechte und Pflichten gegenüber dem Registergerichte wahrzunehmen hat. Die Verpflichtung zur Bestellung eines Vertreters fällt weg, wenn das Registergericht seinen Sitz und der Rheder seinen Wohnsitz oder seine gewerbliche Niederlassung im Reichsgebiete hat.

Eintragung.

§ 7.

Die Eintragung in das Schiffsregister hat zu enthalten:

1. den Namen und die Gattung des Schiffes sowie das Unterscheidungssignal;
2. die Ergebnisse der amtlichen Vermessung;
3. die Zeit und den Ort der Erbauung, soweit sie festzustellen sind;
4. den Heimatshafen;
5. den Namen und die nähere Bezeichnung des Rheders;

   bei einer Rhederei den Namen und die nähere Bezeichnung sämtlicher Mitrheder und des Korrespondentrheders sowie die Größe der den einzelnen Mitrhedern gehörenden Schiffsparten;

   bei Handelsgesellschaften, eingetragenen Genossenschaften und juristischen Personen die Firma oder den Namen und den Ort, an welchem sie ihren Sitz haben, bei offenen Handelsgesellschaften außerdem den Namen und die nähere Bezeichnung sämtlicher Gesellschafter, bei Kommanditgesellschaften und Kommanditgesellschaften auf Aktien den Namen und die nähere Bezeichnung sämtlicher persönlich haftenden Gesellschafter;

6. die Angabe, daß in Ansehung der Reichsangehörigkeit der Beteiligten die gesetzlichen Anforderungen erfüllt sind;
7. den Rechtsgrund, auf welchem die Erwerbung des Schiffes oder der einzelnen Schiffsparten beruht;
8. den Tag der Eintragung;
9. die Ordnungsnummer, unter der das Schiff eingetragen ist.

§ 8.

Die Eintragung in das Schiffsregister darf erst geschehen, nachdem das Recht des Schiffes zur Führung der Reichsflagge[1]) sowie alle im § 7 bezeichneten Tatsachen und Rechtsverhältnisse glaubhaft gemacht sind.

Solange die amtliche Vermessung im Inlande noch nicht hat stattfinden können, dürfen die Ergebnisse der Vermessung auf Grund der Vermessungsurkunde einer ausländischen Behörde oder eines sonstigen glaubhaften Nachweises eingetragen werden.

§ 9.

Ist der Rheder zugleich Angehöriger eines fremden Staates, so hat er auf Verlangen des Registergerichts glaubhaft zu machen, daß das Schiff nicht in ein Schiffsregister dieses Staates eingetragen ist. Wird festgestellt, daß eine solche Eintragung besteht, so darf das Schiff nicht in ein inländisches Schiffsregister eingetragen werden.

1. Ueber das Recht zur Führung der Reichsflagge bestimmen:

§ 1. Die zum Erwerbe durch die Seefahrt bestimmten Schiffe (Kauffahrteischiffe) mit Einschluß der Lotsen-, Hochseefischerei-, Bergungs- und Schleppfahrzeuge haben als Nationalflagge ausschließlich die Reichsflagge (Artikel 55 der Reichsverfassung) zu führen.

Die Form der Reichsflagge und die Art ihrer Führung wird durch Kaiserliche Verordnung bestimmt.

§ 2. Zur Führung der Reichsflagge sind die Kauffahrteischiffe nur dann berechtigt, wenn sie im ausschließlichen Eigentume von Reichsangehörigen stehen.

Den Reichsangehörigen werden gleichgeachtet offene Handelsgesellschaften und Kommanditgesellschaften, wenn die persönlich haftenden Gesellschafter sämtlich Reichsangehörige sind; andere Handelsgesellschaften, eingetragene Genossenschaften und juristische Personen, wenn sie im Inland ihren Sitz haben, Kommanditgesellschaften auf Aktien jedoch nur dann, wenn die persönlich haftenden Gesellschafter sämtlich Reichsangehörige sind.

§ 3. Verliert der Eigentümer einer Schiffspart die Reichsangehörigkeit oder geht eine im Eigentum eines Reichsangehörigen stehende Schiffspart in anderer Weise als durch Veräußerung (Handelsgesetzbuch § 503) auf einen Ausländer über, so behält das Schiff noch bis zum Ablauf eines Jahres das Recht zur Führung der Reichsflagge.

Sind seit dem im Abs. 1 bezeichneten Ereignisse sechs Monate verstrichen, so hat das Registergericht die übrigen Mitreeder auf ihren Antrag zu ermächtigen, die Schiffspart für Rechnung des Eigentümers öffentlich versteigern zu lassen; über die Stellung des Antrags beschließen die übrigen Mitreeder nach

Stimmenmehrheit; die Stimmen werden nach der Größe der Schiffsparten berechnet. Bei der Versteigerung der Schiffspart können die Antragsteller mitbieten. Der Zuschlag darf nur einem Inländer erteilt werden.

Diese Vorschriften kommen nur zur Anwendung, wenn die Schiffsparten der übrigen Mitreeder wenigstens zwei Dritteile des Schiffes umfassen.

§ 16. Schiffe von nicht mehr als 50 Kubikmeter Bruttoraumgehalt sind auch ohne Eintragung in das Schiffsregister und Erteilung des Schiffs-Zertifikats befugt, das Recht zur Führung der Reichsflagge auszuüben.

Schiffszertifikat.

§ 10.

Ueber die Eintragung des Schiffes in das Schiffsregister wird von dem Registergericht eine mit dem Inhalte der Eintragung übereinstimmende Urkunde (Schiffs-Zertifikat) ausgestellt.

Das Schiffs-Zertifikat hat außerdem zu bezeugen, daß die nach § 8 erforderlichen Nachweise geführt sind und daß das Schiff zur Führung der Reichsflagge befugt ist.

§ 11.

Durch das Schiffs-Zertifikat wird das Recht des Schiffes zur Führung der Reichsflagge nachgewiesen.

Das Recht zur Führung der Reichsflagge darf vor der Erteilung des Schiffs-Zertifikats nicht ausgeübt werden.

Das Schiffs-Zertifikat oder ein von dem Registergerichte beglaubigter Auszug aus dem Zertifikat ist während der Reise stets an Bord des Schiffes mitzuführen.

Flaggenzeugnis.

§ 12.

Erlangt ein im Auslande befindliches Schiff dadurch, daß es in das Eigentum eines Reichsangehörigen gelangt, das Recht zur Führung der Reichsflagge, so kann das Schiffs-Zertifikat durch eine Bescheinigung ersetzt werden, die der Konsul, in dessen Bezirke das Schiff sich zur Zeit des Eigentumsüberganges befindet, über das Recht zur Führung der Reichsflagge erteilt (Flaggenzeugnis). Das Flaggenzeugnis hat nur für die Dauer eines Jahres seit dem Tage der Ausstellung, darüber hinaus nur für die Dauer einer durch höhere Gewalt verlängerten Reise Gültigkeit.

Ein Flaggenzeugnis kann auch behufs der ersten Ueberführung eines neuen Schiffes in einen anderen Hafen von dem Registergerichte des deutschen Erbauungshafens ausgestellt werden. Dieses Zeugnis hat nur für die Dauer der Ueberführung Gültigkeit.

Von der Ausstellung des Flaggenzeugnisses hat die ausstellende Behörde, wenn ein deutscher Hafen zum Heimatshafen des Schiffes bestimmt ist, dem Registergerichte dieses Hafens Anzeige zu machen.

Veränderungen.

§ 13.

Treten in den eingetragenen Tatsachen oder Rechtsverhältnissen Veränderungen ein, so sind sie in das Schiffsregister einzutragen. Jede Eintragung ist baldtunlichst auf dem Schiffs-Zertifikate zu vermerken. Die Aenderung des Namens des Schiffes bedarf der Genehmigung des Reichskanzlers.

Geht das Schiff unter oder wird es als reparaturbedürftig kondemniert oder verliert es das Recht zur Führung der Reichsflagge, so ist es in dem Schiffsregister zu löschen und das Schiffs-Zertifikat von dem Registergericht unbrauchbar zu machen. Das Gleiche gilt, wenn der Rheder zugleich Angehöriger eines fremden Staates ist, und sich ergibt, daß das Schiff in ein Schiffsregister dieses Staates eingetragen ist.

Im Falle der Verlegung des Heimatshafens aus dem Registerbezirke hat das Registergericht nach Vollziehung der Eintragung das Schiffs-Zertifikat mit einer beglaubigten Abschrift des Registerinhalts dem neuen Registergerichte zur Bewirkung der Eintragung zu übersenden.

Anzeige und Glaubhaftmachung.

§ 14.

Die Tatsachen und Rechtsverhältnisse, welche gemäß § 13 eine Eintragung oder die Löschung im Schiffsregister erforderlich machen, sind dem Registergericht anzuzeigen und glaubhaft zu machen.

Verpflichtet hierzu sind:

alle Personen, deren Namen nach § 7 Nr. 5 in das Schiffsregister einzutragen sind,

bei juristischen Personen, eingetragenen Genossenschaften und solchen Handelsgesellschaften, welche keine persönlich haftenden Gesellschafter haben, die gesetzlichen Vertreter,

in dem Falle des § 6 Abs. 2 Satz 2 statt des Rheders dessen Vertreter,

in dem Falle eines Eigentumswechsels, durch den das Recht des Schiffes zur Führung der Reichsflagge nicht berührt wird, auch der neue Erwerber des Schiffes oder der Schiffspart.

Die Anzeige ist von dem Verpflichteten binnen sechs Wochen nach dem Ablaufe des Tages zu bewirken, an welchem er von der einzutragenden Tatsache Kenntnis erlangt hat.

Sind mehrere Verpflichtete vorhanden, so genügt die Anzeige durch einen von ihnen.[1])

1. Strafvorschrift enthält § 20.

Einreichung des Schiffszertifikats.

§ 15.

Ist eine Eintragung oder die Löschung im Schiffsregister erforderlich, so ist das Schiffszertifikat, und wenn der Inhalt eines von dem Registergericht erteilten Auszugs aus dem Schiffszertifikate berührt wird, auch dieser dem Gericht einzureichen. Zur Einreichung verpflichtet ist außer den im § 14 bezeichneten Personen auch der Schiffer, sobald sich das Schiff in dem Hafen befindet, in dessen Register es eingetragen ist.

Das Gericht hat die Beteiligten zur Einreichung der Urkunden durch Ordnungsstrafen anzuhalten. Auf das Verfahren finden die Vorschriften der §§ 132 bis 139 des Gesetzes über die Angelegenheiten der freiwilligen Gerichtsbarkeit (Reichs-Gesetzbl. 1898 S. 771) entsprechende Anwendung.[1])

Befindet sich das Schiff im Auslande, so hat auf Antrag das Registergericht ein neues Schiffs-Zertifikat auszustellen und es dem Schiffer gegen Rückgabe der nach Abs. 1 einzureichenden Urkunden durch Vermittelung einer deutschen Behörde aushändigen zu lassen.

1. Vgl. oben S. 30 ff.

Bundesratsvorschriften.

§ 25.

Der Bundesrat bestimmt:

1. die Grenzen der Seefahrt im Sinne dieses Gesetzes (§ 1),
2. den Umfang, in welchem die Ergebnisse der amtlichen Vermessung in das Schiffsregister einzutragen sind (§ 7 Nr. 2),
3. die Einrichtung des Schiffs-Zertifikats (§ 10), des beglaubigten Auszugs aus dem Schiffs-

Zertifikat (§ 11) und der Flaggenzeugnisse (§ 12),

4. die Art, wie die Anbringung der Namen am Schiffe auszuführen ist (§ 17).[1])

1. Hierzu ist die Bekanntm. v. 10. 11. 99 (RZBl. S. 380; JMBl. S. 741) erlassen — abgedruckt als Anhang X.

Ausdehnung des Anwendungsgebiets.

§ 26.

Die Vorschriften dieses Gesetzes finden auch Anwendung auf seegehende Lustyachten, auf ausschließlich zur Ausbildung von Seeleuten bestimmte Seefahrzeuge (Schulschiffe) sowie auf solche Seefahrzeuge, welche für Rechnung von auswärtigen Staaten oder deren Angehörigen im Inland erbaut sind. Machen solche Fahrzeuge von dem Rechte zur Führung der Reichsflagge Gebrauch, so unterliegen sie den für Kauffahrteischiffe geltenden Vorschriften.

Durch Kaiserliche Verordnung mit Zustimmung des Bundesrats kann die Geltung der im Abs. 1 bezeichneten Vorschriften auch auf andere nicht zum Erwerbe durch die Seefahrt bestimmte Seefahrzeuge erstreckt werden.[1])

1. In der Fassung des Gesetzes vom 29. 5. 01 (RGBl. S. 184).

§ 26a.[1])

Durch Kaiserliche Verordnung mit Zustimmung des Bundesrats kann bestimmt werden, daß die

Vorschriften dieses Gesetzes auch auf Binnenschiffe, die ausschließlich auf ausländischen Gewässern verkehren, Anwendung finden. Die Schiffsregister für solche Schiffe werden bei den durch den Reichskanzler bestimmten deutschen Konsulaten geführt.

1. Eingeschoben durch Gesetz vom 29. 5. 01 (RGBl. S. 184). Hierzu ist ergangen die V. v. 1. 3. 00 (RGBl. S. 41).

Landesgesetzgebung.

§ 27.

Unberührt bleiben die landesgesetzlichen Vorschriften, nach welchen die Schiffsregister von anderen Behörden als den Gerichten geführt werden.

Schutzgebietsgesetz.

§ 28.

Unberührt bleiben die Vorschriften des § 7 des Gesetzes, betreffend die Rechtsverhältnisse der deutschen Schutzgebiete (Reichs-Gesetzbl. 1888 S. 75).[1])

1. § 7 ist ersetzt durch § 10 des Schutzgebietsgesetzes in der Fassung der Bekanntmachung vom 10. 9. 00 (RGBl. S. 812), welcher lautet:

„Durch Kaiserliche Verordnung können Eingeborene der Schutzgebiete in Beziehung auf das Recht zur Führung der Reichsflagge (Gesetz, betreffend das Flaggenrecht der Kauffahrteischiffe, vom 22. Juni 1899, RGBl. S 319) den Reichsangehörigen gleichgestellt werden.

Die Führung der Reichsflagge infolge der Verleihung dieses Rechtes hat nicht die Wirkung, daß das betreffende Schiff als deutsches Seefahrzeug im Sinne des § 1 Abs. 1 Nr. 1 und § 3 Abs. 1 des See-Unfallversicherungsgesetzes vom 30. Juni 1900 (RGBl. S. 716) gilt."

B. Bestimmungen für Binnenschiffe.

Gesetz, betr. die privatrechtlichen Verhältnisse der Binnenschiffahrt, vom 15. Juni 1895 in der Fassung der Bekanntmachung vom 20. Mai 1898.

(RGBl. 868.)

Einzutragende Schiffsarten.

§ 119.

Für Dampfschiffe und andere Schiffe mit eigener Triebkraft, deren Tragfähigkeit mehr als 15000 Kilogramm beträgt, sowie für sonstige Schiffe mit einer Tragfähigkeit von mehr als 20000 Kilogramm sind Schiffsregister zu führen.[1])

§ 128.

Die Landesregierungen können bestimmen, daß auch Schiffe von einer geringeren als der im § 119 bezeichneten Tragfähigkeit in das Schiffsregister einzutragen sind. Auf die Anmeldung und Eintragung solcher Schiffe finden die Bestimmungen dieses Abschnitts gleichfalls Anwendung.

1. Ueber Einrichtung und Führung ist für Preußen auf Grund des Art. 29 PrFGG. die AVf. v. 11. 12. 99 (JMBl. S. 753) erlassen — abgedruckt als Anhang XI.

Registergericht.

§ 120.

Das Schiffsregister wird bei dem zur Führung des Handelsregisters zuständigen Gerichte[1]) geführt. Die Landesregierungen sind befugt, die Führung des Registers für die Bezirke mehrerer Gerichte einem von diesen zu übertragen oder mit derselben da, wo die Führung der Register für Seeschiffe anderen Behörden obliegt, die letzteren zu betrauen.

1. Vgl. oben S. 16.

Einsicht und Abschriften.

§ 121.

Das Schiffsregister ist öffentlich; die Einsicht ist während der gewöhnlichen Dienststunden einem jeden gestattet. Von den Eintragungen können gegen Erlegung der Kosten Abschriften gefordert werden, die auf Verlangen zu beglaubigen sind.

Heimatsort.

§ 122.

Jedes Schiff ist bei der Registerbehörde des Heimatsortes zur Eintragung in das Schiffsregister anzumelden.

Pflicht zur Anmeldung.

§ 123.

Die Verpflichtung zur Anmeldung liegt dem Eigentümer des Schiffes und, wenn mehrere Miteigentümer vorhanden sind, einem jeden von ihnen ob.

Bei einer offenen Handelsgesellschaft, einer Kommanditgesellschaft oder einer Aktienkommanditgesellschaft sind die persönlich haftenden Gesellschafter, bei einer juristischen Person, einer Aktiengesellschaft, einer Gesellschaft mit beschränkter Haftung oder einer eingetragenen Genossenschaft die gesetzlichen Vertreter zur Anmeldung verpflichtet.

Sind mehrere Verpflichtete vorhanden, so genügt die Anmeldung durch einen von ihnen.

Inhalt der Anmeldung.

§ 124.

Die Anmeldung muß enthalten:

1. die Gattung und das Material sowie den Namen, die Nummer oder die sonstigen Merkzeichen des Schiffes;
2. die Tragfähigkeit und bei Dampfschiffen oder sonstigen Schiffen mit eigener Triebkraft die Stärke des Motors;
3. die Zeit und den Ort der Erbauung;
4. den Heimatsort;
5. den Namen und die nähere Bezeichnung des Eigentümers oder der Miteigentümer und im letzteren Falle die Größe des Anteiles eines

jeden Miteigentümers; bei Handelsgesellschaften genügt, auch soweit sie nicht juristische Personen sind, die Angabe der Firma und des Sitzes der Gesellschaft;

6. den Rechtsgrund, auf welchem das Eigentum oder die Eigentumsanteile beruhen.

Die Angaben sind glaubhaft zu machen.

Eintragung.

§ 125.

Jedes Schiff wird in das Schiffsregister unter einer besonderen Ordnungsnummer eingetragen.

Die Eintragung hat die im § 124 bezeichneten Angaben und den Tag der Eintragung zu enthalten.

Ueber die Eintragung wird von der Registerbehörde eine Urkunde (Schiffsbrief) erteilt, in welche der vollständige Inhalt der Eintragung aufzunehmen ist.

Veränderungen.

§ 126.

Wenn Veränderungen in den eingetragenen Tatsachen oder Rechtsverhältnissen eintreten oder wenn das Schiff zu Grunde geht oder reparaturunfähig wird, so ist dies zur Eintragung in das Schiffsregister anzumelden.

In Bezug auf die Verpflichtung zur Anmeldung finden die Vorschriften der §§ 123, 124 entsprechende Anwendung. Zur Anmeldung der Veräußerung des

Schiffes oder eines Anteiles an demselben ist der Erwerber verpflichtet.

Der Schiffsbrief ist mit der Anmeldung einzureichen; die Eintragung wird auf demselben durch die Registerbehörde vermerkt.

Im Falle der Verlegung des Heimatsortes aus dem Registerbezirke hat die Registerbehörde nach Vollzug der Eintragung den Schiffsbrief mit einer beglaubigten Abschrift des Registerinhalts der neuen Registerbehörde zur Bewirkung der Eintragung zu übersenden.[1])

1. Im Falle der Verlegung des Heimatsortes steht dem bisherigen Registergericht die Entscheidung über die Eintragung der Veränderung ausschließlich zu; hat es die Eintragung vorgenommen und den Schiffsbrief nebst einer beglaubigten Abschrift des Registerinhaltes dem Gericht des neuen Heimatsortes übersandt, so beschränkt sich die Prüfung des letzteren darauf, ob die bisherige Registerbehörde die ihr obliegenden Eintragungen vorgenommen hat und ob diese Eintragungen seine Zuständigkeit ergeben, dagegen kann es nicht die Uebernahme in sein Register deshalb ablehnen, weil es die Verlegung des Heimatsortes als nicht glaubhaft gemacht ansieht, KG. 17. 10. 04 (28 A 243).

Vgl. für Preußen AVf. v. 2. 5. 04 betr. die Mitteilung der Eichungsergebnisse bei Binnenschiffen an die Registergerichte (JMBl. S. 187).

Ordnungsstrafen.

§ 127.

Das Gericht hat die Beteiligten zu den ihnen obliegenden Anmeldungen durch Ordnungsstrafen anzuhalten.

Das Verfahren bestimmt sich nach den Vorschriften, welche für die Verhängung von Ordnungsstrafen in Betreff der Anmeldungen zum Handelsregister gelten.[1])

1. Vgl. oben S. 30 ff.

Uebergangsbestimmung.

§ 129.

Schiffe, welche beim Inkrafttreten dieses Gesetzes in ein nach den Landesgesetzen geführtes Register für Binnenschiffe eingetragen sind, bedürfen keiner erneuten Eintragung.

Hinsichtlich der diese Schiffe betreffenden Eintragungen gelten die bezeichneten Register als Schiffsregister im Sinne des gegenwärtigen Gesetzes.

C. Gemeinsame Bestimmungen betr. das Schiffspfandrecht.

Voraussetzungen der Eintragung.

§ 100 FGG.

In Ansehung eines Pfandrechts an einem im Schiffsregister eingetragenen Schiffe soll, soweit nicht das Gesetz ein anderes vorschreibt, eine Eintragung nur auf Antrag erfolgen. Der Zeitpunkt, in welchem der Antrag bei der Registerbehörde eingeht, soll auf dem Antrage genau vermerkt werden.

Antragsberechtigt ist jeder, dessen Recht von der Eintragung betroffen wird oder zu dessen Gunsten die Eintragung erfolgen soll. Die Vorschriften der §§ 14 bis 18 der Grundbuchordnung finden entsprechende Anwendung.

§ 101 FGG.

Eine Eintragung erfolgt, wenn derjenige sie bewilligt, dessen Recht von ihr betroffen wird.

Berichtigung.

§ 102 FGG.

Zur Berichtigung des Schiffsregisters bedarf es der Bewilligung desjenigen, dessen Recht von der Berichtigung betroffen wird, nicht, wenn die Unrichtigkeit nachgewiesen wird. Dies gilt insbesondere für die Eintragung oder Löschung einer Verfügungsbeschränkung.

Löschung einer Vormerkung oder eines Widerspruchs.

§ 103 FGG.

Ist eine Vormerkung oder ein Widerspruch auf Grund einer einstweiligen Verfügung eingetragen, so bedarf es zur Löschung nicht der Bewilligung des Berechtigten, wenn die einstweilige Verfügung durch eine vollstreckbare Entscheidung aufgehoben ist. Diese Vorschrift findet entsprechende Anwendung, wenn auf Grund eines vorläufig vollstreckbaren Urteils nach den Vorschriften der Zivilprozeßordnung eine Vormerkung oder ein Widerspruch eingetragen ist.

Uebertragung und Belastung.

§ 104 FGG.

Soll die Uebertragung einer Forderung, für die ein Pfandrecht am Schiffe eingetragen ist oder für die ein solches Pfandrecht als Pfand haftet, eingetragen werden, so genügt es, wenn an Stelle der Eintragungsbewilligung die Abtretungserklärung des bisherigen Gläubigers vorgelegt wird.

Diese Vorschrift findet entsprechende Anwendung, wenn eine Belastung der Forderung eingetragen werden soll.

Voraussetzungen der Löschung.

§ 105 FGG.

Ein Pfandrecht am Schiffe darf nur mit Zustimmung des eingetragenen Eigentümers, ein das Pfandrecht belastendes Recht nur mit Zustimmung des eingetragenen Pfandgläubigers gelöscht werden. Für eine Löschung, die zur Berichtigung des Schiffsregisters erfolgen soll, ist die Zustimmung nicht erforderlich, wenn die Unrichtigkeit des Registers nachgewiesen wird.

Eintragungsbewilligung.

§ 106 FGG.

In der Eintragungsbewilligung oder, wenn eine solche nicht erforderlich ist, in dem Eintragungsantrage sind der Name und die Ordnungsnummer, unter welcher das Schiff im Schiffsregister eingetragen ist, sowie die einzutragenden Geldbeträge in Reichswährung anzugeben.

Erfordernis beglaubigter Erklärungen und öffentlicher Urkunden.

§ 107 FGG.

Eine Eintragung soll nur erfolgen, wenn die Eintragungsbewilligung oder die sonstigen zu der Eintragung erforderlichen Erklärungen vor der Registerbehörde zu Protokoll gegeben oder durch öffentliche oder öffentlich beglaubigte Urkunden nachgewiesen werden.

Andere Voraussetzungen der Eintragung bedürfen, soweit sie nicht bei der Registerbehörde offenkundig sind, des Nachweises durch öffentliche Urkunden. Die Vorschriften der §§ 33 bis 38 der Grundbuchordnung finden entsprechende Anwendung.

§ 108 FGG.

Für den Eintragungsantrag sowie für die Vollmacht zur Stellung eines solchen gelten die Vorschriften des § 107 Abs. 1 nur, wenn durch den Antrag zugleich eine zu der Eintragung erforderliche Erklärung ersetzt werden soll.

§ 109 FGG.

Erklärungen, durch die ein Eintragungsantrag zurückgenommen oder eine zur Stellung des Eintragungsantrags erteilte Vollmacht widerrufen wird, bedürfen der im § 107 Abs. 1 vorgeschriebenen Form.

Ersuchen einer Behörde.

§ 110 FGG.

In den Fällen, in denen nach gesetzlicher Vorschrift eine Behörde befugt ist, die Registerbehörde um eine Eintragung zu ersuchen, erfolgt die Eintragung auf Grund des Ersuchens der Behörde.

Vorherige Eintragung des Berechtigten.

§ 111 FGG.

Eine Eintragung soll nur erfolgen, wenn derjenige, dessen Recht durch sie betroffen wird, als der Berechtigte eingetragen ist.

Ist derjenige, dessen Recht durch eine Eintragung betroffen wird, Erbe des eingetragenen Berechtigten, so findet die Vorschrift des Abs. 1 keine Anwendung, wenn die Uebertragung oder die Aufhebung des Rechtes eingetragen werden soll oder wenn der Eintragungsantrag durch die Bewilligung des Erblassers oder eines Nachlaßpflegers oder durch einen gegen den Erblasser oder den Nachlaßpfleger vollstreckbaren Titel begründet wird. Das Gleiche gilt für eine Eintragung auf Grund der Bewilligung eines Testamentsvollstreckers oder auf Grund eines gegen diesen vollstreckbaren Titels, sofern die Bewilligung oder der Titel gegen den Erben wirksam ist.

Vorlegung von Urkunden.

§ 112 FGG.

Bei einem Pfandrechte für die Forderung aus einer Schuldverschreibung auf den Inhaber, aus einem Wechsel oder einem anderen Papiere, das durch Indossament übertragen werden kann, soll eine Eintragung nur erfolgen, wenn die Urkunde vorgelegt wird.

Diese Vorschrift findet keine Anwendung, wenn eine Eintragung auf Grund der Bewilligung eines nach den §§ 1189, 1270 des Bürgerlichen Gesetzbuchs[1]) bestellten Vertreters oder auf Grund einer gegen diesen erlassenen gerichtlichen Entscheidung bewirkt werden soll.

1. Danach kann, wenn das Pfandrecht für die Forderung aus einer Schuldverschreibung auf den Inhaber, aus einem Wechsel oder aus einem andern Papier, das durch Indossament übertragen werden kann, bestellt ist, für den jeweiligen Gläubiger ein Vertreter mit der Befugnis bestellt werden, mit Wirkung für und gegen jeden späteren Gläubiger bestimmte Verfügungen über das Pfandrecht zu treffen und den Gläubiger bei der Geltendmachung des Pfandrechts zu vertreten, und dieser Vertreter ins Schiffsregister eingetragen werden.

Eintragung.

§ 113 FGG.

Jede Eintragung soll den Tag, an welchem sie erfolgt ist, angeben und mit der Unterschrift des zuständigen Beamten versehen werden.

Rangordnung.

§ 114 FGG.

Die Eintragungen erhalten diejenige Reihenfolge, welche der Zeitfolge der Anträge entspricht; sind die Anträge gleichzeitig gestellt, so ist, wenn unter den Eintragungen ein Rangverhältnis besteht, im Schiffsregister zu vermerken, daß die Eintragungen gleichen Rang haben.

Diese Vorschriften finden insoweit keine Anwendung, als das Rangverhältnis von den Antragstellern abweichend bestimmt ist.

Löschung.

§ 115 FGG.

Die Löschung eines Rechtes oder einer Verfügungsbeschränkung erfolgt durch Eintragung eines Löschungsvermerkes.

Mitbelastung mehrerer Schiffe.

§ 116 FGG.

Werden mehrere Schiffe mit einem Pfandrechte belastet, so ist auf dem Blatte jedes Schiffes die Mitbelastung der übrigen von Amts wegen erkennbar zu machen. Das Gleiche gilt, wenn mit einem an einem Schiffe bestehenden Pfandrechte nachträglich noch ein anderes Schiff belastet wird. Soweit eine Mitbelastung erlischt, ist dies von Amts wegen zu vermerken.

Teilschuldverschreibungen auf Inhaber.

§ 117 FGG.

Bei der Eintragung eines Pfandrechts für Teilschuldverschreibungen auf den Inhaber genügt es, wenn der Gesamtbetrag der Forderungen unter Angabe der Anzahl, des Betrags und der Bezeichnung der Teile eingetragen wird.

Testamentsvollstrecker.

§ 118 FGG.

Ist ein Testamentsvollstrecker ernannt, so ist dies bei der Eintragung des Erben des Gläubigers von Amts wegen miteinzutragen, es sei denn, daß das eingetragene Recht der Verwaltung des Testamentsvollstreckers nicht unterliegt.

Berichtigung von Amts wegen.

§ 119 FGG.

Ergibt sich, daß die Registerbehörde unter Verletzung gesetzlicher Vorschriften eine Eintragung vorgenommen hat, durch die das Schiffsregister unrichtig geworden ist, so ist von Amts wegen ein Widerspruch einzutragen. Erweist sich eine Eintragung nach ihrem Inhalt als unzulässig, so ist sie von Amts wegen zu löschen.

Vermerk auf dem Schiffszertifikat etc.

§ 120 FGG.

Jede Eintragung ist baldtunlichst auf dem Schiffszertifikat oder dem Schiffsbriefe zu vermerken.

Wird eine Urkunde über die Pfandforderung vorgelegt, so ist die Eintragung auch auf dieser Urkunde unter kurzer Bezeichnung des Inhalts der Eintragungen, welche dem Pfandrecht im Range vorgehen oder gleichstehen, zu vermerken. Der Vermerk ist mit Unterschrift und Siegel zu versehen.

Bekanntmachung.

§ 121 FGG.

Jede Eintragung soll dem Antragsteller und dem eingetragenen Eigentümer sowie im übrigen allen aus dem Schiffsregister ersichtlichen Personen bekannt gemacht werden, zu deren Gunsten die Eintragung erfolgt ist oder deren Recht durch sie betroffen wird. Auf die Bekanntmachung kann verzichtet werden.

Rechtsmittel.

§ 122 FGG.

Die Beschwerde gegen eine Eintragung ist unzulässig. Im Wege der Beschwerde kann jedoch verlangt werden, daß die Registerbehörde angewiesen wird, nach § 119 einen Widerspruch einzutragen oder eine Löschung vorzunehmen.

§ 123 FGG.

Das Beschwerdegericht kann vor der Entscheidung durch eine einstweilige Anordnung der Registerbehörde aufgeben, eine Vormerkung oder einen Widerspruch einzutragen.

Die Vormerkung oder der Widerspruch wird von Amts wegen gelöscht, wenn die Beschwerde zurückgenommen oder zurückgewiesen wird.

§ 124 FGG.

Bei der Einlegung der weiteren Beschwerde durch Einreichung einer Beschwerdeschrift bedarf es der Zuziehung eines Rechtsanwalts nicht, wenn die Beschwerde von dem Notar eingelegt wird, der die zu der Eintragung erforderliche Erklärung beurkundet oder beglaubigt und im Namen eines Antragsberechtigten den Eintragungsantrag gestellt hat. Die Vorschrift des § 29 Abs. 1 Satz 3 bleibt unberührt.

Anhang X.

Bekanntmachung betr. Ausführungsbestimmungen zum § 25 des Flaggengesetzes vom 22. Juni 1899.

Vom 10. November 1899 (RZBl. S. 380).

Auf Grund des § 25 des Gesetzes, betr. das Flaggenrecht der Kauffahrteischiffe, vom 22. Juni 1899 (RGBl. S. 319) hat der Bundesrat die folgenden Bestimmungen erlassen:

§ 1. Als Seefahrt im Sinne des § 1 des Gesetzes vom 22. Juni 1899 ist in den nachstehend aufgeführten Revieren die Fahrt anzusehen:

1. bei Memel
   außerhalb der Mündung des Kurischen Haffs,
2. bei Pillau
   außerhalb des Pillauer Tiefs,
3. bei Neufahrwasser
   außerhalb der Mündung der Weichsel,
4. in der Putziger Wiek
   außerhalb Rewa und Heisterneſt,
5. bei Dievenow, Swinemünde und Peenemünde
   außerhalb der Mündung der Dievenow und Swine, sowie außerhalb der nördlichen Spitze der Insel Usedom und der Insel Ruden,

6. bei Rügen
östlich:
außerhalb der Insel Ruden und dem Thiessower Höft,
westlich:
außerhalb Wittower Posthaus und der nördlichen Spitze von Hiddens-Oe, sowie außerhalb des Bock bei Barhöft,
7. bei Wismar
außerhalb Jackelsbergs-Riff, Hannibal-Grund, Schweinskötel und Lieps, sowie außerhalb Tarnewitz,
8. auf der Kieler Föhrde
außerhalb Stein bei Labö und Bülk,
9. auf der Eckern Föhrde
außerhalb Nienhof und Bocknis,
10. bei Flensburg, Sonderburg und Apenrade
außerhalb Birknakke und Kekenis-Leuchtturm, sowie außerhalb Tundtoft-Nakke und Kundshoved,
11. bei Hadersleben
außerhalb Raadhoved, Insel Aarö, Insel Lindeurum und Orbyhage,
12. bei Husum
außerhalb Nordstrand,
13. auf der Eider
außerhalb Vollerwiek und Hundeknoll,
14. auf der Elbe
außerhalb der westlichen Spitze des hohen Ufers (Diekſand) und der Kugelbake bei Döse,
15. auf der Weser
außerhalb Kappel und Langwarden,
16. auf der Jade
außerhalb Langwarden und Schillingshörn,
17. auf der Ems
außerhalb der westlichen Spitze der Westermarsch (Utlands-Hörn) und Ostpolder Siel.

Für die Schutzgebiete bleibt die Bestimmung der Grenzen der Seefahrt dem Reichskanzler oder den von ihm hierzu ermächtigten Beamten überlassen.

§ 2. Als Ergebnisse der amtlichen Vermessung sind in das Schiffsregister einzutragen:

1. die nach § 25 der Schiffsvermessungsordnung vom 1. März 1895 aufgenommenen Hauptmaße;
2. der Raumgehalt des Schiffes, und zwar der Bruttoraumgehalt und der Nettoraumgehalt, jeder in Kubikmetern und Registertons nach folgendem Muster:

Die Vermessung ist auf Grund der Schiffsvermessungsordnung vom 1. März 1895 (RGBl. S. 161) nach dem .... Verfahren erfolgt und es beträgt:

	Kubikmeter	Registertons
a) der Bruttoraumgehalt des Schiffes	....	....
b) der Nettoraumgehalt des Schiffes	....	....

zu b) in Worten: .... Kubikmeter gleich .... Registertons.

Hat die Vermessung im Inlande noch nicht stattfinden können, so ist dies im Schiffsregister zu vermerken. Es sind alsdann diejenigen Angaben über Raumgehalt oder Ladungsfähigkeit einzutragen, welche sich aus den anderweitig, insbesondere durch eine ausländische Vermessungsurkunde, glaubhaft geführten Nachweisen ergeben. Die Art des Nachweises ist im Register zu vermerken. Eine Umrechnung in Kubikmeter und Registertons findet, wenn die Nachweise sich auf andere Maße beziehen, nicht statt (vergl. den Vermerk im § 3 Abs. 3).

Wird das Schiff demnächst einer amtlichen Vermessung im Inlande unterzogen, so ist deren Ergebnis gemäß Abs. 1 einzutragen.

§ 3. Die Einrichtung des Schiffs-Zertifikats erfolgt nach dem beiliegenden Muster.[1]) Die Ausfertigung ist mit der Unterschrift und dem Siegel der ausstellenden Behörde zu versehen.

Die Eintragung der Vermessungsergebnisse in das Schiffszertifikat erfolgt gemäß § 2 mit folgenden Maßgaben:

Ist das Schiff noch nicht im Inlande vermessen, so ist an Stelle der nach § 2 vorgeschriebenen Eintragung neben dem für diese bestimmten Platze das folgende zu vermerken:

Das Schiff ist im Inlande noch nicht vermessen. $\frac{\text{Der}}{\text{Die}}$ ....

(gegebenenfalls durch die Bezeichnung der ausländischen Vermessungsurkunde auszufüllen) glaubhaft gemachte $\frac{\text{Raumgehalt}}{\text{Ladungsfähigkeit}}$ beträgt ....

(einzutragen die nachgewiesenen Angaben, soweit möglich nach Brutto- und Nettoraumgehalt, das fremdländische Maß ist genau zu bezeichnen).

Wird ein Schiff im Inlande neu vermessen, so sind die Ergebnisse dieser Vermessung gemäß Abs. 2 unter der Rubrik „Veränderungen in den eingetragenen Tatsachen" einzutragen. An der im Abs. 3 bezeichneten Stelle ist in diesem Falle zu vermerken:

Das Schiff ist neu vermessen. (Vergl. S. ...... dieses Zertifikats.)

§ 4. Ein beglaubigter Auszug aus dem Schiffs-Zertifikate wird auf Antrag des Rheders oder des Schiffers von der Registerbehörde, welche das Schiffs-

---

[1]) Das Muster ist nicht abgedruckt.

Zertifikat ausgestellt hat, erteilt. In den Auszug sind die Eintragungen bei den ersten 6 Nummern des Schiffs-Zertifikats und die Bezeugung des Flaggenrechts aufzunehmen; er wird nach dem beiliegenden Muster[1]) unter Unterschrift und Siegel der Behörde ausgefertigt. Die Eintragungen erfolgen nach dem jeweilig geltenden Inhalte des Schiffs-Zertifikats. Veränderungen, welche nach der Ausfertigung eintreten, dürfen in den Auszug nicht eingetragen werden. Der nach § 15 Abs. 1 des Gesetzes vom 22. Juni 1899 in solchem Falle der Registerbehörde einzureichende Auszug ist zurückzubehalten und zu vernichten. Auf Antrag des Rheders oder des Schiffers ist ein neuer, den veränderten Eintragungen im Schiffs-Zertifikat entsprechender Auszug zu erteilen.

§ 5. Die Flaggenzeugnisse werden nach den beiliegenden Mustern[2]) Anlage C (§ 12 Abs. 1 des Gesetzes vom 22. Juni 1899) und Anlage D (§ 12 Abs. 2 a. a. O.) unter Unterschrift und Siegel der Behörde ausgefertigt.

§ 6. Die nach § 17 des Gesetzes vom 22. Juni 1899 vom Schiffe zu führenden Namen sind in lateinischer Druckschrift von solcher Größe deutlich erkennbar anzubringen, daß

1. die Höhe der kleinsten Buchstaben mindestens zehn Zentimeter,
2. die Breite der die Buchstaben bildenden Grundstriche mindestens $1/5$ der Höhe der Buchstaben beträgt.

Der Antrag auf Aenderung des Namens eines in das Schiffsregister eingetragenen Schiffes ist an die Registerbehörde zu richten, welche den Antrag mit begutachtendem Berichte dem Reichskanzler (Reichsamt des Innern) vorlegt.

---

[1]) Das Muster ist nicht abgedruckt.

[2]) Die Muster sind nicht abgedruckt.

Anhang XI.

Allgemeine Verfügung über die Führung des Schiffsregisters vom 11. Dezember 1899.

(JMBl. S. 753.)

I. Allgemeines.

§ 1. Die Anzeigen, welche sich auf die Eintragung des Schiffes in das Schiffsregister, die Veränderungen in den eingetragenen Tatsachen und Rechtsverhältnissen (§ 13 des Flaggengesetzes vom 22. Juni 1899, § 126 des Gesetzes, betreffend die privatrechtlichen Verhältnisse der Binnenschiffahrt), oder die Löschung des Schiffes im Register beziehen, bedürfen keiner besonderen Form; sie können zum Protokolle des Gerichtsschreibers erfolgen.

§ 2. Die Bearbeitung der Registersachen, insbesondere die Eintragung des Schiffes in das Register, die Ausstellung und Erteilung der Schiffs-Zertifikate und der Schiffsbriefe sowie die Aushändigung der Schiffsmeßbriefe ist zu beschleunigen.

§ 3. Die Obliegenheiten des Richters und des Gerichtsschreibers bei der Führung des Schiffsregisters und bei den auf die Eintragungen bezüglichen Verhandlungen sowie in Betreff der Vorlegung des Registers bestimmen sich, soweit nicht durch Reichsgesetz oder durch Artikel 29 des Preußischen Gesetzes über die freiwillige Gerichtsbarkeit besondere Anordnungen getroffen sind, nach den für das Handelsregister geltenden Vorschriften.

Der Richter hat die im § 8 dieser Verfügung und im § 164 des Reichsgesetzes über die Zwangsversteigerung und die Zwangsverwaltung erwähnten Bescheinigungen und Zeugnisse auszustellen.

Wird eine Erklärung, welche der im § 107 des Reichsgesetzes über die Angelegenheiten der freiwilligen Gerichtsbarkeit vorgeschriebenen Form bedarf, vor dem Registergericht abgegeben, so ist das Protokoll von dem Richter aufzunehmen.

§ 4. Die Entgegennahme eines auf eine Eintragung gerichteten Antrags oder Ersuchens sowie die Beurkundung des Zeitpunkts, in welchem der Antrag oder das Ersuchen bei dem Registergericht eingeht, sollen, wenn der Antrag oder das Ersuchen in Ansehung eines Pfandrechts an einem Schiffe gestellt wird, nur durch die mit der Führung des Registers über das betreffende Schiff beauftragten Beamten, und zwar entweder durch den Richter oder durch den Gerichtsschreiber, erfolgen.

Bezieht sich der Antrag oder das Ersuchen auf mehrere Schiffe, in Ansehung deren die Führung des Registers verschiedenen Beamten obliegt, so kann die Entgegennahme oder die Beurkundung durch jeden dieser Beamten erfolgen.

§ 5. Der nach § 120 Abs. 2 des Reichsgesetzes über die Angelegenheiten der freiwilligen Gerichtsbarkeit auf eine Urkunde über die Pfandforderung zu setzende Vermerk ist von dem Richter und dem Gerichtsschreiber zu unterschreiben.

§ 6. Die Eintragungen in das Register sind, auch soweit sie sich nicht auf Pfandrechte beziehen, den im § 121 des Reichsgesetzes über die Angelegenheiten der freiwilligen Gerichtsbarkeit bezeichneten Personen bekannt zu machen. Auf die Bekanntmachung kann verzichtet werden.

Die Bekanntmachung ist von dem Richter zu verfügen und von dem Gerichtsschreiber unter seiner Unterschrift herbeizuführen. Der Gerichtsschreiber hat bei der gerichtlichen Verfügung zu vermerken, wem die Bekanntmachung zur Beförderung übergeben und wann die Uebergabe erfolgt ist.

Eine öffentliche Bekanntmachung der Eintragungen findet nicht statt.

§ 7. Wird eine Eintragung abgelehnt, so sind die Gründe der Ablehnung mitzuteilen.

§ 8. Das Gericht hat auf Verlangen eine Bescheinigung darüber zu erteilen, daß bezüglich des Gegenstandes einer Eintragung weitere Eintragungen nicht vorhanden sind oder daß eine bestimmte Eintragung nicht erfolgt ist.

§ 9. In die Abschriften aus dem Register sind die rot unterstrichenen Eintragungen nur aufzunehmen, soweit dies beantragt oder nach den Umständen angemessen ist.

Soll eine beglaubigte Abschrift nur von einem Teile des Registerblatts erteilt werden, so sind in die Abschrift diejenigen Eintragungen aufzunehmen, welche den Gegenstand betreffen, auf den sich die Abschrift beziehen soll. In dem Beglaubigungsvermerk ist der Gegenstand anzugeben und zu bezeugen, daß weitere den Gegenstand betreffende Eintragungen in dem Register nicht enthalten sind.

§ 10. Für jedes Schiff werden nach den Vorschriften der Geschäftsordnung für die Gerichtsschreibereien der Amtsgerichte besondere Akten gehalten.

Werden Urkunden, auf die eine Eintragung sich gründet oder Bezug nimmt, zurückgegeben, so ist eine beglaubigte Abschrift zurückzubehalten. In der Abschrift können diejenigen Teile der Urkunde, welche für die Führung des Schiffsregisters ohne Bedeutung sind, weggelassen werden; der Richter bestimmt den Umfang der Abschrift.

Ist die Urkunde in anderen der Vernichtung nicht unterliegenden Akten des Amtsgerichtes enthalten, so genügt eine Verweisung auf die anderen Akten.

§ 11. Im Falle der Verlegung des Heimatshafens oder des Heimatsorts aus dem Registerbezirke sind der neuen Registerbehörde außer dem Schiffs-Zertifikat oder dem Schiffsbrief und außer einer beglaubigten Abschrift des Registerinhalts auch die Registerakten zu übersenden.

Ist mit der Verlegung des Heimatshafens oder des Heimatsorts ein Eigentumswechsel verbunden, so hat das bisherige Registergericht die Eintragung des neuen Eigentümers zu bewirken und diese nicht der neuen Registerbehörde zu überlassen.

§ 12. Die Schiffsregister werden in einem oder mehreren dauerhaft gebundenen Bänden geführt. Es ist dazu Papier der Verwendungsklasse 2a (vergl. die Allgemeine Verfügung vom 2. Januar 1892, betreffend das für den Amtsgebrauch anzuschaffende Papier, — Just.Minist.Bl. S. 9) von einer Bogengröße von 46 × 56 cm zu verwenden.[1])

Jeder Band des Seeschiffsregisters und des Binnenschiffsregisters erhält entsprechend der Reihenfolge der Anlegung eine römische Ziffer und ist mit laufenden Seitenzahlen zu versehen.

§ 13. Jedes Schiff erhält ein besonderes Blatt, jedes Blatt eine besondere Ordnungsnummer. Diese bestimmt sich nach der Reihenfolge der unter fortlaufender Zahl zu bewirkenden Eintragungen.

---

[1]) Die Bogengröße ist demnächst auf 46 × 59 cm festgesetzt. AVf. v. 18. Dez. 1899 (JMBl. 804).

§ 14. Die Eintragungen sind deutlich und ohne Abkürzungen zu schreiben; in dem Register darf nichts radiert oder sonst unleserlich gemacht werden.

Eine Eintragung, die durch eine spätere Eintragung ihre Bedeutung verloren hat, ist nach Maßgabe der Anordnung des Richters rot zu unterstreichen.

§ 15. Schreibfehler und ähnliche offenbare Unrichtigkeiten die in einer Eintragung vorkommen, sind nach Maßgabe der Anordnung des Richters in derselben Spalte zu berichtigen. Die Berichtigung ist den Beteiligten bekannt zu machen und baldtunlichst auf den Schiffsurkunden zu vermerken.

§ 16. Jeder Eintragung ist außer der Angabe des Tages der Eintragung und außer der Unterschrift des Richters und des Gerichtsschreibers eine Verweisung auf die Stelle der Registerakten beizufügen, wo sich die zu Grunde liegende Verfügung befindet.

Die Eintragung ist unter Bezeichnung des Tages, an dem sie erfolgt ist, von dem Gerichtsschreiber in den Registerakten bei der gerichtlichen Verfügung zu vermerken.

§ 17. Zur Bezeichnung der Berechtigten sind im Register anzugeben:

1. bei natürlichen Personen der Name (Vorname, Familienname), der Stand, der Beruf sowie der Wohnort und, soweit diese Angaben nicht tunlich oder nicht ausreichend sind, andere die Berechtigten deutlich kennzeichnende Merkmale;
2. bei Handelsgesellschaften, bei eingetragenen Genossenschaften und juristischen Personen anderer Art die Firma oder der Name und der Sitz.

Außerdem sind bei der Eintragung der Rheder in das Seeschiffsregister die Vorschriften des § 7 Nr. 5 des Flaggengesetzes zu beachten.

II. Seeschiffsregister.

§ 18. Die Führung des Seeschiffsregisters wird den Amtsgerichten in Memel, Königsberg i. Pr., Elbing, Danzig, Stettin, Kiel, Altona, Itzehoe, Schleswig, Flensburg, Harburg, Geestemünde und Emden für diejenigen Amtsgerichtsbezirke übertragen, für welche das Schiffsregister bisher bei ihnen geführt wurde.

Außerdem wird die Führung des Seeschiffsregisters

für den Bezirk des Amtsgerichts in Bergen a. Rügen dem Amtsgericht in Stralsund,

für die an dem Dortmund-Ems-Kanale belegenen Amtsgerichtsbezirke dem Amtsgericht in Emden,

für die am Rheine belegenen, zu den Landgerichtsbezirken Cleve, Düsseldorf und Duisburg gehörigen Amtsgerichtsbezirke dem Amtsgerichtsbezirk in Düsseldorf,

für die übrigen am Rheine belegenen Amtsgerichtsbezirke dem Amtsgericht in Cöln übertragen.

Im übrigen wird das Seeschiffsregister, unbeschadet der Vorschrift des § 6 Abs. 2 Satz 1 des Flaggengesetzes, von dem Amtsgerichte geführt, zu dessen Bezirke der Hafen gehört, von welchem aus, als dem Heimatshafen, die Seefahrt mit dem Schiffe betrieben werden soll.

§ 19. Das Seeschiffsregister wird nach dem anliegenden Formular eingerichtet.

§ 20. In Spalte 1 ist außer dem Namen, den das Schiff zur Zeit der Eintragung führt, auch der etwaige frühere Name anzugeben, wenn das Schiff unter diesem Namen vorher in das Register einer deutschen Registerbehörde eingetragen war. Erhält das Schiff nach seiner Eintragung einen andern Namen, so ist auch dieser Name in Spalte 1 zu vermerken.

Die das Unterscheidungssignal bildenden vier Buchstaben sind unmittelbar unter dem Worte „Unterscheidungssignal" einzutragen.

§ 21. In Spalte 2 ist die Gattung des Schiffes mit den für die Bezeichnung üblichen Ausdrücken anzugeben. Erfährt die Gattung des Schiffes eine Veränderung, so ist auch die neue Gattung in Spalte 2 zu vermerken.

§ 22. In Spalte 3 sind die Ergebnisse der Vermessung auf Grund des Schiffsmeßbriefs nach Maßgabe der Bekanntmachung des Reichskanzlers vom 10. November 1899, betreffend die Ausführungsbestimmungen zum § 25 des Flaggengesetzes (J.M.Bl. S. 741) einzutragen. Das Datum des Meßbriefs und die Behörde, die ihn ausgestellt hat, sind anzugeben.

Hat die Vermessung im Inlande noch nicht stattfinden können, so ist das Wort „amtlichen" in der Spaltenübersicht zu streichen.

Wird das Schiff demnächst einer amtlichen Vermessung im Inland unterzogen, so ist auf ihr in Spalte 10 einzutragendes Ergebnis durch einen Vermerk in Spalte 3 hinzuweisen.

Ein entsprechender Vermerk ist in Spalte 3 aufzunehmen, wenn eine wiederholte amtliche Vermessung zu einem von der früheren amtlichen Vermessung abweichenden Ergebnisse geführt hat.

§ 23. In Spalte 4 ist auch die Werft, auf der das Schiff gebaut ist, anzugeben.

Sind Zeit und Ort der Erbauung nicht ohne unverhältnismäßige Weiterungen zu ermitteln, so genügt eine allgemeine Angabe mit der Bemerkung, daß die betreffende Tatsache nicht festgestellt sei.

§ 24. In Spalte 5 ist der Hafen einzutragen, von welchem aus, als dem Heimatshafen, die Seefahrt mit dem Schiff betrieben werden soll.

Erhält das Schiff später einen anderen im Bezirke des Registergerichts belegenen Heimatshafen, so ist auch dieser in Spalte 5 anzugeben.

Liegt der neue Heimatshafen in einem anderen Registerbezirke, so ist bei der neuen Eintragung auch der frühere Heimatshafen in Spalte 5 zu vermerken; die neue Eintragung erfolgt von Amts wegen.

§ **25.** In Spalte 6 ist der Korrespondentrheder gemäß § 17 zu bezeichnen. Ist ein Korrespondentrheder nicht vorhanden, so ist der obere Teil der Spalte durch einen wagerechten Strich auszufüllen. Wird später ein Korrespondentrheder bestellt, so ist er in dem unteren Teile der Spalte einzutragen. Tritt ein Wechsel in der Person des Korrespondentrheders ein oder erfahren die zur Bezeichnung des Korrespondentrheders eingetragenen Angaben eine Veränderung, so ist ein entsprechender Vermerk in Spalte 6 aufzunehmen.

§ **26.** Die Spalte 7 ist außer zur Angabe des Tages der Eintragung auch zur Aufnahme der Verweisung auf die Registerakten bei der Eintragung des Schiffes bestimmt. War das Schiff schon vorher in das Register einer deutschen Registerbehörde eingetragen, so ist in Spalte 7 auch die frühere Eintragung zu vermerken.

§ **27.** Die Spalte 8 dient zur Darstellung der zur Zeit der Eintragung des Schiffes vorhandenen Eigentumsverhältnisse und ist für die Unterschriften des Richters und des Gerichtsschreibers bei der Eintragung des Schiffes bestimmt.

Die Unterspalte a ist nur auszufüllen, wenn eine Rhederei besteht. In diesem Falle erhält jeder Mitrheder eine fortlaufende Nummer. Gehören zu den Mitrhedern offene Handelsgesellschaften, Kommanditgesellschaften oder Kommanditgesellschaften auf Aktien, so ist den Namen der persönlich haftenden Gesellschafter eine besondere Nummer nicht beizufügen.

In Unterspalte b ist der Name und die nähere Bezeichnung der Rheder gemäß den Vorschriften des § 17 einzutragen. Dem Namen der natürlichen Personen ist die Bezeichnung als „deutscher Reichsangehöriger" beizufügen.

In Unterspalte c ist bei einer Rhederei die Größe der den einzelnen Mitrhedern gehörenden Schiffsparten in Form eines Bruches zu vermerken. Verringert sich später die Größe einer Schiffspart, so ist unter der bisherigen Eintragung die dem Mitrheder noch gehörende Schiffspart anzugeben.

In Unterspalte d ist der Rechtsgrund, auf welchem die Erwerbung des Schiffes beruht, und bei einer Rhederei neben der in der Unterspalte b erfolgten Bezeichnung jedes Mitrheders der Rechtsgrund, auf welchem die Erwerbung seiner Schiffspart beruht, unter Bezeichnung der darüber beigebrachten Urkunden einzutragen.

§ 28. In Spalte 9 sind die Veränderungen in den Eigentumsverhältnissen einzutragen. Jede Eintragung erhält eine fortlaufende Nummer. In Unterspalte b ist auf die Stelle der durch die Aenderung betroffenen früheren Eintragung hinzuweisen. Die Ausfüllung der Unterspalten c bis e hat bei dem Uebergange des Eigentums an einem Schiffe oder an einer Schiffspart nach den Vorschriften über die Ausfüllung der Spalte 8 zu erfolgen. Andere Aenderungen in den die Eigentumsverhältnisse betreffenden eingetragenen Tatsachen, z. B. Aenderungen des Namens oder des Wohnorts eines Rheders, sind in Unterspalte c einzutragen.

Verliert der Eigentümer einer Schiffspart die Reichsangehörigkeit oder geht eine im Eigentum eines Reichsangehörigen stehende Schiffspart in anderer Weise als durch Veräußerung (Handelsgesetzbuch § 503) auf einen Ausländer über, so ist, wenn die Schiffsparten der übrigen Mitrheder wenigstens zwei Dritteile des Schiffes umfassen, der Zeitpunkt des Verlustes oder des

Ueberganges sowie die nunmehrige Staatsangehörigkeit des Eigentümers der Schiffspart in Spalte 9 bei der Eintragung der Veränderung zu vermerken.

§ 29. In Spalte 10 sind die Veränderungen der in den Spalten 1 bis 3, 5 und 6 eingetragenen Tatsachen, auch wenn in diesen Spalten selbst die Veränderungen vermerkt werden, einzutragen. Jede Eintragung erhält eine fortlaufende Nummer. In der Unterspalte b ist auf die Stelle der durch die Aenderung betroffenen früheren Eintragung hinzuweisen. Bei der Eintragung einer amtlichen Vermessung ist die Vorschrift des § 2 Abs. 3 der Bekanntmachung des Reichskanzlers, betreffend die Ausführungsbestimmungen zum § 25 des Flaggengesetzes, zu beachten.

§ 30. In Spalte 11 ist bei der Löschung des Schiffes im Register auch deren Grund anzugeben. In dieselbe Spalte ist bei der Verlegung des Heimatshafens aus dem Registerbezirk außer der Verlegung ein Vermerk, durch den das Registerblatt geschlossen wird, einzutragen.

Sind Pfandrechte eingetragen, so sind die Pfandgläubiger, deren Aufenthalt bekannt ist, von der beabsichtigten Löschung unter Bestimmung einer angemessenen Frist zur Geltendmachung eines Widerspruchs zu benachrichtigen. Die Löschung darf erst nach dem Ablaufe der Frist erfolgen.

§ 31. In Spalte 12 werden die Pfandrechte an dem Schiffe eingetragen; die Vorschriften über die Eintragungen in die dritte Abteilung des Grundbuchs finden entsprechende Anwendung.

In Unterspalte c ist, wenn eine Rhederei besteht, bei jeder Eintragung anzugeben, ob sich das Pfandrecht auf das ganze Schiff oder nur auf eine Schiffspart erstreckt; im letzteren Falle ist die Schiffspart zu bezeichnen.

In Unterspalte d ist auch die Löschung der eingetragenen Veränderungen durch Eintragung eines entsprechenden Vermerkes zu bewirken.

Ueber jeder Eintragung in den Unterspalten d und e ist anzugeben, auf welche andere Eintragung sie sich bezieht.

Die Unterspalte c dient auch zur Eintragung des Versteigerungsvermerkes, die Unterspalte e auch zur Löschung dieses Vermerkes.

§ **32.** Die Oberlandesgerichtspräsidenten bestimmen für die Registergerichte des Oberlandesgerichtsbezirkes, wie viele Seiten bei der Einrichtung des Seeschiffsregisters je für die Spalten 8, 9, 10 und 11, 12 des Registers zu verwenden sind.

§ **33.** Auf Antrag des Rheders kann, wenn gleichzeitig eine Veränderung in den Spalten 9 oder 10 des Registers eingetragen werden soll, das Schiff auf ein anderes Blatt unter einer neuen Ordnungsnummer übertragen werden. Die Uebertragung ist von Amts wegen zu bewirken, wenn das bisherige Registerblatt unübersichtlich geworden ist. Sie darf immer nur dann erfolgen, wenn das Schiffs-Zertifikat eingereicht oder die Einreichung behufs Ausstellung eines neuen Zertifikats nicht erforderlich ist (§ 43).

Bei der Uebertragung ist das bisherige Registerblatt unter Hinweis auf die Ordnungsnummer, unter der das Schiff von neuem eingetragen wird, durch Eintragung eines Vermerkes in Spalte 11 zu schließen. In Spalte 7 des neuen Blattes ist auf die frühere Eintragung zu verweisen und die Uebereinstimmung des Inhalts des neuen Blattes mit dem Inhalte des bisherigen Blattes zu bescheinigen.

Gelöschte Eintragungen werden in das neue Blatt insoweit übernommen, als dies zum Verständnisse der noch gültigen Eintragungen erforderlich erscheint; im übrigen sind aus der Spalte 12 nur die Nummern der Eintragungen mit dem Vermerke „Gelöscht" zu übernehmen. Ein früherer Name und ein früherer Heimatshafen des Schiffes sind mitzuübertragen.

III. Binnenschiffsregister.

§ **34.** Das Binnenschiffsregister wird nach dem anliegenden Formular eingerichtet.

§ **35.** In Spalte 1 sind der Name, die Nummer oder sonstige Merkzeichen des Schiffes sowie dessen Gattung und Material einzutragen. In Ansehung des Namens und der Nummer finden die Vorschriften des § 20 Abs. 1, in Ansehung der Gattung die Vorschriften des § 21 Anwendung.

Die Eintragung des Namens ist nur für den Fall vorgeschrieben, daß das Schiff einen solchen führt; eine Verpflichtung zur Beilegung eines Namens besteht nicht.

§ **36.** In Spalte 2 sind die Tragfähigkeit des Schiffes und bei Dampfschiffen und sonstigen Schiffen mit eigener Triebkraft die Stärke des Motors einzutragen. Der Inhalt der Eintragung ist aus den bei der Anmeldung des Schiffes glaubhaft zu machenden Angaben der Beteiligten, insbesondere aus den Meßbriefen, Eichscheinen oder Dampfkessel-Revisions-Attesten sowie aus sonstigen Bescheinigungen der zuständigen Behörden oder auch der Erbauer zu entnehmen. Bei der Eintragung ist auf die ihr zu Grunde liegende Urkunde unter Angabe ihres Ausstellers und ihres Datums Bezug zu nehmen.

Bei Veränderungen in der Tragfähigkeit des Schiffes oder in der Stärke des Motors ist durch einen Vermerk in Spalte 2 auf die betreffende Eintragung in Spalte 8 hinzuweisen.

§ **37.** Die Verwendung der Spalte 3 richtet sich nach den Vorschriften des § 23.

§ **38.** In Spalte 4 ist der Ort, von dem aus die Schiffahrt mit dem Schiffe betrieben wird, einzutragen. Die Vorschriften des § 24 Abs. 2, 3 finden entsprechende Anwendung.

§ **39.** Die Spalte 5 ist zu den im § 26 bestimmten Eintragungen zu verwenden.

§ **40.** Auf die Eintragungen in Spalte 6 finden die Vorschriften des § 27 Abs. 1, Abs. 2 Satz 1, 2, Abs. 3 Satz 1, Abs. 4, 5, auf die Eintragungen in die Spalten 7 bis 10 finden die Vorschriften des § 28 Abs. 1, des § 29 Satz 1 bis 3 sowie der §§ 30, 31, auf die Uebertragung des Schiffes auf ein anderes Blatt finden die Vorschriften des § 33 entsprechende Anwendung.

§ **41.** Die Oberlandesgerichtspräsidenten bestimmen für die Registergerichte des Oberlandesgerichtsbezirkes, wie viele Seiten bei der Einrichtung des Binnenschiffsregisters je für die Spalten 6, 7, 8, 9 und 10 des Registers zu verwenden sind.

IV. Schiffsurkunden.

§ **42.** Die Einrichtung des Schiffs-Zertifikats, des beglaubigten Auszugs aus dem Schiffs-Zertifikat und der Flaggenzeugnisse ergibt sich aus der Bekanntmachung des Reichskanzlers, betr. die Ausführungsbestimmungen zum § 25 des Flaggengesetzes.

Bei Binnenschiffen erfolgt die Einrichtung des Schiffsbriefs nach dem anliegenden Formulare.[2])

Die Urkunden sind unter dem Siegel oder dem Stempel des Amtsgerichts und unter der Unterschrift

---

[2]) Das Formular ist nicht abgedruckt.

des Richters auszufertigen; Lack ist zu dem Siegel nicht zu verwenden. Werden mehrere Bogen zu einem Schiffs-Zertifikat verwendet, so sind sie mit schwarz-weiß-roter Seide zu heften und sind die Enden mit dem Ausfertigungssiegel festzulegen.

Ist nach der Erteilung des Schiffs-Zertifikats oder des Schiffsbriefs eine Eintragung in die Spalten 9, 10 oder 12 des Seeschiffsregisters oder in die Spalten 7, 8 oder 10 des Binnenschiffsregisters erfolgt, so ist die Eintragung in dem Zertifikat oder in dem Schiffsbrief auf den darin für die betreffenden Eintragungen freigelassenen Seiten unter dem Siegel oder dem Stempel des Amtsgerichts und unter der Unterschrift des Richters zu vermerken. Die Vermerke sind hinter einander in der Weise einzutragen, daß die Urkunde nirgends eine Lücke aufweist.

§ **43.** Ein neues Schiffs-Zertifikat, ein neuer Auszug aus dem Schiffs-Zertifikat oder ein neuer Schiffsbrief darf außer im Falle des § 15 Abs. 3 des Flaggengesetzes nur dann ausgestellt werden, wenn das frühere Zertifikat, der frühere Auszug oder der frühere Schiffsbrief eingereicht oder der Verlust glaubhaft gemacht ist. Die eingereichten Urkunden sind unbrauchbar zu machen; der Verlust ist bei der Erteilung des neuen Zertifikats, des neuen Auszugs oder des neuen Schiffsbriefs in dem Ausfertigungsvermerke kurz zu erwähnen.

In den neu auszustellenden Urkunden sind nur die zur Zeit der Ausfertigung vorhandenen tatsächlichen und rechtlichen Verhältnisse zur Darstellung zu bringen.

Wird das Schiff auf ein anderes Blatt unter einer neuen Ordnungsnummer übertragen (§§ 33, 40), so ist ein neues Zertifikat oder ein neuer Schiffsbrief und gegebenenfalls ein neuer Auszug aus dem Schiffs-Zertifikate nach Maßgabe der Vorschrift des Abs. 2 auszustellen.

Die Erteilung eines neuen Zertifikats oder Schiffsbriefs und die Erteilung eines Auszugs aus dem Zertifikat ist auf dem Deckel der Registerakten unter Hinweis auf die betreffende Stelle der Akten zu vermerken.

Wird ein Schiff in dem Binnenschiffsregister gelöscht, so ist der Schiffsbrief unbrauchbar zu machen.

§ **44.** Ist das Schiffs-Zertifikat, der Auszug aus dem Zertifikat oder der Schiffsbrief unbrauchbar zu machen, so geschieht dies in der Weise, daß die Urkunden mit Einschnitten versehen werden.

Die unbrauchbar gemachten Urkunden sind bei den Registerakten aufzubewahren.

§ **45.** Die den Registergerichten von dem Kaiserlichen Schiffsvermessungsamte zugehenden Schiffsmeßbriefe sind mit den von dem Schiffsvermessungsamte gleichfalls übersandten beglaubigten Abschriften der Meßbriefe zu vergleichen und nach Feststellung der Uebereinstimmung dem Rheder oder dessen Vertreter auszuhändigen.

Fehlt die Uebereinstimmung, so hat das Registergericht zunächst je nach der Verschiedenheit der Fälle entweder mit dem Schiffsvermessungsamt in Verbindung zu treten oder selbst die Abschrift mit einem Berichtigungsvermerke zu versehen.

§ **46.** Das Registergericht hat auf den von dem Kaiserlichen Schiffsvermessungsamt übersandten Schiffsmeßbriefen und bei Binnenschiffen auf den von den Beteiligten eingereichten Meßbriefen oder Eichscheinen vor der Aushändigung der Urkunde die Eintragung des Schiffes in das Register zu bescheinigen. In der Bescheinigung sind außer der Ordnungsnummer und dem Datum der Eintragung bei Seeschiffen das Unterscheidungssignal und der Heimatshafen, bei Binnenschiffen der Heimatsort anzugeben.

Die Bescheinigung ist von dem Richter zu unterschreiben; der Unterschrift ist der Stempel des Amtsgerichts beizufügen.

§ 47. Ist außer dem Schiffs-Zertifikat ein Auszug aus dem Schiffs-Zertifikat erteilt, und hat die Einrichtung dieser Urkunden zu erfolgen, so empfiehlt es sich, beide Urkunden nicht gleichzeitig von den Beteiligten zu erfordern, sondern mit der Einforderung des Auszugs zu warten, bis das Zertifikat wieder ausgehändigt ist.

V. Uebergangs- und Schlußbestimmungen.

§ 48. Für die Schiffe, welche vor dem 1. Januar 1900 in das Register eingetragen sind, werden die bisherigen Register fortgeführt.

Soweit diese Register für weitere Eintragungen Raum gewähren, sind sie auch nach dem 1. Januar 1900 zu Eintragungen zu verwenden. Bei dem Seeschiffsregister können die Oberlandesgerichtspräsidenten Ausnahmen hiervon für die Registergerichte des Oberlandesgerichtsbezirkes gestatten.

§ 49. Bei den Eintragungen in die bisherigen Register sind deren Spalten unter entsprechender Anwendung der Vorschriften der §§ 20 bis 31, des § 33 und der §§ 35 bis 40 auszufüllen. Zur Aufnahme der in § 25 bezeichneten Eintragungen dient die Spalte 6 des bisherigen Seeschiffsregisters.

In dem Falle des § 48 Abs. 2 Satz 1 sind in der Ueberschrift der Spalte 3 des bisherigen Seeschiffsregisters die Worte „und Bauart des Schiffes" zu streichen, und es ist die Ueberschrift der Spalte 4 je nach Lage des Falles durch die Ueberschrift „Ergebnisse der amtlichen Vermessung" oder „Ergebnisse der Vermessung" zu ersetzen. In der bisherigen Spalte 1 sind die das Unterscheidungssignal bildenden vier Buchstaben unter dem Namen des Schiffes mit der Ueberschrift „Unterscheidungssignal“ zu vermerken.

§ 50. Die bisherigen Bände des Seeschiffsregisters und des Binnenschiffsregisters sind je nach der Reihenfolge ihrer Anlegung mit Ziffern zu bezeichnen; die nach dem 1. Januar 1900 neu angelegten Bände sind mit den entsprechenden folgenden Ziffern zu versehen.

Bei der ersten nach dem 1. Januar 1900 erfolgenden Eintragung eines Schiffes erhält das Blatt die auf die letzte vorher eingetragene Ordnungsnummer folgende Zahl als Ordnungsnummer.

§ 51. Die bisher in der Provinz Hannover von den Amtsgerichten der Heimatshäfen geführten Duplikate des Seeschiffsregisters sind nicht weiter zu führen. Der § 2 der Allg. Verf. v. 14. August 1879, betr. die Führung des Schiffsregisters in der Provinz Hannover (JMBl. S. 241) wird aufgehoben.

§ 52. Die bei den Amtsgerichten vorhandenen älteren Schiffsbriefsformulare sind zunächst aufzubrauchen.

§ 53. Die Gerichte haben den Bedarf an Formularen der Schiffs-Zertifikate, der beglaubigten Auszüge aus dem Schiffs-Zertifikat und der Schiffsbriefe von der Reichsdruckerei gegen Erstattung der Kosten unmittelbar zu beziehen.

Für das Schiffs-Zertifikat werden in der Reichsdruckerei fünf verschiedene Formularbogen A, B, C, D und E hergestellt.

Der Bogen A entspricht der in der Bekanntmachung des Reichskanzlers, betr. die Ausführungsbestimmungen zum § 25 des Flaggengesetzes, vorgeschriebenen Form.

Der Bogen B unterscheidet sich von dem Bogen A dadurch, daß auf der zweiten Seite das Schlußattest der ausfertigenden Behörde fehlt und daß die letzten beiden Seiten zur Eintragung von Pfandrechten bestimmt sind. Die erste Seite des Bogens C entspricht der zweiten Seite des Bogens A, die übrigen Seiten des Bogens C sind zu der Eintragung von Veränderungen bestimmt. Die Bogen B und C sind hiernach stets gemeinschaftlich und zwar der Bogen C als Einlagebogen zum Bogen B zu verwenden; sie sind zu benutzen, wenn der auf der zweiten Seite des Bogens A vorhandene Raum zur Aufführung aller Mitrheder nicht ausreicht.

Gewähren auch die zweite Seite des Bogens B und die erste Seite des Bogens C zusammen für die Eintragung der Mitrheder nicht genügenden Raum, so ist der Bogen D als Einlagebogen zwischen den Bogen B und C zu verwenden. Der Bogen D ist auf den beiden ersten Seiten zur Eintragung von Veränderungen bestimmt.

Der Bogen E dient lediglich zur Eintragung von Pfandrechten und ist, wenn zu deren Eintragung auf den Bogen A oder B nicht genügender Raum vorhanden ist, als Anhängebogen zu benutzen.

Anlage 1.

Nr. 125.

Spalte 1. Name des Schiffes. Unterscheidungssignal.

Germania. Deutschland. J G B C.

Spalte 2. Gattung des Schiffes.

Eisernes Schraubendampfschiff, als Schoner getakelt.

Spalte 3. Ergebnisse der amtlichen Vermessung.

Die nach § 25 Nr. 1 der Schiffsvermessungsordnung aufgenommenen Hauptmaße sind laut Meßbriefs des Kaiserlichen Schiffsvermessungsamts vom 10. Januar 1900: Länge = 84,39 m; Breite = 10,53 m; Tiefe = 7,69 m; größte Länge des Maschinenraums = 12,20 m.

Die Vermessung ist auf Grund der Schiffsvermessungsordnung vom 1. März 1895 (Reichs-Gesetzbl. 1895 S. 161) nach dem vollständigen Verfahren erfolgt und es beträgt:

	Kubikmeter	Registertons
a) der Bruttoraumgehalt des Schiffes	5 276,3	1 862,53
b) der Nettoraumgehalt des Schiffes	3 338,5	1 178,49

Zu b) in Worten: dreitausend dreihundert acht und dreißig, fünf Zehntel Kubikmeter, gleich eintausend einhundert acht und siebzig, neun und vierzig Hundertstel Registertons.

Spalte 4. Zeit und Ort der Erbauung.

1899 auf der Werft der Aktiengesellschaft Bulcan in Bredow bei Stettin.

Spalte 5. Heimatshafen.

Stettin. Swinemünde.

Spalte 6. Korrespondentrheder.

Friedrich Scholz, Kaufmann, Stettin.
Ernst Becker, Kaufmann, Swinemünde.

Spalte 7. Tag der Eintragung des Schiffes.

20. Januar 1900. $\frac{2\ \text{S S R}\ 125.}{1.}$

Spalte 8. Eigentumsverhältnisse.

Lfde. Nr.	Name und nähere Bezeichnung der Rheder.	Schiffsparten.	Erwerbsgrund.
a.	b.	c.	d.
1.	Friedrich Scholz, Kaufmann, Stettin, deutscher Reichsangehöriger.	3/4 1/2	hat das Schiff für seine Rechnung erbauen lassen.
2.	Wilhelm & Müller, Schiffskapitän, Jasenitz, deutscher Reichsangehöriger.	1/8	haben die Parten von dem Kaufmann Friedrich Scholz in Stettin durch notariellen Vertrag vom 10. Januar 1900 gekauft.
3.	Krüger & Marten, Kommanditgesellschaft, Stettin. Die persönlich haftenden Gesellschafter sind: Adolf Krüger, Kommerzienrat, Stettin, deutscher Reichsangehöriger; Albert Marten, Konsul, Stettin, deutscher Reichsangehöriger.	1/8	
	Fischer Neumann		

Spalte 9. Veränderungen in den Eigentumsverhältnissen.

Lfde. Nr.	Zu Spalte	Name und nähere Bezeichnung der Rheder.	Schiffsparten	Erwerbsgrund.
a.	b.	c.	d.	e.
1.	8 [1].	Ernst Becker, Kaufmann, Swinemünde, deutscher Reichsangehöriger.	1/4	hat die Part von dem Kaufmann Friedrich Scholz in Stettin durch notariellen Vertrag vom 20. März 1900 gekauft. — 2 S S R 125. 4. 25. März 1900. Fischer Neumann
2.	8 [2].	Fräulein Elsbeth Müller, Stettin, deutsche Reichsangehörige.	1/8	hat die Part des Schiffskapitäns Wilhelm Müller in Jasenitz auf Grund des Testaments vom 15. Dezbr. 1899 geerbt. — 2 S S R 125. 6. 20. Februar 1901 Fischer Neumann

Noch: Spalte 9. Veränderungen in den Eigentumsverhältnissen.

Lfde. Nr.	Zu Spalte	Name und nähere Bezeichnung der Rheder.	Schiffsparten.	Erwerbsgrund.
a.	b.	c.	d.	e.
3.	9 ².	Elsbeth Müller hat sich am 5. März 1895 mit dem Schiffskapitän Paul Chambeau in Brüssel verheiratet und dadurch die belgische Staatsangehörigkeit erworben. — $\frac{2 \text{ S S R } 125.}{36.}$ 2. April 1905. Fischer Neumann		
4.	9 ², ³.	Hermann Franke, Kaufmann, Stettin, deutscher Reichsangehöriger.	¹/₈	hat die Part der Frau Schiffskapitän Elsbeth Chambeau geb. Müller in Brüssel laut Versteigerungsprotokolls vom 12. Dez. 1905 gekauft. — $\frac{2 \text{ S S R } 125.}{39.}$ 16. Dezbr. 1905. Fischer Neumann

Spalte 10. Veränderungen in den eingetragenen Tatsachen mit Ausschluß der Eigentumsveränderungen.			Spalte 11. Löschung des Schiffes.
Lfde. Nr.	Zu Spalte	Veränderungen.	
a.	b.	c.	
1.	1.	Der Name des Schiffes ist in „Deutschland" geändert. — 2 S S R 125. / 3. 20. März 1900. Fischer Neumann	
2.	6.	Zum Korrespondentrheder ist der Kaufmann Ernst Becker in Swinemünde bestellt. — 2 S S R 125. / 4. 25. März 1900. Fischer Neumann	
3.	7.	Der Heimatshafen ist nach Swinemünde verlegt. 2 S S R 125. / 5. 10. April 1900. Fischer Neumann	

Spalte 12. Pfandrechte.

Lfde. Nr.	Betrag ℳ	Eintragungen.	Veränderungen.	Löschungen.
a.	b.	c.	d.	e.
1.	9000 −4000 5000	Neuntausend Mark Darlehen mit fünf vom Hundert jährlich seit dem 1. Januar 1900 verzinslich und sechs Monate nach Kündigung rückzahlbar für den Gastwirt Wilhelm Peters in Stettin eingetragen auf dem ganzen Schiffe. ← 2 S S R 125. 2. 26. Januar 1900. Fischer Neumann	Zu Nr. 1. Fünftausend Mark mit dem Vorrange vor dem Reste nebst den Zinsen seit dem 1. Oktob. 1901 abgetreten an den Schmied Heinrich Stark in Hannover. 2 S S R 125. 12. 24. Oktob. 1901. Fischer Neumann	Zu Nr. 1. Viertausend Mark Restforderung des Wilhelm Peters gelöscht. — 2 S S R 125. 20. 1. Okt. 1902. Fischer Neumann
2.	3000 −2000 1000	Arrestpfandrecht zum Höchstbetrage von Dreitausend Mark für den Zimmermeister Hermann Zander in Bredow bei Stettin eingetragen auf der $^1/_8$ Part der Kommanditgesellschaft Krüger & Marten in Stettin. — 2 S S R 125. 28. 10. Februar 1904. Fischer Neumann		Zu Nr. 2. Zweitausend Mark gelöscht. — 2 S S R 125. 30. 1. März 1904. Fischer Neumann

Noch: Spalte 12. Pfandrechte.

Lfde. Nr.	Betrag M	Eintragungen.	Veränderungen.	Löschungen.
a.	b.	c.	d.	e.
3.	500	Vormerkung zur Sicherung des Anspruchs auf Einräumung eines Pfandrechts im Betrage von fünfhundert Mark für den Rentier Friedrich Klein in Greifenhagen unter Bezugnahme auf die einstweilige Verfügung des Königlichen Landgerichts in Stettin vom 1. März 1905 eingetragen auf dem ganzen Schiffe. — 2 S S R 125. / 35. 3. März 1905. Fischer Neumann		

Anlage 2.

Nr. 150.

Spalte 1.	Name, Nummer oder sonstige Merkzeichen des Schiffes, Gattung und Material.
	Maria XIII 75, Oderkahn, aus Eichenholz gebaut, mit buchenem Kiel, mit einem Mast und ohne festes Deck.
Spalte 2.	Tragfähigkeit und bei Dampfschiffen oder sonstigen Schiffen mit eigener Triebkraft die Stärke des Motors.
	Vermessen auf 40 Tonnen zu 1000 Kilogramm Tragfähigkeit laut Meßbriefs der Königlichen Wasserbauinspektion zu Stettin vom 15. Dezember 1899. Das Schiff ist neu vermessen (vergl. Spalte 8. Nr. 3).
Spalte 3.	Zeit und Ort der Erbauung.
	1899 auf der Werft von Georg Danz in Stettin.
Spalte 4.	Heimatsort.
	Stettin. Gotzlow.
Spalte 5.	Tag der Eintragung des Schiffes.
	6. Januar 1900. $\frac{\text{2 B S R 150.}}{\text{1.}}$

Spalte 6. Eigentumsverhältnisse.

Lfde. Nr.	Name und nähere Bezeichnung der Eigentümer.	Anteile der Miteigentümer.	Erwerbsgrund.
a.	b.	c.	d.
1.	Christian Schubert, Schiffer, Stettin.	1/3	haben das Schiff für ihre Rechnung erbauen lassen.
2.	Friedrich Schubert, Kaufmann, Stettin.	1/3	
3.	Karoline Scholz, geb. Schubert, Witwe des Maklers Friedrich Scholz, Stettin.	1/3	
	Fischer Neumann		

Spalte 7. Veränderungen in den Eigentumsverhältnissen.

Lfde. Nr.	Zu Spalte	Name und nähere Bezeichnung der Eigentümer.	Anteile der Miteigentümer.	Erwerbsgrund.
a.	b.	c.	d.	e.
1.	6 1.	Christian Meyer, Schiffer, Stettin.	$^1/_3$	hat den Anteil des Schiffers Christian Schubert in Stettin durch gerichtlichen Vertrag vom 31. Jan. 1900 gekauft. — 2 B S R 150. 2. 2. Febr. 1900. Fischer Neumann
2.	6 2.	Wilhelm Schulz, Kaufmann, Stettin.	$^1/_3$	hat den Anteil des Kaufmanns Friedrich Schubert in Stettin durch notariellen Vertrag vom 10. Febr. 1900 gekauft. — 2 B S R 150. 3. 15. Febr. 1900. Fischer Neumann

Spalte 8. Veränderungen in den eingetragenen Tatsachen mit Ausschluß der Eigentumsveränderungen.			Spalte 9.
Lfde. Nr.	Zu Spalte	Veränderungen.	Löschung des Schiffes.
a.	b.	c.	
1.	4.	Der Heimatsort ist nach Gotzlow (Amtsgerichtsbezirk Stettin) verlegt. — 2 B S R 150. / 10. 12. Dezember 1900. Fischer Neumann	
2.	1.	Das Schiff ist im Sommer 1901 auf der Werft von Georg Danz in Stettin umgebaut; es hat zwei Aufbauten erhalten. — 2 B S R 150. / 15. 3. Oktober 1901. Fischer Neumann	
3.	2.	Das Schiff ist laut Meßbriefs der Königlichen Wasserbauinspektion in Stettin vom 8. Juli 1902 neu vermessen auf 42 Tonnen zu 1000 Kilogramm Tragfähigkeit. — 2 B S R 150. / 20. 3. September 1902. Fischer Neumann	

Spalte 10. Pfandrechte.

Lfde. Nr.	Betrag ℳ	Eintragungen.	Veränderungen.	Löschungen.
a.	b.	c.	d.	e.
1	5000	Fünftausend Mark rückständiges Baugeld mit fünf vom Hundert jährlich seit dem 1. Dezbr. 1899 verzinslich und drei Monate nach Kündigung rückzahlbar für den Schiffsbauer Georg Danz in Stettin eingetragen auf dem ganzen Schiffe. — 2 B S R 150. 1. 6. Januar 1900. Fischer Neumann	Zu Nr. 1. Zweitausend fünfhundert Mark mit dem Vorrange vor dem Reste nebst den Zinsen seit dem 1. Oktober 1904 abgetreten an den Kaufmann Anton Bolte in Stettin. — 2 B S R 150. 23. 24. Okt. 1904. Fischer Neumann	

Sachregister.

(Die Zahlen bezeichnen die Seiten.)

A.

B.

D.

E.

F.

G.

N.

O.

P.

Q.

R.

S.

T.

U.

W.

Z.

Druck von Otto Walter in Berlin S. 14.

Verzeichnis

der

Guttentag'schen Sammlung Deutscher Reichs- und Preussischer Gesetze

Text-Ausgaben

mit Anmerkungen u. Sachregister

Guttentag'sche Sammlung

Deutscher Reichsgesetze.

Text-Ausgaben mit Anmerkungen. Taschenformat.

1. **Verfassung** des Deutschen Reichs. Gegeben Berlin, den 16. April 1871. Von Dr. **L. von Rönne.** Neunte Auflage von Landrath **Paul von Rönne.** 2 M. 40 Pf.

2. **Strafgesetzbuch** für das Deutsche Reich. Nebst den gebräuchlichsten Reichs-Strafgesetzen: Presse, Entziehung elektrischer Arbeit, Kranken-, Unfall-, Invalidenversicherung, Gewerbeordnung, unlauterer Wettbewerb, Depot- und Börsengesetz, gewerbliche Kinderarbeit u. s. w. Von Dr. **H. Rüdorff.** Einundzwanzigste Auflage von Dr. **H. Appelius,** Kammergerichtsrath. 1 M. 20 Pf.

3. **Militärstrafgerichtsordnung** nebst Einführungsgesetz und Gesetz, betreffend die Dienstvergehen der richterlichen Militärjustizbeamten und die unfreiwillige Versetzung derselben in eine andere Stelle oder in den Ruhestand. Bearbeitet von Dr. **Paul Herz,** Senatspräsident am Reichsmilitärgericht. Dritte Auflage. 4 M.

   Militär-**Strafgesetzbuch** s. RG. Nr. 67.

4. **Handelsgesetzbuch vom 10. Mai 1897** unter Ausschluß des Seerechts. Mit den ergänzenden Vorschriften des Bürgerlichen Gesetzbuchs und Erläuterungen herausgegeben von **F. Litthauer,** Justizrath. Dreizehnte Auflage herausgegeben von Geh. Justizrat Prof. Dr. **A. Mosse,** Oberlandesgerichtsrath. 3 M.

5. Allgemeine Deutsche **Wechselordnung.** Neunte Auflage von Justizrath Dr. **J. Stranz** und Rechtsanwalt Dr. **M. Stranz,** und das Reichsgesetz über die **Wechselstempelsteuer.** Von Regierungsrath **P. Loeck.** Achte Auflage. 3 M.

6. **Gewerbeordnung** für das Deutsche Reich nebst allen Ausführungsbestimmungen. Ursprünglich herausgegeben von **T. Ph. Berger** und Dr. **L. Wilhelmi.** Sechszehnte Auflage bearbeitet von Oberverwaltungsgerichtsrath **H. Spangenberg.** 3 M.

7. Die deutsche **Post- und Telegraphen-Gesetzgebung.** Nebst dem Weltpostvertrag und dem internationalen Telegraphenvertrag. Von Wirkl. Geh. Rath Dr. **Fischer.** Fünfte Auflage bearbeitet von Geh. Postrath Dr. **M. König.** 3 M.

8. Die Reichsgesetze über den **Unterstützungswohnsitz** in der Fassung der Novelle vom 12. März 1894, **die Freizügigkeit, den Erwerb und Verlust der Bundes- und Staatsangehörigkeit,** nebst allen landesgesetzlichen Bestimmungen. Von Geheimrath Dr. **J. Krech,** Mitglied des Bundesamtes für das Heimathwesen. Fünfte Auflage. 2 M. 70 Pf.

9a. Sammlung **kleinerer privatrechtlicher Reichsgesetze.** Von **F. Vierhaus.** Zweite Auflage in Vorbereitung.

9. Sammlung **kleinerer strafrechtlicher Reichsgesetze** Mit den Entscheidungen des Reichsgerichts bearbeitet von **M. Werner,** Geh. Ober-Regierungsrath. Zweite Auflage. 3 M.

Inhalt: Inhaberpapiere — Presse — Personenstand — Urheberrechtsgesetzgebung — Rinderpest — Nahrungs- und Genußmittel — Sprengstoff — Feingehalt von Gold- und Silberwaaren — Patentgesetz — Handfeuerwaffen — Gebrauchsmusterschutz — Militärische Geheimnisse — Waarenbezeichnung — unlauterer Wettbewerb — Auswanderung — Margarine — Wein — Sklavenraub — Fleischbeschau — Reichsseuchengesetz — Süßstoff — Reichskassenscheine.

10. Das **Reichsbeamtengesetz** vom 31. März 1873 und seine Ergänzungen. Erläutert von **J. Pieper,** Geh. Ober-Regierungsrath. Zweite Auflage. 4 M. 50 Pf.

11. **Zivilprozeßordnung mit Gerichtsverfassungsgesetz** in den neuesten Fassungen. Unter besonderer Berücksichtigung der Entscheidungen des Reichsgerichts herausgegeben mit Anmerkungen zunächst von **R. Sydow,** Unterstaatssekretär, weiter bearbeitet von **L. Busch,** Kammergerichtsrath. Zehnte Auflage. 8°. 6 M.

Dieser Band ist in größerem Format erschienen!

12. **Strafprozeßordnung und Gerichtsverfassungsgesetz** nebst dem Gesetz, betreffend die Entschädigung der im Wiederaufnahmeverfahren freigesprochenen Personen. Von Dr. **A. Hellweg,** Reichsgerichtsrath. Vierzehnte Auflage. 2 M.

13. **Konkursordnung und Anfechtungsgesetz.** Unter besonderer Berücksichtigung der Entscheidungen des

Reichsgerichts herausgegeben mit Anmerkungen von **R. Sydow** u. **L. Busch.** Zehnte Auflage. 2 M. 25 Pf.

14. **Gerichtsverfassungsgesetz** mit Einführungsgesetz. Herausgegeben von **R. Sydow** und **L. Busch.** Neunte Auflage. 1 M. 50 Pf.

15. Das **Deutsche Gerichtskostengesetz** nebst den Gebührenordnungen für Gerichtsvollzieher, Zeugen und Sachverständige. Herausgegeben mit Anmerkungen und Kostentabellen von **R. Sydow** u. **L. Busch.** Siebente Auflage. 1 M. 80 Pf.

16. **Rechtsanwaltsordnung.** Von **R. Sydow.** Vierte Auflage von Dr. **E. Mosler.** 1 M. 20 Pf.

17. Die **Deutsche Gebührenordnung für Rechtsanwälte und das Preußische Gebührengesetz** vom 27. September/6. Oktober 1899. Von **R. Sydow** und **L. Busch.** Siebente Auflage. 1 M. 60 Pf.

18. **Reichsstempelgesetz (Börsensteuer, Frachturkunde, Kraftfahrzeuge, Personenfahrkarte, Tantieme für Aufsichtsratsmitglieder).** In der Fassung des Gesetzes vom 3. Juni 1906. Nebst Ausführungsbestimmungen, den Entscheidungen der höchsten Verwaltungsbehörden und des Reichsgerichts. Neunte Auflage von **P. Loeck,** Regierungsrath. 4 M. 50 Pf.

Dieser Band ist in größerem Format erschienen!

19. Die **Seegesetzgebung.** Von Dr. **W. E. Knitschky.** Dritte Auflage bearbeitet von Oberlandesgerichtsrath **Otto Rudorff** in Hamburg. 4 M. 50 Pf.

20. **Krankenversicherungsgesetz.** Von weil. Dr. **E. von Woedtke,** Direktor im Reichsamte des Innern. Elfte Auflage bearbeitet von Dr. **G. Eucken-Addenhausen,** Geh. Reg.-Rath und vortr. Rat im Reichsamte des Innern. 3 M.

21. Die **Konsulargesetzgebung.** Von Professor Dr. **Ph. Zorn.** Zweite Auflage. 3 M.

22a. **Patentgesetz.** Nebst Ausführungsbestimmungen, völkerrechtlichen Verträgen und der Patentanwalts-Ordnung unter eingehender Berücksichtigung der Rechtsprechung des Reichsgerichts und der Praxis des Patentamts. Erläutert von Prof. Dr. **R. Stephan,** Geh. Reg.-Rath, Mitglied des Kaiserlichen Patentamts. Sechste Auflage. 2 M.

22b. Gesetz zum **Schutz der Waarenbezeichnungen.** Nebst Ausführungsbestimmungen. Von Dr. **R. Stephan,** Geh. Reg.-Rath, Mitglied des Kaiserlichen Patentamts. Vierte Auflage. 1 M.

23. **Gewerbe-Unfallversicherungsgesetz.** Von weil. Dr. **E. v. Woedtke.** Achte neubearbeitete Auflage von **Franz Caspar,** Direktor im Reichsamt des Innern. 2 M. 50 Pf.

24. **Aktiengesellschaft und Kommanditgesellschaften auf Aktien.** (Handelsgesetzbuch, II. Buch, Abschnitt 3 und 4.) Mit Anmerkungen von **H. Keyssner,**

Kammergerichtsrath und Dr. **H. Veit Simon,** Rechtsanwalt. Fünfte Auflage. Bearbeitet von Dr. **Hugo Keyssner** und **L. Keyssner.** 2 M. 25 Pf.

25. **Brausteuer-Gesetz.** Vom 3. Juni 1906. Mit Ausführungsbestimmungen, Anmerkungen und Sachregister. Von **A. Düffe,** Obersteuer-Controlleur. 3 M.

26. Die Reichsgesetzgebung über **Münz- und Notenbankwesen,** Papiergeld, Prämienpapiere und Reichsschulden. Von Dr. jur. **R. Koch,** Präsident des Reichsbankdirektoriums. Fünfte Auflage. 3 M.

27. Die Gesetzgebung, betr. das **Gesundheitswesen** im Deutschen Reich für Behörden, Aerzte 2c. Von Dr. jur. **C. Goesch** und Dr. med. **J. Karsten.** 1888. 1 M. 60 Pf.

28. **Bau-Unfallversicherungsgesetz.** Vom 30. Juni 1900. Von **R. Chrzescinski,** Kaiserl. Regierungsrath. Dritte Auflage. 2 M.

29. Reichsgesetz, betr. die **Erwerbs- und Wirthschaftsgenossenschaften.** Von **L. Parisius** und Dr. **H. Crüger.** Elfte Auflage bearbeitet von Dr. **H. Crüger.** 1 M. 50 Pf.

30. **Invalidenversicherungsgesetz** vom 13. Juli 1899. Von weil. Dr. **E. v. Woedtke.** Zehnte Auflage bearbeitet von Regierungsrat **H. Follmann.** 4 M.

31. **Gewerbegerichtsgesetz.** Von Stadtrath **L. Mugdan.** Sechste Auflage bearbeitet von **W. Cuno,** Erstem Bürgermeister zu Hagen i. W. ca. 2 M. 20 Pf.

32. Reichsgesetz, betr. die **Gesellschaften mit beschränkter Haftung.** Von **L. Parisius** und Dr. **H. Crüger.** Achte Auflage. 1 M. 40 Pf.

33. Das **Vereins- und Versammlungsrecht** in Deutschland. Von Dr. **E. Ball,** Rechtsanwalt. 2 M. 25 Pf.

34. Reichsgesetz, betreffend die **Abzahlungsgeschäfte.** Vom 16. Mai 1894. Von **J. Hoffmann.** Zweite vermehrte Auflage besorgt von Dr. **E. Wilke,** Landgerichtsrath. 1 M. 20 Pf.

35. Die **Reichs-Eisenbahngesetzgebung.** Von **W. Coermann,** Kaiserl. Amtsrichter. 1895. 2 M. 25 Pf.

36. Gesetze, betr. die **privatrechtlichen Verhältnisse der Binnenschifffahrt und der Flößerei.** Erläutert von **H. Makower.** Dritte Auflage bearbeitet von **E. Löwe,** Landgerichtsrath. 3 M.

37. Gesetz zur **Bekämpfung des unlauteren Wettbewerbes.** Vom 27. Mai 1896. Von Dr. **R. Stephan,** Geh. Regierungsrath. Dritte Auflage. 1 M.

38/39. **Bürgerliches Gesetzbuch nebst Einführungsgesetz.** Nach dem Tode des ursprünglichen Herausgebers Reichsgerichtsraths a. D. Dr. **A. Achilles** in Verbindung mit Professor Dr. **André,** Landrichter

Ritgen, Landrichter **Strecker,** Ober-Regierungsrath Dr. **Unzner** herausgegeben von Geh. Ober-Justizrath **Greiff.** Fünfte Auflage. 8°. 6 M. 50 Pf.
Dieser Band ist in größerem Format erschienen!

40. Gesetz, betr. die **Pflichten der Kaufleute bei Aufbewahrung fremder Werthpapiere (Depotgesetz).** Mit Erläuterungen. Von **F. Lusensky,** Geh. Ober-Regierungsrath. Zweite Auflage. 1 M.

41. **Börsengesetz.** Vom 22. Juni 1896. Nebst Ausführungsbestimmungen. Unter Mitwirkung des Direktors im Reichsamt des Innern **A. Wermuth** bearbeitet von Regierungsrath **H. Brendel.** 1 M. 50 Pf.

42. **Grundbuchordnung** nebst den preußischen Ausführungsbestimmungen. Mit Einleitung. Von Professor Dr. **O. Fischer.** Fünfte Auflage. 2 M.

43. Die Gesetzgebung, betr. die **Zwangsvollstreckung in das unbewegliche Vermögen** im Reiche und in Preußen. Mit Einleitung, Kosten- und Gebührentabellen. Von Dr. **J. Krech,** Kaiserl. Geh. Regierungsrath und Professor Dr. **O. Fischer.** Fünfte Auflage. 2 M.

44. Das Reichsgesetz über das **Auswanderungswesen** vom 9. Juni 1897 nebst Ausführungsverordnungen und Anlagen. Unter Benutzung amtlicher Quellen. Von Professor Dr. **Felix Stoerk.** 2 M. 25 Pf.

45. Das **Entmündigungsrecht** unter Berücksichtigung der für Preußen geltenden Vorschriften nebst der preußischen Justiz-Ministerial-Verfügung vom 28. November 1899. Text der civil- und prozeßrechtlichen Bestimmungen mit Erläuterungen von Landgerichtsrath Dr. **P. Koll** in Cöln. 1 M. 50 Pf.

46. Die Gesetze des Reiches und Preußens über die **freiwillige Gerichtsbarkeit.** Mit Einleitung von **Herm. Jastrow,** Amtsgerichtsrath. Vierte Auflage. 3 M.

47. Das **deutsche Vormundschaftsrecht** und das preuß. Gesetz über die Fürsorgeerziehung Minderjähriger nebst den dazu gehörigen preußischen Nebengesetzen. Mit Einleitung und Erläuterungen von **Max Schultzenstein,** Oberverwaltungsgerichtsrath und Amtsgerichtsrath Dr. **Paul Köhne.** Zweite Auflage. 3 M.

48. Gesetze und Verordnungen, betr. den **Drogen-, Gift- und Farbenhandel** außerhalb der Apotheken. Von Dr. **Broh,** Rechtsanwalt. 1 M. 25 Pf.

49. Deutsche **Kolonialgesetzgebung.** Von Professor Dr. **Philipp Zorn.** 4 M. 50 Pf.

50. Der **Viehkauf** (Viehgewährschaft) nach dem Bürgerlichen Gesetzbuche. Mit Erläuterungen von Rechtsanwalt Dr. **H. Stölzle.** Nebst Verordn. betr. die Hauptmängel und Gewährsfristen beim Viehhandel. Von **H. Weiskopf,** Königl. Kreisthierarzt in Augsburg. Dritte Auflage. 3 M.

51. **Hypothekenbankgesetz** vom 13. Juli 1899. Von Dr. **H. Göppert,** Gerichts-Assessor. 1 M. 80 Pf.

52. Gesetz, betreffend die gemeinsamen **Rechte der Besitzer von Schuldverschreibungen.** Von Dr. **Heinrich Göppert,** Gerichts-Assessor. 2 M.

53. **Reichspreßgesetz** vom 7. Mai 1874 nebst den einschlägigen Bestimmungen des Strafgesetzbuchs, der Gewerbeordnung 2c. Kommentar von **A. Born,** Polizeiassessor. 1 M. 50 Pf.

54. Die Reichsgesetzgebung über den Verkehr mit **Nahrungsmitteln, Genußmitteln** und **Gebrauchsgegenständen.** Von Dr. **Georg Lebbin,** Nahrungsmittelchemiker. 2 M. 25 Pf.

55. Das Recht der **Beschlagnahme von Lohn- und Gehaltsforderungen.** Auf Grundlage der Reichsgesetze vom 21. Juni 1869 u. 29. März 1897 und der Civilprozeßordnung. Von Rechtsanwalt **Georg Meyer.** Zweite Auflage. 2 M.

56. Gesetz, betr. die **Bekämpfung gemeingefährlicher Krankheiten.** Nebst Ausführungsbestimmungen. Von Dr. **Bruno Burkhardt,** Regierungsrath, Mitglied des Kais. Gesundheitsamts. 1 M. 40 Pf.

57. **See-Unfallversicherungsgesetz.** Von **Dr. Max Mittelstein,** Oberlandesgerichtsrath in Hamburg. 2 M.

58. **Das Recht der unehelichen Kinder.** Ausgabe aller einschlägigen Bestimmungen des B.G.B. Von **Hermann Jastrow,** Amtsgerichtsrath. 1 M. 80 Pf.

59. Reichsgesetz über die **Beurkundung des Personenstandes und die Eheschließung.** Von Dr. **F. Fidler,** Amtsgerichtsrath. 1 M. 80 Pf.

60. Gesetz, betreffend das **Urheberrecht an Werken der Litteratur und der Tonkunst.** Von Gerichtsassessor **Otto Lindemann.** 1 M. 50 Pf.

61. Gesetz über das **Verlagsrecht.** Von Justizrath **Ernst Heinitz.** 1 M. 50 Pf.

62. Gesetz über die **privaten Versicherungsunternehmungen.** Von **H. Könige,** Ob.-Landsger.-Rath. 3 M.

63. **Gesetzestafel des Deutschen Reichsrechts.** Systematisch geordnete Nachweisung des z. Z. geltenden Reichsrechts. Ergänzungsband zu der Guttentag'schen Sammlung Deutscher Reichsgesetze. Von **Hugo Bruhns,** Syndikus. 2 M. 50 Pf.

64. Gesetzsammlung betr. den **Handel mit Drogen und Giften.** Reichsgesetzl. Bestimmungen und Anhang mit den landesgesetzl. Verordnungen sämmtlicher Bundesstaaten. Von Rechtsanwalt **H. Sonnenfeld,** Syndikus der Berliner Drogisten-Innung. 3 M.

65. Das **Weingesetz** vom 24. Mai 1901. Mit Ausführungsbestimmungen erläutert von Dr. **Georg Lebbin,** Handels- und Gerichtschemiker zu Berlin 1 M. 50 Pf.

66. Die **Eisenbahn-Gesetzgebung.** Von **W. Pietsch,** Geh. exp. Sekretär im Reichs-Eisenbahn-Amt. 5 M.

67. **Militär-Strafgesetzbuch.** Mit den Entscheidungen des Reichs-Militärgerichts von Dr. **Paul Herz,** Senats-Präsident am Reichs-Militärgericht und Kriegsgerichtsrath Dr. **Georg Ernst.** 3 M.

68. Das **Fleischbeschaugesetz.** Vom 3. Juni 1900. Mit Ausführungsges. u. Verordnungen im Reiche und in Preußen. Von Dr. **Georg Lebbin,** Gerichtschemiker und Rechtsanwalt Dr. **Georg Baum.** 4 M.

69. Reichsgesetz über die **Naturalleistungen der bewaffneten Macht im Frieden** nebst den zugehörigen in Preußen geltenden Bestimmungen. Von Regierungsassessor Dr. **Walter v. Hippel.** 1 M. 25 Pf.

70. Das **Reichs-Haftpflichtgesetz,** betr. die Verbindlichkeit zum Schadensersatz für die bei dem Betriebe von Eisenbahnen, Bergwerken, Steinbrüchen, Gräbereien und Fabriken herbeigeführten Tödtungen und Körperverletzungen, vom 7. Juni 1871. Von Regierungsrath Dr. **G. Eger.** Preis 3 M.

71. **Kinderarbeit in gewerblichen Betrieben,** v. 30. März 1903. Nebst der Preuß. Ausführ.-Anw. v. 30. Nov. u. d. Bek. des Reichskanzlers v. 17. Dez. 1903. Von **H. Spangenberg,** Oberverwaltungsgerichtsrath. Zweite vermehrte Auflage. 1 M. 60 Pf.

72. **Unfallversicherungsgesetz für Land- und Forstwirtschaft** vom wirkl. Geh. Rat Dr. **E. von Woedtke,** fortgesetzt von Dr. **Alfred Radtke,** Geh. Regierungsrat und Senatspräs. im Reichsversicherungsamt. 4 M. 50 Pf.

73. **Entschädigung für unschuldig erlittene Verhaftung und Bestrafung.** Nebst Anhang, enth. die dazu gehörigen Nebengesetze über Schadensersatz. Von Dr. jur. **A. Romen,** Geh. Kriegsrat und vortr. Rat im Kriegsministerium. 2 M.

74. Die **Kaufmannsgerichte** nebst den preuß. Ausführungsbestimmungen. Von Dr. **Max Apt,** Syndikus der Korporation der Berliner Kaufmannschaft. Dritte Auflage. 2 M.

Daraus einzeln: **Preuß. Ausführungsbestimmungen.** 50 Pf.

75. Reichsgesetz über die **Konsulargerichtsbarkeit.** Erläutert von Dr. iur. **A. F. Vorwerk,** Rechtsanwalt in Schanghai. 2 M.

76. **Die Rechtshilfe im Verkehr mit den ordentlichen Gerichten nach deutschem Reichsrecht.** Zusammenstellung aller in Betracht kommenden Gesetzesstellen. Von Landrichter Dr. **A. Friedländer.** 1 M. 80 Pf.

77. **Das Reichserbschaftssteuergesetz.** Vom 3. Juni 1906. Von **Ulrich Hoffmann,** Geh. Registrator im Königl. Preuß. Finanzministerium. 2 M. 60 Pf.

78. **Zigarettensteuergesetz.** Vom 3. Juni 1906. Von Dr. **Cuno,** Gerichtsassessor. 1 M. 80 Pf.

79. **Die Militärpensionsgesetze** vom 31. Mai 1906 nebst den Ausführungsbestimmungen. Zum praktischen Gebrauch für Heer, Marine und Schutztruppe, bearbeitet Dr. jur. **A. Romen,** Geheimer Kriegsrat und vortr. Rat im Kriegsministerium.
a) I. Teil: Offizierpensionsgesetz.
b) II. Teil: Mannschaftsversorgungsgesetz.
Jeder Teil ist einzeln käuflich.

80. Reichsgesetzgebung über **gerichtliche Registerführung.** Textausgabe der einschlägigen Gesetzesbestimmungen mit Anmerkungen und Sachregister von **Otto Lindemann,** Landrichter. ca. 4 M. 50 Pf.

Guttentag'sche Sammlung

Preußischer Gesetze.

Text-Ausgaben mit Anmerkungen. Taschenformat

1. Die **Verfassungs-Urkunde** für den Preußischen Staat. Mit Einleitung, vollständigem Kommentar. Von Prof. Dr. **Adolf Arndt.** Fünfte Auflage. 3 M.

2. Preußische **Beamten-Gesetzgebung.** Enthaltend die wichtigsten Beamtengesetze in Preußen. Von **C. Pfafferoth.** Vierte, neubearbeitete Auflage. 2 M.

3. **Die Aufnahme des Notteſtaments** durch die bestellten besonderen Urkundspersonen. Anweisung vom 15. März 1904. Erläutert mit Musterbeispielen und einem Abriß des Erbrechts von Amtsgerichtsrath **C. Kurtz.** 1 M. 50 Pf.

4. **Gebührenordnung** für **Notare** vom 25. Juni 1895 nebst den einschlägigen Vorschriften des Preußischen Gerichtskostengesetzes. Von **R. Sydow.** Zweite Auflage bearbeitet von Dr. **E. Mosler,** Gerichtsassessor. 1 M. 50 Pf.

5. Gesetz vom **24. April 1854 (betr. die außereheliche Schwängerung).** Von Dr. **Schulze.** 75 Pf.
Gültiges Recht siehe: Reichsgesetze Nr. 58.

6. Die Preuß. **Ausführungsgesetze und Verordnungen zu den Reichs-Justizgesetzen.** Von **R. Sydow.** Dritte vermehrte Auflage. 1895. 2 M. 40 Pf.

Siehe Seite 22, Busch, Ausführungsgesetze.

7. Allg. **Gerichtsordnung** vom 6. Juli 1793 und Preuß. **Konkursordnung** vom 8. Mai 1885. Von **F. Vierhaus,** Geh. Ober-Justizrath. Vergriffen.

8. **Vormundschaftsordnung.** Von **F. Schultzenstein.** Gültiges Recht siehe: Reichsgesetze Nr. 47.

9. Die Preußische **Grundbuchgesetzgebung.** Von Prof. Dr. **Fischer.** Vergriffen. Siehe: Reichsgesetze Nr. 42.

10. **Einkommensteuergesetz.** Von **A. Fernow,** Geh. Finanzrath. Sechste Auflage. 3 M.

11. **Gewerbesteuergesetz.** Von **A. Fernow,** Geh. Finanzrath. Vierte, vermehrte u. verbesserte Auflage. 2 M.

12. **Allgemeines Berggesetz** für die Preußischen Staaten vom 24. Juni 1865 nebst den preußischen Berggesetznovellen. Mit Einleitung, Erläuterungen und Sachregister bearbeitet von **W. Westhoff** und **W. Schlüter.** 4 M.

13. **Ergänzungssteuergesetz** (Vermögenssteuergesetz). Von **A. Fernow,** Geh. Finanzrath. Dritte vermehrte Auflage. 1 M. 50 Pf.

14. **Kommunalabgabengesetz.** Vom 14. Juli 1893 und Gesetz wegen Aufhebung direkter Staatssteuern. Von Dr. **F. Adickes,** Oberbürgermeister. Vierte Auflage. 1 M. 50 Pf.

15. Die **Kreisordnungen** für den Preußischen Staat. Von **O. Kolisch**, Landgerichtsrath. 1894. 4. M.

16. **Concessionirung gewerblicher Anlagen.** Preuß. Ausführungs-Anweisung zu §§. 16 u. ff. der Gewerbe-Ordnung. Von Dr. **W. v. Rüdiger**, Geh. Regierungs- u. Gewerberath. Zweite Auflage. 2 M.

17. Preußisches **Gerichtskostengesetz.** Mit Kostentabellen. Von Dr. **P. Siméon**, Landrichter. Vierte Auflage. 2 M. 25 Pf.

18. Preußisches **Stempelsteuergesetz** vom 31. Juli 1895. Mit den gesammten Ausführungsbestimmungen und vollständigen Tabellen. Von **P. Loeck**, Regierungsrath. Fünfte Auflage. 5 M.

Dieser Band ist in größerem Format erschienen.

19. Das **Jagdscheingesetz.** Mit ausführlichen Erläuterungen. Von **F. Kunze**, Wirklichem Geh. Ober-Regierungsrath. Zweite Auflage. 2 M.

20. Die **preußischen Erbschaftssteuergesetze.** Unter Berücksichtigung der Novelle vom 31. Juli 1895. Von **U. Hoffmann**, Geh. Registrator im Königl. preuß. Finanzministerium. 4 M.

(Reichserbschaftssteuergesetz s. Reichsgesetze Nr. 77.)

21. Gesetz über die **Handelskammern.** Vom 19. August 1897. Mit Erläuterungen von **F. Lusensky**, Geh. Regierungsrath. 3 M.

22. Gesetz, betr. **Anstellung und Versorgung der Kommunalbeamten.** Mit Ausführungsanweisung. Von Dr. **W. Ledermann,** Magistratsassessor zu Berlin 1 M. 25 Pf.

23. **Ausführungsgesetz zum Bürgerlichen Gesetzbuche.** Von Landrichter Dr. **P. Siméon.** 2. Aufl. 1 M. 80 Pf.

24. Die **Hinterlegungsordnung** in der Fassung des Ausführungsgesetzes z. B.G.B. v. 20. Sept. 1899 nebst Ausführungsbestimmungen. Von Regierungsassessor Dr. **Georg Bartels.** 1 M. 50 Pf.

25. **Preußische Kommunalbeamtengesetzgebung.** Von Magistratsassessor Dr. **Fr. Kremski,** Berlin. 3 M.

26. Die Preußischen Gesetze über das **Diensteinkommen der Lehrer und Lehrerinnen, ihren Ruhegehalt und die Fürsorge für ihre Hinterbliebenen,** sowie einer Tabelle zur Berechnung der Ruhegehalts-, Wittwen- und Waisenbezüge. Von Dr. **Ed. Cremer,** Beigeordneter. 2 M. 40 Pf.

27. Gesetz, betreffend die **Waarenhaussteuer.** Von Geh. Ober-Finanzrath Dr. **G. Strutz.** 1 M. 20 Pf.

28. Gesetz über die **Fürsorgeerziehung Minderjähriger.** Nebst Ausführungsanweisungen. Von Landgerichtsrath Dr. **P. F. Aschrott.** 2 M. 80 Pf.

29. Gesetz, betr **die ärztlichen Ehrengerichte, das Umlagerecht und die Kassen der Aerztekammern.** Von Amtsgerichtsrath Dr. **Fidler.** 1 M. 50 Pf.

30. **Die das Preußische Staatsschuldbuch und Reichsschuldbuch** betr. Gesetze nebst Ausführungsbestimmungen. Von Wirkl. Geh. Ober-Finanzrath **J. Mücke**, Mitglied der Staatsschuldenverwaltung. 2 M.

31 a. **Die geltenden Preußischen Gesindeordnungen.** Herausgegeben in zwei Bänden von **Stephan Gerhard,** Rechtsanwalt in Berlin.

Band I: Gesindeordnung für die altpreußischen Provinzen vom 8. XI. 1810, mit Erläuterungen unter Berücksichtigung der Ergänzungsgesetze und der Rechtsverhältnisse der Gesindevermiether, sowie die Gesindeordnung für Neuvorpommern und Rügen und für die Rheinprovinz. 2 M. 50 Pf.

31b. **Band II:** Gesindeordnungen für Hannover, Schleswig-Holstein, Hessen-Nassau und den Regierungsbezirk Hohenzollern. 2 M. 50 Pf.

32. **Die Städteordnung für die sechs östlichen Provinzen** Preußens vom 30. Mai 1853 nebst ihren gesetzlichen Ergänzungen. Von **Dr. jur. Walter Ledermann,** Magistrats-Assessor zu Berlin. 6 M.

Dieser Band ist in größerem Format erschienen!

33. **Rentenguts- und Anerbenrechts-Gesetzgebung in Preußen.** Von Landgerichtsrath **M. Peltasohn** und Rechtsanwalt **Bruno Peltasohn.** 3 M.

34. Sammlung der wichtigsten **Preußischen Strafgesetze** nebst Anhang: Gesetz betr. polizeiliche Strafverfügungen vom 23. April 1883. Von **Otto Lindemann,** Amtsrichter. 2 M. 50 Pf.

Inhalt: Mobiliar-Feuerversicherung — Chausseegeld — Jagdpolizei — Jagdschein — Wild-Schonzeit — Fischerei — Versammlungs- u. Vereinigungsrecht — Belagerungszustand — Gesindedienstpflichten — Mineraliengewinnung und -Aneignung — Schlachthäuser — Dampfkesselbetrieb — Wandergewerbebetrieb — Reblausverbreitung — Forstdiebstahl — Wald- u. Wassergenossenschaften — Feld- u. Forstpolizei — Lotteriespiel — Verkehrsabgaben — Landestrauer.

35. **Geschäftsordnung für Gerichtsvollzieher.** Gerichtsvollzieherordnung und Gebührensätze von Amtsgerichtssekretär a. D. **Emil Exner.** 3 M. 50 Pf.

36. Die Gesetzgebung über **Polizeiverordnungen in Preußen** von **Otto Lindemann,** Amtsrichter in Köslin. 1 M. 50 Pf.

37. Gesetz über die **Enteignung von Grundeigentum** vom 11. Juni 1874 von Landrichter **O. Meyer.** 2 M.

38. **Kreis- und Provinzial-Abgabengesetz.** Vom 23. April 1906. Von **Fr. Schmidt,** Gemeindevorsteher. ca. 1 M. 25 Pf.

39. Gesetz betr. die **Unterhaltung der öff. Volksschulen.** Vom 28. Juli 1906. Von **Dr. A. Marcks,** Regierungsrath. 2 M.

Schlagwort-Register.

R. = Nummer der Sammlung Deutscher Reichsgesetze.
P. = Nummer der Sammlung Preußischer Gesetze.
S. = Seite.

Kolibri 360 GmbH
Ferdinand-Jühlke-Straße 7
99095 Erfurt, Deutschland
produktsicherheit@kolibri360.de